U1008300

# 《学校体育教程》学习指导

Xuexiao Tiyu Jiaocheng Xuexi Zhidao

展恩燕／编著

中央民族大学出版社
China Minzu University Press

**图书在版编目（CIP）数据**

《学校体育教程》学习指导/展恩燕编著.--北京：中央民族大学出版社，2025.5. --ISBN 978-7-5660-2493-0

Ⅰ. G807

中国国家版本馆CIP数据核字第2025E2W356号

**《学校体育教程》学习指导**

XUEXIAO TIYU JIAOCHENG XUEXI ZHIDAO

编　　著　展恩燕

编　　委　刘海元　李　楠　李海燕　程　硕　刘晓东　王　芹　陈莹莹　杨安禄　霍紫金　贾泽宇　陈　娜　南海艳　赵子涵　贾文全　谭小月

策划编辑　赵秀琴

责任编辑　陈　琳

封面设计　舒刚卫

出版发行　中央民族大学出版社

北京市海淀区中关村南大街27号　　邮编：100081

电话：（010）68472815（发行部）　传真：（010）68933757（发行部）

（010）68932218（总编室）　（010）68932447（办公室）

经 销 者　全国各地新华书店

印 刷 厂　北京鑫宇图源印刷科技有限公司

开　　本　787×1092　1/16　印张：16.25

字　　数　208千字

版　　次　2025年5月第1版　2025年5月第1次印刷

书　　号　ISBN 978-7-5660-2493-0

定　　价　81.00元

# 目　　录

## 上篇　学校体育改革与发展

## 下篇　学校体育理论知识及应用

# 上篇　学校体育改革与发展

# 第一章　学校体育改革发展的现状

## 一、理念层面："健康第一"理念日渐深入，学生体质逐步增强

2018年，习近平总书记在全国教育大会上指出："要树立健康第一的教育理念，开齐开足体育课，帮助学生在体育锻炼中享受乐趣、增强体质、健全人格、锤炼意志。"①2020年，中央全面深化改革委员会第十三次会议审议并通过了《关于深化体教融合促进青少年健康发展的意见》，同样强调"要树立健康第一的教育理念"②。作为新时代推进中国学校体育改革的理念支撑，"健康第一"的理念受到了国家的高度重视。具体说来，有两种表现：一是不同版本的课标均指出学校体育发展要坚持"健康第一"的理念，不断增强学生的身体、心理健康及社会适应能力；二是学生在体育教学活动中的生理机能等指标不断完善，体育课程中也更加突出学生相关指标的干预、改善和提升的手段。

正是在我国学校体育发展"健康第一"理念的指引下，我国青少年的

① 张烁.坚持中国特色社会主义教育发展道路，培养德智体美劳全面发展的社会主义建设者和接班人[N].人民日报，2018-09-11.

② 体育总局、教育部印发《关于深化体教融合、促进青少年健康发展的意见》的通知[EB/OL]. http://www.gov.cn/zhengce/zhengceku/2020-09/21/content_5545112.htm.

身体素质得到了一定程度的改善。1995年我国健康普查的结果显示：青少年的超重和肥胖率大幅提升，身体素质、肺活量、身体柔韧性等指标下滑严重；中小学生的近视率也不断升高。[①] 相比于1995年的数据，2014年和2018年的全国学生体质健康测试的数据则有了明显改善，中小学生的身体素质稳步提高。[②] 在学校体育“健康第一”理念的宏观指引下，我国青少年学生的身体素质显著提升。这反映出学校体育改革的指导思想是正确的，同时也体现出目前我国学校体育改革思想正在不断深入各级、各类学校，真正地为学生身体素质的提升贡献了力量，实现了学校体育改革的基本目标。

## 二、师资层面：体育师资力量初有保障，教师队伍素质有所提升

体育教师作为体育教学实践的主导，在学校体育改革中扮演着十分重要的角色。2018年1月，中共中央、国务院印发《关于全面深化新时代教师队伍建设改革的意见》，提出要强化体育教师教育，持续深化专业体育教师素质水平，全面提高中小学体育教师质量，建设一批高素质、专业化的教师队伍。[③] 在宏观政策的引领下，我国各地在体育教师资源引进、培养等方面纷纷采取了行动，以此来破解当前中小学体育教师总量不足的问题。例如广东、安徽等地在积极引进体育教师的同时，率先开展了退役运动员进校园的改革工作；海南等省份则通过实施“国培计划（2021）”对

① 周俊平.“健康第一”与学校体育[J].体育学刊，2002（2）.

② 中华人民共和国教育部.2014年全国学生体质与健康调研结果[Z].2015-11-25.

③ 中共中央，国务院.中共中央　国务院关于全面深化新时代教师队伍建设改革的意见[Z].2018-01-31.

中小学的体育教师进行业务培训，以此来提升教师的教学水平和业务能力，参与的成员均是市、县的体育教研员、体育骨干教师、学科带头人等；河北省体育局连续四年举办“省培计划”培训班，通过邀请体育界的专家、学者开设讲座，普及并推广优秀案例，开展职业技能实践培训等方式来全方位提升体育教师的综合素质，增强其技能，开阔其视野。由此可见，目前我国体育教师的教学能力、科研水平、队伍的整体质量较以往都有了很明显的提升。

## 三、课程层面：体育课程体系逐步完善，体育竞赛模式初步形成

建立科学的体育课程体系作为我国学校体育改革的关键一环，对提高学生的体育参与兴趣、提升学生身体素质起着关键作用。在全国各地的学校体育改革实践中，很多学校已经对传统的、枯燥的体育课程进行转型，逐渐形成了具有特色的体育课程体系。例如南开中学在2012年开启了特色课间操改革，目前学校共有25套具有特色的课间操课程，并且还依据校内师资及场地设施条件创办了具有特色的体育选项课程体系，共设置了十多种体育运动类型，以大、中、小的教学形式进行系统化、个性化教学，推翻了以往单一化的体育课程运作模式，让学生充分享受多元化的体育运动形式。重庆市第七中学则开展了三类足球课程，分别为基础型、发展型、专业型，学生可以根据自己的水平选择适合自己的足球课程。北京市十一中学根据学校的实际情况，深入调研、把握学生的体育兴趣、运动特长和经济能力，使不同学生的差异化需求分别融入学校的体育课程体系，初步形成了田径、篮球、足球、马术、击剑等28个门类的课程体系，

真正满足了学生个性化的体育需求①。

新时代我国学校体育竞赛改革的最大转变在于摒弃了以往的以培养竞技体育后备人才为主要任务的目标，更明显地转向了培养学生的体育意识和参与体育竞赛的积极性。体育部门与教育部门的协作意在以体教融合为契机，共同为学生参与体育竞赛提供外部保障，创造良好的竞赛外部环境，通过强化青少年的体育竞赛参与热情，促进青少年的全面发展。在学校体育竞赛体系的完善上，各级政府和教育部门做了很多积极的探索。例如教育部、国家体育总局、共青团中央将中学生运动会和大学生运动会融合，于2014年、2017年分别举办了两届“全国学生运动会”②。辽宁省学校体育竞赛模式初步形成，充分保障了每个学生均可以参与其中。各项体育比赛以层层选拔、层层录取的方式，使更多的学生有机会参与辽宁省省级体育竞赛，构建了学校体育与竞技体育融合的新模式③。

## 四、服务层面：体育课后服务体系初步创建，学校体育特色得以呈现

体育课后服务指在课后时间（放学后、节假日、寒暑假等），以学生自愿为原则，以完成体育课后作业、对学习有困难的学生进行帮助、学有余力学生对已学内容进行巩固和提高为主的体育辅导和补习。随着我国“双减”政策的持续推进及课后服务的不断完善，体育课后服务也在全国范围的实践中初步成型，各级、各类学校均对体育课后服务进行了有益的

① 刘纯献，刘盼盼.学校体育改革的成就、问题与突破[J].北京体育大学学报，2020（2）.

② 张云，刘海元.关于新时代全国学生（青年）运动会改革发展的思考[J].体育学刊，2021（6）.

③ 刘纯献，刘盼盼.学校体育改革的成就、问题与突破[J].北京体育大学学报，2020（2）.

探索。在安徽省经济发展较好的合肥市，合肥市师范附属第二小学等学校在课后以社团、俱乐部的形式开展足球、啦啦操等体育运动项目，学生们的参与热情很高。江苏苏州工业园区附近的部分学校开展了特色体育实践活动，与奥体中心合作开展了游泳、羽毛球、攀岩、篮球等运动课程①。杭州市教育局和体育局也联手推出了课后体育服务“万堂专项体育课进校园”活动，进一步提高了学校课后体育服务的水平。

此外，体育特色学校的建设工作也是推动学校体育改革的重要力量。重庆市高度重视当地优秀的体育特色学校的发展，以点带面助力体育特色学校形成一个群体，汇聚不同特色学校的资源、师资、硬件配置等，使之彼此互相提供有力支撑，在小、中阶段建设了大批的体育特色学校。国家也非常支持我国体育特色学校的建设工作。2015年的《国务院办公厅关于印发中国足球改革发展总体方案的通知》中指出，全国中小学校园足球特色学校在现有5000多所的基础上，2020年达到2万所，2025年达到5万所②。2019年末数据显示，我国已有27059所中小学成为校园足球特色学校，占全国中小学总数227519所的11.89%。超额且早一步完成了“2020年2万所校园足球特色学校”的发展目标③。由此可见，我国体育特色校的发展正在如火如荼地进行，进而推进了我国学校体育改革的历史进程。

---

① 树文，王恒志，周畅，朱翃．“双减”后的体育机会：要“蓝海”不要“红海”[N].新华每日电讯，2021-10-14.

② 中国足球改革发展总体方案[EB/OL].http://news.sina.com.cn/o/2015-03-16/121431611697.shtml.

③ 中华人民共和国教育部.2018年教育统计数据[EB/OL].http://www.moe.gov.cn/s78/A03/moe_560/jytjsj_2018/Gd/.

## 五、机制层面：风险防控体系初步构建，相关体制、机制不断健全

运动风险是学校体育工作中不可避免的重要问题，在一定程度上制约着我国学校体育工作的发展，很多存在一定危险性的运动项目被取消，致使大多数学校的体育课程十分单调。为解决这一问题，各地对学校体育运动的风险防控都进行了一定程度的探索，通过创办学校体育专项保障基金来破解该问题①。同时，2015年，教育部印发《学校体育运动风险防控暂行办法》，提及要对课前检查、热身环境给予重视，教育部门、学校、教师三方主体要具体划分相应的职责②。2016年，国务院办公厅《关于强化学校体育促进学生身心健康全面发展的意见》也指出要完善学校运动伤害风险防控体系，为学校体育工作健康、有序发展提供强有力的保障③。2020年10月，中共中央办公厅、国务院办公厅印发的《关于全面加强和改进新时代学校体育工作的意见》指出要建立政府主导、部门协同、社会参与的校园安全风险机制，完善“政学家”三方协同的学校体育运动伤害风险防范和处理机制，构建一套辐射面广的关于体育意外伤害的学生复合式保险机制④。以上政策文件的出台为深化学校体育改革提供了强有力的保障，初步形成了学校体育运动的风险防控体系。

此外，与学校体育发展相关的体制和机制也在逐渐完善并健全。首

---

① 翁铁慧，何雪松.学生校园体育运动伤害事故的社会治理：基于上海的研究[M].上海：华东师范大学出版社，2017.

② 中华人民共和国教育部.教育部关于印发《学校体育运动风险防控暂行办法》的通知[J].中华人民共和国教育公报，2015（21）.

③ 构建健康中国，学校体育进入现代化建设快车道——沪上部分专家解读《关于强化学校体育促进学生身心健康全面发展的意见》[N].解放日报，2016-05-26.

④ 新华社.中共中央办公厅国务院办公厅印发《关于全面加强和改进新时代学校体育工作的意见》和《关于全面加强和改进新时代学校美育工作的意见》[J].中小学德育，2020（11）.

先，在经费投入机制上，各级政府和教育部门均加大了学校体育经费的投入力度，保证了学校体育工作的顺利开展。其次，多元监督的机制正在形成。我国学校体育的监督主体已经逐渐由最初的一元监管开始向多元监管转变，教育部门、体育部门、学校、教师、家长等利益相关者均是学校体育监管的重要力量，这在很大程度上保证了学校体育改革进程的推进。最后，社会力量不断引入。随着学校体育改革进程的加快，学校开始与社会力量结合，共同为学生提供丰富的体育活动和体育体验，参与主体变得愈加多元，相关的体制和机制均在不断完善。

# 第二章　学校体育改革发展的趋势

## 一、理念层面：持续深化"健康第一"学校体育发展理念

学生身体健康问题是学校体育改革过程中面临的重要问题，未来应继续深化"健康第一"的学校体育发展理念，明确学生身体健康与学校体育改革之间的关系。不断加强对体育教师和相关人员健康素养的培训，在思想上加强他们对学生身体健康的重视。结合入职培训、职后培训、专业培训等多种方式，丰富教师的相关知识结构和知识体系，增强他们的健康意识，以此提高他们在教学实践过程中的主动性和积极性。同时，在具体的改革实践过程中，各主体要充分认识到"健康第一"的指导思想与学校体育整体的发展水平存在紧密的联系。在坚持该理念的基础上，才可以切实提升学生的身体素质，促进其全面发展①。

## 二、师资层面：加强体育师资队伍建设，提升专业化水平

2018年，中共中央、国务院《关于全面深化新时代教师队伍建设改

① 中共中央关于制定国民经济和社会发展第十四个五年规划和二〇三五年远景目标的建议[N].人民日报，2020-11-04.

革的意见》指出："教师承担着传播知识、传播思想、传播真理的历史使命，肩负着塑造灵魂、塑造生命、塑造人的时代重任，是教育发展的第一资源，是国家富强、民族振兴、人民幸福的重要基石。"对新时代学校体育改革而言，更要重视体育教师的作用，持续加强我国体育教师队伍的建设。首先，要鼓励大学、中学和小学分别建立专门针对体育教师的职称评定标准和绩效考核制度，将之纳入学校体育的评估工作之中。其次，要确保不同类别学校体育教师的底线数量，包括专职教师和兼职教师，将之纳入学校体育的评估指标体系中。对符合要求的学校给予资源、声誉、经费奖励，对不符合要求的学校则采取一定的惩戒措施。再次，要建设一批有资质对体育教师进行培养，也可以进行业务培训的培养基地。最后，对于体育教师的培训，要转变单纯传授体育知识和技能的单一培养理念，注重培养体育教师的综合能力，让体育教师成为促进学生全面发展的"育人者"。同时，要注重将健康教育纳入体育教师的职前教育和职后培训体系，促进"体育教师"向"体育与健康教师"转变①。

## 三、课程层面：持续深化体育课程改革，开展更丰富的运动竞赛

未来，对于深化体育课程改革，应着重在以下几个方面推进：首先，在体育与健康课程的教学过程中，要注重学习和活动情境的创设，改变以往过度强调单一运动技能教授的局面，从根本上激发学生参与体育运动的兴趣，培养学生的体育道德素养。因为只有通过多元化的活动情景设计，学生才能切实体会到如何与他人展开合作和公平竞争、尊重规则和对手，

① 季浏.体育教师未来不再是"教书匠"[N].中国教育报，2017-01-06.

等等，从而领会体育运动的核心内涵。其次，在体育与健康课程内容的编写上，要重视对中华民族传统文化内容的补充。习近平总书记指出："中国传统文化博大精深，学习和掌握其中的各种思想精华，对树立正确的世界观、人生观、价值观很有益处。"[①] 因此，在体育与健康课程教材内容的编写上，要加强对中华民族传统体育文化的阐释和解读，增强学生对传统体育文化知识的汲取，增强学生的国家认同感和爱国主义精神。

此外，未来要不断加强学校体育运动竞赛活动的开展，丰富运动竞赛活动的内容。首先，要健全激励机制，增加班级与班级、年级与年级之间的比赛次数，并且将运动竞赛开展得较好的学校设立为典型，进行全国范围内的推广，让更多的学校进行效仿和学习。其次，要以全国校园联赛为契机，逐渐构建覆盖多项目的全国联赛体系，例如校园篮球、校园排球、校园田径比赛等。最后，地方政府和教育部门要积极引导本地区运动队的建立，将之纳入学校体育工作的评估体系，并且进行定期的经费扶持，以此培养出更多高水平的运动员。同时，教育和体育部门可以联合成立青少年运动竞赛协调委员会，共同协商审批运动员技术等级的赛事[②]。在这一方面，已经结束的首届全国青少年足球比赛已做出了表率和典范。

## 四、服务层面：多维度、多层面促进学校体育课后服务发展

未来，我国体育课后服务体系要从多个维度、多个层面加以全方位的推进，以此来满足学校多样化的课后体育需求，丰富学校的业余体育生

① 习近平论中国传统文化——十八大以来重要论述选编[EB/OL].http://theory.people.com.cn/n/2014/0303/c40531-24507951.html.

② 惠陈隆.我国青少年体育竞赛资源整合的现状分析与对策研究[J].北京体育大学学报，2014（7）.

活。首先，要强化对学校体育课后服务的公益认知。不同的主体应当牢牢把握学校体育教育的公益性，以此为基础来展开课后体育服务。政府、学校、家长、社会组织、市场组织等利益相关者通过广泛的协商和磋商，共同确定学校体育课后服务的收费标准和流程，坚决遏制过度的市场逐利行为。其次，要明确课后体育服务的质量标准，对学校的体育教学内容进行分析，并使之与课后体育服务结合。深入了解不同学生的体质情况和运动偏好，进行精准的服务供给。同时，对课后服务的监管也应当表现为由学校、领导、同行、学生等多主体进行立体化的评价和监督，以此来优化体育课后服务环境。再次，要拓展服务主体的能力，提升体育教师、志愿者和社会专业人员的素质和认知能力，使之意识到课后体育服务的重要性，以及它对于学校体育深化改革的重要意义。同时加强业务培训，通过线上、线下双通道来“传经送宝”，不断拓宽教学的视野，增加相关方法和手段，进而促进课后体育服务高质量发展。最后，要细化课后体育服务的安全保障。对于课后服务承接主体的资质认定，以及器材、设施的选用，学校和政府要对其安全性进行充分的检测和评估，最大限度地消除安全隐患。

## 五、机制层面：构建多主体、跨部门的治理格局与协同治理机制

在新时代的背景下，学校体育改革的进程不断加快，与此相对应的相关体制和机制也应紧跟潮流，不断健全并完善。政府主要负责提供基本的公共服务；而面对学生高水平、多样化的体育需求，应积极引入社会组织、市场组织等主体来实现，构建多元主体的学校体育治理格局。根据治理理论，评价一个国家治理体系是否现代化的最基本标尺便是能否形成政

府组织、社会组织、市场组织良性互动、共同治理社会事务的格局[①]。所以，学校体育未来的发展走向也应转变以往政府单一主体垂直化管理的局面，向多元主体网络化的管理模式转型。在此基础上，政府组织应发挥主导协调的作用，通过购买服务、委托代理、特许经营等方式，将适合由社会组织和市场组织承接的项目，例如学校体育竞赛、体育场地建设、教师资格培训等放权于社会力量，激发他们参与学校体育管理的积极性。政府自身则要做好相关的监管和评估，避免过度市场化的局面产生。

与此同时，随着学校体育发展和改革进入攻坚期，多元主体跨界难、利益复杂等问题凸显，急需联合多部门、多主体进行协同管理，健全跨部门的协同管理机制。首先，要主动健全多部门的联席会议制度，定期对学校体育改革的重点和难点问题进行充分的沟通、协商；其次，可借鉴发达国家的经验，通过联合签署合作框架或备忘录的形式，充分厘清各部门、各主体的职责边界，避免职责模糊现象[②]；最后，要充分利用现代科技，整合不同行政部门的信息系统，以此来消除“信息孤岛”效应。

---

① 俞可平. 论国家治理现代化[M]. 北京：社会科学文献出版社，2014.

② 赖先进. 论政府跨部门协同治理[M]. 北京：北京大学出版社，2015.

# 第三章　改革开放以来我国学校体育政策

审视我国学校体育的改革和发展，政策是一个不可或缺的考察维度。学校体育改革的实践进程一方面表现出政策的引领和规制；另一方面，也出现了各种政策问题和困惑。“怎样才能更好地推进并深化学校体育改革?”这个问题本身就交织着对学校体育政策的认识和思考。今天，站在新时代的历史起点上，对推动我国学校体育改革和发展的政策予以再探讨、再认识，不仅有助于我们理解并把握我国学校体育的改革脉络和发展经验，还有利于拓展新时代我国学校体育改革持续深化的思路。

## 一、改革启动期（1978—1989）

1978年4月，教育部、国家体委和卫生部联合印发了《关于加强学校体育、卫生工作的通知》，要求各地、各校全面落实党的教育方针，切实做好学校体育和卫生工作。1979年5月，教育部、国家体委、卫生部和共青团中央召开了全国学校体育卫生工作经验交流会，重新确立了学校体育在整个教育体系中的重要位置。“扬州会议”之后，1979年10月，教育部、国家体委颁布了中小学、高等学校两个《学校体育工作暂行规定》（简称

《暂行规定》），作为改革开放以来引领我国学校体育发展的重要政策文献，以及中华人民共和国成立后第一部系统的学校体育工作专门法规，为学校体育从混乱状态回归正常轨道提供了重要的政策保障。

1985年，《中共中央关于教育体制改革的决定》（简称《决定》）颁布，这是改革开放进程中推动我国教育变革的首个具有里程碑意义的政策性文件，以此为标志，我国教育事业进入了改革开放的新时期。《决定》指出，要变革同社会主义现代化建设不相适应的教育思想、教育内容和教育方法，改善学校的办学条件，增加学校的教师供给。为适应教育改革的新形势，教育部及其他部委还制定了系列推进、规范学校体育发展的政策文件，如《关于加强中小学体育师资队伍建设的意见》《中学生体育合格标准》《中小学体育器材设施配备目录》，这些政策的出台和实施较好地适应了改革开放初期国家和社会对学校体育的要求，也为学校体育在后一阶段的良性发展奠定了政策基础。

## 二、改革探索期（1990—1998）

进入20世纪90年代，我国教育体制改革逐步深入，学校体育作为一种独立而完整的教育形态，也开始进入一个更为制度化、规范化的发展阶段。为加强学校体育管理，使学校体育工作有章可循、有法可依，1990年，经国务院批准，国家教委、国家体委联合发布了《关于实施〈学校体育工作条例〉的通知》。《学校体育工作条例》全面总结了改革开放以来学校体育工作的经验，特别在学校体育工作两个《暂行规定》实施情况的基础上，对体育教学，课外体育活动，课外体育训练和竞赛，组织机构和管理，体育师资，场地、器材、设施和经费投入等做出了明确规定，为我国学校体育工作的规范化、科学化发展奠定了重要的制度基础。

1992年，国家教委正式制定并颁发了《九年义务教育全日制小学体育教学大纲》和《九年义务教育初级中学体育教学大纲》两部具有纲领性、指导性意义的重要文件，对体育教学的目标、内容、原则、途径、实施等做出了具体规定。

1993年2月，中共中央、国务院印发了《中国教育改革和发展纲要》，提出："进一步加强和改善学校体育卫生工作，动员社会各方面和家长关心学生的体质和健康。各级政府要积极创造条件，切实解决师资、经费、体育场地、设施问题，逐步做到按教学计划上好体育与健康教育课""全社会都要关心和保护青少年的健康成长，形成社会教育、家庭教育同学校教育密切结合的局面"。推动了体育观念的转变，丰富了体育的内涵，为学校体育的新型实践探索创造了必要的理论支持和良好的外部条件。

1996年12月，国家教委体育与卫生艺术教育司颁发了《全日制普通高级中学体育教学大纲（供试验用）》，首次把"为终身体育奠定基础"这一可持续发展的体育观念，以及"促进学生身心健康""培养学生社会责任感"等价值诉求写进大纲，对促进我国体育教学改革的发展产生了积极影响。

## 三、改革深化期（1999—2009）

21世纪初期，我国学校体育事业面临着新的发展形势，也有了新的发展方向。1999年6月，《中共中央　国务院关于深化教育改革全面推进素质教育的决定》，正式将"推进素质教育"确立为深化我国教育改革的核心任务，标志着我国教育改革进入了持续深入的新时期。全面推进素质教育是对各级、各类教育提出的要求，学校体育改革和发展因此有了新的主题和指向。它明确指出："学校教育要树立健康第一的指导思想，切实加强体育工作，使学生掌握基本的运动技能，养成坚持锻炼身体的良好习惯。”这一时期学校体育改革的核心是酝酿并实施新一轮基础教育体育课程改革。以体育课程教材改革带动学校体育全面、整体改革体现了我国学校体育领域一场广泛而深入的理论和实践创新，在我国学校体育发展史上具有里程碑意义。

教育部于2001年印发了中小学《体育与健康课程标准》，于2003年印发了《普通高中体育与健康课程标准》。与以往历次课程改革相比，新一轮体育课程改革的一大创新是把中华人民共和国成立以来沿用了半个世纪之久的“教学大纲”改为“课程标准”，体现了国家课程纲领性文件由指令性向指导性方向转变。“课程标准”蕴含着新时期我国课程改革的素质教育理念，反映了国家转变人才培养模式、提高人才培养质量的意志，推动我国学校体育迈向崭新的发展阶段。

学校体育的本质功能是为人的终身健康、全面发展打基础，增强学生体质、促进学生身心健康发展是学校体育改革的基本价值取向，是深化学校体育改革的核心任务。学生体能素质下降不符合素质教育的根本要求。因此，针对我国青少年体育工作存在的问题及学生体质健康水平总体上令人担忧的状况，2007年5月，中共中央、国务院第一次以中央文件的形式颁布了《中共中央　国务院关于加强青少年体育增强青少年体质的意见》，清楚地显示了深化学校体育改革的国家意志。它作为我国学校体育领域有史以来规格最高的纲领性文件，为深化学校体育改革提供了有力的政策保障。

## 四、综合改革期（2010—2016）

经过20世纪初10年的探索实践，我国教育事业进入了深化综合改革和质量提升的新时期。2010年7月，第四次全国教育工作会议召开，会议制定并颁布了《国家中长期教育改革和发展规划纲要（2010—2020年）》，强调“加强体育，牢固树立健康第一的思想，确保学生体育课程和课余活动时间，提高体育教学质量，加强心理健康教育，促进学生身心健康、体魄强健、意志坚强”。

这个阶段的学校体育进入了以综合性的政策创新引领学校体育转型发展的关键时期，将改革的主要目标放在了体系、体制和机制的健全和完善上。2012年，国务院办公厅印发《关于进一步加强学校体育工作的若干意见》，重点确立了新时期学校体育改革和发展的机制性目标。为了保障学校体育改革的顺利进行，相关政策体系进一步完善。2013年11月12日，中国共产党第十八届中央委员会第三次全体会议通过了《中共中央关于全面深化改革若干重大问题的决定》，提出了要“强化体育课和课外锻炼，促进青少年身心健康、体魄强健”二十三个字。

2014年，教育部颁布了《学生体质健康监测评价办法》《中小学校体育工作评估办法》《学校体育工作年度报告办法》三个重要文件，进一步完善了学校体育工作“决策—实施—监测—评估—反馈”的制度体系和运行机制。这三个文件既对新时期我国学校体育工作提出了新的要求，更明确了推动学校体育政策落地生根、切实提升政策绩效的创新举措。

同时，教育部大力发展校园足球作为推进学校体育综合改革的一个突破口和重点探路工程，并于2015年印发了《关于加快发展青少年校园足球的实施意见》，对青少年校园足球工作进行了具体部署。2016年4月，国务院办公厅印发了《关于强化学校体育促进学生身心健康全面发展的意见》，指明“强化学校体育是实施素质教育、促进学生全面发展的重要途径，对于促进教育现代化、建设健康中国和人力资源强国，实现中华民族伟大复兴的中国梦具有重要意义”。同年，中共中央、国务院印发了《“健康中国2030”规划纲要》，指出健康是促进人的全面发展的必然要求，是经济、社会发展的基础条件。

学校体育在“健康中国”战略中处于基础性、战略性地位，建设“健康中国”为学校体育的改革和发展指明了方向，提供了更为广阔的发展空间。

## 五、新时代全面改革（2017年之后）

2017年10月，习近平总书记在党的十九大报告中指出“中国特色社会主义进入了新时代”，这是中国发展新的历史方位。十九大报告进一步强调要在教育领域全面贯彻党的教育方针，深入落实“立德树人”的根本任务。同年12月，《普通高中体育与健康课程标准（2017年版）》正式颁布，充分彰显了党和国家对新时期人才培养的新要求，更好地体现了体育与健康课程的健身、育人功能，更好地促进了学生的身心健康、体魄强健、全面发展。此文件的出台标志了体育课程改革迈向了发展核心素养的新时代。

另外，基于学校体育工作当中的薄弱部分和热点问题，教育部还颁布了《关于推进学校体育场馆向社会开放的实施意见》《学校体育美育兼职教师管理办法》《北京2022年冬奥会和冬残奥会中小学生奥林匹克教育计划》《全国青少年校园足球改革试验区基本要求（试行）》等系列文件，以政策确保校园运动安全，解决体育师资不足等难处，并应对我国足球全面革新和2022年北京冬奥会的标准。

2018年9月，习近平在全国教育大会上关于学校体育的讲话中强调：“要树立健康第一的教育理念，开齐开足体育课，帮助学生在体育锻炼中享受乐趣、增强体质、健全人格、锤炼意志。”指引了学校体育改革和发展的方向。2019年6月23日，《中共中央　国务院关于深化教育教学改革全面提高义务教育质量的意见》出台，其中具体指出：强化体育锻炼，坚持健康第一，实施学校体育固本行动。严格执行学生体质健康合格标准，健全国家监测制度。开齐开足体育课。科学安排体育课运动负荷，开展好学校特色体育项目，大力发展校园足球，让每位学生掌握一至两项运动技能。鼓励地方向学生免费或优惠开放公共运动场所，通过购买服务等方式鼓励体育社会组织为学生提供高质量的体育服务。

2020年9月，教育部、体育总局印发了《关于深化体教融合促进青少年健康发展的意见》，不仅对体教融合工作进行了一体化的布局，还一体化助推了体教融合工作。同年10月，中共中央办公厅、国务院办公厅印发了《关于全面加强和改进新时代学校体育工作的意见》，持续健全学校体育顶层设计。

对于处理中小学生身心健康问题，教育部颁布系列文件，有《教育部办公厅关于加快推进学校体育美育教学改革的通知》《〈体育与健康〉教学改革指导纲要（试行）》《关于进一步加强中小学生体质健康管理工作的通知》，持续助推学校体育工作。

2021年7月，中共中央办公厅、国务院办公厅印发了《关于进一步减轻义务教育阶段学生作业负担和校外培训负担的意见》，学校体育课后服务迅速成为社会着重关注的焦点，彰显了学校、社会、家庭对体育越来越高的重视度，以及学生参与体育日益高涨的热情。整体来看，在新时代语境下，学校体育相关政策陆续出台，日益健全的学校体育政策正逐渐形成一个较为完善的体系，为学校体育改革的发展提供强有力的政策保障。

# 第四章　新时代学校体育领域重点问题探索

## 一、体育课程思政与立德树人

### （一）理念内涵

体育课程思政是“课程思政”的重要形式。课程思政指在专门的思政课程之外，通过其他课程，在传授相关学科专业知识的同时进行思政教育的一种教学活动。注重技术的体育课程的本质就是通过身体练习达到育人的目的，理论类体育课程则以技术类课程为基础。体育课程思政体现为以身体练习为主要特征，以运动项目为主要内容，在提高身体操作知识和能力的同时进行思政教育的理念，是体育和体育教师价值的升华，并不代表增加额外的课程负担①。

### （二）实践应用

落实立德树人的根本任务，体育课程思政是重要途径。要强化体育教师的课程思政意识，敦促并帮助体育教师不断提高思想政治理论学习的主动性、自觉性；同时提升他们的课程思政能力，鼓励他们积极参加相关的课程思政培训活动。在设计阶段，需要秉持以下几大原则：

首先，需要转变教学理念。在普通的中小学当中，体育学科被边缘

---

① 武冬.体育课程思政原理、设计、问题研究[J].北京体育大学学报，2022（6）.

化，学科属性转变效果不佳，体育课程学科地位较弱，会出现“让步”的教育现象。同时，大学体育教师与其他教职工相比，数量趋低。“德、智、体、美、劳”五育并举的口号尽管早已有之，但体育的“地位之殇”仍然严峻，“蹦蹦跳跳”“打打闹闹”的固有的刻板印象急需改变。体育课程思政的“口号”特点愈发明显，只呈现为对运动员的拼搏故事进行简单表述的形式，并未上升至立德树人的教育效果。

其次，教学目标要立足身体变化，实化目标。体育课程的最直接的目标就是以一定的身体练习实现身心的塑造和转变。这是体育课程思政目标的基石，没有实现身心的转变，其他目标可以说仅为空谈。

最后，教学方法的选择要确保以学生为中心，切实突出“以体育人”的教育要义，使学生明确体育绝非仅强调技战术、身体强弱等表层现象，而是进行人格塑造、修身养性的高尚学科。

**（三）时代价值**

进入新时代，在教育领域大力发展学校体育，课程思政要素融入学校体育既是必然趋势，也是应然选择。体育课程要素与思政元素实现有机融合，促进体育与德育双育并重，则必定要求遵循体育和德育的教育规律，从而达到教育目的①。体育课程与思政课程都涵纳了关于自身修养，以及处理个体与集体的关系的要素因子，在心理发生机制上存在共同的路径。

当今教育环境下社会倡导的课程思政教学理念为体育课程与思政课程的耦合提供了强有力的外部环境动力。它同时反作用于社会，有利于加强社会主义核心价值观教育，丰富新时代体育文化的精神内涵，拓宽新时代体育精神传播途径，最终构建新时代的革命精神和体育精神。

① 柴立森，张锐.价值耦合：体育课程思政的学理内蕴与实践路径的研究[J].北京体育大学学报，2022（6）.

## 二、学校体育课程一体化构建

### （一）历史背景

2016年发布的《国务院办公厅关于强化学校体育促进学生身心健康全面发展的意见》中明确提出："以培养学生兴趣、养成锻炼习惯、掌握运动技能、增强学生体质为主线，完善国家体育与健康课程标准，建立大中小学体育课程衔接体系。"① 确定不同学段的学习内容，充分体现了衔接性特点，按照内容难易程度和学生身心发展规律上下衔接，避免低级重复，使得学生的体育学习在各学段学习中的适宜性和实效性逐步提高，从而满足教育和学生的发展需求。

### （二）理念内涵

体育课程一体化是体育课程改革的必然趋势，更是体育教育质量提升的保障性体系。体育课程一体化是一个综合性的概念，涉及多个方面，而非聚焦在某一个视角。体育课程一体化内涵可被集中概括为"纵向衔接，横向一致，内在统一，形式联合"，具体而言，就是分别从内容、评价、目标、实施等多个维度共同呈现体育课程一体化的本质②。

一体化评价需要体现相同学段"横向一致"。体育课程一体化"横向一致"指相同学段的学生在评价结果（具体指运动能力等级水平）上保持相对一致，包括基本运动能力和专项运动能力。对于不同的运动项目，需要在各自的项目等级上达到同一水平。这种"横向一致"的规范要求，也将有利于实现上、下学段课程内容的有效衔接。在追求一体化目标上保持各专项运动"内在统一"也是应然要求，任何一种专项运动都不能仅仅局

---

① 国务院办公厅关于强化学校体育促进学生身心健康全面发展的意见（国办发〔2016〕27号）[EB/OL]. https://www.gov.cn/zhengce/content/2016-05/06/content_5070778.htm.

② 于素梅. 一体化体育课程的旨趣与建构[J]. 教育研究，2019（12）.

限于传授技能。全方位实现其功能，起到对学生进行有效的教育、引导和培养作用，各专项运动都需要保持目标维度上的“内在统一”。在这种统一性要求的驱动下，各类运动项目的育人价值被发挥得淋漓尽致。

在实施维度上，则要注重内修、外学形式联合。体育课程实施效果决定课程改革的速度，影响课程改革的深度，还反映课程改革的广度。只有在实施层面做到“形式联合”，体育课程一体化才能发挥更显著的作用。①

### （三）时代价值

学校体育课程在各个学段衔接性较差、不够连贯的问题严重，导致学生尽管上了12年的体育课，却连一项运动技能都没有学会、学懂、学透。究其根本，就是没有把体育课程当作一个整体来看。基于此，学校体育必须建立连贯的体育课程内容体系，由基础而提高，再拓展，逐步实现体育课程教学改革和教学质量提升，促进体育教师教育、教学能力提高，实现青少年学生至少掌握一项运动技能，培养他们终身体育的意识，从而筑牢体育在“德、智、体、美、劳”五育中的学科地位，实现全面育人的教育目标。

## 三、体育进中考、高考问题透析

### （一）中考体育

应试教育影响之下，体育的“冷门”学科属性由来已久，无论是学校，还是学生家长，都缺乏对体育的重视。尽管体育作为中考科目之一的实施时间较长，但是更好地构建科学、合理的中考制度，强化学生的全面发展，还需要在思想和实践上保持重视和精进的积极态势。本着明确“落实

① 于素梅.体育课程一体化联动机制及其有效运行[J].首都体育学院学报，2021（1）.

中考体育制度是促进学生全面发展的重要保障”之理念，实行这一制度，能够夯实体育在中学教学体系中的重要地位，解决体育边缘化的问题，让体育教学有明确的教育、教学目标，提高教和学的积极性、主动性，有效提升体育教师的地位，使之施展自身才华。同时强化了家庭、学校及社会对体育的重视，使学校体育的推广和深入不再表现为体育教师的单打独斗，教育效率大大提高。除此之外，贯彻中考体育制度是体育课程建设受到重视的集中体现。转变思想和观念，构建科学、合理的体育课程体系是中考体育制度被贯彻实行之后，初中体育教学发展的重要转变①。构建符合中考体育制度的课程体系，成为提高体育教学质量的重要保障，也是现阶段中学体育教育发展的基础。

**（二）体育进高考**

深化教育、教学改革是高考面向未来发展的重要突破口。2020年，国家体育总局、教育部颁布了《关于深化体教融合促进青少年健康发展的意见》，提出将体育科目纳入初中、高中学业水平考试范围。中考体育效果显著，但学生在高中阶段体质下滑问题也是不争的事实。参照将体育科目纳入中考的经验，如将体育纳入高考，将直接提升体育课在高中课程安排中的地位，从而调动政府、社会、学校、家长等为学生开展体育健身活动创造便利的条件，缓解学生体质持续下滑的不良现象。

体育进高考有助于确立体育在“五育”中的地位，转变社会大众对体育的传统认知，完善体育考试制度和国家教育考试内容，推动基础教育体育与健康课程全面改革②。然而，体育进高考可能影响教育公平，增加利益主体的压力，产生考试异化现象，影响人才选用标准，需要进行认真的

① 白银龙，聂锐新，李学东.我国中考体育改革的历史变迁、演进特征与未来路向[J].中国考试，2022（3）.

② 陈伟忠，胡中锋.体育进高考的路径选择[J].体育学刊，2018（3）.

预判和防控。

### （三）价值与反思

中考体育的实施对增强学生体质、体育教师和学科的地位，以及转变体育教学观有着积极的作用。但长期以来受“应试教育”影响，在实践过程中难免出现“偷工减料”现象，使体育中考的目的背离初衷，呈现出很多弊端，亟待正视。对此，要提高认识，转变观念，让实施体育中考真正成为促进学生身心健康的手段，进而培养全面发展的人才，助力推进素质教育的进程和学校体育的良性发展。

当前，关于体育进高考的舆论呼声的日渐强烈，以及相关高考改革政策文件的出台，为体育成为高考科目提供了一定的条件。但体育进高考绝非表现为简单地对学生进行体育测试和评估，还会在教育公平、考试异化、人才选拔等多个方面产生影响，风险与机遇并存。因此，需要在深入调研基础上进行理性分析，权衡利弊，周密设计，最终实现平顺改革。

## 四、“教会、勤练、常赛”教学模式的落实

### （一）理念内涵

体育课程教学改革不断深化，体育质量和人才培养也在逐渐提升并优化，体育教学模式的变革在其中发挥着重要作用。2020年10月15日，中共中央办公厅、国务院办公厅发布了《关于全面加强和改进新时代学校体育工作的意见》，提出了“教会、勤练、常赛”的体育课新模式。

“教会”需要了解状态、把握过程，明确学生如何从“不会”到“会”，是理解、掌握和能用的综合体现。教会的最终体现是“能用”，而不是简单地掌握了知识和技能。“勤练”也不只是量的积累，还要注重质的保

障[①]。不拘泥于课堂，需要课内外、校内外联合开展练习活动。“勤练”的结果是养成习惯、掌握技能、增强体能。对于“赛”究竟要达到何种频次，教育部办公厅颁发的《〈体育与健康〉教学改革指导纲要（试行）》明确提出：“面向全体学生，根据体育教学内容合理组织每堂课上的教学比赛，结合体育课堂教学组建班队，以赛促练，掀起体育锻炼的浪潮，使学生享受竞赛乐趣，更加牢固地掌握专项运动技能，培养学生的体育与健康素养。”

### （二）实践应用

小学生往往最喜欢体育课，因为相较于其他课程，体育课具有很强的操作性和趣味性。在课堂上，不仅使身体得到活动和锻炼，还可以享受运动形成的快乐氛围。但体育课毕竟是“课”，需要以教学为主。因此，在体育课的开展过程中，教师要以“教会、勤练、常赛”为原则，实施“学、练、赛、评”一体化教学模式[②]。转变思想是首要任务，应从“以教师为中心”转向“以学生为中心”，使“帮助学生在体育锻炼中享受乐趣、增强体质、健全人格、锤炼意志”与“教会、勤练、常赛”结合，切实帮助学生掌握运动技能。

无论哪个学段的“教会、勤练、常赛”，都应从学生的角度考虑。对于“教会”，教师要在考虑学生个体差异的基础上，在同一时间内尽可能面对更多的学生；在基本确定学生能学会的前提下，教师要在同一时间内让更多的学生参与运动。“勤练”则表现为在以教师为主导的课堂上，教师应尽可能让每名学生动起来；在以学生为主体的课堂练习或课外活动中，教师应尽可能帮助学生进行自主练习、团队合作，并增加对抗练习。

---

① 朱伟强，张旭琳，杜鹃.让“教会、勤练、常赛”成为体育课程常态——《义务教育体育与健康课程标准（2022年版）》解读[J].全球教育展望，2022（6）.

② 季浏.突破关键，推进新时代学校体育高质量发展[J].天津体育学院学报，2022（3）.

另外，体育教师在设置“常赛”时，不仅要考虑设置符合所有学生身体条件的各项体育竞赛，还应利用周末或假期组织学生参与校际或跨区域的体育联赛，满足各类学生的体育运动需求。

## 五、全面深化体教融合

### （一）时代背景

2020年4月27日，习近平总书记主持召开中央全面深化改革委员会第十三次会议，会上审议并通过了《关于深化体教融合促进青少年健康发展的意见》。会议指出：深化体教融合促进青少年健康发展，要树立健康第一的教育理念，推动青少年文化学习和体育锻炼协调发展，加强学校体育工作，完善青少年体育赛事体系，帮助学生在体育锻炼中享受乐趣、增强体质、健全人格、锻炼意志，培养德智体美劳全面发展的社会主义建设者和接班人①。此番“深化体教融合”可被看作对之前的“体教结合”和“体教融合”的进一步升级，它面向的是所有的青少年，目标是推动青少年文化学习和体育锻炼协调发展，支撑理念是“健康第一”的教育理念。同年5月15日，国家体育总局召开全国青少年体育工作视频会议，总局副局长李建明在会议上发表讲话，指出体教融合是党中央、国务院的重大决策部署，是体育事业发展的重点改革事项，是体育战线的重大政治任务，是具有里程碑意义的一件大事②。

由此可见，体教融合由之前的体育部门倡导，教育部门配合，到如今

① 习近平主持召开中央全面深化改革委员会第十三次会议强调：深化改革健全制度完善治理体系，善于运用制度优势应对风险挑战冲击。李克强王沪宁韩正出席[EB/OL].https://www.drc.gov.cn/DocView.aspx?chnid=378&docid=2900559&leafid=1350.

② 林剑，顾宁.深化体育改革，促进体教融合——全国青少年体育工作会议召开[N].中国体育报，2020-05-18.

上升为国家的顶层设计，其背后透射出三个重大信息：一是青少年健康已成为新时代国家和民族发展的重点问题，引起了党和国家领导人的高度重视；二是之前的体教结合和体教融合并未从根本上解决青少年全面发展的问题，唯有深化体教融合，才能彻底改变现状，但深化体教融合难度大，涉及面广，必须自上而下全面推进，才能达到最终的目的；三是体育被摆上青少年教育的重要位置，深化体教融合，就要全面释放体育的育人力量。

**（二）历史回顾**

体教融合在我国由来已久。20世纪80年代，体育界首先提出了“体教结合”，目的是解决竞技体育后备人才培养过程中的学训矛盾、退役运动员的就业安置问题等。为配合体育部门体教结合的倡导，教育部门也为解决运动员的学训矛盾做了诸多尝试，鼓励有条件的大专院校设立高水平运动队，有条件的优秀运动队试行向院校化过渡，促进了体教结合的进一步形成①。当时的体教结合模式主要有四种，即混合型模式、省队校办模式、南体模式和清华模式②。但由于体育和教育分属两个系统，在具体工作中存在沟通不力、协调不当、运行效果不好等问题，致使体教结合在实践中遭遇了种种困难。如体教结合究竟是“以训为主”还是“以教为主”，是“体教结合”还是“教体结合”，在不同历史阶段、不同地区、不同部门主管下，所面临的工作目标和任务自然是不同的。因此，在“体教结合”口号提出后的20余年里，可以说它都没有取得理想的效果，也没有从根本上解决运动员的文化学习和全面发展问题。根本原因就在于体制性的障碍没被破除，这种障碍主要体现在教育和体育两大系统管理部门职能

① 吴建喜.论“体教结合”向“体教融合”的转变[D].北京：北京体育大学，2009.

② 翟丰，张艳平.从“体教结合”到“体教融合”——体育发展方式转变研究[J].成都体育学院学报，2013（10）.

上的隔阂①。而综观世界范围内的竞技体育强国，如美国、德国、英国等，其竞技体育后备人才的培养均以学校为基础，各级学校为青少年运动员体育技能的发展和文化知识的学习奠定了坚实的物质基础和教育基础。因此，将竞技体育人才培养纳入学校体育体系有成熟的经验可借鉴。

进入21世纪，全球范围内青少年学生体质的每况愈下引起了社会的深切关注，我国情况更是不容乐观。《2018年国家义务教育质量监测——体育与健康监测结果报告》数据显示，学生肥胖率、视力不良检出率不降反升，“小眼镜”“小胖墩”等愈加呈现低龄化趋势。青少年全面、健康发展面临重大考验，不仅“显忧”突出，“隐忧”也频频出现，青少年中患抑郁症等心理疾病的人数更是逐年增加。这一现状迫使教育界开始重视文化学习与健康并重的价值导向，关注学生的全面发展，也迫使体育界开始在实践和理论两方面探索从“体教结合”向“体教融合”迈进的路径。从“体教结合”到“体教融合”既受社会基础影响，也受制度逻辑支撑。让体育回归教育，成为实现青少年健康发展的出发点和落脚点。诚如国际奥委会主席巴赫在演讲中所言：“在很多国家，体育在教育体系中应该扮演的角色没有受到重视，体育的作用被很多教师和家长低估。其中就包括中国，甚至可以说，这种状况在中国更为严重。”②可以说，少了体育，就谈不上全面发展；忽视学校体育，教育立德树人的目标就会流于形式。因此，在新时代深化体教融合不仅是体育领域必须解决的大事，也是教育事业进一步提升的重要保障。党的十九大报告指出，中国特色社会主义已进入了新时代，这是我国发展新的历史方位。各项事业都要全面深

① 吴建喜，池建.论我国竞技体育发展方式转变中体教结合向体教融合的嬗变[J].北京体育大学学报，2014（4）.

② 王集旻，王珏玢.让体育回归教育——来自巴赫的善意提醒[EB/OL].http://sports.people.com.cn/n/2014/0820/c383364-25504510.html.

化、扎实推进。然而深化体教融合是一个渐进的过程，只有在深刻认识到前期体教结合推进过程中的痛点和难点的基础上把握当前的现实背景，才能提出针对性的优化路径。

### （三）现实困境

#### 1.目标与任务不匹配

目标任务是推进体教融合的根本方向。中国特色社会主义制度要素下的竞技体育举国体制、机制目标设置与教育体制、机制目标设置的差异性是制约体教融合的重要现实因素。中华人民共和国成立70多年以来，尽管竞技体育举国体制在攀登运动高峰、取得卓越成绩的过程中发挥了重要作用，其功能和价值也被国人广泛认可，但其目标与教育系统立德树人、培养全面发展的人的目标是不同的。此外，新时代体教融合的目标具有多元化特色，对运动员和普通学生的目标要求是不同的。对优秀运动员而言，体教融合的目标在于对其文化素养和学习能力的培养，这种培养不单体现为帮助他们获得一定的文凭，而要引导他们通过文化知识的学习增加退役后社会融入和就业的资本，更好地社会化。对普通学生而言，体教融合不仅能够成为选拔具有运动潜力的学生的重要举措，更能带动更多的学生参与体育、享受体育，使青少年通过体育锻炼全面提升身体素质，并且提高竞技体育后备人才的培养质量。由此可见，体育部门和教育部门进行体教融合的出发点和目标体系是不匹配的，这就使得在具体推进过程中面临的任务、采取的方式等也不尽相同。概括而言，体教部门目标任务的不匹配直接导致了在具体融合过程中出现种种问题，这是新时代深化体教融合必须解决的根本问题。

#### 2.部门协同不得力

部门协同是推进体教融合落实的基础。回顾历史，体教融合由最初的体教配合、体教结合等提法发展而来，虽只有一字之差，却在内涵上相去甚远，所涉及的目标、内容、形式、侧重点、受众、覆盖面等都发生了巨大变化。一般而言，配合或结合可以针对事物的一部分或整体中的部分，甚至是一个点，它是有重点、有区别的，而融合更多体现为一体化、全方位的交融和配合。目前我国在推进体教融合的过程中依然存在一些痛点，部门协同不得力就是其中之一，具体表现为多部门合作分化现象严重，条块分割使得部门之间的沟通和合作不畅通，部门间共建和共享、协同配合的机制还不够完善等。体教融合的实施主体是体育部门和教育部门，全面深化体教融合，两个部门就必须打破壁垒，加强协同，精诚合作。正如2020年5月全国两会期间全国政协委员管建民在提案中指出的那样：我国教育部门的学校体育工作在利用体育部门的专业资源方面还存在沟通和形成合力不够的问题。这些问题带有明显的跨部门和复合性特征。多年来，教育部门的单兵作战明显表现得势单力薄，实践效果也不佳。发挥国家、地方各级体育单项协会在专项技术、人才方面的组织优势，调动体育单项协会服务中小学体育教学工作高质量发展的主动性和积极性，不仅需要体育系统主动发力，更需要教育部门主动协同[①]。因此，破解相关部门协同不力的局面是新时代深化体教融合的重要突破口。

**3. 竞赛体系不兼容**

竞赛体系是推进体教融合的核心内容。当前我国尚未形成完备的，体育部门与教育部门结合的，贯串小、初、高和大学的青少年业余训练体系和竞赛体系，与之配套的运动员审批制度等，这成为制约新时代深化体教融合的重要短板。2020年全国两会期间，政协委员、北京体育大学原副校长陈立人在接受媒体采访时就表示，赛事是撬动青少年体育普及的杠杆，同时也是普通学校、竞技体育、社会俱乐部彼此交流的平台和渠

① 管健民委员：教育和体育部门需进一步形成合力[EB/OL].https://www.chinanews.com.cn/gn/2020/05-25/9194330.shtml.

道[①]。过去十年间，国家相继出台了多项关于推进青少年体育赛事的政策文件。如2016年国家体育总局发布了《关于印发〈青少年体育“十三五”规划〉的通知》，其中明确指出要改革青少年竞赛制度，健全县、市、省、国家四级竞赛体系，完善主体多元、形式多样而灵活的赛制。2019年发布的《体育强国建设纲要》再度明确要推动青少年竞赛体系和学校竞赛体系有机融合；打破部门界限和注册限制，逐步建立面向所有适龄青少年、不同年龄阶段相互衔接的全国青少年U系列竞赛体系。尽管这些政策都对青少年赛事体系的发展和完善起到了推动作用，但都没有从根本上解决教育系统和体育系统两套赛事体系不兼容的问题。

**4. 人才培养不协调**

人才培养是推进体教融合的最终目的。在体教结合向体教融合转变的探索进程中，体育系统原有的人才培养体系并没有被完全打破。当前我国竞技体育后备人才培养主要有两大体系：一是传统青训的三级训练网培养体系，二是学校体育人才培养体系。前者作为我国后备人才培养的主线，长期以来发挥了重要作用，为我国竞技体育事业输送了大量人才，如今却面临着经费支持不足、教练员素质不高、人才输送渠道有限等问题。后者主要为解决退役运动员的文化教育问题而设置，或高校直接招收运动员，组成高校高水平运动队，但面临的主要问题是很多高校高水平运动队的竞技水平不高，无法承担竞技体育“国家奥运争光计划”的重任。除此之外，由于教育部门长久以来一直没有明确高校高水平运动队为国争光的目标要求，只照搬以往的训练模式，并没有相对完整的关于从小学到大学符合学训规律的校园化竞训体系、人才选拔和输送机制，以及相应的保障机制的制度化建设，竞技体育的后备人才培养与学校体育人才培养的融合也

---

① 新华社.体教融合，让体育陪伴成长[EB/OL]. http://ln.people.com.cn/n2/2020/0603/c378331-34061386.html.

并未形成一种协调机制，导致两套人才培养体系在现实中各自面临尴尬的境地，亟待改革。

**（四）路径探索**

**1.加强思想观念融合**

思想观念融合是确保新时代体教融合的基本前提。习近平总书记指出，没有全民健康，就没有全面小康。人民群众的身体健康情况是社会主义核心价值观的具体体现，青少年的全面、健康发展更是国家强大、民族复兴的重要基础。过去的体教融合工作存在短板，一个较为突出的问题就是缺乏科学、合理的顶层设计。深化体教融合意见在转变思想、革新观念方面起到了极大的引领作用。在新时代深化体教融合，需要教育部门和体育部门破除成见，在思想观念上做到高度统一，共同认识到中央深改委从国家层面推进体教融合的本质意义。正如中国篮协原主席姚明所言，体教融合的核心是重视体育在教育中发挥的积极作用。要深刻认识到新时代体育在学校体育中的核心地位，加强学校体育工作。教育部门和体育部门都要站在服务青少年全面、健康发展的高度深刻认识到体育的多元功能和学校体育教育的价值。新时代的体教融合不仅有促进青少年文化学习和体育锻炼协调发展、解决退役运动员就业和社会融入等问题的目的，更在促进青少年全面、健康发展，实现民族复兴等方面意义深远。唯有提高站位，树立正确的思想观念，才能在具体的工作中将深化体教融合与实现体育强国、教育强国、健康中国的伟大目标结合，体现出体育和教育在现代化强国建设进程中的应有担当。

**2.促进目标任务融合**

目标任务融合是确保新时代体教融合的根本方向。目标任务的融合以思想观念的统一为先导，并在此基础上形成一致的工作目标和奋斗方向。新时代深化体教融合的根本目标便是促进学生文化学习和体育锻炼协调发展，培养出德、智、体、美、劳全面发展的社会主义建设者和接班人，立足学生的文化素养和身体健康，指向学生身心的全面、健康发展。体育作为教育的重要组成部分，在人的全面发展过程中作用独特。因此，教育部门和体育部门都要牢固树立“健康第一”的教育理念，将促进青少年全面、健康发展作为相关工作的出发点和落脚点，切实认识到加强学校体育工作的重要性和紧迫性，强调学校体育的育人功能，充分实现让学生“享受乐趣、增强体质、健全人格、锤炼意志”的目标，让学校体育真正回归教育的本质，最大地发挥其多元功能，从而更好地推动青少年文化学习和体育锻炼协调发展，为培养合格的社会主义建设者和接班人奠定坚实的基础。

**3.加快资源配置融合**

加快资源配置融合是确保新时代体教融合的现实基础，其中最为重要的两大资源便是人才资源和赛事资源。首先，在人才资源上，要不断优化“体教融合”的三级训练网体系，体育部门和教育部门要整合已有体育传统特色学校、体校、体育特色学校资源，联合建设高校高水平运动队，并将之纳入竞技体育后备人才培养体系，与省队、国家队有机衔接，打造新型的体育系统、教育系统和社会力量多元投入的竞技体育后备人才培养体系①。同时发挥高校建设高水平运动队的优势，形成以学校为主体的运动员培养模式，让高等体育院校积极承担相关使命和任务，使两大人才培养体系进一步融合，共同在服务国家竞技体育“奥运争光”的同时培养出竞技水平和文化素养俱佳的青少年学生运动员。其次，在新时代深化体教融合，必须构建横向联结、纵向打通的新型青少年体育竞赛体系。竞赛是推进体教融合的核心节点，只有进一步整合体育部门和教育部门的各类青少年体育赛事，打造适合两套系统发展的贯串小学和大学的多级竞赛体系，

① 杨国庆，彭国强.新时代中国竞技体育的战略使命与创新路径研究[J].体育科学，2018（9）.

才能解决体教融合的核心问题。

**4.落实政策措施融合**

政策措施融合是新时代深化体教融合的重要保障。20世纪80年代以来，体教融合就一直在改革中摸索前行，但一些深层次的问题还未得到根本解决，如学训矛盾等。这些问题不是依靠部门之间的协调就可以解决的，需要完善相关的政策制度，促进体制、机制改革。如推进体教融合发展的政策体系、学校体育工作的评估体系、校园运动康复和安全防护体系、青少年课余训练和竞赛体系、体教融合与市场化参与体系等都需要在新时代深化体教融合的进程中不断予以完善。与此同时，各项具体措施也需要在实际操作过程中得到进一步融合。新时代的体教融合在落实上一定强调体育部门和教育部门的一体化推进，但在促进青少年全面、健康发展的过程中，这绝不仅仅是体育和教育两个部门的事情，而需要多部门、多主体的分工合作，需要全社会的共同努力。深化体教融合是政府、社会、学校、家庭和个人的共同责任，要树立多元融合的开放的融合理念，只有政府、社会、学校、家庭同向发力，新时代深化体教融合的目标才能顺利实现。要构建“政府 — 社会 — 学校 — 家庭”四位一体的协同推进创新机制，构建多元社会主体积极参与的体教融合的市场化机制，构建体育部门、教育部门与社会力量的联动机制，支持社会体育组织为学校体育提供服务和指导，鼓励青少年体育俱乐部和学校体育俱乐部的发展，为促进青少年全面、健康发展提供更好的社会支持①。

① 钟秉枢.问题与展望：体教融合促进青少年健康发展[J].上海体育学院学报，2020（10）.

# 下篇　学校体育理论知识及应用

# 第一章　学校体育发展概况

## 一、名词解释

### （一）《奏定学堂章程》

也称《癸卯学制》，是中国近代教育史上由政府公布并在全国范围内实行的第一个新教育学制。规定我国各级学堂开设体操科，初等小学堂、高等小学堂和中学堂每周均为3小时。《癸卯学制》的颁布和实施标志着我国从此结束了2000多年来封建社会学校教育中没有体育课程的历史。

### （二）《壬子癸丑学制》

为1912（壬子年）—1913（癸丑年）民国政府制定并公布的学校系统，规定初等小学校（学制4年）为义务教育，毕业后得入高等小学校（学制3年）或乙种实业学校（学制3年）。高小毕业后得入中学校（学制4年）、师范学校（学制为本科4年，预科1年）或甲种实业学校（学制3年）。中学校毕业后得入大学（学制为本科3—4年，预科3年）、专门学校（学制为本科3—4年，预科1年）或高等师范学校（学制为本科3年，预科1年）。全部教育年限为18年，6岁入学。该学制参照日本明治维新后新学制而拟定，施行到1922年，废除了教育上的两性差别和清朝的贵胄学堂。除了高师，允许开办私立学校。

### （三）军国民体育思想

军国民体育思想是影响我国近代学校体育实践的重要思想之一，它以强烈的爱国激情为基调，以救亡图存、保国强种、挽救民族于危难中为价值取向，主张学校体育要重视强身健体，培养尚武精神，注重集体纪律教育。其目的在于把体育纳入军事训练的范畴，培养具有军事技能的公民。严格来说，军国民体育思想没有形成独立的思想体系，它是依附于军国民教育思想而存在的。

### （四）自然主义体育思想

自然主义体育思想是一种体育学派，体现为夸美纽斯、卢梭等人的自然教育论观点在体育领域的应用。该学派认为体育是教育的一种形式，强调体育育人的教育目的，以及体育要融于生活，推崇自然活动作为体育的重要手段。其主要观点是强调体育应以生物学和教育学原则为指导，以人对运动的需求为基础，建立“合自然性”的促进人体发育、成长的身体锻炼体系；主张把身体锻炼的概念扩展到日常的运动和劳动；强调体育教学要适应儿童的智力和身体发育的实际。

### （五）“快乐之家”

“快乐之家”是意大利教育家维多里诺·德·费尔特雷在继承古罗马教育家昆体良的教学法思想的基础上，结合自己对教育的认识和理解而兴办的新兴学校。学校规定学生都必须参加体育活动，其内容基本上沿袭中世纪宫廷学校的几种身体活动形式，如骑马、赛跑、射箭、击剑、跳跃、游泳、球类运动，以及远足、旅行、军事活动，等等。“快乐之家”的学校体育为近代学校体育的兴起奠定了一定的基础。

## 二、填空题

1.国外古近代的学校体育以欧洲为主要发源地，是国外学校体育发展的典型代表。

2.英国资产阶级教育家洛克主张“绅士”教育，明确地把教育划分为德育、智育、体育三部分，并强调体育是一切教育的基础。

3.著名教育家夸美纽斯提出了“适应自然”的教育原则，奠定了近代资产阶级教育理论和学校体育的基础，被誉为“近代学校体育之父”。

4.著名教育家巴泽多于1774年在德国创办博爱学校，把体育列为学校正式课程。

5.德国体育教育家古茨穆斯对近代学校体育发展做出了杰出贡献，被誉为“德国体操之父”。

6.法国思想家、教育家卢梭是自然主义教育思想的代表人物，代表作是《爱弥儿》。

7.我国古代学校体育从奴隶社会开始出现。

8.西周国学的教育内容具体的科目是“六艺”，即礼、乐、射、御、书、数。

9.1904年《癸卯学制》即《奏定学堂章程》的颁布和实施，标志着我国从此结束了2000多年来封建社会学校教育中没有体育课程的历史。

10.1917年，毛泽东以“二十八画生”的笔名在《新青年》杂志上发表《体育之研究》一文。

11.1956年，教育部正式公布全国统一的《小学体育教学大纲》和《中学体育教学大纲》，这是中华人民共和国成立后颁布的第一套体育教学大纲。

12.1990年3月12日国家教育委员会和国家体育运动委员会联合发布

实施了《学校体育工作条例》和《学校卫生工作条例》，标志着中国学校体育和卫生工作进入了法制化的轨道。

13.2007年5月7日，中共中央、国务院发布了《中共中央　国务院关于加强青少年体育增强青少年体质的意见》的文件。

14.国务院办公厅于2016年5月6日印发《关于强化学校体育促进学生身心健康全面发展的意见》，就推动学校体育改革、发展和强化学校体育工作做出全面部署。

15.2020年10月，中共中央办公厅、国务院办公厅印发了《关于全面加强和改进新时代学校体育工作的意见》，贯彻落实习近平总书记关于教育、体育的重要论述和全国教育大会精神，把学校体育工作摆在更加突出的位置，构建德、智、体、美、劳全面培养的教育体系。

## 三、判断题

1.西周时期国学的“六艺”，即礼、乐、射、御、书、数。“六艺”中的礼、乐、射、御被视为我国学校体育的雏形。

答：正确。

2.1903年，清政府颁布并实施《癸卯学制》(《奏定学堂章程》)。《癸卯学制》的颁布和实施标志着我国从此结束了2000多年来封建社会学校教育中没有体育课程的历史。

答：错误。

解析：1903年制定《奏定学堂章程》，1904年颁布并实施。

3.法国思想家、教育家夸美纽斯的代表作有《爱弥儿》。

答：错误。

解析：法国思想家、教育家卢梭的代表作有《爱弥尔》。他是自然主义教育思想的代表人物，主张教育与体育结合，要顺应儿童的自然本性。

4.我国古代学校体育从隋唐时期开始出现。

答：错误。

解析：我国古代学校体育从奴隶社会开始出现。据相关文字记载，早在商代就有过学校体育，以西周时期最为典型。

5.2006年12月23日，中华人民共和国成立以来的第一次全国学校体育工作会议在北京召开。

答：正确。

6.德国博爱主义教育家古茨穆斯于1744年在德绍创办博爱学校。

答：错误。

解析：德国博爱主义教育家巴泽多于1774年在德绍创办博爱学校。德绍博爱学校的教育思想和实践在当时产生了很大的影响，各地先后建立了很多这类学校。

7.1949年10月，在中华全国体育总会筹备会上，朱德指出："体育是文化教育工作的一部分，也是卫生保健的一部分。"

答：正确。

8.2007年5月7日，中共中央、国务院颁发了《九年义务教育全日制中小学体育教学大纲》，简称"中央7号文件"。

答：错误。

解析：2007年5月7日，中共中央、国务院颁发了《关于加强青少年体育增强青少年体质的意见》（中发〔2007〕7号，简称"中央7号文件"），这是中华人民共和国历史上第一个以中共中央、国务院的名义，针对学校体育、卫生工作颁布的最高级别的文件。

9.1903年，清政府颁布了《新学制课程标准》，规定各级、各类学堂中都设立体操科。

答：错误。

解析：1903年，清政府制定了《癸卯学制》，即《奏定学堂章程》，并于1904年颁布并实施，规定我国各级学堂开设体操科。《癸卯学制》的颁布标志着我国从此结束了2000多年来封建社会学校教育中没有体育课程的历史。

10.德国博爱主义教育家巴泽多于1776年在德绍创办博爱学校，每天开展2小时的体育活动。

答：错误。

解析：德国博爱主义教育家巴泽多于1774年在德绍创办博爱学校，每天开展3小时的体育活动。

11.国民党统治时期，国民政府教育部门分别进行了6次体育课程标准的修订。

答：错误。

解析：国民党统治时期，国民政府教育部门分别进行了5次课程标准的修订。这些课程标准的颁布和实施推动了我国近代学校体育的发展，使学校体育逐步走向科学化、国际化的道路。

12.自德国博爱学校开始实施后，各国先后用法律和法令的形式对学校体育作了全面的规定，标志着近代学校体育制度正式建立。

答：正确。

13.古代国外学校体育起源于罗马。

答：错误。

解析：古代国外学校体育起源于欧洲的古希腊，古希腊的学校体育是古代国外学校体育发展的典型代表。

14.1951年，毛泽东主席在写给时任教育部部长马叙伦的信中强调“要各校注意健康第一，学习第二”。

答：正确。

15.1979年召开的“全国学校体育卫生工作经验交流会”（扬州会议）讨论制定了我国《中小学体育教学大纲》。

答：错误。

解析：1979年在扬州召开的“全国学校体育卫生工作经验交流会”（扬州会议）是中华人民共和国学校体育历史上的一次重要会议，讨论制定了《中小学体育工作暂行规定》等几个有关学校体育工作的制度。

## 四、简答题

### （一）试比较古希腊斯巴达与雅典学校体育的异同

答：古希腊的教育代表西方奴隶制社会教育发展的高峰，是西方奴隶制国家教育完整而典型的代表。在古希腊各城邦之中，斯巴达和雅典的教育具有典型的代表性，但两个城邦的学校体育又存在不同之处。

斯巴达是奴隶主寡头政治的城邦国家，为维护这种统治，斯巴达实行全民皆兵，一切活动以军事为出发点的统治策略。其军事体育训练的基本项目为“五项竞技”：赛跑、跳跃、角力、掷铁饼、投标枪。此外，也需要学习骑马、游泳、作战游戏、击剑等。男孩在7岁后即被送往国家设立的学校接受教育，参加正规的军事训练；女子（7—18岁）也要接受军事体育训练。这种严格的体育制度的实施使斯巴达人获得了比其他城邦的居民更加良好的身体素质。但是，斯巴达人偏重于军事体育，忽视了知识教育。

雅典体育的重要特征之一是体育的民主性，其最突出的体现是公民都享有体育权。雅典公民在尚未成年之时便有资格接受包括体育在内的全面发展的教育。从文法学校、音乐学校、体操学校到国家体育馆，各级教育机构都对他们开放。体育在雅典的学校教育中占有重要的地位。体操学校以体育操练为主，学习内容有赛跑、跳跃、角力、掷铁饼、投标枪（五项竞技），以及游泳、舞蹈等。五项竞技、游泳等是雅典和斯巴达的体育训练中共同具有的项目；在课的目的上也有一致的地方，那就是首先都着眼于发展学生的体力，使之成为身体强壮的人。但是，雅典并没有像斯巴达那样把体育的目标限于狭隘的军事范围，雅典人在体育方面有更多、更高的追求。所以，雅典教育将体育与德育、智育、美育结合，培养身心和谐发展的人，形成了比较完整的教育体系。

**（二）简答国外近代学校体育思想的形成及特征**

答：随着资本主义的出现，以及近代科学、技术的不断发展，在资产阶级教育思想和实践的发展进程中，学校体育进入了一个崭新的发展阶段。

第一，意大利教育家维多里诺在继承古罗马教育家昆体良的教学法思想的基础上，结合自己对教育的认识和理解，创办了“快乐之家”。学校规定学生都必须参加体育活动，如骑马、赛跑、射箭、击剑、跳跃、游泳、球类运动，以及远足、旅行、军事活动，等等。“快乐之家”的学校体育为近代学校体育的兴起奠定了一定的基础。

第二，捷克教育家夸美纽斯创立了班级授课制，提出“适应自然”的教育原则，奠定了近代资产阶级教育理论和学校体育的基础。法国思想家、教育家卢梭受夸美纽斯的影响，提出了崇尚自然主义的教育和体育思想。主张教育要与体育结合，要顺应儿童的自然本性，按儿童的兴趣和爱好组织活动，使儿童身心自由发展，重视利用自然条件使儿童锻炼身体，培养儿童的意志，使儿童学会生活的技能。

第三，英国资产阶级教育家洛克主张“绅士教育”，明确地把教育划分为德育、智育、体育三个部分，并强调“健康之精神寓于健康之身体”。

第四，瑞士教育思想家和实践家裴斯泰洛齐的初等教育思想体系的一个重要组成部分是实际技能教育，包括身体训练、手工职业准备，以及其他一切富有实际技能意义的教育。

第五，美国教育家杜威的“新体育”学派主张从儿童的特性出发进行教育；伍德和赫塞林顿的“新体育”理论是美国新教育运动中体育课程改革的主要理论。“新体育”理论认为，体育是通过身体进行的一种教育活动。体育应包括肌体教育、神经和肌肉活动教育、品德教育、智力教育四个方面。

第六，苏联教育家凯洛夫提出了主智主义思想。主智主义体育理论的特点是：①注重体育过程中精神和道德品质的培养。②在教学中重视基本素质、基本技能和基本知识的掌握。③注重教师和课堂教学的中心地位。④在课程结构方面主张将一堂课分为准备、基本、结束三个部分。⑤在教学原则和方法方面，基本采用了凯洛夫《教育学》中的五大教学原则，即直观性、学生的自觉性和积极性、巩固性、系统性和连贯性、通俗性和可接受性。

**（三）简答学校体育未来发展的趋势**

答：在当代，世界范围内的教育改革方兴未艾。随着教育改革的逐步深入，学校体育的发展呈现出新的趋势。

第一，国际上对学校体育的重视程度普遍提高，参加体育运动成为青少年学生权利的重要组成部分。

第二，学校体育的健康促进功能更加明显，课程名称多被改为“体育与健康”或“健康与体育”，“体育为健康”成为共识。

第三，学校体育管理进一步科学化、规范化、制度化，学校体育管理制度和管理办法不断完善，现代化的学校体育管理体系正在被构建。

第四，学校体育与社区体育、竞技体育的融合不断加强，并且融入人们的社会生活，对外开放的程度越来越高。

第五，学校体育将进一步弘扬民族传统体育文化，民族传统体育文化在学校体育中的地位愈加受到重视。

## 五、论述题

**论述中华人民共和国成立以来我国学校体育的发展历程及其特点**

答：中华人民共和国成立以来我国学校体育经历了曲折的发展过程，按发展特征可被分为四个阶段。

第一，初创阶段（1949—1957年）

毛泽东主席针对当时学生营养不足，学习、社会活动负担过重，健康状况不良的实际情况，分别于1950年、1951年两次提出“健康第一”的指示，对中华人民共和国成立以来学校体育的建设和发展具有重要而深远的意义。1956年，教育部正式公布了全国统一的《小学体育教学大纲》和《中学体育教学大纲》，这是我国颁布的第一套体育教学大纲。1957年，人民教育出版社出版了与这套大纲相配套的《小学体育教学参考书》和《中学体育教学参考书》。这套体育教学大纲明确规定了我国中小学体育的目的和任务。从整体上反映了中华人民共和国成立以来社会主义学校体育思想和学校教育的实际，在中国学校体育理论建设及实践发展中发挥了重要的作用。

第二，曲折发展阶段（1958—1965年）

1958年，在“大跃进”的影响下，当时的教育战线也受到“左”的思想的干扰，致使学校正常的教学秩序被打乱。学校体育工作中也曾出现过以劳动代替体育的盲目追求指标、脱离实际等错误做法，违背了学校教育和学校体育的规律。加上三年经济困难，学校体育课和课外体育活动被迫减少或停止，学生体质普遍下降。但在党中央“调整、巩固、充实、提高”方针的指引下，学校教育和学校体育又重新步入了正轨，并取得了新的发展。例如，1961年出版的中小学体育教材中第一次明确提出，学校体育应从增强学生体质出发。

第三，严重破坏阶段（1966—1976年）

“文化大革命”的十年中，学校体育工作遭受了严重的破坏。全国大多数地区学校的体育课被取消，体育活动被停止。“文化大革命”中后期，在党中央有关文件的指示下，学校体育工作逐步回到了相对正常的状态。1973年全国中学生运动会的召开使学校体育工作逐渐步入正轨。从总体上来看，中华人民共和国成立后的学校体育工作在“文革”十年期间处于停滞甚至倒退状态。

第四，改革开放前后及新的发展阶段（1977年至今）

改革开放前后一段时间，国家首先加强了体育的法规和制度建设，相继颁布并实施了一系列学校体育的法规和制度。1979年5月，“全国学校体育卫生工作经验交流会”在扬州召开，标志着我国学校体育、卫生工作开始进入科学管理阶段。1990年3月12日，经国务院批准颁布了《学校体育工作条例》，使我国学校体育工作真正进入了法制化轨道。为了保证该项条例得到更好的实施，国家教委还分别制定了大、中、小学生体育合格标准。2001年6月，教育部颁布了《体育（1—6年级）、体育与健康（7—12年级）课程标准（实验稿）》，并于同年9月开始在全国范围内进行实验。2002年，教育部和体育总局联合颁布了《国家学生体质健康标准（试行方案）》，开始在全国大部分学校实施进一步落实“健康第一”的指导思想。学校体育科学研究得到重视，学术气氛空前活跃；课程改革不断深入，教育部分别颁布了修订后的《中小学体育教学大纲》及《普通高等学校体育课程教学指导纲要》。2007年，在实验的基础上，教育部开始对体育课程标准进行修订，统一了义务教育阶段体育课程名称，统称为“体育与健康”，把标准中原有的五个学习领域修订为运动参与、运动技能、身体健康、心理健康和社会适应四个方面。此后，相关部门还颁布了《义务教育体育与健康课程标准（2011年版）》、《义务教育体育与健康课程标准（2022年版）》、《普通高中体育与健康课程标准（实验）》（2003年）、《普通高中体育与健康课程标准（2017年版）》、《普通高中体育与健康课程标准（2017年版，2020年修订）》，提出了体育学科核心素养。为全面加强学校体育工作，《关于加强青少年体育增强青少年体质的意见》《关于强化学校体育促进学生身心健康全面发展的意见》《关于全面加强和改进新时代学校体育工作的意见》《关于深化体教融合促进青少年健康发展的意见》被先后颁布。

# 第二章　学校体育结构、功能与目标

## 一、名词解释

### （一）学校体育结构

学校体育结构指学校体育系统各构成要素相对稳定关联而形成的整体架构。

### （二）学校体育环境

学校体育环境指进行学校体育活动所需要的各种条件的总和。

### （三）学校体育评价

学校体育评价指根据学校体育目标建立科学的评价指标体系，通过系统的信息收集，以及定性、定量的分析，对学校体育各项活动的质量进行的价值判断。

### （四）学校体育功能

学校体育功能指学校体育在一定环境和条件下对个人和社会发挥的作用。

### （五）学校体育目标

学校体育目标是学校体育这一教育活动要达到的预期结果。它是学校体育价值取向的反映，是学校体育活动的出发点和归宿，为学校体育活动指明了方向。

**（六）学校体育途径**

学校体育途径指组织学校体育活动通过的渠道的总称，主要包括体育课、早操、大课间体育活动、学校运动训练和竞赛等，这些途径是进行学校体育活动必不可少的渠道。

## 二、填空题

1.从学校体育的教育属性来看，它是学校教育的重要组成部分。

2.学校体育主体要素包括教育者和受教育者。

3.学校体育最本质、最独特的功能是健身功能。

4.确定我国学校体育目标的依据有社会需要、学生身心发展需要、学校体育功能和国情条件。

5.高等教育阶段体育的重点是培养学生的体育文化素养，不仅要求学生能够感悟并理解体育，还要求学生具有参与体育实践的能力，养成终身体育的态度和习惯。

6.学校体育的本质功能包括健身功能、益智功能、促群功能、塑美功能和娱乐功能。

7.学校体育的主要目标是通过培养学生的兴趣、情感、习惯和能力促进学生的身心健康，为终身体育奠定基础。

8.学校体育环境可分为物质环境、心理环境和社会环境。

9.学校体育系统结构具有复杂性、稳定性、非线性这三个特征。

10.学校体育内容指为实现学校体育目标而选用的各种运动素材和体育教材。

11.学校体育系统的基本构成要素包括学校体育主体、学校体育内容、学校体育方法、学校体育途径、学校体育目标、学校体育环境和学校体育评价。

## 三、判断题

1.从学校体育的体育属性来看，它是国民体育的重要组成部分，不受体育客观规律的制约。

答：错误。

解析：从学校体育的体育属性来看，它是国民体育的重要组成部分，受体育客观规律的制约。从学校体育的教育属性来看，它是学校教育的重要组成部分，同样受学校教育规律的制约。

2.学校体育结构指学校体育系统各构成要素之间相对稳定关联而形成的整体架构。

答：正确。

3.学校体育的主体要素是学生，因为学生既是学校体育的对象，也是体育学习活动中的主体。

答：错误。

解析：学校体育的主体要素包括教育者（如教师、学校行政及教辅人员，以及学生，主要指体育教师）、受教育者（如学生、学校行政及教辅人员，以及教师，主要指学生）。学生既是学校体育的对象，也是体育学习活动中具有能动性的主体。

4.学校体育的目标是学校体育这一教育活动要达到的预期效果。

答：正确。

5.提高学校体育活动质量与良好的学校体育环境无关。

答：错误。

解析：良好的学校体育环境可以为学校体育活动的开展提供先决条件。营造良好的学校体育环境对提高学校体育活动质量、增强育人效果具有重要意义。

6.学校体育的本质功能是“育人”，具体可以分为健身功能、益智功能、促群功能、塑美功能和娱乐功能。

答：正确。

7.学校体育作为教育系统和体育系统的组成部分，在社会政治、经济、文化等领域无法产生影响。

答：错误。

解析：学校体育作为教育系统和体育系统的组成部分，通过与教育系统和体育系统中的其他相关要素配合，共同在社会政治、经济、文化等领域产生积极的作用。

8.只有体育课是实现我国学校体育目标的基本途径。

答：错误。

解析：体育课和阳光体育运动、大课间体育活动、早操、学校运动训练、学校运动竞赛、校外学校体育活动、家庭体育活动等都是实现我国学校体育目标的基本途径，体育课是主要途径。

9.学校体育的教育功能主要表现在促进身体的正常生长和发育、提高人体的机能水平并形成正确的身体姿势、全面发展身体素质和基本活动能力等方面。

答：错误。

解析：学校体育的健身功能主要表现在促进身体的正常生长和发育、提高人体的机能水平并形成正确的身体姿势、全面发展身体素质和基本活动能力等方面。健身功能是学校体育的核心功能。

10.确定我国学校体育的目标时可以不用考虑学生的体质和健康情况。

答：错误。

解析：确定学校体育目标要考虑学校体育固有的特性，符合国家和社会发展的需要，适应学生身心发展的需求和特点，还要考虑我国的国情。

11.学校体育系统结构具有复杂性、稳定性和非阶梯性的特点。

答：错误。

解析：学校体育结构指学校体育系统各构成要素之间相对稳定关联而形成的整体架构。学校体育系统结构具有复杂性、稳定性和非线性的特点。

12.确定学校体育目标主要考虑国家和社会发展的需要。

答：错误。

解析：确定学校体育目标要考虑国家和社会发展的需要、学生身心发展的需要、学校体育固有的特性、我国的国情等。

13.学校体育体现为以增强学生体质、传递体育文化为目的的竞技体育过程，是计划性、目的性、组织性比较强的竞技体育活动。

答：错误。

解析：学校体育作为学校教育的重要组成部分，是根据国家的教育方针，依据学生的身心特点，以身体练习和卫生保健措施为手段，通过多种组织形式进行的一种有计划、有组织的教育活动。

14.学校体育的目标必须反映社会发展的需要。

答：正确。

## 四、简答题

### （一）简答学校体育系统结构的要素

答：从系统论的角度出发，学校体育系统由学校体育主体、学校体育内容、学校体育方法、学校体育途径、学校体育目标、学校体育环境、学校体育评价七个要素构成。

学校体育主体要素包括教育者和受教育者。体育教师在学校体育活动中占主导地位，发挥引导和指导学生的作用。学生在学校体育活动中占主体地位，发挥主体作用。

学校体育内容指为实现学校体育目标而选用的各种运动素材和体育教材，主要包括体育与健康基本原理和知识、田径、游泳、体操、球类运动、健美运动、民族传统体育等。

学校体育方法指为实现学校体育目标而采用的各种方式、手段的总和。根据来源的不同，学校体育方法包含体育教育活动中特有的方法（如重复练习法、循环练习法等）、一般教育的方法（如讲解法、演示法等）；根据目的和目标的不同，学校体育方法可以分为体育教学方法、身体锻炼方法、思想品德教育方法三大类，具体的方法是多种多样的。

学校体育途径指组织学校体育活动通过的渠道的总称，主要包括体育课、早操、大课间体育活动、学校运动训练和竞赛等，这些途径是进行学校体育活动必不可少的渠道。

学校体育目标指学校体育这一教育活动要达到的预期效果。它是学校体育价值取向的反映、学校体育活动的出发点和归宿，为学校体育活动指明了方向。

学校体育环境指进行学校体育活动需要的各种条件的总和。学校体育环境可分为物质环境、心理环境和社会环境。

学校体育评价指根据学校体育目标建立科学的评价指标体系，通过系统的信息收集，以及定性、定量的分析，对学校体育各项活动的质量进行的价值判断。

以上七个要素是学校体育系统的基本构成要素。它们以某种相互作用的方式形成联系，并且形成相对稳定的学校体育结构，构成学校体育的完整系统。

**（二）简答我国学校体育的具体目标**

答：要实现学校体育的总目标，必须实现学校体育的具体目标。

**1.全面锻炼学生的身体，提高学生的健康水平**

通过多种体育途径，组织并指导学生科学、主动地全面锻炼身体，促进其身体正常生长发育，使学生在身体形态、身体姿势、身体机能、身体素质、身体基本活动能力、运动能力、环境适应能力、疾病抵抗能力、精神状态等方面得到全面发展，不断提高学生的健康水平。

**2.掌握体育的基本知识、基本技术和基本技能，以及卫生保健和健康生活的知识，培养学生的体育兴趣、情感、能力和习惯，为终身体育奠定基础**

以体育课、课外体育活动、学校运动训练和竞赛等组织形式对学生进行体育、卫生保健、健康等方面的教育，使学生掌握体育、卫生保健、健康等方面的基本知识，发展基本的活动技能和运动技能，掌握科学锻炼身体的方法，培养学生的体育兴趣、态度、能力和习惯，为终身体育打下良好的基础。

**3.对学生进行思想品德教育、美育和劳动教育，促进学生个性全面发展**

学校体育应通过各项活动教育学生为社会主义现代化建设而锻炼身体，提高团队意识和社会责任感，培养学生热爱祖国、遵纪并守法、公正而诚实、勇敢而顽强、果断而坚毅、拼搏进取、竞争并协作、开拓并创新等良好的思想品德和体育作风，同时培养学生认识美、爱好美和创造美的能力，促进学生个性全面发展。

**4. 发展学生的运动能力，为国家培养体育后备人才**

学校应该在使每一名学生都得到体育锻炼的基础上，在课余时间组织部分体育基础较好并且有一定运动天赋的学生进行科学的运动训练，发展他们的运动能力，形成他们的运动特长，为国家培养并输送竞技体育和其他体育人才，以及相关后备力量。

## 五、论述题

**（一）试述学校体育功能**

答：学校体育功能指学校体育在一定环境和条件下对个人和社会发挥的作用。学校体育既具有教育的属性，又具有体育的属性，所以，学校体育功能体现为教育功能和体育功能在学校这一教育环境中的相互结合。

**1. 学校体育的本质功能**

学校体育的本质功能是“育人”，具体可以分为健身功能、益智功能、促群功能、塑美功能和娱乐功能。

（1）健身功能

健身功能是学校体育的核心功能，是学校体育功能区别于其他教育活动功能的主要特征。学校体育的健身功能主要表现在以下几个方面：培养学生正确的身体姿势，促进学生的生长和发育；提高学生肌体的机能和活动水平；发展学生的身体素质和身体基本活动能力；增强学生对外界环境的适应能力和抵抗疾病的能力。

（2）益智功能

学校体育对学生的智力发展，特别是身体动觉智力水平的提高具有不可替代的作用。学校体育的益智功能主要表现在以下几个方面：使学生掌握体育运动的科学文化知识，促进学生一般智力的发展；使学生掌握体育运动的技术和技能，不断提高学生的运动认知能力；提高学生大脑皮质反应的灵活性和工作能力，促进学生发展积极思维、良好记忆、丰富想象和集中注意的能力；重新建立身心连接，预防大脑老化，避免学生出现认知功能的衰退。

（3）促群功能

学校体育的促群功能主要表现在以下几个方面：遵守学校体育活动的规章制度可以提高学生的组织性和纪律性，培养学生良好的道德意识；学校体育活动的集体性特点可以培养学生的团队意识和集体主义精神，促进学生良好的道德品质的形成；学校体育活动的竞争性和对抗性特点可以促进学生竞争、开拓等良好个性心理品质的形成，培养学生良好的意志品质；学校体育活动的民族性特点可以培养学生的民族自豪感和爱国主义精神；学校体育活动是整个社会的缩影，这个特点为培养学生逐步具备现代人所需要的社会性品质提供了适宜的场所和条件。

（4）塑美功能

学校体育的塑美功能主要表现在以下几个方面：通过学习体验优秀运动文化，可以提高学生美的需要、美的情操、美的观点、美的欣赏等方面的素养；通过身体锻炼，可以培养学生健壮的体格，匀称的体形，端正、健美的姿态，轻捷、矫健的动作，落落大方的风度；通过具有形象美动作特点的项目的学习，可以培养学生感知美、鉴赏美、评价美、表现美和创造美的能力；通过学校体育场馆布局、场地和器材布置等美的情景构建，对学生施以美的感染、熏陶和陶冶。

（5）娱乐功能

体育运动由于具有技术性、合作性而成为人们余暇生活的一个重要组成部分，观看或参与体育竞赛能够给学生提供愉快的精神享受。学校体育的娱乐功能主要表现在以下几个方面：满足多种运动需要、愉快体验、宣泄情绪、缓解疲劳。参与者和观赏者都能获得愉快的情感体验。

**2.学校体育的外延功能**

学校体育作为教育系统和体育系统的组成部分，通过与教育系统和体育系统中的其他有关要素配合，共同在社会政治、经济、文化等领域产生积极的作用。

（1）政治功能

学校体育通过开展校内外、国内外多种多样的体育活动，对内有助于促进国内各民族儿童和青少年的团结，对外有助于促进不同国家儿童和青少年的交往和了解，从而促进世界协同发展。

（2）经济功能

学校体育的经济功能最根本的表现是通过改善、提高学生的身体素质，培养合格的劳动者，从而促进社会经济的增长。学生的课外体育参与产生的培训、场地租赁、运动装备等方面的消费，也在一定程度上推动经济发展。

（3）文化功能

学校体育是体育文化传递和创造的重要途径。学校通过对学生施以系统的身体教育，在学生掌握体育的基本知识、基本技术、基本技能，并且学会科学地锻炼身体的过程中传递、延续并继承优秀体育文化。

**（二）试述确定我国学校体育目标的依据**

答：学校体育的目标指在一定时期内，学校体育实践期望达到的效果。它指明了学校体育工作的方向，是评价学校体育工作的依据和标准、学校体育工作的出发点和归宿。确定学校体育的目标要考虑以下几个方面：

**1.社会需要**

社会需要指社会政治、经济、文化发展对学校体育提出的要求。这一要求主要通过国家对教育的要求和对体育的要求，以及教育、体育对学校体育的要求体现出来，集中反映在“育人”的规格要求上。社会需要是确定学校体育目标的主要外部依据。

**2.学生需要**

学生作为学校体育的主体，其身心发展需要是学校体育目标制定的客观要求。学校体育目标只有适应学生身心发展的需要，才能具有客观性和可行性。学校体育的目标须以此为依据，充分体现不同学段学生的身心发展特点。

**3.学校体育功能**

学校体育功能是其结构特性的反映。确定学校体育目标必须考虑学校体育本身具有的功能、这些功能与学校体育目标的关系、这些功能能否支撑学校体育目标的实现，否则，学校体育目标会成为难以实现的空中楼阁。只有依据学校体育功能特点确定学校体育目标，才能使目标实现成为可能，充分发挥出学校体育的功能。

**4.国情**

目前我国依然处在社会主义初级阶段。党和政府十分重视学校体育工作，对学校体育工作有统一的指导和管理。学校体育必须坚定不移地把为培养社会主义事业建设者和接班人服务作为方向。此外，我国经济发展不平衡，东部沿海地区经济相对发达，西部地区经济相对落后，学校体育本身发展水平也不平衡，因此，制定学校体育目标还必须考虑不同地区的经济发展特点。

# 第三章　体育课程

## 一、名词解释

### （一）体育与健康课程

体育与健康课程是以身体练习为主要手段，以体育和健康知识、技能和方法为主要学习内容，以培养学生体育与健康课程核心素养，增进学生身心健康为主要目的的课程。

### （二）体育与健康课程内容

体育与健康课程内容指为了实现体育和健康课程目标而要求学生系统学习的体育知识、运动技能和体育行为经验的总和。

### （三）体育与健康课程的功能

体育与健康课程的功能指体育与健康课程对完成学校教育目的所具有的效能。

### （四）体育学科核心素养

体育与健康课程要培养的核心素养，主要指学生通过体育与健康课程的学习而逐步形成的正确价值观、必备品格和关键能力，包括运动能力、健康行为、体育品德等方面。

### （五）运动能力

运动能力指学生在参与体育运动过程中所表现出来的综合能力。运动能力包括体能状况、运动认知与技战术运用、体育展示或比赛三个维度，主要体现为基本运动技能、体能、专项运动技能的掌握和运用。

### （六）健康行为

健康行为指学生增进身心健康和积极适应外部环境的综合表现。健康行为包括体育锻炼意识和习惯，健康知识、技能的掌握和运用，情绪调控，环境适应四个维度，主要体现在养成良好的锻炼、饮食、用眼、作息和卫生习惯，树立安全意识，控制体重，远离不良嗜好，预防运动损伤和疾病，消除运动疲劳，保持良好心态，适应自然和社会环境等方面。

### （七）体育品德

体育品德指学生在体育运动中应当遵循的行为规范和体育伦理，以及形成的价值追求和精神风貌。体育品德包括体育精神、体育道德和体育品格三个维度。体育精神主要体现在积极进取、勇敢而顽强、不怕困难、坚持到底、团队精神等方面，体育道德主要体现在遵守规则、尊重裁判、尊重对手、诚信而自律、公平竞争等方面，体育品格主要体现在自尊和自信、文明和礼貌、责任意识、正确的胜负观等方面。

### （八）体育课程资源

广义的体育课程资源指有利于实现体育课程目标的各种因素，狭义的体育课程资源指体育学习内容的直接来源。

## 二、填空题

1.体育课程内容包括体育知识、运动技能和体育行为经验。

2.体育课程的基本理念是坚持健康第一的指导思想，培养学生健康的意识和体魄。

3.体育课程实施的取向可分为忠实取向、相互适应取向和创生取向。

4.以学生的体育学习兴趣、需要和能力为依据，以学生主体性活动经验为中心组织的体育课程，称为活动性体育课程。

5.2001年，我国进行了最有力度的体育课程改革，将体育课更名为“体育与健康课”。

6.体育与健康核心素养包括运动能力、健康行为、体育品德等方面。

7.我国大学体育课程倡导的“三自主”教学形式指自主选择老师、自主选择项目、自主选择上课时间。

8.体育课程按设计、开发和管理的主体可分为国家体育课程、地方体育课程和学校体育课程。

9.体育课程标准要求学校和体育教师根据本校学生的年龄和身心发展特点对现有运动项目加以改造。

10.按体育课程的性质，体育课程可被分为学科课程和活动性课程。

11.创生取向指课程实施者按照自己的实际情况和兴趣来修改课程计划，不去理会课程设计者的意图。

## 三、判断题

1.体育课程的功能指体育课程对完成学校教育目的所具有的效能。

答：正确。

2.学校教育要树立“安全第一”的指导思想，切实加强体育工作，使学生掌握基本的运动技能。

答：错误。

解析：学校教育要树立“健康第一”的指导思想，切实加强体育工作，使学生掌握基本的运动技能。

3.学科性体育课程指具有教学计划并在教师的指导下，被列入学校课程表的正规课程。

答：正确。

4.新兴运动项目的引入不利于课程内容的发展。

答：错误。

解析：新兴运动项目因具有时尚性、休闲性、娱乐性等特点，对学生具有较强的吸引力。将这些项目引进学校并进行适应性的改造，不仅有利于课程内容的拓展，而且对激发学生参加体育锻炼的兴趣和积极性有着非常重要的作用。

5.我国是一个多民族国家，民族体育文化源远流长，体育活动呈现出多样化的民族特点。

答：正确。

6.不能依据运动项目对体育课程内容进行分类。

答：错误。

解析：体育课程内容因性质、功能及表现形式不同而有不同的分类方式。体育课程内容的分类形式有三种：依据课程内容性质进行分类、依据运动项目进行分类、依据体育的功能进行分类。

7.体育课程的实施只涉及体育教师和学生，与其他人无关。

答：错误。

解析：体育课程的实施不仅涉及体育教师和学生，还涉及学校领导、家长、专家、学者、教育和体育行政部门、社会组织等。

8.体育课程标准规定，学校和体育教师不应该根据本校学生的年龄和身心发展特点私自对现有运动项目进行改造。

答：错误。

解析：体育课程标准要求学校和体育教师根据本校学生的年龄和身心发展特点对现有运动项目加以改造，减少运动项目的竞技化色彩，增加趣味性，以更好地适合学生的性别、年龄、身高等特点，达到科学锻炼的目的。

9.现在人们普遍认为课程既体现为科学性，又是活动和经验的体现，所以体育课程内容可以分为体育知识、运动技能和体育活动经验。

答：正确。

10.地方体育课程是由学校充分利用当地社区和学校的课程资源，根据学校办学思想而编制、实施、评价的课程。

答：错误。

解析：地方体育课程指省级教育行政部门在国家中小学体育与健康课程标准指导下，深刻领会其精神，制定适合本地区实际情况的体育课程实施指导方案。

11.体育课程具有促进学生非智力因素发展的特点称为实践性特点。

答：错误。

解析：体育课程具有促进学生非智力因素发展的特点称为情意性特点。

12.学校只能执行国家课程，不能结合本校的传统和优势，以及学生的兴趣和需要开发或选用适合本校的校本课程。

答：错误。

解析：体育校本课程开发体现为学校在国家制定的《体育课程标准》框架内或外"做自己的事情"，通过自行设计、量身裁衣而设计个性化课程的过程。学校可以在执行国家课程的过程中，结合本校的体育传统和优势，依据学生的兴趣和需要，开发或选用适合本校的校本课程。

13.忠实取向强调体育课程实施过程是师生在具体情境中共同创造新

的体育经验的过程。

答：错误。

解析：忠实取向强调体育课程实施过程是忠实地执行体育课程方案的过程。创生取向强调体育课程实施过程是师生在具体情境中共同创造新的体育经验的过程。

14.体育课程资源具有丰富多样性、价值潜在性、具体性、目标多元性等特点。

答：错误。

解析：体育课程资源具有丰富多样性、价值潜在性、多质性等特点。

15.体育课程具有实践性、整体性、社会性、差异性、非阶梯性和复合性的特点。

答：错误。

解析：体育课程具有实践性、健身性、情意性、综合性、复杂性等特点。

## 四、简答题

**（一）请简答2022版义务教育《体育与健康课程标准》中体育课程的基本理念是什么**

**答：1.坚持“健康第一”**

体育与健康课程以习近平新时代中国特色社会主义思想为指导，全面贯彻党的教育方针，落实“立德树人”根本任务，坚持“健康第一”教育理念，以中国学生发展核心素养为引领，重视育体与育心、体育与健康教育融合，充分体现健身、育人的本质特征，引导学生形成健康、安全的意识及良好的生活方式，促进学生身心健康、体魄强健、全面发展。

2.落实“教会、勤练、常赛”

体育与健康课程依据学生的学习需求和兴趣爱好，面向全体学生，落实“教会、勤练、常赛”要求，注重“学、练、赛”一体化教学。坚持课内外有机结合，指导学生掌握基本运动技能、体能和专项运动技能，提供更多的时间让学生进行充分练习、巩固并运用所学运动知识和技能、参与形式多样的展示或比赛。

3.加强课程内容整体设计

体育与健康课程根据学生的运动技能形成规律和身心发展规律，整体设计课程内容，体现保证基础、重视多样、关注融合、强调运用等理念。

4.注重教学改革方式

体育与健康课程根据体育学习实践性和健康教育实用性的特点，强调从“以知识和技能为本”向“以学生发展为本”转变。

5.重视综合性学习评价

体育与健康课程重视学习评价的激励和反馈功能，注重构建评价内容多维、评价方法多样、评价主体多元的评价体系。

6.关注学生个体差异

体育与健康课程在高度关注对所有学生进行激励和指导的基础上，针对不同身体条件、运动基础和兴趣爱好的学生进行因材施教。

（二）简答体育与健康课程的特点

答：体育与健康课程是以身体练习为主要手段，以体育与健康知识、技能和方法为主要学习内容，以培养学生体育与健康课程核心素养和增进学生身心健康为主要目的的课程。

1.体育与健康课程的实践性特点——以身体练习为主要手段

实践性是体育与健康课程最突出的特点。体育与健康课程所学知识主要是操作性、技能性知识，它不同于其他课程中以认知、理解、记忆为特征的知识，这些知识的获得需要学生进行亲自体验和反复的身体练习。

**2.体育与健康课程的健身性特点——承受适宜的运动负荷**

承受适宜的运动负荷是体育与健康课程区别于其他文化课程的重要体现，这主要是由体育与健康课程以身体练习为主要手段的特点决定的。

**3.体育与健康课程的综合性特点——身体、心理、社会、道德协同发展**

体育与健康课程标准强调应充分发挥体育的育人功能，强调以体育知识、技能学习为主，同时渗透德育，并融合部分保健、卫生、安全、救护等知识和技能，整合并体现课程目标，课程内容、过程、方法等多种价值。

**4.体育与健康课程的复杂性特点——教学环境的开放性及要素的多样性**

体育与健康课程实施是在一个复杂的、由多种要素构成的特定环境中进行的。这些要素既有物质方面的，也有心理方面的；既有有形的，也有无形的；既有动态的，也有静态的；既有室内的，也有室外的。这些要素使体育与健康课程具有复杂性，给体育与健康课程的实施带来了诸多困难。

**（三）简答体育课程内容选择的标准有哪些**

答：体育课程内容丰富多彩，但是体育教学时间和精力有限。更有效地实现体育课程目标，需要对体育课程内容进行科学、合理的选择，主要应考虑以下几个方面：

**1.符合课程目标要求**

应根据课程目标要求，在分析不同课程内容的多种功能，对现实课程目标的作用进行充分论证的基础上，科学地选择体育课程内容。

**2.符合学生的兴趣与爱好需要**

体育教学内容应充分考虑学生实际的兴趣、需求和能力，使学生体会体育的乐趣，并且有利于学生体育学习兴趣的发展。

**3.适应学生的实际运动水平，使之通过努力可以完成**

应根据不同年龄阶段学生身心发育方面的特点，适当选择体育课程内容，使之与学生身心发展的阶段相适应。只有课程内容适应学生的实际身体活动能力和运动技术基础，学生通过努力能够完成相应目标，学生才有信心，才能体验到运动的乐趣，从而更好地达成教学目标。

**4.与学校特点相适应，充分发挥学校体育课程现有资源的作用**

我国各地各校体育课程资源分布不均，差异也很明显。在选择教材内容和制定教学计划时，课程内容的选择应与学校的特点结合，充分利用学校的师资力量和场馆设施，发挥本校的优势资源。

**5.贴近学生生活，便于学生在学校、家庭和社区中运用**

终身体育要求学校培养学生一生不间断地进行体育活动的能力，贴近学生的社会生活，简便、易行的体育活动内容容易走进学生的生活。

## 五、论述题

### （一）论述体育与健康课程的功能

答：体育与健康课程的功能指体育与健康课程对完成学校教育目的所具有的效能。体育与健康课程作为学校课程的组成部分，除了具有与其他课程同样的教育功能，还具有体育与健康课程本身的特殊功能，主要表现在以下几个方面：

**1.培养学生具有健康的体魄**

健康的体魄是青少年为祖国和人民服务的基本前提，是中华民族旺盛的生命力的体现。学校教育要树立“健康第一”的指导思想，切实加强体育工作，使学生掌握基本的运动技能，养成坚持锻炼身体的习惯。体育与健康课程在培养学生具有健康的体魄方面的功能主要表现在：第一，促进身体形态正常发育，养成正确的身体姿势；第二，促进体能的全面发展；第三，提高身体机能水平；第四，提高对外界环境的适应能力和对疾病的抵抗能力。

**2.促进学生运动爱好和专长的形成，奠定终身体育基础**

运动技能是体育与健康课程标准的学习领域之一，运动技能的学习和提高是体育与健康课程的重要目标，也是体育学习的主要途径。尽管体育与健康课程也有传承体育文化的功能，但应更强调运动技术学习的工具功能。即通过运动技术的学习达到养成运动爱好、培养运动专长的目的，促进学生体育锻炼习惯和终身体育意识的形成。

**3.培养学生的健全人格，促进其心理健康**

体育因自身的特点，在促进青少年学生心理健康方面具有独特的功能，特别在培养学生的自信心、坚强的意志品质、良好的体育道德，帮助学生掌握调节情绪和与人交往的方法等方面具有独特的功能。

**4.培养学生的团队合作和竞争精神，提高其社会适应能力**

社会适应能力又称“社会健康”，是个体与他人及社会环境很好地相互作用、具有良好的人际关系、很好地实现社会角色的能力。体育与健康课程对提高人的社会健康水平具有重要的促进作用，具体表现在：有利于学生建立和谐的人际关系，提高其社会交往能力；有利于培养学生的竞争意识和抵抗挫折的能力；有利于培养学生良好的体育道德及合作精神；有利于培养学生的社会适应性。

**（二）结合实际论述体育与健康课程内容的选择与开发**

答：课程内容是构成课程的基本要素，是课程内在结构的核心成分。

当前体育与健康课程改革对学习目标领域做出了相应规定，但没有规定具体的体育与健康课程内容，只提出了体育与健康课程内容的种类，其目的在于增加体育与健康课程内容选择与实施的灵活性。可通过以下几种途径丰富体育与健康课程的内容：

**1.对现有运动项目进行改造**

体育与健康课程标准要求学校和体育教师根据本校学生的年龄和身心发展特点对现有运动项目加以改造，减少运动项目的竞技化色彩，增加其趣味性，以更好地适合学生的性别、年龄、身高等特点，达到科学锻炼的目的。

**2.引入新兴运动项目**

新兴运动项目因具有时尚性、休闲性、娱乐性等特点，对学生具有较强的吸引力。如果能够将这些项目引进学校并进行适应性改造，不仅有利于课程内容的拓展，而且对激发学生参加体育锻炼的兴趣和积极性有着非常重要的作用。新兴运动项目内容比较广泛，在选择引入时应全面考虑各方面的因素，使所选内容符合学校的实际情况、教师的能力和学生的身心特点。

**3.引入民族、民间传统体育项目**

我国是一个多民族国家，民族体育文化源远流长，体育活动呈现出多样化的民族特点。因此，加强民族、民间传统体育资源的开发，有助于形成具有中国特色的体育与健康课程内容体系。但在引入民族传统体育项目和民间体育活动时，要突出考虑其健身性和文化传承的价值，如武术是中华民族优秀传统体育文化的瑰宝，长拳、太极拳、剑术、棍术等项目都具有很高的健身价值，对学生的身心发展非常有益。

**4.开发职业实用性体育与健康课程内容**

随着社会的快速发展，专业划分更加精细，不同职业因劳动性质、劳动形式和劳动条件不同，对人的身体素质、身体机能提出了特殊要求。因此，在高校体育与健康课程中引入职业实用性体育教学内容是改革的方向。一，可以使学生获得职业实用性体育知识；二，可发展学生的一般身体素质和特殊素质。例如，航天、航海院校对学生身体素质的要求包括在特殊设备上进行前庭器官的空间定位练习，以及具备良好的灵敏素质和反应能力，可设置铁饼、滚轮、跳水、竞技体操、荡秋千、游泳、滑冰等课程内容。

**（三）举例说明在体育教学过程中对竞技体育运动进行教材化改造时要遵循哪些原则**

答：从学校体育的现实和发展趋势来看，作为体育教学的主要内容，竞技运动将越来越多地进入学校体育。现代学校体育不能缺少竞技运动，竞技运动也只有在学校体育中普及开展，才能充分发挥展现其本身的文化的功能，才能通过广大青少年向社会传播，扩大其积极的影响。就学校体育而言，要结合学校教育的目标和条件，以及学生的年龄和身心状况对竞技运动做“教材化”的处理，才能真正发挥竞技运动的作用。竞技运动的教材化要遵循以下原则：

**1.简化性原则**

一方面，要简化技战术，降低动作难度，降低负荷要求，使之对学生而言既能增强体能、增进健康，又能减轻运动时的生理和心理负担，确保实施的可行性和有效性；另一方面，要调整场地器材规格，修改竞技比赛规则，使之适应学生的实际情况，激发学生的学习兴趣，使他们全身心地投入其中。例如，小篮球运动的球比成年人用球轻100—150克，只有450—500克；球的周长比成年人用球短8—10厘米，只有68—70厘米；篮圈比成年人所用的低25.0厘米，只有2.8米；球场长22米，宽12米。此外，还有专门的小篮球规则。

**2. 普及性原则**

经过“教材化”的竞技运动要适合全体学生，以在参加中体验乐趣、体会体育文化为要旨。在具体的教材内容上，逐步改变纯竞技式的、成人化的运动项目，增加娱乐性、有用性，使广大青少年都能参与活动。

**3. 适应性原则**

经过“教材化”的竞技运动要适合学校的场地、器材、师资力量等条件，形式灵活而多样，运用方便，有广泛的适应性。要根据学生身心的特征，抓住运动项目中的主要因素简化规则，项目的技术要求越高，越要根据体育教学需要改变其规则。

**4. 教育性原则**

经过“教材化”的竞技运动要强调对学生的教育作用，从身、心、群三个方面培养学生，全面贯彻教育方针。

# 第四章　体育教学基本理论

## 一、名词解释

### （一）体育教学原则

体育教学原则是对长期体育教学实践经验的科学总结和概括，是体育教学规律的客观反映，也是体育教学工作必须遵循的基本要求和准则。

### （二）合理安排运动负荷原则

合理安排运动负荷原则指教师在体育教学活动中应合理安排有价值的运动负荷，来增强学生的体质，促进学生健康，发展学生的心理素质。

### （三）巩固并提高运动技能原则

巩固并提高运动技能原则指在体育教学中，教师应采取有效的方法，不断提高学生的运动技能水平。

### （四）体育教学内容

体育教学内容是体育教学中学生要学习和练习的内容。体育教学内容既包括要教的教材内容，也包括为完成教材中规定的任务而进行的练习的内容。

### （五）体育教学方法

体育教学方法是在体育教学过程中教师和学生为实现体育教学目标、

完成教学任务而采取的有效活动的行为方式的总称。

**（六）体育教学目标**

体育教学目标是体育教学中师生在一定时期内预期达到的教学效果或标准。

## 二、填空题

1. 在体育教学过程中，常用的语言感知类体育教学方法有讲解法、提示法、问答法。

2. 体育教学目标指在一定时期内，体育教学所要达到的预期标准或结果。

3. 完整法指以完整的动作结构和动作顺序为教学对象而进行教学的方法。

4. 教学内容的排列方式有两种：直线式和螺旋式。

5. 体育教学目标通常体现在认知、体能、技能和情感四大领域。

6. 体育教学目标具体内容的表述要包含行为主体、行为动词、行为条件、行为主题和行为水平（表现程度）五个要素。

7. 体育教学中分解动作的方式有分进式、直进式、递进式和逆进式。

8. 在选编体育教学内容时，应注意科学性、教育性、连贯性、实用性和趣味性。

9. 在体育教学中，除了一般教学原则，还应遵循合理安排运动负荷，巩固并提高运动技能，注重身体活动的体验性、安全性等原则。

10. 体能包括与健康有关的体能和与运动有关的体能，与健康有关的体能包括心肺耐力、柔韧性、肌肉耐力、身体成分、肌肉力量等。

11. 体育教学规律主要有知识学习过程的规律、动作技能形成的规律和增强体质的规律。

## 三、判断题

1. 在水平一体育教学目标的设计中只需要考虑学生需求和教学条件。

答：错误。

解析：体育教学目标是体育教学中师生在一定时期内预期达到的教学效果或标准，是教学工作的出发点和最终归宿。设计教学目标应考虑学校体育的主要功能、总目标，以及每一个目标层次的上位目标、体育教学内容、学生条件、学校物质条件等多种因素。

2. 体育教学内容要根据学生的兴趣和爱好设计，所以不能将学生不感兴趣的运动项目作为教学内容。

答：错误。

解析：选编体育教学内容要充分了解并考虑学生的体育爱好和兴趣。尽管在班级授课制之下选编体育教学内容不能完全满足每一个学生的兴趣需求，但可以精心选编或限选，使学生兴趣和爱好的统一性与个人兴趣相结合，尽可能满足学生的相关需求。同时要避免单从兴趣出发而忽视全面发展的情况发生。

3. 教师在教动作路线复杂的动作时可选择镜面示范。

答：错误。

解析：教师在教动作路线复杂的动作时可选择背面示范，例如武术套路。

4. 分解法可以相对降低动作难度，容易突破教学难点，所以，体育教师在教任何一个动作时都可以采用分解法的方式进行教学。

答：错误。

解析：分解法指将完整的动作结构合理地分成几个部分，然后按部分依次进行教学，直至最后完整地掌握动作技术的一种教学方法。其优点在于能够相对降低动作的难度，容易突破教学难点，能够帮助学生树立信心；缺点在于不利于学生领会完整的动作，容易造成动作各部分连接失调。所以，体育教师不能在教每一个动作时都采用分解法的方式进行教学。

5.在体育教学中运用比赛法时要合理选择比赛形式，根据教学目标而确定。

答：正确。

6.在体育教学中学生练习出现错误时，可以用提示法及时纠正学生不正确的做法。

答：正确。

7.体育学科独有的运动认知体系是：不断提高人体对物体，对自我的速度，对时间、空间、距离、重量、力量、方位、平衡、高度等因素进行识别和控制的能力，体现为一种身体 — 动觉智力。

答：正确。

8.体验性原则指在体育教学过程中，要重视学生体验自我和同伴的感觉。

答：正确。

9.唤醒学生体验肌肉本体感觉的意识是实施巩固、提高运动技能原则的要求。

答：正确。

10.在双杠后摆下教学中，教师一般采用侧面示范。

答：正确。

11.在小学生初学前滚翻时，教师一般应采用分解练习法进行教学。

答：错误。

解析：在小学生初学前滚翻时，教师一般应采用示范法和讲解法进行教学。

12.游戏法属于本体感知类教学方法。

答：错误。

解析：游戏法属于综合感知类教学方法。

13.运动技能的形成可以分为认知、联结和自动化三个阶段。

答：正确。

14.根据运动条件的不同，可将动作划分为操控自身动作、操控器械动作和操控对手动作。

答：正确。

15.体育教学目标指在一定的时期内，体育教学要达到的预期标准或结果。它是开展体育教学工作的出发点和落脚点，也是评价体育教学工作效果的重要依据。

答：正确。

16.体育教学过程中教师采用的游戏法和比赛法属于以身体练习为主的体育教学方法。

答：错误。

解析：体育教学过程中教师采用的游戏法和比赛法属于以综合感知为主的体育教学方法。

17.在体育教学中，教师应该根据自身的条件和特点选择教学方法。

答：正确。

18.综合感知类教学方法有游戏法、比赛法、完整法和分解法。

答：错误。

解析：综合感知类教学方法有游戏法、比赛法、保护与帮助法等。本体感知类教学方法有完整法、分解法、巡回法等。

## 四、简答题

### （一）简答体育教学具有哪些特点

答：体育教学与其他教学相比，主要因其教学内容是体育运动而体现出自身的特点。具体表现在以下几个方面：

**1.教学目标的多元性**

体育教学目标的多元性与体育学科的特殊性有关。体育教学既有强身健体、提高运动技能的目标，也有调节情感、提高心理素质的目标，还有促进交往、建立和谐关系、规范运动行为、促进社会化等方面的目标。

**2.教学活动的复杂性**

体育教学不仅需要培养素质，还需要掌握运动技能；不仅需要组织有序得当，还需要调控运动负荷；不仅需要言传指导，还需要动作示范；不仅是体力活动，更是智力活动。再者，体育教学活动多在室外或体育场馆里进行，受条件、气候和环境影响较大。因此，体育教学较其他文化课的教学更为复杂。

**3.身心互动的统一性**

在体育教学过程中，学生不仅可以健身，还可以健心。学生只有通过身体练习，不断进行身心方面的运动体验，来强化本体感觉和知觉，从而促进新陈代谢，形成技能，增强体质。因此，学生在体育教学活动中既有身体活动，也有心理活动，并且身心活动统一于教学过程中。

**4.内容编制的制约性**

体育教学内容不仅包括体育与健康知识，还包括运动项目技能和身体锻炼方法。在编制体育教学内容时，各方面内容所占比例的多少都将受体育教学目标和教学时间的制约。但在选择体育教学内容时，这些内容不能被随意编制，不仅要考虑内容的功能和价值、学生的身心特点，还要因地制宜。

**（二）简答在体育教学中运用完整法有哪些基本要求**

答：完整法指以完整的动作结构为教学对象而进行教学的方法。其优点是能在教学中保持动作结构的完整性，便于形成动作技术的整体概念，有利于联结动作的各环节；缺点是不易掌握动作某一环节的难点，也不利于对技术细节进行学习和理解。

运用完整法时应注意以下几点：

**1.帮助学生建立完整的动作概念**

教师利用示范法、演示法等直观的方法展现完整的动作技术结构及动作顺序，有利于初学者建立完整的动作概念。有时为了提高教学效率，先讲解、示范，再让学生进行完整的练习；有时为了加深学生的体会，引起学生的兴趣，也可以让学生先尝试进行完整的练习，再进行讲解或示范。

**2.降低动作难度，体验动作的联结**

在进行完整的练习时，学生需要完成的动作环节较多，需要注意的范围较大，因此，他们往往很难了解自己的错误和不足。此时，应适当降低动作的难度。在学习新动作时，应降低动作难度和要求，忽略动作细节，强调动作的基础部分、路线、方向等，保证学生完整地进行练习。

**3.明确教学的重点和难点**

针对不同的教学对象，以及技能形成的不同阶段，完整练习的重点和难点不同。在进行完整的练习时，要注意学生普遍存在的问题，明确教学的重点和难点。这就要求教师认真分析学生和教材内容，找出学生做出错误动作的具体原因。

**4.帮助学生解决重点和难点问题**

当完整的练习难以完成，教师应设计多种辅助性和诱导性练习，帮助学生完成重点内容或突破难点。运用辅助性、诱导性等方法，可以增强学生的感受，强化学生的肌肉本体感觉，最终引导学生掌握完整的动作技术。

**（三）简答运用问答法进行体育教学时要遵循哪些基本要求**

答：问答法是为了激发并调动学习的积极性、启发思维、掌握学习内容和了解学习情况，由教师或学生以提问和回答的方式进行教学的方法。

采用问答法应注意以下几点：

**1.选择恰当的提问形式**

为了使问和答顺利进行，根据学生的水平选择恰当的提问形式非常重要。问题的形式不同，学生的反应也不同。

**2.学生的问答机会应大体相等**

在班级人数多的情况下，因教学时间有限，不可能当堂课对每个学生都采用问答法，但在一定时间内，学生的问答机会应大体相等。

**3.问题内容和难度应有所区别**

由于学生的兴趣、爱好和知识能力基础不同，问答内容和难度应有些差别，这样可以树立学生的信心，营造回答氛围。

**4.问答与评价结合**

对学生回答的问题进行评价必须遵循两个原则：一是评价应有利于学生形成积极回答和提出问题的态度，二是评价应有利于学生掌握、运用知识，形成技能。评价还应包含对学生回答问题的态度、语言表达能力的评价。评价的结果应被客观、公正、准确地记录，但在学生进行语言表达时应多予以鼓励，还应注重学生的互评。

**5.转变观念和职能**

传统的教师角色是“主演”，主要职能是“讲”；而以问答法来引导学生学习要求学生是“主角”“主问”“主答”，教师主要是组织、引导、监督者。

## 五、论述题

**（一）请举例说明组织体育教学内容时应注意哪些方面**

答：为了使学生的体育学习产生相互迁移和积累的效应，需要对选编出来的教学内容加以有效的组织。组织体育教学内容应注意以下几点：

**1.教学内容的功能搭配**

不同的教学内容都有各自的价值特点，合理搭配教学内容非常重要，需要强调运动项目功能的多元性和局限性，以及它们的关系。例如，若一堂课的教学目标被定为培养亲社会行为、提高体能，当集体运动不能达到提高体能的目标，那么就可以把集体运动和循环练习搭配起来进行组织。实践证明，为了实现提高体能的目标，采用循环练习组织教学内容更有效；为了培养亲社会行为，采用集体运动组织教学内容更有效。

**2.教学内容的排列方式**

教学内容的排列方式有两种：一种是直线式，另一种是螺旋式。以直线式排列的教学内容前后不重复，以螺旋式排列的教学内容前后有部分重叠。以直线式排列的教学内容前后关系不密切，可以进行独立的学习和掌握。以螺旋式排列的教学内容前后关系比较密切，而且前面的学习内容是后面的学习内容的基础。对于不属于同一运动项目的内容，特别是非同类项群的内容，如果前后内容的关系不是很紧密，可以采用直线式的方式进行排列；对于同一运动项目，或同类项群的内容，如果存在密切关系，那么就应采用螺旋式排列。

### （二）举例说明在体育教学中如何贯彻合理安排运动负荷原则

答：合理安排运动负荷原则指教师在体育教学活动中应合理安排有价值的运动负荷，来增强学生的体质，促进学生健康，发展学生的心理素质。不合理的运动负荷容易对学生的身体造成伤害，引起学生不良的心理反应。合理安排运动负荷应注意以下几点：

**1.安排运动负荷要有针对性**

针对学生的身心发展特点、体育基础、体育教学内容及任务等，运动负荷的安排应有所不同。

**2.面向全体与兼顾个体结合**

根据学生的身心发展、教学内容的变化等特点，在合理安排运动负荷的同时，应兼顾特殊学生的身心特点，给予个性化运动负荷的安排。

**3.准确地判断运动负荷**

要运用多种方法准确地判断学生的运动负荷。通常运用观察法、感受法和心率测试法来判断学生运动负荷的大小，简称“看、听、测”法。

**4.注意运动负荷的调整**

在体育教学中，要根据实际情况适时调整学生运动负荷的大小。运动负荷包括负荷量和负荷强度。调整运动负荷一般通过调整负荷量或负荷强度来完成。

### （三）试述巩固、提高运动技能原则

答：巩固、提高运动技能原则指教师在体育教学中采取有效的方法，不断提高学生的运动技能水平。在认知运动技术阶段，学生主要靠视觉建立动作表象来完成动作，但如不加以巩固和提高，运动技能很难形成。在学习运动技能时，应注意不断巩固、提高学生的运动技能。对此，在相关体育教学中应注意以下几点：

**1.合理安排教学内容**

浅尝辄止的学习不利于运动技能水平的提高。对于运动类型近似的技能，应被由易到难地安排到由低到高的各年级、各学段中去，为学生提供建立肌肉本体感觉的机会。小、中、大运动内容的安排应考虑动作学习的连贯性。

**2.重视练习的反复性**

反复练习能够不断强化并巩固学生的运动技能水平。在课堂中应保证学生练习的反复性，并不断提高要求，纠正错误动作。例如，在提高要求方面，反复做由克服自身重量的练习到负重练习、由分解练习到完整练习等；在纠正错误动作方面，要求动作基本达到规定的精准程度等。

**3.恰当运用强化肌肉本体感觉方法**

教师可以采用限制法、诱导法、助力法来帮助学生强化肌肉的本体感觉，也可以运用提问、提示等语言或局部、静止示范来强化学生对肌肉的感知。例如，运用“蹬”“展”“向上”等提示语言，运用慢速示范、利用镜子等都可以强化学生的肌肉本体感觉。

**4.唤醒学生体验肌肉本体感觉的意识**

对于不熟悉的教学内容，学生在最初练习时，肌肉感觉是模糊的。对此，教师应唤醒学生的肌肉本体感觉意识。明确、清晰的语言可让学生认识到肌肉发力的大小、时间、方向和顺序。

**5.动作要领尽量体现肌肉本体感觉特点**

在体育教学过程中，教师要善于总结动作要领，并且能够以简练、明了的语言对动作要领进行讲解。动作要领应尽量体现肌肉感觉的特点。例如，掷铅球动作往往被总结成蹬、转、挺、推、拨等。

**（四）举例说明如何在体育教学中遵循安全性原则**

答：安全性原则指在体育教学中应注意消除各种安全隐患，防止伤害事故发生。由于体育教学的特点和在此过程中学生要承受一点运动负荷等，体育教学存在一定的安全隐患。因此，教师在贯彻安全性原则时应注意以下几点：

**1.加强运动安全教育**

将运动安全教育课堂化、制度化。提高教师运动安全教育的水平，把安全运动的经验和方法传授给学生，提高学生的防患意识。

**2.加强运动环境管理**

课前要检查运动场地和器材，采取有效措施消除安全隐患。合理安排内容顺序，以及队列和队形，避免学生与学生、学生与器械发生意外。

**3.重视检查运动服装**

要检查学生在上体育课时是否穿运动服装，并且针对不同的运动项目提出具体要求。认真检查服装里、外部是否有尖锐、硬性、飘带等物，避免刺伤、绊倒自己或同学，造成伤害。

**4.重视个体的差异**

对于体质弱的，特别是有生理疾病或心理障碍的学生，要给予特别的关照。对于有心血管疾病的学生，在运动负荷上应做特殊安排；对于有心理障碍的学生，要积极疏导，不勉强他们进行练习。

**5.扩大注意范围**

教师不能离开课堂，也不能把自己的注意力放在学生之外。在注意正在练习的学生的同时，还要兼顾非运动状态的学生，及时发现并提示运动风险。

**（五）近期上海某中学学生在体育课上受伤，法院以“无证据证明体育教师进行过安全教育”为由，判罚学校承担部分责任。此判决引发广泛讨论，人们普遍认为，这样的审判结果无异于对“温柔体育课”推波助澜。请阐述如何处理体育运动与安全的关系**

答题要点：学校体育是学校教育的重要组成部分，对于学生身心的全面发展有着不可替代的作用。但是体育课环境的开放性和身心负荷的双重性又使得体育课在实施过程中不可避免地出现运动安全问题。因此，正确处理体育运动与安全的关系，预防运动安全事故的出现，才能促进学校体育的顺利开展。

课前，教师应做好课程设计，包括课程内容、场地和器材、运动负荷的安排等。学生应按照体育课的要求进行着装，不能携带有危险性的物品上课。

课中，教师应在课前了解学生身体状况的基础上，让学生做好充分的热身活动；在教学实施中随时观察学生的状态，及时调整运动负荷。学生应遵守课堂常规，主动向教师说明自己的身体状况；在课上注意保护自己和他人的安全，避免盲目竞争等情况造成的运动损伤。

课后，教师应指导学生做好放松活动，并检查场地，回收器材。

此外，学校也应加强运动安全的宣传工作，同时做好运动安全事故的紧急预案，及时处理突发状况。

总之，体育运动的安全需多个部门协调配合，以及教师、学生、家长等多方主体参与。只有尽可能地避免运动安全事故的发生，才能更好地促进学校体育的开展，以及学生的健康、全面发展；切不可因噎废食，为了避免运动安全事故而选择“温柔体育课”。

# 第五章　体育课

## 一、名词解释

### （一）体育课

体育课是国家学校教育计划中规定的必修课，体现为有计划、有组织、有目的的教与学的过程，是实现学校体育目标的主渠道和基本组织形式。

### （二）体育实践课的结构

体育实践课的结构指构成一节课的几个部分，以及各个部分的具体安排和设计，包括教材内容、组织工作的安排顺序、时间的分配等。

### （三）体育课的组织

体育课的组织指体育教师为完成课的任务、实现课的目标，对教学目标、教学内容、学生实际情况、场地和器材条件等进行合理安排所采取的各种组织措施。

### （四）体育教学常规

体育教学常规是为了保证体育教学工作正常进行而对师生提出的一系列基本要求，是体育教学管理的一项重要内容。

**（五）体育课密度**

体育课密度指单位时间内有效教学活动所占的比例。体育课密度又分为一般密度（也称“综合密度”）和专项密度。

**（六）体育课一般密度**

体育课一般密度指一节课中各项教学活动被合理利用的时间之和与实际上课总时间的比例。通常，一节体育课中的教学活动主要包括教师指导、学生练习、教学组织、观察与帮助、思想教育与休息。

**（七）体育课专项密度**

体育课专项密度指一节体育课中某项教学活动被合理利用的时间与实际上课总时间的比例。专项密度包括教师指导密度、练习密度、教学组织密度等。

**（八）体育课负荷**

体育课负荷指学生在体育课上学习时身心所承受的负担，即肌体所产生的一系列生理、心理反应的强弱程度。

## 二、填空题

1.一般情况下，体育教师应在上课前15分钟到达教学场地，并做好上课准备。

2.在分组教学中，常用的教学分组有随机分组、同质分组和异质分组。

3.体育课的主要类型分为理论课和实践课。

4.体育教学常规中，教师检查、督促学生归还器材等工作的执行情况属于课后常规。

5.同一小组内的学生在体能、运动技能、性别、兴趣和爱好等方面大致相同，这样的分组教学属于同质分组。

6.在单位时间内，有效教学活动所占的比例是体育课的一般密度。

7.在一节体育课中某项教学活动被合理利用的时间与实际上课总时间的比例是体育课的专项密度。

8.学生在体育课上学习时身心所承受的负担，即肌体所产生的一系列生理、心理反应的强弱程度是体育课的负荷。

9.场地、器材和气候条件是影响运动负荷的外部因素。

10.体育课运动负荷的测定方法有观察法、自我感觉法和生理测定法。

11.运动负荷包括负荷量和负荷强度。

12.综合课指既有新教材，又有复习教材的课。

## 三、判断题

1.体育课的类型指按不同依据和标准划分的课的不同种类，即上课具体形式的种类。

答：正确。

2.体育教学常规是为了保证体育教学工作正常进行而对师生提出的一系列基本要求。

答：正确。

3.一般情况下，体育教师和值日生应在上课前20分钟到达教学场地，并做好上课准备。

答：错误。

解析：一般情况下，体育教师和值日生应在上课前15分钟到达教学场地，并做好上课准备。

4.下课前做完放松活动后，教师集合全班学生，进行小结和讲评，提出课后锻炼要求，宣布下次课的内容，这属于课后常规。

答：错误。

解析：下课前做完放松活动后，教师要集合全班学生，进行小结和讲评，提出课后锻炼要求，宣布下次课的内容。此外，教师要求值日生收回器材并送还；师生互道再见，按时下课。

5.分组教学中，为了缩小小组之间的差距，以利于开展竞赛和游戏活动，通常采用异质分组。

答：正确。

6.场地和器材是体育课堂不可缺少的物质条件。

答：正确。

7.教师应根据具体教学情况来选择队列和队形。例如进行活动性游戏时多采用两路纵队，进行田径中的跑时一般采用圆形队伍。

答：错误。

解析：教师应根据具体教学情况来选择队列和队形。例如进行活动性游戏时多采用圆形队伍，进行田径中的跑时一般采用两路纵队。

8.体育课的密度不能作为评判上好体育课的重要指标。

答：错误。

解析：体育课的密度是评判上好体育课的重要指标。

9.体育课的负荷包括运动负荷和生理负荷两大类。

答：正确。

10.不同类型的体育课，对运动负荷的要求都是一样的。

答：错误。

解析：不同类型的体育课，对运动负荷的要求不尽相同。新授课一般为中等负荷；复习课一般为中等以上负荷；发展学生身体素质的课一般为较大负荷；测验课、考核课一般练习密度相对小，而练习强度相对大。因此，在安排体育课运动负荷时，还要考虑课的性质和类型。

11.教师在课前准备好场地和器材是体育教学的常规要求。

答：正确。

12.改进教学方法，提高教学技巧，可以提高学生的练习密度。

答：正确。

13.以学习体育与健康理论知识为主的体育课称为引导课。

答：错误。

解析：引导课指新学期开始的第一堂体育课，是新学期体育教学工作的序幕，目的是使学生明确新学期的教学任务，向学生讲解课堂常规、课外体育活动的要求等。以学习体育与健康理论知识为主的体育课是理论课，其内容可分为体育与健康基础知识和各运动项目基础知识两大类。

14.在体育教学中，可以通过改变练习内容来调控运动负荷。

答：正确。

15.安排体育课运动负荷时，要依据学校特点、学生身心特点、教学内容特点和课的类型特点。

答：正确。

## 四、简答题

### （一）简答体育课教学常规包括哪些内容

答：体育教学常规是为了保证体育教学工作正常进行而对师生提出的一系列基本要求，是体育教学管理的一项重要内容。体育教学常规一般包括下列基本内容：

**1.课前常规**

每个学年和学期开始时，教师必须制定教学工作计划和教学进度；每节课前，教师要做好课时计划，备好课，写好教案。

教师要了解学生的情况，与同时上课的教师协调场地和器材；上课前必须检查场地、器材的准备，清洁、卫生工作，服装的准备等情况。

学生出于特殊原因（生病、受伤、女生生理期等）不能正常上课，应履行请假手续。

一般情况下，体育教师和值日的学生应在上课前15分钟到达教学场地并做好上课的准备；其他学生在上课前至少5分钟到达上课地点，等候上课。

**2.课堂常规**

准时在指定地点集合上课。上课铃响后，由体育委员或值日生在指定地点对上课学生进行集合整队，检查人数并向教师报告；师生相互问好；然后教师向学生宣布本次课目标，提出教学要求，检查服装，安排见习生。

学生上课时，必须自觉遵守课堂纪律，爱护场地、器材，听从教师安排，自觉、主动地进行练习，努力完成教师提出的任务。

教师在上课过程中应提出安全要求，加强安全教育，宣布安全规则；及时掌握学生的学习情况，解决教学重点和难点，关心并爱护学生。

上课过程中，教师和学生均不得无故离开课堂。

下课前做完放松活动后，教师要集合全班学生，进行小结和讲评，提出课后锻炼要求，宣布下次课的内容。此外，教师要求值日生收回器材并送还；师生互道再见，按时下课。

**3.课后常规**

教师要检查、督促学生归还器材等工作的执行情况。

教师要认真回顾课堂教学情况，总结经验和教训，写好课后总结，不断提高教学质量。

学生要认真完成教师布置的作业，并对课堂所学内容进行复习和练习，积极运用所学内容参加体育活动，坚持体育锻炼。

**（二）简答调控体育课运动负荷量度一般采用的方法有哪些**

答：体育课负荷指学生在体育课上学习时身心所承受的负担，即肌体所产生的一系列生理、心理反应的强弱程度。体育课运动负荷包含两大因素：一是运动负荷的量和强度，二是休息的量和恢复强度。运动负荷量度的调控可根据以下几个因素开展：

改变练习内容，如将跑项目换成投掷项目。

改变练习重复次数，延长或缩短练习时间及练习间隔时间。

改变速度、速率、幅度等动作的基本要素，如将原来的50米跑（加速跑）改为50米加速跑（慢跑）。

改变课的组织教法，如采用循环练习、增加竞赛因素等。调整课中各项活动的时间比例，如教师指导和组织措施、学生观察和休息等。

改变练习的顺序和组合，安排合理的休息时间。

改变场地的大小、器材的重量等练习条件。

## 五、论述题

**（一）论述如何运用脉搏测定法来测定、评价体育课的运动负荷**

答：测试脉搏的方法（心率测定法）是在一节课中按时间间隔多次测定学生的心率次数，以便掌握、分析课中学生的心率变化情况，从而判断运动负荷安排是否合理的方法。心率测定法一般由2人操作，一人摸脉搏，一人记录。具体步骤和方法如下：

**1.准备工作**

研究课的方案，了解课的目标、教学内容、教学组织形式、学生基本情况等。

确定测试方法和测试者的分工，确定记录者和测量者。

准备、调试好必要的测试用具，如计时器（秒表）、心率遥测仪、记录表，并熟练掌握使用方法。

**2.测定**

使用心率遥测仪对心率进行测定，只需做好监测工作，保证仪器正常运转。手动测定则要参照下面的要求完成：

每次只测10秒或6秒的心率，然后折算成1分钟的心率；测定时尽量不影响受测者正常练习。

在课前测好相对安静状态的心率；在课中，通常采用定时测与练习前后测结合的方法。测定的次数要适当，过多会影响学生练习和课的正常进行，过少则不能全面、准确地反映心率变化。一般来说，在一堂45分钟的课中测20次以上为宜。

课后每隔2—3分钟补测一次；测定受测者的心率恢复情况，可测2—3次。

记录员及时登记每次测定的结果，并注意受测者的表现和外界影响情况，对心率的变化做出记录，以便正确地分析。

**3.统计并绘图**

心率曲线图可以直观地显示出课中心率变化情况，方便分析。心率遥测仪测定并记录下来的数据可以直接生成心率曲线图；手动测定则需将所测得的10秒的心率转换成1分钟的心率，然后再制成心率曲线图。

**4.分析与评价**

分析与评价体育课运动负荷的安排是否合理，应根据课的教学目标、教学任务、教学内容、学生特点、场地设施条件、气候等多种因素来进行。一般可以从以下几方面进行：

心率曲线上升、下降的总体趋势是否合理？是否有助于增强体质、学会技术、形成技能？

运动负荷的一般水平和最高点出现的时间和次数是否合理？课中每分钟心率的平均数是多少？各教学部分每分钟的平均心率是多少？每个主要教材的每分钟平均心率是多少？是否合理？

**（二）简要说明在体育教学过程中，队列、队形安排与调动时的基本要求**

答：队列和队形既是中小学体育课教学的主要内容，也是教学组织的重要手段，在集合、组织学生练习、教师讲解和示范、变换教学内容等方面都会被用到。合理安排与调动学生队伍的基本要求包括以下几点：

**1.把握好运用时机**

体育教师应该明确在什么情况下需要变换队形、如何变换、变化时应注意什么问题。一般情况下，由讲解向示范转换时、由一个练习转向另外一个练习时，或者变换练习地点时都可能发生队列、队形的变化。

**2.合理选择队列和队形**

对于不同性质的教材，在教学中需要采用不同的组织形式，教师应根据具体教学情况来选择队列和队形。如进行活动性游戏多采用圆形队伍，进行田径中的跑一般采用两路纵队，进行投掷练习一般采用面对面形式，进行体操项目一般采用纵队，等等。

**3.努力做到简捷而高效**

第一，队列和队形调动要在最短的时间内，通过最简洁的变换，达到最好的效果。第二，调动队伍力求科学、合理，使学生积极配合，做到步调一致，提高教学效率。第三，合理利用手势和口令，提高指挥和调控能力。

**4.符合卫生和安全要求**

队列、队形的安排和调动要力求做到有利于学生的听、看、练，有利于对学生进行保护和帮助，让学生背风、背光、背干扰，有利于教师进行指导和监控。

**（三）举例说明体育课运动负荷的安排依据**

答：体育课运动负荷安排应根据人体生理机能活动变化的规律来进行。不管是一节体育课还是一个学期的体育课，运动负荷都应由小到大，逐渐增加，并且做到使大、中、小负荷合理交替。具体应考虑以下几个方面：

**1.学生的身心特点**

不同年龄阶段的学生的身心特点是不同的，同一年龄段的学生也有性别差异和个体差异，学生的年龄、性别、身体体能、运动基础、体质强弱、认知能力、意志品质等都对体育课的运动负荷产生影响，因此，在安排体育课运动负荷时要区别对待。例如，高中生处于体能增长期，适合发展肌肉力量和肌肉耐力；而且他们对某一领域的兴趣开始细化，个性初步形成，情绪体验较为强烈，自我意识进一步增强。对于该阶段的学生，要通过强调练习密度和强度来提高他们对技术的熟练程度，最终使之技术定型，负荷量较大，即课的平均心率和负荷达到中等以上。

**2.教学内容特点**

学习内容是影响运动负荷的主要因素，不同教学内容的复杂性、难易程度是不同的，其运动负荷也存在明显差异。在安排体育课运动负荷时，要考虑体育课的教学内容和教材数量。一般而言，对于较难的内容，运动负荷量要相对小；对于较简单的内容，运动负荷量应被控制在相对大的范围内。

**3.课的类型特点**

不同类型的体育课对运动负荷的要求不尽相同。新授课一般为中等负荷；复习课一般为中等以上负荷；发展学生身体素质的课一般为较大负荷；测验课、考核课一般练习密度相对小，而练习强度相对大。因此，在安排体育课运动负荷时，还要考虑课的性质和类型。

**4.场地、器材条件特点**

体育场地、器材、设施的充足程度影响并决定体育课的组织形式和练习密度。在确定体育课的运动负荷时，要充分了解学校现有的体育场地器材、设施状况，以及同时上课的班级使用场地的范围，器材、设施的数量；要根据学校场地、器材的现实条件来安排、设计运动负荷。此外，在确定体育课运动负荷时还要考虑季节、地理、气候条件等其他因素。

# 第六章　体育教学实践技能

## 一、名词解释

### （一）体育教学实践技能

体育教学实践技能指体育教师在教学过程中为完成教学任务、实现教学目标、实施教学过程而经常采用的熟练性教学行为方式的总称。

### （二）水平体育教学工作计划

水平体育教学工作计划是根据《体育与健康课程标准》，结合本校实际情况，把某一水平的教学目标、教学内容具体分配到每个学年的教学工作之中的一种教学文件（简称“水平教学计划”）。

### （三）课时体育教学工作计划

课时体育教学工作计划是根据单元教学计划的规定和要求，在分析学情、学校场地和器材条件等的基础上合理设计每节课的教学目标、教学方法和手段、学练步骤、组织措施、运动负荷、练习密度、场地和器材等的一种教学文件。

### （四）动作要领讲解技能

动作要领讲解技能指体育教师向学生讲解运动技术过程、结构、原理、重点和难点等的过程中所表现出来的一种较为熟练的教学行为方式。

### （五）动作诊断与错误动作纠正技能

动作诊断与错误动作纠正技能指体育教师在学生学练运动技术的过程中进行细致观察，发现错误，分析原因，并选择适宜的教学方法和手段纠正学生的错误动作而表现出的一种较为熟练的教学行为方式。

### （六）保护与帮助技能

保护与帮助技能指体育教师传授学生利用外力或外物进行自我或他人保护和帮助，使之安全、顺利地完成动作的过程中表现出来的一种较为熟练的教学行为方式。

### （七）课后自我反思技能

课后自我反思技能指体育教师在课后对教学过程进行全面和专题方面的自我反思，总结经验、发现问题、促进自我专业成长的过程中表现出来的一种较为熟练的教学行为方式。

### （八）说课

说课指体育教师在备课的基础上，面对评委、教师或其他听众，阐述自己的教学构想及教学设计过程的行为方式。职后教师的说课则用于体育教师之间的交流和研讨。

### （九）模拟上课技能

模拟上课技能指职前学生或体育教师在没有学生参与的情况下，在规定的时间内选择课中的某一环节，运用模拟方式向评委展示教学情况的过程中表现出来的一种较为稳定的教学行为方式。

## 二、填空题

1.要根据<u>《体育与健康课程标准》</u>的要求，结合实际确定水平教学目标。

2.体育教学计划一般包括学年教学计划、学期教学计划、单元教学计划、课时教学计划等。

3.动作示范技能指体育教师为学生演示正确动作的过程中所表现出来的一种较为稳定的教学行为方式。

4.口令与队伍调动技能指体育教师运用简洁的口头命令进行队列、队形操练和队伍调动过程中所表现出来的一种较为熟练的教学行为方式。

5.体育教师编写教案的直接依据主要有学期教学进度和单元体育教学工作计划。

6.单元教学计划的特点是模式多样性和学理性。

7.体育教学计划是体育教师根据《体育与健康课程标准》，结合本校实际情况制定的教学工作文件，是体育教师进行教学的主要依据，也是检查、评估教学质量的重要内容。

## 三、判断题

1.编制水平教育计划时，要贯彻“目标引领内容”的教学理念，统筹安排水平、学年的教学内容。

答：正确。

2.《学年体育教学工作计划》是根据《学期体育教学工作计划》的要求制定的一种教学文件。

答：错误。

解析:《学年体育教学工作计划》是根据《水平体育教学计划》的要求制定的一种教学文件。《学期体育教学工作计划》是根据学年教学计划的要求和本学期的气候特点，将学期的教学内容和学时相对科学地分配到每次课中。

3.在课堂教学中，教师建立的是实质性的威信，而不是虚假性的畏惧。

答：正确。

4.体育教师的说课只用于阐述自己的教学构想及教学设计过程，无须提前备课。

答：错误。

解析：说课指体育教师在备课的基础上，面对评委、教师或其他听众，阐述自己的教学构想及教学设计过程的行为方式。

5.评课活动可用于对体育教师的课堂教学质量做出评价，有利于双方教师提高课堂教学能力。

答：正确。

6.单元体育教学工作计划指根据单元的设计和时数的安排设计本节课教学过程的体育教学方案。

答：错误。

解析：《单元体育教学工作计划》是根据学期教学计划的规定和要求，按运动项目的内在结构和逻辑排列体育课次的顺序，制定教学目标、内容、方法等，并提出考核或考查标准和方法的一种教学文件。

7.体育看课和评课不属于体育教师的教学反思技能。

答：错误。

解析：体育看课和评课属于体育教师的教学反思技能。

8.体育教学中的保护与帮助技能包括直接帮助技能和间接帮助技能。

答：正确。

9.在体育教学计划编制中，每一上位计划是制定下位计划的依据，每一下位计划体现为上位计划的具体化。

答：正确。

10.分析学生的体育知识、技能和体能基础是体育课说课的重要内容之一。

答：正确。

11.体育教学过程中的保护和帮助只能由教师实施，学生之间不能互相进行保护或帮助，以免造成伤害事故。

答：错误。

解析：保护与帮助技能指体育教师传授学生利用外力或外物进行自我或他人保护和帮助，使之安全、顺利地完成动作的过程中表现出来的一种较为熟练的教学行为方式。在体育学习过程中，学生可向体育教师学习保护与帮助的技能，可经常与同学、同伴开展互相保护和帮助的活动，学习并探讨做好各种安全措施的方法和技巧。

12.在体育教学中，要注意场地、器材的合理布局，遵循能够移动的器材向固定器材靠拢的原则。

答：正确。

13.体育教师是体育教学的组织者和实施者，因此在教学过程中不必理会学生的想法，随心所欲地按照自己的性格特点和课堂管理作风开展教学即可。

答：错误。

解析：课堂教学是一种双边活动，教师为辅，学生为主。教师的作用在于辅助、引导学生进行学习。因此，体育教师应善于运用多种沟通技巧处理师生之间、学生之间的关系，营造良好的课堂气氛，在和谐的人际关系中积极引导学生，保持学生思维流畅，更好地发挥学生学习的积极性。

14.体育教师作为教育者，自身的行为会潜移默化地影响着学生。因此，为了培养学生谦虚的品质，在课后反思过程中应注重反思自己的不足之处，为学生树立榜样。

答：错误。

解析：教学反思指教师自觉地把自己、学生或其他教师的课堂教学实践作为认识对象进行全面或专题方面的思考和总结，找到优点，发现不足，以提高课堂教学质量的一种行为方式。

15.在体育教学中，运用信号、标志物、限制物提醒练习者而给予帮助的方法属于直接帮助法。

答：错误。

解析：体育课的学生安全问题非常重要，体育教师应具备很强的安全意识，以及保护与帮助技能，这就要求体育教师熟练掌握各种保护的方法和帮助的方法。帮助的方法主要包括直接帮助法（如利用托、顶、送、挡、拨、搓、扶、提、推等手法直接给予帮助）、间接帮助法（如利用信号、标志物、限制物提醒练习者而给予的一种帮助）、利用外物帮助法（如利用保护腰带、保护手套、台、桌、凳等作为帮助器具的一种帮助方法）。

## 四、简答题

### （一）简答动作示范技能形成的要求

答：动作示范技能指体育教师为学生演示正确动作的过程中表现出来的一种较为稳定的教学行为方式。形成动作示范技能要求做到以下几点：

动作示范正确、标准、优美。

动作示范稳定、熟练。

灵活运用各种形式的动作示范，如完整示范、分解示范、重点示范、正误示范等。

准确运用各种示范面（正面、侧面、背面、镜面）和示范速度（正常速度、加速或减速等）。

把握动作示范的各种时机。

**（二）简答动作要领讲解技能形成的要求**

答：动作要领讲解技能指体育教师向学生讲解运动技术过程、结构、原理、重点和难点等的过程中表现出来的一种较为熟练的教学行为方式。形成动作要领讲解技能要求做到以下几点：

动作要领讲解正确、生动、形象、清晰、精练，符合学生的年龄特点。

动作要领讲解语言具有启发性、逻辑性、层次性、条理性，口诀化，重点突出。

灵活运用各种形式的讲解，如口头讲解、结合图示进行讲解、结合教学模型进行讲解、结合动作示范进行讲解，又如整体讲解、局部讲解、集中讲解、个别讲解等。

掌握动作要领讲解的时机。

**（三）简答口令与队伍调动技能形成的要求**

答：口令与队伍调动技能指体育教师运用简洁的口头命令进行队列、队形操练和队伍调动过程中表现出来的一种较为熟练的教学行为方式。形成口令与队伍调动技能要求做到以下几点：

掌握不同形式的口令。

掌握队列、队形方位和练习的基本术语。

掌握原地队形变化和行进间队形变化。

下达的口令准确、清楚、洪亮、果断，突出主音，合理选择喊口令的位置。

预令与动令有明显的区别：预令清楚，音量稍低，音调被适当拖长，以提前让学生知道要做什么动作，并做好准备。动令短促、果断、有力，音量最大。

队伍调动尽量借助口令来进行，做到运用自然、沉着、冷静、有序、高效、省时、省事。

**（四）简答动作诊断与错误动作纠正技能形成的要求**

答：动作诊断与错误动作纠正技能指体育教师在学生学练运动技术过程中进行细致观察，发现错误，分析原因，并选择适宜的教学方法和手段，纠正学生的错误动作而表现出的一种较为熟练的教学行为方式。形成动作诊断与错误动作纠正技能要求做到以下几点：

学会观察、诊断错误动作。

准确分析错误动作产生的原因。

掌握纠正错误动作的方法，纠正错误动作有效、迅速。

灵活运用不同形式的纠错法，如集中纠错、小组纠错、个别纠错等。

**（五）简答保护与帮助技能形成的要求**

答：保护与帮助技能指体育教师传授学生利用外力或外物进行自我或他人保护和帮助，使之安全、顺利地完成动作的过程中表现出来的一种较为熟练的教学行为方式。形成保护与帮助技能要求做到以下几点：

熟练掌握各种保护方法，如自我保护法、他人保护法、利用外物保护法。

熟练掌握各种帮助方法，如直接帮助法、间接帮助法、利用外物帮助法。

正确掌握选择实施保护和帮助的站位和时机。

**（六）简答场地、器材布置技能形成的要求**

答：场地、器材布置技能指体育教师充分利用学校资源、合理布置体育课场地和器材的过程中表现出来的一种较为熟练的教学行为方式。形成场地、器材布置技能要求做到以下几点：

根据教学内容的特点设计并布置场地和器材。

场地、器材布置符合美学效果，有效激发学生的无意注意。

场地、器材布置具有一定的创新性，有效、合理地利用本校的各种资源。

场地器材布置安全、整洁、高效，有利于提高学生的练习密度。

**（七）简答课堂教学师生沟通技能形成的要求**

答：课堂教学师生沟通技能指体育教师创立良好的课堂氛围、和谐的师生关系，促进学生学习的过程中表现出来的一种较为熟练的教学行为方式。形成课堂教学师生沟通技能要求做到以下几点：

主动、热情，善于营造良好的课堂氛围。

善于运用多种沟通技巧处理师生之间、学生之间的关系。

正确、客观地评价学生，建立实质性威信，而不是虚假性畏惧。

**（八）简答处理突发事件技能形成的要求**

答：处理突发事件技能指体育教师较为迅速地处理体育课堂意外事件、突发事件的过程中表现出来的一种较为熟练的教学行为方式。形成处理突发事件技能要求做到以下几点：

冷静而镇定地对待体育课的各类突发事件，过程得当，快捷而高效。

善于掌握“处理突发事件而不影响教学”原则，快速处理好各种突发事件，不把“事件”扩大化。

在处理突发事件的过程中语言婉转、比喻贴切，不伤害学生的感情，不体罚学生。

特别关注学生在练习过程中的安全情况，及时处理学生的运动伤害事故。

**（九）简答说课技能形成的要求**

答：说课技能指职前学生或体育教师在规定时间内用简练的语言，也可借助图示、媒体向评委展示教学理念、教学设计的过程中表现出来的一种较为稳定的教学行为方式。形成说课技能要求做到以下几点：

说课娴熟，内容符合体育教学前沿知识。

说课过程流畅，条理清晰，层次分明，重点突出。

语言表达准确，术语规范，表情自然，富有情感，形象生动。

板书设计合理，书写快速而流畅，构图准确而直观。

**（十）简答模拟上课技能形成的要求**

答：模拟上课技能指职前学生或体育教师在没有学生参与的情况下，在规定的时间内选择课中的某一环节，运用模拟方式向评委展示教学情况的过程中表现出来的一种较为稳定的教学行为方式。形成模拟上课技能要求做到以下几点：

迅速进入上课角色，自导并自演，富有激情。

合理把握模拟上课的时间，不拖拉，不提前。

灵活运用语言、手势、口令、哨声、姿态等。

**（十一）简答课中（后）小结技能形成的要求**

答：课中（后）小结技能指体育教师在课的某一环节或课的结束部分对学生的课堂学习情况进行评价的过程中表现出来的一种较为熟练的教学行为方式。形成课中（后）小结技能要求做到以下几点：

对学生的学习行为做出客观、真实、公正的评价。

在表扬的同时指出不足；以鼓励为主，以批评为辅。

合理掌握时机，增强小结效果。

课后小结简洁，并安排学生回收器材。

**（十二）简答课后自我反思技能形成的要求**

答：课后自我反思技能指体育教师在课后对教学过程进行全面和专题方面的自我反思，总结经验、发现问题、促进自我专业成长的过程中表现出来的一种较为熟练的教学行为方式。形成课后自我反思技能要求做到以下几点：

课后反思言简意赅、内容深刻，避免长篇大论。

反思内容既有成功之举，又有不足之处。

既有全面反思，又有专题反思，并做好详细的反思记录。

不断提高课后自我反思技能和课堂教学质量。

**（十三）简答看课技能形成的要求**

答：看课技能指体育教师以观察者的视角对体育课前设计、课中过程进行整体的、专题的记录和分析，学习授课教师的经验、促进自我专业成长的过程中表现出来的一种较为熟练的教学行为方式。形成看课技能要求做到以下几点：

熟悉看课的目的和步骤，做好前期准备。

做好看课的详细记录。

学会用不同的视角看课。

不影响授课者及上课学生的情绪。

**（十四）简答评课技能形成的要求**

答：评课技能指体育教师在整理看课记录的基础上进行整体或专题方面的剖析，发现亮点、找出问题、评价课堂教学效果的过程中表现出来的一种较为熟练的教学行为方式。形成评课技能要求做到以下几点：

第一，评课之前充分做好看课记录的整理工作，包括分类整理记录中每个细节的优缺点、形成评课者的观点等。

第二，了解并熟悉评课形式和类型。评课形式有个别面谈式，研讨式自评、互评、总评，书面材料式，全面分析和专题分析，点名评议式，师生评议式，网上评课等。评课类型有观摩性评课、研究性评课、检查性评课、指导性评课等。

第三，重点突出，层次分明，以理服人，不要吹毛求疵、强词夺理。

第四，因人而异，符合教师的年龄差异、性格差异，学生的特点等。

第五，一分为二，既突出亮点和特点，又提出问题和建议。

## 五、论述题

### （一）请论述说课的内容有哪些

答：说课指体育教师在备课的基础上，面对评委、教师或其他听众阐述自己的教学构想及教学设计过程的行为方式。说课的具体内容包括说教学理念、说教材、说学情、说目标、说教学重点和难点、说教法、说过程。

**1.说教学理念**

课程和教学理念体现为教学经验的升华，是教学行为的先导和灵魂，是教学实践和教学价值观的体现。因此，说课不可忽视对教学理念的阐述。《中小学体育与健康课程标准》明确提出了各学段的教学理念，说课者必须重视这些理念：坚持“健康第一”；落实“教会、勤练、常赛”；加强课程内容整体设计；注重教学改革方式；重视综合性学习评价；关注学生个体差异；落实立德树人根本任务和“健康第一”指导思想，促进学生的健康和全面发展；尊重学生的学习需求，培养学生对运动的喜爱；改革课程内容和教学方式，提高学生的综合能力和优良品格；注重学生运动专长的培养，奠定学生终身体育的基础；建立多元学习评价体系，激励学生更好地学习并发展。

**2.说教材**

教材是实施课堂教学的最基本依据，也是说课的基本依据。说课者要在认真研读课程标准和教材的基础上，系统地阐述所选定课题的教学内容在教学单元乃至整个教材中的地位和作用。对教材的分析首先要明确教材的地位，即所说的课是哪个年级的哪节课；还要说清教材的价值、特点及知识点之间的联系。

**3.说学情**

学情指学生的年龄特征、认知规律、身心发展情况、对已有知识和技能的掌握情况、兴趣和爱好、学习态度等方面的特点。教师要根据这些情况预先判断学生对学习新知识的关注和接受程度，为优化教学设计提供参考。说学情应重点关注两方面内容：第一，要对学生的一般特征，即学生的生理特点、心理特点及社会特点进行分析；第二，要分析学生的体育学习起点能力，即学生在进行体育与健康课程的学习前已具备的相关知识，体能、技能的基础，健康状况，以及对体育学习内容的认识和态度。

**4.说目标**

根据教材和学情分析确定教学目标。教学目标是教学设计的出发点和归宿，也是检查教学效果的标准和尺度，它对教学活动具有很好的定向和评价作用。说目标时要注意以下两点：第一，目标的完整性。一方面，要说明本次课的目标与课程目标及单元目标的关系，以体现说课者对教学目标的理解程度。另一方面，教学目标要指向体育教学活动对学生的认知、技能、体能、情感、态度、价值观等的全面发展。第二，目标的可操作性。即目标要求要明确、具体，能直接用来指导、评价并检查该课的教学工作。

**5.说教学重点和难点**

根据教材的特点和学生的实际情况，明确教学的重点和难点，说明在教学中如何进行重点的强化和难点的突破。

**6.说教法**

说教学方法主要表现为分析本次课教学组织形式的设计及依据、教学方法的选择及依据、教学媒体的设计、教具的使用等，说明“怎样教”和“为什么这样教”的道理。说教学方法要做到以下几个方面：①根据教材（学科特点、教学内容）的特点、教学目标、学生的情况及施教的条件，说出所要选用的教学方法和教学手段。②说清选用哪些媒体作为教学的辅助手段。③说清运用哪些教学方法和手段解决教学重点，突破教学难点，以及采用哪些途径创设课堂情景、加强课堂练习氛围、激发学生兴趣、启发学生思维、调动学生主动参与学习的积极性。

**7.说过程**

根据体育课的结构，用口头语言将教学过程的先后顺序表达出来，即开始部分、准备部分、基本部分、结束部分各自预期达到的目标，拟采用的组织形式，教师如何教、学生如何学，安全提示等内容。说教学流程要求层次清楚、过渡自然、环环紧扣、结构严谨。要做到以下几点：①说清如何进行教学内容编排、新课方法导入、教学组织形式、教学主要环节、媒体运用等实践性环节的设计。②说清如何处理教师主导与学生主体的互动作用。③说清如何引导学生将所学知识应用于实践、转化为能力，如何精心设计好课内外练习作业、课堂效果反馈方法等各环节。

最后，还要说明场地和器材的设置、教学效果预设、教学反思等。

**（二）请结合实际简述如何说好一节体育课**

答案要点：说课是体育教师在备课的基础上，面对评委、教师或其他听众，阐述自己的教学构想及设计过程的行为方式。

说好一节体育课，首先要做好提前备课，即确定说课内容并准备说课内容：①根据学生的年龄、性别、个性特征、身体素质和前期学习情况制定课堂教学目标。②根据教学目标，兼顾学校的场地和器材条件设计教学方法、教学手段、教学组织形式、学练步骤预计课的练习密度和运动负荷。③形成合理的教学流程。④进行全面的内容展示和陈述，包括说教材、说学情、说目标、说教法、说过程、说学生身心状态预计、说场地和器材设计等。

其次要具备一定的说课技能，并做到以下几点：①说课内容符合学校体育学科前沿理论。②分析学情和教材内容时条理清晰，重点突出，方法实用，具有可操作性。③说课过程流畅，层次分明，设题精当。④语言表达准确、规范，富有情感，形象生动。⑤身体语言与表情运用自然。⑥板书设计合理，书写快速而流畅，构图准确，形象而直观。

以上的步骤和技能可以较好地将整节课的教学活动全面、生动、清楚地展现给评委、教师或其他听众。

**（三）以排球垫球（高一年级女生40名，4课时中的第二次课）为例，拟定一份说课稿**

答题要点：应包含说课的教学理念、教材分析、学情分析、教学目标、教学重点和难点、教法、教学过程等具体内容。

**（四）根据下列条件设计体育游戏活动方案**

①教学对象：小学四年级学生。②学生人数：40人。③器材条件：跳绳4根、接力棒4根、小足球8个、呼啦圈8个、体操棍4根。④场地条件：充足。

答题要点：应包括游戏名称、游戏目标、游戏组织方法、游戏规则、游戏注意事项，充分利用器材，考虑教学对象特点，运动负荷适宜等方面内容。

举例：

游戏名称：花样接力赛。

游戏目标：认知目标（规则认知）、技能目标、情感目标。如增强学生的身体素质，使之体验运动的乐趣，加强团结、协作，增进友谊；提高学生的跑、跳等基本活动能力；培养学生机智、果断、勇敢、顽强的品质。

游戏组织方法：①分组，包括固定、随机、同质、异质、友伴等方式。②教法，如讲解、示范等。③游戏结果评价。

游戏规则：充分利用提供的器材，明确、清晰地表述游戏规则。

游戏注意事项：安全；遵守规则；不可嬉戏、打闹；如身体不适，应主动说明。

**（五）李老师要为体育教研组编制高中一年级2023—2024学年第一学期体育教学工作计划。按学校该学年体育教学工作计划内容，初步确定本学期上课周数为16周，教学内容主要包括保健知识、挺身式跳远、耐久跑、篮球、太极拳、单杠等。请根据编制学期体育教学工作计划的知识，帮助李老师写出编制学期体育教学工作计划的步骤，并且以表格形式设计出该学期体育教学工作计划**

答：编制学期教学计划的步骤主要包括：

**1.确定学期教学目标**

针对学年教学目标和要求，结合学期季节特点、学生特点，学校场地、器材条件，学校传统项目等具体情况，从运动参与、运动技能、身体健康、心理健康、社会适应几个方面分别确定学期教学目标。

**2.明确学期教学内容的时数与上课次数的关系**

若一节课包括两个主要教材内容，那么上课次数为教学时数的2倍；若一节课是单个教材内容，那么上课次数与教学时数等同。一般来说，高中选项课是单教材课型。

**3.排列学期教学内容并填入表中**

根据排列原则，先排重点项目和考核项目，后排其他项目。教学内容排列方法有三种：连续排列法、间隔排列法、混合排列法。对于难度较大、技术较复杂、季节性较强的教学内容，可采用连续排列，如挺身式跳远；对于比较简单的、技术性不强的、体能消耗较大的教学内容，可采用间隔排列，如耐久跑等；而对于学时较多的教学内容，可采用混合排列。

**4.确定学期考核项目、内容、标准和要求**

学期考核项目为重点教学内容，一般以2—3个考核项目为宜。

编制学期教学计划案例如下表：

**高中一年级2023—2024学年第一学期体育教学工作计划**

| 周次 | 节次 | 教材内容 | 周次 | 节次 | 教材内容 |
|---|---|---|---|---|---|
| 1 | 1 | 体育健康知识 | 9 | 25 | 篮球 |
| | 2 | 太极拳 | | 26 | 篮球 |
| | 3 | 太极拳 | | 27 | 篮球 |
| 2 | 4 | 太极拳 | 10 | 28 | 耐久跑 |
| | 5 | 太极拳 | | 29 | 体育健康知识 |
| | 6 | 太极拳 | | 30 | 篮球 |
| 3 | 7 | 太极拳 | 11 | 31 | 篮球 |
| | 8 | 太极拳 | | 32 | 耐久跑 |
| | 9 | 太极拳 | | 33 | 篮球 |
| 4 | 10 | 太极拳 | 12 | 34 | 篮球 |
| | 11 | 太极拳 | | 35 | 耐久跑 |
| | 12 | 挺身式跳远 | | 36 | 篮球 |
| 5 | 13 | 挺身式跳远 | 13 | 37 | 篮球 |
| | 14 | 挺身式跳远 | | 38 | 篮球 |
| | 15 | 挺身式跳远 | | 39 | 篮球 |
| 6 | 16 | 挺身式跳远 | 14 | 40 | 耐久跑 |
| | 17 | 挺身式跳远 | | 41 | 篮球 |
| | 18 | 体育健康知识 | | 42 | 篮球 |

续表

| 周次 | 节次 | 教材内容 | 周次 | 节次 | 教材内容 |
|---|---|---|---|---|---|
| 7 | 19 | 单杠 | 15 | 43 | 篮球 |
| | 20 | 单杠 | | 44 | 篮球 |
| | 21 | 单杠 | | 45 | 耐久跑 |
| 8 | 22 | 单杠 | 16 | 46 | 篮球 |
| | 23 | 篮球 | | 47 | 篮球 |
| | 24 | 篮球 | | 48 | 体育健康知识 |

# 第七章 学校体育教学研究

## 一、名词解释

### （一）体育教学研究

体育教学研究指专职或兼职体育教研人员、体育教师开展的以解决教学实际问题为主要任务，以提高教学质量为目的的一般性科研活动。

### （二）校本教研

校本教研是立足本校，从实际出发，以本校教师为主体，以解决教学过程中面临的具体问题为核心目标的实践性教学研究制度。

### （三）体育教研员

体育教研员指各地教育科学研究所（院）在编并从事学校体育教研工作的人员，是学校体育教研工作的主要承担者。

### （四）体育校本教研

体育校本教研是立足本校，从本校实际出发，以本校教师为主体，以解决体育教学过程中面临的具体问题为核心目标的实践性教学研究制度。

### （五）课例研修

课例研修指以课例为载体，在教学行动中开展包括专业理论学习的教学研究进修活动。它倡导教师研修团队的共同行为，可以实现体育教师团队中具有不同专业技能教学水平的教师的优势互补。

**（六）国培计划**

中小学教师国家级培训计划简称“国培计划”，是提高中小学教师，特别是农村教师队伍整体素质的重要举措。

## 二、填空题

1.学校体育教学研究组织机构的建立源自各学校体育教研组的成立。

2.在体育教学研究中，要全面贯彻德、智、体、美、劳全面发展的国家教育方针，组织实施国家体育课程标准。

3.体育教研员是学校体育教研工作的主要承担者。

4.体育教研员应具备的专业能力主要有组织能力、服务能力和整合能力。

5.教学技能展示是为提高体育教师的教学技能而设置的专门性展示活动，体现为国家新课程标准实施以来教研活动的创新形式。

6.课题研究作为教研活动，实际上是典型的行动研究，是以解决教学实际问题为导向的研究活动。

7.开展校本教研、促进教师专业化成长的三种基本力量为教师个人的反思、教师集体的同伴互助和专业研究人员的专业引领。

8.基于教师个人的校本教研主要指教学反思，体现为校本教研的最基本方式。

9.校本教研的活动主体是教师。

10.从总体上看，教研活动的内容主要围绕研究、培训、教学三个重要环节展开。

11.学校体育教研的评价内容一般包括体育研修方案评估、体育研修过程评估、体育研修效果评估等。

12.以学校管理的视角看学校体育教研，包括个人、学校和区域层面的活动。

13.学校体育教研活动中“五课一反思”的“五课”指集体备课、说课、看课、上课、评课。

## 三、判断题

1.20世纪80年代，各地教育系统就开始进行改革，部分省相继成立了教育科学研究所。

答：正确。

2.体育教研员应具有一定的教育科学理论基础，掌握系统的体育学科理论基础、体育知识与体育技能知识，不一定要有正确的教育观念。

答：错误。

解析：体育教研员应具有一定的教育科学理论基础，掌握系统的体育学科理论基础、体育知识与体育技能知识，一定要有正确的教育观念。

3.体育教研员可以提供教育、体育方面的政策咨询。

答：正确。

4.典型的体育教研活动有课堂教学展示活动、教学技能展示活动、课题研究活动、校本教研活动等。

答：正确。

5.体育教师不需要运用多媒体技术进行辅助教学。

答：错误。

解析：体育教师需要运用多媒体技术进行辅助教学。

6.校本教研是立足本校，从本校实际出发，以本校教师为主体的实践性教学研究制度。

答：正确。

7.基于教师集体的校本教研主要指教学反思。

答：错误。

解析：基于教师集体的校本教研指以学校体育教研组为单位，体育教师相互学习、共同讨论、交流经验的教研活动。

8.专家引领的校本教研是体育教师逐渐形成自己的教育思想和独特的教学风格，成为学科带头人的必然途径。

答：正确。

9.与其他形式的教师培训相比，教研培训具有组织灵活性、形式生动性、参与广泛性等特点。

答：正确。

10.在职体育教师岗位培训的重点是帮助教师更新教育理念，深入钻研业务，学习新知识，掌握新技能，提高教育、教学实际能力。

答：正确。

## 四、简答题

### （一）简答体育教学研究的基本职责有哪些

**答：1.贯彻国家教育方针，执行国家课程标准和教学政策**

全面贯彻德、智、体、美、劳全面发展的国家教育方针，组织体育与健康课程标准的实施，根据本地实际情况制定地方执行国家体育课程的政策和计划。

**2.实施教学研究，指导教学，推进教学改革**

根据中小学体育教学需要，研究体育教学思想、教学理论、课程设置、教学内容、教学方法、教学手段、学科教学评价等，为国家体育课程改革提供参考，为体育教师开展体育教学提供科学指导。组织教改实验，探索教学规律；总结、提炼、推广教学经验，推动教学改革。

**3. 组织教研活动，增强教学效果，提高教学能力**

组织多层次、多形式的体育教学研究活动，帮助广大体育教师制定教学计划，钻研、掌握课程标准和教材，不断改进教学方法，努力增强课堂教学效果。组织体育教师开展课堂教学展示和教学技能交流，提高其教学能力；帮助并指导教师开展学科课外活动，促进体育教师的专业发展。

**4. 构建教材体系，完善教材内容**

分析、研究经国家审定的体育教材，组织新教材培训，负责教材的实验和推广，为教材的选择提供咨询意见。

**5. 研究制定、组织实施体育教学质量标准**

制定基于国家课程标准和地区实际情况的体育教学质量标准，组织或参与学科教学质量监督和评估；制定本地区体育教师职称考核标准，组织或参与体育教师职称评定。

**（二）简答体育教研员的基本工作职责有哪些**

答：体育教研员指各地教育科学研究所（院）在编并从事学校体育教研工作的人员，是学校体育教研工作的主要承担者，是推动我国中小学体育事业发展的重要力量。体育教研员的主要职责包括以下几个方面：

**1. 提供政策咨询**

体育教研员要能够提供教育、体育方面的政策咨询。同时，要结合本地的实际情况具体分析政策实施的条件和问题，为教育政策调整提供实践依据。

**2. 贯彻实施课程标准**

体育教研员要研究国家体育课程的目标、功能、结构、内容、实施途径、评价标准，制定本地区贯彻实施课程标准的计划和管理办法，总结并分析体育课程标准实施过程中的经验和问题，及时调整课程实施策略。

**3.调查教学现状**

体育教研员要深入学校和体育课堂，了解体育教学的实际情况，掌握体育课的开课，体育教师的配备，体育场地、器材的配置，学生体质、健康状况等情况，及时发现问题，为教育行政管理部门提供真实信息；同时要深入分析问题，提出解决问题的对策和建议，为教育行政管理部门提供决策参考。

**4.指导课堂教学**

体育教研员要对体育教师的课堂教学进行指导。如组织体育教师研究课程目标、分析教材、设计课堂教学方案、选择教学手段和方法，帮助体育教师解决教学问题、探索教学规律，提高教师的教学质量和教学水平。

**5.组织教研活动**

体育教研员要从教学实际出发，有计划地组织本级和下一级教研室开展不同层次、不同专题的教学研究活动；总结教研活动的特点和规律，形成有特色的标志性体育教研活动，如优质体育课展示、体育教师教学技能展示等，提高教师的教学质量和教学水平。

**6.实施教学评价和管理**

体育教研员要依据体育课程标准、体育教材及地方体育教学管理的相关文件制定体育课基本规范和要求，对体育教学进行评价；要依据《学校体育工作条例》《体育与健康课程标准》等制定体育教学质量标准，对体育教学过程进行有效管理和质量监控。

**7.开展教改实验**

体育教研员要根据国家和地区体育课程改革的新情况、新要求，规划并组织开展本地区的教改实验；要依据地区、学校、教师等具体情况，组织不同形式、不同主题的教改实验，同时做好教改实验的过程管理和成果总结。

**8.总结推广教学经验**

体育教研员要善于发现先进的体育教学典型，为先进教学典型的成长和发展创造条件；同时，要及时总结并推广教学经验，保证成功经验在更大的范围内发挥作用。

**9.参与教育科研**

体育教研员要结合教研工作中发现的问题，以解决问题为目的开展科研课题研究，发现问题的症结，为解决教学中的问题提供对策；另外，要及时关注教育科研的动态，及时将研究成果引导到体育教学实践，指导教学，以提高教学质量。

**10.指导开展校本教研**

体育教研员要组建以教研员、骨干体育教师为主体的教研队伍，并以此为依托，开展不同层次的教研活动；要依靠骨干体育教师开展以学校为单位的校本教研；还要指导学校建立体育校本教研计划和制度，设定校本教研的目标和内容。

**（三）简答体育教研活动的内容有哪些**

**答：1.课堂教学展示活动**

体育课堂教学展示即公开教学课，是基本的体育教研活动。体育课堂教学展示是体育教师成长的必由之路，是综合展示教师的教学思想、教学技能和教学艺术的平台，具有功能综合性、影响广泛性、信息交流迅捷性等特点。课堂教学展示活动有学校组织的公开课、跨学校甚至跨地区的示范课、研讨课、评比课等多种形式。

**2.教学技能展示活动**

体育教学技能展示活动是以展示体育教师最基本的教学素质为核心的

教研活动，教学技能展示活动具有职业特点鲜明、专业特色突出等特点。体育教学技能展示活动可以通过比赛、考核、达标评比等形式进行。

**3.课题研究活动**

课题研究活动是教研活动深入发展的必然选择，是教研活动需要科研引领的结果，也是教研与科研日趋融合的重要体现。开展课题研究活动要选择真实的教学问题，确定明确的研究目标，采用适当的研究方法，有计划、分步骤地开展，并且要求信息采集真实，数据处理准确，分析和论述逻辑性强，成果具有创新性。

**4.教研培训活动**

体育教研培训活动是教研工作的重要内容，以提高体育教师的师德素养和业务水平为核心，以培养一支高素质、专业化的体育教师队伍为目标。教研培训具有组织灵活、形式生动、参与广泛等特点。体育教研培训的形式主要有新任体育教师岗前培训、在职体育教师岗位培训、骨干体育教师研修、体育学科带头人研修等。

**5.校本教研活动**

体育校本教研是立足本校，从实际情况出发，以本校教师为主体，以解决体育教学过程中面临的具体问题为核心目标的实践性教学研究制度。校本教研活动的形式主要有基于教师个人的校本教研、基于教师集体的校本教研、基于专业指导人员的校本教研。

## 五、论述题

### （一）论述体育校本教研的含义及其特征

答：体育校本教研是立足本校，从实际情况出发，以本校教师为主体，以解决体育教学过程中面临的具体问题为核心目标的实践性教学研究制度，是改进体育教学、提高体育教学质量、促进体育教师业务水平提高的基础性教研活动，也是当代教学研究发展的趋势之一。

体育校本教研的特征表现在以下几个方面：

**1.校本教研的主体是教师**

体育教师在教学实践中发现问题、明确问题，并以此作为自己的研究课题。体育教师在教学过程中以研究者的身份置身于教学情境，以研究者的眼光审视并分析教学理论和教学实践中的各种问题，对出现的问题进行探究，对积累的经验进行总结，使之形成规律性的认识。

**2.校本教研是在教育、教学情境中生成的教学研究**

校本教研不同于学术性的专业研究，而是基于学校，为了学校教育和教学的发展而进行的实践性研究。其研究的重心在学校，重点在课堂。校长是开展体育校本研究的第一责任人，体育教师是研究的主体，相关专家及其他教研人员是指导者和帮助者。

**3.体育校本教研的研究对象是本校体育教学中亟待解决的具体问题**

体育教师在教学实践中能够直接感知并了解教学中存在的困难和问题，因而，体育教师最有条件，也最有资格开展这种应用型研究。

**4.自我反思、同伴互助、专业引领始终贯串在研究过程之中**

教师个人的自我反思、教师集体的同伴互助、专业研究人员的专业引领是开展校本教研、促进教师专业化成长的三种基本力量。自我反思是开展校本教研的基础和前提。校本教研只有转化为教师个人的自我意识，以及自觉、自愿的行为，才能得到真正的落实和实施。校本教研是一种合作性的参与式研究，强调研究的民主性，包括教师之间，教师与专家、学校管理者、其他合作者之间的相互协作和支持。

**（二）论述新时代教研队伍的专业标准包括哪几个方面**

答：学校体育教学研究工作的质量和成效在很大程度上取决于体育教

研员的工作成效。因此，体育教研员的专业水平决定了学校体育教研工作的整体专业化程度和发展前景。新时代的体育教研队伍的专业标准可从专业素质和专业能力两个方面来看：

**1.体育教研员的专业素质**

担任体育教研工作的专职、兼职教研员的专业素质包含体育专业知识、专业技能和专业精神三个主要方面。其中，体育教学研究能力是体育教研员专业素质的核心。具有高水平的体育教学能力、丰富的体育教学实践经验是优秀体育教研员的首要标志，也是体育教研员必备的专业技能。

**2.体育教研员的专业能力**

体育教研员是体育教研活动的发起人、组织者和管理者。体育教研员的专业能力主要包括以下几个方面：

（1）组织能力

教研员担负引领学科发展、组织教研活动、管理教研工作的任务，从角色定位看，他们是实际上的学科指导者。因此，作为一名体育教研员，必须具备为了实现教研目标而灵活运用各种方法、有效协调各种人际关系、合理利用各种教学资源、高效完成教研任务的能力。

（2）服务能力

体育教研员的工作要围绕体育教师的教学进行，不断满足体育教师的需求，最大限度地服务于体育教师。体育教研员要建立满足体育教师专业发展需求、可供体育教师共享的资源库或专业平台；有计划地组织开展基于体育教师教学问题的教研活动；培养、发现、挖掘教学典型和教学经验，并及时推广体育教师的教学成果。

（3）整合能力

体育教研员要依据地区社会、经济和文化发展的实际情况制定本地区实施国家课程的政策，结合本地区的教育资源制定地方课程，指导学校制定校本课程。体育教研员最重要的能力是将体育国家课程、地方课程和校本课程有机整合，形成学校体育课程的整体实施计划，保证体育课程的贯彻执行。

# 第八章　阳光体育运动概述

## 一、名词解释

**"阳光体育运动一小时"**

"阳光体育运动一小时"指由学校有组织、有领导、有计划地对学生进行体育教学，使学生进行集体锻炼的时间，主要包括体育课、大课间体育活动和课外体育活动的时间。

## 二、填空题

1.《关于开展全国亿万学生阳光体育运动的通知》明确提出开展阳光体育运动的目的是"在全国亿万学生中掀起群众性体育锻炼的热潮，切实提高学生体质健康水平"。

2.阳光体育和学校体育均有各自的内涵，但二者的目标、实施途径和要求一致。

3.阳光体育运动以实施《国家学生体质健康标准》为基础。

4."阳光体育运动一小时"主要包括体育课、大课间体育活动和课外体育活动的时间。

5.课外体育活动是体育课的延伸，是学生练习运动技术、掌握运动技能的必要保证，也是增强学生体质的重要途径。

6.阳光体育运动和学校体育的要求一致，都是认真落实“健康第一”的指导思想。

7.学校体育更多地依托体育课，侧重教育性和学科性；阳光体育侧重课外体育活动，强调宣传和激励作用。

8.体育课是落实学生“阳光体育运动一小时”的主渠道。

## 三、判断题

1.如今，“阳光体育”完全成为“学校体育”的代名词。

答：错误。

解析：“阳光体育”在某种程度上已成为“学校体育”的代名词。

2.北京奥运会有效地催化并推动了加强学校体育工作的进程。

答：正确。

3.与阳光体育运动相关的另外两项工作分别是推广传唱《阳光体育之歌》和实施阳光体育奖章制度。

答：正确。

4.学校体育更多地依托体育课，侧重教育性和学科性；阳光体育侧重课外体育活动，强调宣传和激励作用。

答：正确。

5.“学生每天锻炼一小时”是为了鼓励学生加强每天一小时体育锻炼而提出的。

答：错误。

解析：“学生每天锻炼一小时”是在20世纪50年代为了限制学生过多

地参加课外活动，避免影响身心健康而提出的。

6.可将学生在上、下学路上的时间和在家中进行体育运动的时间纳入“阳光体育运动一小时”。

答：错误。

解析：学生在上、下学路上的时间和在家中进行体育运动的时间不可被纳入“阳光体育运动一小时”。

7.中小学校每天至少统一安排一次25—30分钟的大课间体育活动。

答：正确。

8.地方和学校不得以任何理由削减、挤占体育课时间，但毕业年级除外。

答：错误。

解析：地方和学校不得以任何理由削减、挤占体育课时间；对于毕业年级，更要开足、上好体育课。

9.寄宿制学校的学生要坚持每天出早操。

答：正确。

10.大课间体育活动对调节学生学习节奏、缓解学生学习疲劳、增强学生体质、增进学生健康有着重要的意义。

答：正确。

11.“阳光体育运动一小时”主要包括体育课、大课间体育活动和课外体育活动的时间。

答：正确。

12.阳光体育运动和学校体育的相同点包括：二者目标一致、实施途径一致、要求一致。

答：正确。

13.阳光体育运动和学校体育是分别隶属体育系统和教育系统两大部

门的有联系的工作。

答：正确。

## 四、简答题

### （一）简答阳光体育运动产生的背景

**答：1.“重智育，轻体育”的教育倾向**

学校体育是我国教育的一个重要组成部分，是与德育、智育、美育等平行、并列的教育的一个方面。但在实际中，由于种种原因，不少教育部门、学生和家长存在“重智育，轻体育”的倾向。

**2.学生体质状况引发社会关注**

2006年公布的第五次全国大样本学生体质与健康调研结果显示：与2000年相比，我国学生体质和健康状况存在突出问题，肺活量水平继续呈下降趋势，速度、爆发力、力量、耐力素质水平进一步下降，肥胖检出率继续上升，视力不良检出率仍然居高不下。这一结果公布后，引起了社会各界对学生体质和健康水平的广泛关注。

**3.北京2008年夏季奥林匹克运动会的催化作用**

2001年，北京成功申办2008年夏季奥林匹克运动会后，举国上下都在营造北京举办2008年奥运会的良好氛围。竞技体育、群众体育、学校体育都得到了各级管理部门和各级学校的重视和加强。在努力筹备北京2008年奥运会的过程中，第五次全国大样本学生体质与健康调研的结果与全国形成的奥运会热情和重视体育的氛围形成巨大反差，从而催化并推动了加强学校体育工作的进程。

**（二）简答"阳光体育运动一小时"的来历**

**答：1.起始阶段**

关于"学生每天锻炼一小时"的要求和提法是在20世纪50年代出现的。当时不是为了鼓励学生加强每天一小时的体育锻炼而提出的，而是为了限制学生过多地参加课外活动，避免影响身心健康而提出的，与现在所倡导的"学生每天锻炼一小时"的含义迥然不同。

**2.立法阶段**

1978年4月14日下发的《关于加强学校体育、卫生工作的通知》指出："中小学要认真做好早操、课间操和眼保健操。每天平均保证一小时有组织、有领导、有计划的体育锻炼（包括体育课、早操、课间操和课外体育活动）。"此后，大、中、小学颁布的相关政策都提出了"保证平均每天有一小时的体育锻炼"的要求。1990年颁布的《学校体育工作条例》明确学生每天体育锻炼一小时标志着"学生每天锻炼一小时"进入了立法阶段。

**3.全面实施阶段**

教育部为保证学生每天的锻炼时间，于2005年8月19日专门下发了《关于落实保证中小学生每天体育活动时间的意见》，进一步明确学生每天一小时的体育活动包括体育课、课外体育活动和大课间体育活动。2006年12月20日，教育部、国家体育总局、共青团中央共同下发了《关于开展全国亿万学生阳光体育运动的通知》，提出："开展阳光体育运动，要与课外体育活动相结合。配合体育课教学，保证学生平均每个学习日有一小时体育锻炼时间。"2007年5月7日，《中共中央　国务院关于加强青少年体育增强青少年体质的意见》要求确保"学生每天锻炼一小时"之后的一系列文件均对"每天锻炼一小时"提出要求，充分说明保证学生每天进行一小时的阳光体育运动对于全面推进素质教育、促进学生健康成长、切实提高学生健康水平具有重要意义。随着学校体育的不断发展，“学生每天锻炼一小时”演变为“阳光体育运动一小时”，其内容从单纯的课外体育活动发展到体育课、早操、课间操和课外体育活动，以及体育课、课间操和课外体育活动，再到现在的体育课、课外体育活动和大课间体育活动，经历了不断丰富、完善的过程。

**（三）简答阳光体育运动与学校体育的关系**

答："阳光体育运动”和“学校体育”是两个相对独立的名称，均有各自的内涵，但二者在内容、工作范畴等方面具有高度一致性。阳光体育运动与学校体育的关系如下：

阳光体育运动与学校体育的相同点有：①目标一致。都是为了增强学生的体质，促进学生身体健康，但是阳光体育运动更具有明确性，有时间限制和量化标准。②途径一致。都依托体育课教学、课外体育活动等，但是阳光体育运动更注重《国家学生体质健康标准》的实施和达标，更关注“学生每天锻炼一小时”的落实，更重视课外体育活动的开展。③要求一致。都是积极贯彻国家的教育方针，切实推进素质教育，认真落实“健康第一”的指导思想。具体表现为要按照学校体育工作政策的要求开展工作，要保证课时，要按课程标准教学，要配齐体育教师，要广泛开展课外体育活动，要加强学校体育设施和器材保障，要确保学校体育安全，等等。

阳光体育运动和学校体育的区别主要表现在：学校体育更多依托体育课，注重教育性和学科性；阳光体育运动以实施《国家学生体质健康标准》为基础，采用广泛开展各项课外活动、积极落实“学生每天锻炼一小时”的手段，围绕在短期内提高学生的健康水平的目标，侧重课外体育活动，强调宣传和激励作用。

## 五、论述题

### （一）论述"阳光体育运动一小时"的内容包括哪些方面

答："阳光体育运动一小时"指由学校有组织、有领导、有计划地对学生进行体育教学和集体锻炼的时间，主要包括体育课、大课间体育活动和课外体育活动的时间。具体包括以下三个方面：

**1.保质、保量上好体育课**

体育课是落实学生"阳光体育运动一小时"的主渠道。中小学要认真执行国家课程标准，保质、保量地上好体育课。地方和学校不得以任何理由削减、挤占体育课时间；对于毕业年级，更要开足、上好体育课。

**2.保证课外体育活动时间**

课外体育活动体现为体育课的延伸，是学生练习运动技术、掌握运动技能的必要保证，以及增强学生体质的重要途径。凡没有体育课的当天，学校必须在下午课后组织学生进行一小时的集体体育锻炼，并将之列入教学计划，严格执行。寄宿制学校的学生要坚持每天出早操。高等学校要把课外体育活动纳入学校日常教学计划，使每个学生每周至少参加3次，每次不少于30分钟的课外体育锻炼，积极鼓励并引导学生在周末和假期坚持体育锻炼。农村学校要根据校园环境和地域特点开展课外体育活动。少数民族地区的学校应积极开展富有当地民族特色的课外体育活动。

**3.严格实行大课间体育活动制度**

大课间体育活动是落实学生"阳光体育运动一小时"的重要内容。中小学校要每天至少统一安排一次25—30分钟的大课间体育活动，将大课间体育活动排入课表，形成制度；认真组织学生做好广播体操、眼保健操；因地、因校、因时不断丰富大课间体育活动的组织形式和活动内容，科学、合理地安排运动负荷；运动场地不足的学校可采用错时、分段、分年级等方法为学生开展大课间体育活动提供充分的条件。

**（二）论述保证“阳光体育运动一小时”的基本要求**

**答：1.做好动员，统一思想，提高认识**

学校要积极宣传，广泛动员，使全体教师、学生及家长充分认识“阳光体育运动一小时”的重要意义；要把开展“阳光体育运动一小时”作为切实加强学校体育和增强学生体质工作的重要内容，把开展“阳光体育运动一小时”作为切实贯彻落实“健康第一”的指导思想的一个方面，把开展“阳光体育运动一小时”与形成办学特色结合起来。

**2.建立机构，明确责任，确保工作落到实处**

学校要建立领导机构，做到主管领导亲自抓、分管领导具体抓，明确学校校长是“阳光体育运动一小时”的第一责任人，把“阳光体育运动一小时”的开展情况作为评价校长工作的重要内容；要建立教导、政教、总务、体育组、各年级组联动的运行机制，并发动班主任及全体教师积极参加，层层建立责任制，把各项工作落到实处。

**3.制定学年计划，做好详细工作方案**

学校要根据学校场地情况、教师数量和学生规模进一步整合资源，制定学年“阳光体育运动一小时”计划，并将之纳入教学计划，列入课表。学校还要做好详细的工作方案，明确分工，建立安全机制。

**4.加大经费投入，配置好器材，合理计算教师工作量**

学校要加大对学校体育经费的投入力度，把公用经费按一定的比例专项用于“阳光体育运动一小时”工作，并做到每年的投入都有增长。学校要合理计算教师参与“阳光体育运动一小时”的工作量，特别要做到体育教师同工同酬。

**5.加强教学研究，探索科学评价方法**

学校和体育教师要加强“阳光体育运动一小时”的教学研究工作，不断丰富一小时体育锻炼的内容，积极探索一小时体育锻炼运动负荷的合理安排，制定“阳光体育运动一小时”的科学评价方法和手段，使“阳光体育运动一小时”的安排真正实现为学生所喜闻乐见、增强学生体质、丰富校园生活、陶冶学生情操。

**6.加强检查，建立评选和表彰机制**

学校要加强对“阳光体育运动一小时”的检查，建立周周查、月月查、学期总结的督查机制；将落实“学生每天锻炼一小时”作为学校领导、校长工作考核的内容。另外，学校还要积极宣传“阳光体育运动一小时”的好处，建立定期评选、表彰先进个人、班级和集体的机制，以发挥典型和榜样的作用。

# 第九章　课外体育活动

## 一、名词解释

### （一）课外体育活动

课外体育活动指学校有计划、有组织地让学生在课余时间进行各种身体练习，以练习课堂教学内容、发展身体素质、增进健康、提高运动技术水平、丰富业余文化和生活为目的的体育活动。

### （二）课间操

课间操通常指每天上午第二节课后休息时间内进行的体育锻炼，是作息制度中规定的体育活动，我国中小学最普遍、最有保障的一种课外活动形式，也是落实“学生每天锻炼一小时”最重要的措施之一。

### （三）班级体育锻炼

班级体育锻炼是作息制度中规定的体育活动，被列入正式课，一般与体育课错开安排，每周安排两次，每次一个小时左右。它是以班级或锻炼小组为单位，在教师的指导下，由班级体育委员或锻炼小组长带领学生进行的体育活动。

### （四）校外学校体育活动

校外学校体育活动是由学校计划并组织的，学生在校外进行的体育活动。校外学校体育活动与校内课外体育活动相互联系、密切配合，共同构成了学生的课外体育活动，是学生体育生活的重要组成部分。

**（五）家庭体育**

从广义上说，家庭体育指以家庭为单位而组织的由学生与家庭成员一起进行的身体练习和家庭文体活动。校外学校体育活动中的家庭体育则指由学生与家庭成员共同完成学校体育课外作业或进行体育社会实践而组织的体育活动。

**（六）校外个人自我锻炼**

校外个人自我锻炼指学生根据学校体育课堂教学或课外体育活动的要求，为了完成体育作业或练习内容而自觉在校外进行的个人体育锻炼。

**（七）青少年体育俱乐部**

青少年体育俱乐部主要指依托学校、体育协会、社区、公共体育场所、业余体校等，用体育彩票公益金创建的青少年体育活动中心。

**（八）青少年户外体育活动营地**

青少年户外体育活动营地是国家体育总局在新时期探索适合我国国情的青少年体育活动阵地的一项新举措，体现为对“全民健身工程”模式的补充和为青少年建设更多校外活动场所的有益尝试，具有示范性、探索性的特点。

## 二、填空题

1.普通中小学校、农业中学、职业中学每天应当安排课间操，保证学生每天至少有一小时的体育活动时间。

2.作息制度中规定的课外体育活动形式有早操、课间操、班级体育锻炼。

3.现代余暇体育指在学习、工作之余开展的群众性体育活动。

4.课外体育活动是评价学校体育工作的开展效果的重要指标，是学生体育学业评价的重要内容。

5.广泛开展课外体育活动，有助于学校领导、教师、学生树立“健康第一”的思想，减轻学生的学业压力和身心负担，提高其学习效率。

6.实现学校体育目标的途径是体育课和课外体育活动。

7.体育锻炼可促进青少年身体各器官、系统的正常发育，因此，选择课外体育活动时要考虑到青少年身体健康的全面性。

8.选择课外体育活动要与学生的兴趣结合，以提高学生活动的积极性，增强活动的效果。

9.早操的时长一般是15—20分钟。

10.校外学校体育活动的组织形式主要有校外个人自我锻炼、家庭体育活动、节假日体育活动、体育夏（冬）令营活动、青少年体育俱乐部活动、青少年户外体育营地活动等。

## 三、判断题

1.《学校体育工作条例》规定：普通中小学校、农业中学、职业中学每天应当安排课间操，每周安排三次以上的课外体育活动，保证学生每天至少有一小时的体育活动时间（含体育课）。

答：正确。

2.班级体育锻炼课是我国中小学最普遍、最有保障的一种课余体育活动形式。

答：错误。

解析：课间操（大课间体育活动）是我国中小学最普遍、最有保障的一种课余体育活动形式，是保证“学生每天锻炼一小时”最重要的措施之一。

3.培养学生的运动兴趣和习惯，使学生养成终身体育的意识是学校体育的目标之一。

答：正确。

4.课余体育锻炼体现为体育课的延伸，是体育的第二课堂。

答：正确。

5.课外体育活动只能是竞技性运动项目，不能是娱乐性体育活动。

答：错误。

解析：课外体育活动不只是竞技性运动项目，还可以是娱乐性体育活动。

6.课外体育活动的内容十分丰富，只要条件允许，凡是对青少年身心健康有益的体育方法和手段，都可以作为活动内容。

答：正确。

7.课外体育活动中所有的活动形式都是学生根据自己的兴趣选择的，体现出了自主性的特点。

答：正确。

8.目前实行的第三套全国中小学生广播体操具有鲜明的教育性、健身性、科学性、适应性、艺术性和新颖性。

答：正确。

9.校外个人自我锻炼内容广泛，并不需要与学校体育活动相关。

答：错误。

解析：校外个人自我锻炼空间广阔、内容广泛，但个人在安排校外自我锻炼时，应与学校体育的内容紧密结合。

10.青少年假日活动的组织单位和承办单位都是各地教育部门成立的

青少年假日活动中心。

答：错误。

解析：青少年假日活动的组织单位是学校，承办单位是各地教育部门成立的青少年假日活动中心。

11.课外体育活动指体育课之外的学校内的体育活动。

答：错误。

解析：课外体育活动是学校课外活动的重要组成部分。课外体育活动可以是在校内组织的活动，即校内课外体育活动，如早操、课间操、大课间体育活动、班级体育活动等；也可以是在校外组织的活动，即校外学校体育活动，如与学校体育有关的家庭体育活动、社区体育活动、俱乐部体育活动等。

12.体育夏（冬）令营活动是校外学校体育活动的组织形式之一。

答：正确。

13.课外体育活动的开展有固定的时间安排，且均被纳入学校的课程表。

答：错误。

解析：课外体育活动作息制度中规定的活动，如早操、课间操等，有固定的时间安排；在校外组织的体育活动，如家庭体育活动、个人自主锻炼等，没有固定的时间安排。

14.开展课外体育锻炼的目的是传授体育知识和技能、发现体育人才。

答：错误。

解析：课外体育活动指学校有计划、有组织地让学生在课余时间进行各种身体练习，以练习课堂教学内容、发展身体素质、增进健康、提高运动技术水平、丰富业余文化和生活为目的的体育活动。

15.经常参加体育锻炼无疑对学生的思想、观念、态度、情感等产生积极的影响，形成运动兴趣、锻炼习惯、体育意识，以及积极、乐观的生活态度和行为习惯。

答：正确。

16.课外体育活动有利于促进学生身心健康发展，增强其社会适应能力。

答：正确。

17.课外体育活动的目的和任务具有多向性特点。

答：正确。

18.个人锻炼活动指学生个体根据自己的兴趣、爱好和需要，按体育锻炼的方法自愿地选择相应的体育锻炼项目在课外单独进行的体育锻炼活动。

答：正确。

19.小团体活动的成员有可能是本班同学，也可能是其他班的同学，甚至是不同年级的同学。

答：正确。

20.课外体育活动的实施体现为一个以强制规定为主、自觉和自愿为辅；宏观调控指导，以微观自主、开放为特点的操作过程。

答：错误。

解析：课外体育活动是国家法规明文规定的必须开展的体育活动，具有法定活动的强制性质。其中的一些活动形式（如早操、课间操）是学生必须参加的，属强制性体育活动，对确保学生身心健康发展有积极的作用。但课外体育活动的大多数活动是学生自愿参与的、趣味性很强的自主性活动，如轻松、愉快的自由课间体育活动、朋友相约的远足活动等。

21.在课外体育活动中，体育教师起着统领全局的作用。

答：错误。

解析：教师在课外体育活动中只起指导、咨询的辅助性作用，为学生创造充分展示才能和兴趣，发挥积极性、主动性和创造性的机会。这有利于培养学生的运动才能、组织才能和创造才能，使学生的主体地位和作用得到充分的体现和发挥。

22.大学生坚持做早操，不仅是养成良好的生活习惯、锻炼意志、增进健康的良好措施，也是他们每天从事脑力劳动的准备活动。它可以消除抑制、兴奋神经、活跃生理机能，促进有机体以良好的状态开始一天的学习和生活。

答：正确。

## 四、简答题

### （一）简答课外体育活动的特点是什么

答：课外体育活动指学校有计划、有组织地让学生在课余时间参加的体育活动，它与体育课有联系，但又不与之相同。其主要特点体现在以下几个方面：

**1.内容的广泛性和空间的广阔性**

课外体育活动的内容丰富多彩，从学生自发的松散的游戏活动到仪式正规的运动竞赛，从娱乐性体育活动到竞技性运动项目，等等，无所不包。课外体育活动的空间非常广阔，从环境优雅的校园到校外广阔的空间，从拥挤、狭窄的小区街道到空气清新的大自然，到处都是体育活动的场所。

**2.形式的多样性和方法的灵活性**

课外体育活动的形式多种多样，方法灵活、可变。例如，课外体育活动有早操、课间操、大课间体育活动、班级体育锻炼、校外学校体育活动等组织形式；可以是个人活动、小组活动、班级活动，也可以是在年级甚至全校范围内进行的课外体育活动，还可以是以体育兴趣小组、学生体育社团等形式开展的课外体育活动。

**3.学生主体性和教师辅助性**

教师在课外体育活动中只起到指导、咨询的辅助性作用，这就为学生提供了一个可以在体育活动中充分发挥自己的积极性、主动性和创造性的良好机会，有利于培养学生的运动才能、组织才能和创造才能，使学生的主体地位和作用得到充分的体现和发挥。

**4.对象群众性和训练精英性**

课外体育活动中的大多数活动体现出了参与对象的群众性，如早操、大课间体育活动、群众性体育展示等，不仅参加的学生人数多，而且参加组织的人员也多，有校领导、班主任、体育教师、行政干部、团组织、少先队干部等。但课外体育活动中也包括少数运动水平高的学生参加的课余体育训练，如花样跳绳、篮球、足球等。

**5.课堂延伸性和体系独立性**

体育课的学时有限，很难满足学生身、心两方面对运动的需要。因此，课外体育活动能够补偿学生体育课运动的不足，它体现为体育课堂教学的延伸，是体育教学的第二课堂。但是，课外体育活动之于体育课又具有相对的独立性，它并不等于体育课堂，而有自己的体系。

**（二）简答课外体育活动的意义**

答：课外体育活动对学校体育工作具有重要的意义，主要表现在以下几个方面：

**1.有利于增强学生体质，促进学生身体健康**

广泛开展课外体育活动有助于促进儿童、青少年身体的生长发育，改善其身体各器官和系统的功能，发展其身体素质，培养其良好的身体姿态，提高其身体的基本活动能力和运动能力，提高其适应环境的能力和对疾病的抵抗力。

**2.有利于培养学生的运动兴趣和习惯**

培养学生的运动兴趣和习惯、使学生养成终身体育的意识是学校体育的目标之一。广泛开展课外体育活动有利于培养学生的运动兴趣和习惯，使他们树立终身体育意识，养成自觉、自愿、积极参加体育锻炼的健康的生活方式。

**3.有利于丰富学生的课余生活**

开展丰富多彩、形式多样的课外体育活动，不仅有助于充实学生课余文化、生活的内容，缓解学生的学习压力，陶冶学生的情操，使之愉悦身心、增进同学间的友谊、提高社会化程度，增强体质，还可以有效促进学校体育工作的开展，加强校园精神文明建设。

**4.有利于培养体育人才**

课外体育活动体现为体育课堂教学的延伸，广大学生可以在体育课堂教学的基础上，利用课外活动时间不断练习运动技术，掌握运动技能，提高运动水平。所以，广泛开展课外体育活动对于培养体育骨干、选拔优秀体育后备人才具有重要的作用。

**5.有利于减轻学生的学业负担**

由于存在中考、高考方面的压力，学生的学业负担依然很重，对青少年学生的身心健康造成了不良影响。广泛开展课外体育活动有助于学校领导、教师、学生树立“健康第一”的思想，减轻学生的学习压力和身心负担，提高他们的学习效率。

## 五、论述题

**结合校内外体育活动，简要说明课外体育活动的组织形式主要有哪些**

答：课外体育活动主要包括校内课外体育活动和校外学校体育活动。其中，校内课外体育活动的组织形式主要有：

**1. 早操**

早操是作息制度中规定的体育活动，它具有健身、振奋精神，以及培养意志和品质的作用，也是对学生（住校生）进行管理的手段。寄宿制学校要坚持让学生每天出早操，并将早操列入学校体育工作计划进行管理。

**2. 课间操**

课间操是作息制度中规定的体育活动，是我国中小学最普遍、最有保障的一种课外活动形式，是落实“学生每天锻炼一小时”最重要的措施之一。随着社会的发展、学校规模的变化及学生需求的改变，课间操的内容更丰富，组织形式更灵活，学校组织课间操的自主权更大，更容易满足学生的需要。

**3. 班级体育锻炼**

班级体育锻炼是作息制度中规定的体育活动，被列入正式课，一般与体育课错开安排，每周安排两次，每次一个小时左右。它是以班级或锻炼小组为单位，在教师的指导下，由班级体育委员或锻炼小组长带领学生进行的体育活动。班级体育锻炼有助于巩固体育课的效果，是实施“达标争优”的重要方式，也是培养学生的体育兴趣和习惯的重要途径，有助于发展学生的个性，培养学生的优良品质。

校外学校体育活动的组织形式主要有：

**1. 校外个人自我锻炼**

校外个人自我锻炼指学生根据学校体育课堂教学或课外体育活动的要

求，为了完成体育作业或练习内容而在校外自觉进行的个人体育锻炼。校外个人自我锻炼空间广阔，内容广泛，但个人在安排校外自我锻炼时，应与学校体育的内容紧密结合，如巩固校内所学的各项运动技术、进行针对性的身体素质练习、与朋友进行趣味性体育活动等。

**2. 家庭体育活动**

家庭体育指由学生和家长为了共同完成学校体育课外作业或进行体育社会实践而组织的体育活动。家庭体育活动可以家庭体育作业的形式来完成。从组织形式上来看，家庭体育活动主要是以学生个人为主、以家长为辅的体育活动，家长起辅助、监督、指导的作用，主要目的是使学生继续进行在校时未完成的体育学习、提高学生的运动技能、培养学生良好的体育锻炼习惯、提高学生的健康水平等。

**3. 节假日体育活动**

节假日体育活动指由学校要求并安排的，学生在节假日期间利用校外社区、公共体育场地和器材资源而开展的各种体育活动，如篮球兴趣班、乒乓球兴趣班、跆拳道兴趣班、武术兴趣班、游泳学习班等。这些兴趣班组建之后，可向学校公布，并由学生进行自愿、自主选择。

**4. 体育夏（冬）令营活动**

夏（冬）令营活动是实施素质教育的有效途径，是提高未成年人思想、道德教育水平的重要渠道，也是学校教育和家庭教育的良好补充。体育夏（冬）令营通常是一种综合性的活动，综合了德、智、体、美、劳各方面的教育内容，如安排游泳、攀岩、篮球、乒乓球、羽毛球、定向运动等，并结合参观、野炊、露营、联欢、篝火晚会等形式，使学生通过参加体育活动达到增强体质、全面发展的目的。

**5. 青少年体育俱乐部活动**

青少年体育俱乐部主要指依托学校、体育协会、社区、公共体育场所、业余体校等，用体育彩票公益金创建的青少年体育活动中心。青少年体育俱乐部活动则是由学校组织学生，通过加入青少年体育俱乐部会员的形式而进行的体育活动。

**6.青少年户外体育营地活动**

青少年户外体育营地活动是国家体育总局在新时期探索适合我国国情的青少年体育活动阵地的一项新举措，体现为对“全民健身工程”模式的补充和为青少年建设更多的校外活动场所的有益尝试，具有示范性、探索性的特点。青少年户外体育营地活动类似于体育夏（冬）令营活动，但活动场所和运动项目不同。青少年户外体育营地活动都在户外特殊的场地（营地）进行，“营地”占地面积大，项目和服务齐全。

# 第十章　大课间体育活动

## 一、名词解释

### （一）大课间体育活动

大课间体育活动是在原课间操的基础上发展、演变而形成的学校体育活动的新形式，是学校体育活动的一部分，也是落实、保证学生每天参加“阳光体育运动一小时”的重要内容，具有促德、调智、健体、审美等功效，对调节学生的学习节奏、缓解其疲劳、增强其体质、增进其健康、培养其终身体育意识等具有重要的意义。

### （二）大课间体育活动设计

大课间体育活动设计指根据学校的体育师资，场地、器材设施，自然环境等条件和资源状况策划、安排大课间体育活动的内容和组织形式。

### （三）分合轮换组织形式

分合轮换组织形式指大课间体育活动以分开练习与集体练习轮流互换的方式进行。

## 二、填空题

1.大课间体育活动具有多样性、愉悦性、适中性、群体性的特点。

2.大课间体育活动是在原课间操的基础上发展起来的一种课余体育组织形式，时长一般为25—40分钟。

3.大课间体育活动是保证“阳光体育运动一小时”的有效手段。

4.由于各学校、地区的资源和条件不同，以及同一学校各年龄段学生的兴趣不同，要求大课间体育活动具有多样性。

5.大课间活动的四种基本组织形式为先合后分、先分后合、分合交替和分合轮换。

6.根据学生的年龄、身心发展情况，地域文化情况等设计大课间体育活动，体现了大课间体育活动设计的适宜性原则。

7.大课间体育活动运动负荷以中小强度为宜。

8.大课间体育活动在课程开发上充分体现了人本观念。

9.根据大课间体育活动设计主体不同，我们可以把活动设计分为三个级别：国家大课间体育活动设计、地区大课间体育活动设计、学校大课间体育活动设计。

10.大课间体育活动的内容分为统编内容和自选内容。

## 三、判断题

1.大课间主要是为了达到积极性休息的目的，因此负荷量不宜过大。

答：正确。

2.大课间体育活动对于学校精神文明建设没有帮助。

答：错误。

解析：大课间体育活动对于学校精神文明建设有帮助。

3.大课间体育活动是全国统编的活动内容。

答：错误。

解析：大课间体育活动一般分为“统编内容”和“自选内容”两部分。

4.先合后分的大课间体育活动组织形式的顺序可以是：集合 — 进场 — 广播操 — 班级分项活动 — 收操 — 退场。

答：正确。

5.大课间体育活动是全校师生每天在同一时间进行的体育活动，一般以集体做操为主，以分班活动为辅。

答：正确。

6.大课间体育活动只注重学生的兴趣和爱好就可以。

答：错误。

解析：大课间体育活动要符合学生的身心特点，应具有健身性、教育性，同时还要注重活动的趣味性。

7.大课间体育活动也是一门体育活动课程，应与我国当前的课程改革结合。

答：正确。

8.大课间体育活动不需要与音乐结合。

答：错误。

解析：大课间体育活动要注重与音乐结合。

9.分合轮换的组织形式一般在活动场地不足的学校采用得较多。

答：正确。

10.大课间体育活动是落实学生“阳光体育运动一小时”的重要内容。

答：正确。

11.大课间体育活动或课间操主要指文化课下课后，学生在教室周围进行的激烈活动。课间活动的主要意义是通过活动消除学生上课时产生的疲劳，便于休息。

答：错误。

解析：大课间体育活动具有促德、调智、健体、审美等功效，对调节学生的学习节奏、缓解其疲劳、增强其体质、增进其健康、培养其终身体育意识等具有重要的意义。

## 四、简答题

### （一）简答大课间体育活动有什么特点

答：大课间体育活动是在原课间操的基础上发展、演变而形成的学校体育活动的新形式，是学校体育活动的一部分，也是落实、保证学生每天参加“阳光体育运动一小时”的重要内容。它具有以下特点：

**1. 多样性**

大课间体育活动并不拘泥于某种固定的套路，各地区、各学校可根据自己现有的资源条件、活动的内容、季节等随机调整，可全校集体开展，也可以兴趣小组为单位，还可开展以组或班为单位的小型比赛。

**2. 愉悦性**

通过大课间的各种身体练习，学生可以在优美的旋律中、不断变幻的队形中感受运动的乐趣，获得美的享受，培养欣赏美和创造美的能力，从而激发浓厚的兴趣和热情，进而主动锻炼，形成锻炼的意识和习惯。

**3. 适中性**

相较于体育课、班级课外体育活动、运动训练、竞赛等，大课间体育活动的负荷保持在中等强度较为合适。大课间运动负荷的适中性特点也决定了大课间体育活动的内容必须简单，易于学练。

**4.群体性**

大课间体育活动要求全校学生在同一时间进行各种体育活动，学生人数多，场地、器材、设备使用率较高，组织过程比较困难，管理也比较复杂，需要较多的人员参与组织和管理。

**（二）简答实施大课间体育活动有哪些要求**

**答：1.注重与学校整体改革结合**

大课间体育活动要与学校整体改革思路、方向一致。在活动形式、内容、管理及特色的打造上，必须紧紧围绕学校的发展和改革来进行，与学校、学生的具体实际结合，与校园文化建设结合。

**2.注重与学生的未来发展结合**

开展大课间体育活动，不应只注重学生的兴趣和爱好，还应对之进行进一步深化，从素质教育角度出发，与学生的未来的发展结合，使学生身心健康、全面发展，很好地适应未来的社会。

**3.注重与体育课程改革结合**

大课间体育活动不单纯地表现为一种活动形式，它体现为体育课堂教育的延伸和拓展，应努力做到大课间活动内容与课堂教学内容紧密衔接。

**4.注重与音乐结合**

音乐要具有鼓动性、诱发力和震撼力，要在充分考虑活动的内容、性质、学生的兴趣和爱好的基础上挑选合适的音乐，以音乐为线索串联各项练习内容，激发学生参加练习的欲望和激情。

**5.注重与场地、器材改革结合**

学校的场地和器材直接影响学生参与活动的兴趣。活动的开展要与场地、器材改革结合，因地制宜地合理利用校园环境和周围环境。

**（三）简答大课间体育活动的意义是什么**

答：大课间体育活动是在原课间操的基础上发展、演变而形成的学校体育活动的新形式，是学校体育活动的一部分，也是落实、保证学生每天参加“阳光体育运动一小时”的重要内容。大课间体育活动的意义包括以下几个方面：

**1.是保证“阳光体育运动一小时”的有效手段**

大课间体育活动是落实学生“阳光体育运动一小时”的重要内容，它对调节学生的学习节奏、缓解其学习疲劳、增强其体质、增进其健康具有重要的意义。

**2.有利于培养学生健康的生活方式**

大课间体育活动的内容、组织形式能够很好地激发学生的锻炼兴趣，培养学生的体育意识和习惯，对培养学生健康的生活方式具有重要的意义。

**3.是展示校风、校貌的重要窗口**

大课间体育活动形式多样、丰富多彩，能充分体现学校良好的教学秩序和生活秩序。参加大课间体育活动不仅能锻炼学生的身体，陶冶学生的情操，这项活动本身也是学校精神文明建设的窗口。

## 五、论述题

**论述大课间体育活动设计的含义及其程序**

答：大课间体育活动设计指根据学校的体育师资，场地、器材设施，自然环境等条件和资源状况策划、安排大课间体育活动的内容和组织形式。

学校大课间体育活动设计的程序如下：

成立大课间体育活动领导小组，明确分工。大课间体育活动领导小组通常由负责学校体育工作的主管领导、体育组（部）成员、班主任等人员构成，负责本校大课间体育活动的管理、实施等各项工作。

确立大课间体育活动的指导思想。

构建大课间体育活动的内容体系。

设计大课间体育活动的地点、组织形式和时间安排。

规定大课间体育活动实施的程序和要求。

形成大课间体育活动方案。

# 第十一章　国家学生体质健康标准

## 一、名词解释

### （一）《国家学生体质健康标准》

《国家学生体质健康标准》是测试学生的体质、健康状况和锻炼效果的评价指标，是国家对不同年龄学生体质、健康方面的基本要求，也是学生体质和健康情况的个体评价标准。

### （二）学生体质健康测试

学生体质健康测试指测试人员采用规范的技术、方式和方法，组织学生参加《国家学生体质健康标准》而确定的测试项目及有关内容的实际测评，是促进学生身体健康发展，激励学生参加身体锻炼的教育、评价和反馈手段，重点监测学生的身体形态、身体机能、身体素质、运动能力等方面的情况及变化趋势。

## 二、填空题

1.《国家学生体质健康标准》是测量学生体质、健康状况和锻炼效果的评价指标。

2.《国家学生体质健康标准》的功能包括评价功能、反馈功能、引导功能和激励功能。

3.学生体质健康测试准备阶段的测试人员应以体育教师为主，并结合学生体育骨干和一些学生志愿者。

4.学生体质健康测试的方法包括结合体育课考核测试法、课外单项或多项测试法、运动会测试法、体检测试法、周末集中测试法等。

5.在进行学生体质健康测试时，仅仅数据的绝对值无法反映两所学校的真实情况，必须考虑到两校的总人数，因此需要引入相对数的分析方法。

6.动态分析方法适用于对学生个人，以及班级、学校的学生进行体质测试的历年数据分析。

7.影响学生身体健康的因素众多，其中，学校体育活动是影响青少年体质的重要因素。

8.凡是与教材一致的测试项目，学校可以选择体育课单元教学考核测试法对学生进行测试。

9.课外单项或多项测试法可能出现的问题是测试时间过长。

10.运动会测试法一般适宜在小学阶段开展。

## 三、判断题

1.《国家学生体质健康标准》只用于评价学生的体质动态变化。

答：错误。

解析：《国家学生体质健康标准》是测试学生体质、健康情况和锻炼效果的评价指标，其中设置了相对科学的、能综合反映学生体质和健康状况的各项评价指标，重点监测学生的身体形态、身体机能、身体素质、运动能力等方面的情况及变化趋势。

2.《国家学生体质健康标准》规定，各个年龄段学生的身高和体重都为必测项目。

答：正确。

3.根据《国家学生体质健康标准》，具体的测试一般采用流水作业或分散形式。

答：正确。

4.学生达到《国家学生体质健康标准》及格等级，方可被评为“三好学生”、获奖学金、被保送研究生等。

答：错误。

解析：《国家学生体质健康标准》实施方法中规定：学生的测试成绩评定达到“良好”及以上者，方可参加评优和评奖；成绩达到优秀者，方可获体育奖学分。

5.学校应该充分利用测试数据，构建本校运动改善方案。

答：正确。

6.进行测试数据的统计和整理时，只与过去1年的数据做对比即可。

答：错误。

解析：进行测试数据的统计和整理时，可以列出过去1—3年的测试数据，以做之后的对比分析之用。

7.《国家学生体质健康标准》的总分为100分，所以，学生在进行测试时只需要努力达到每项测试指标的满分。

答：错误。

解析：《国家学生体质健康标准》的学年总分表现为标准分与附加分之和，满分为120分。标准分表现为各单项指标得分与权重乘积之和，满分为100分。附加分根据实测成绩确定，即对成绩超过100分的加分指标进行加分，满分为20分。

8.通过学生体质健康测试，各学校应该分析问题并反思，改进学校体育工作。

答：正确。

9.招募一些有经验的学生志愿者既能解决测试过程中人手不足的问题，同时也发展了学生志愿者的测试能力。

答：正确。

10.对于无故缺勤体育课，一学年累计超过应出勤次数的1/10者，其《国家学生体质健康标准》测试成绩应为“不及格”。

答：正确。

## 四、简答题

### （一）简答《国家学生体质健康标准》的功能有哪些

**答：1.评价功能**

《国家学生体质健康标准》是学生体质、健康情况的个体评价标准，其中设置了相对科学的、能综合反映学生体质和健康状况的各项评价指标。

**2.反馈功能**

对学生个体而言，学生体质健康测试系统可为学生及其家长提供在线查询和在线评估服务，向学生提供个性化的身体健康诊断，有助于学生对自身体质状况有客观的了解，使之发现不足，确定今后努力的方向；对学校、教育行政部门、政府机关而言，学生体质健康测试系统可提供翔实的测试数据，以方便他们进行数据的统计和分析，发现学生体质、健康状况方面存在的问题，及时采取科学的干预措施，制定符合实际的政策和法规。

**3.引导功能**

《国家学生体质健康标准》的实施意在促进学生、家长和社会对身体健康有更为明确的认识和理解，帮助他们树立科学的健康观念，形成重视健康的意识，引导学生积极参加体育活动。

**4.激励功能**

《国家学生体质健康标准》的实施方法规定：测试成绩评定达到“良好”及以上的学生，方可参加评优和评奖；成绩评定达到“优秀”的学生，方可获体育奖学分。这些定性和定量的评价指标具有激励学生积极参与体育锻炼，“达标争优、增强体质”，促进学生身体健康发展的作用。同时，该标准的实施情况也是各级、各类学校进行教育、教学评估的基本指标，以及进行表彰的基本依据，对学校教育、教学情况的发展具有一定的激励作用。

**（二）简答学生体质健康测试的内容有哪些**

答：《国家学生体质健康标准（2014年修订）》从身体形态、身体机能、身体素质等方面综合评定学生的体质和健康水平，是学生体质和健康情况的个体评价标准。该标准将适用对象划分为以下组别：小学、初中、高中每个年级为一组，其中小学为6组，初中为3组，高中为3组；大学一、二年级为一组，三、四年级为一组。各组别的测试指标均为必测指标。具体测试内容为：

各年级学生共性指标：身体形态类的身高、体重，身体机能类的肺活量，以及身体素质类的50米跑、坐位体前屈。

全体小学生共性指标：1分钟跳绳，小学三至六年级1分钟仰卧起坐，小学五、六年级50米×8往返跑。

初中、高中、大学各年级共性指标：立定跳远、引体向上（男）、

1分钟仰卧起坐（女）、1000米跑（男）、800米跑（女）。

## 五、论述题

**论述学生体质健康测试的方法有哪些**

**答：1.结合体育课考核测试法**

凡与教材一致的项目（如50米跑、50米×8往返跑、男子1000米跑/女子800米跑、仰卧起坐、立定跳远、1分钟跳绳等项目），学校可选择体育课单元教学考核法进行测试。

**2.课外单项或多项测试法**

学校可利用课外活动的时间安排单项或多个项目在不同的地点同时进行测试，也可结合季节特点进行，如组织班级进行单项达标比赛。

**3.运动会测试法**

由于测试过程相对乏味，可通过召开测试运动会的方式进行测试，也可通过竞赛的方式提高测试成绩，以增强测试的趣味性，同时活跃校园体育文化氛围，起到多重作用。该测试法一般适宜在小学阶段开展。

**4.体检测试法**

有些测试项目（如身高、体重等）无须体育教师参与，可以结合每年的体检进行测试。有条件的学校可自行组织学生去校医务室进行测试，没有条件的学校可组织社区、街道、保健所等的医务人员来校对学生进行测试。

**5.周末集中测试法**

高校学生体质健康测试可采用周末集中测试法进行。一方面，高校体育课上课的学生往往来自不同的院系；另一方面，高校体育课程采用学分制管理，以学期为单位，教学时数较少，教学任务较重。

# 第十二章　学校运动训练

## 一、名词解释

### （一）学校运动训练

学校运动训练指学校利用课余时间，通过运动队、代表队、俱乐部等形式对部分在体育方面有一定特长和爱好的学生进行系统训练，全面发展其身体素质，有效增强其体质，提高其运动技术水平，使之创造优异的运动成绩，同时为培养竞技体育后备人才而专门组织的一种体育训练。

### （二）体育传统项目学校

体育传统项目学校简称“传统校”，指以开展学生体育活动为传统，并且在至少两个体育运动项目技能上具有特色的中小学校。

### （三）体教融合

体教融合指体育与教育的结合。它是体育系统与教育系统结合，共同为培养德、智、体、美、劳全面发展的竞技体育优秀人才的新体制。

### （四）体育特长生

体育特长生是学校运动训练的主体，指在体育方面（或某一体育项目上）有特长、有发展潜能、从事学校运动训练的学生。

## 二、填空题

1.相对于专业运动训练和职业运动训练，学校运动训练具有业余性和基础性两个基本特点。

2.学校体育工作要求学校贯彻“以普及为主”的指导思想。

3.学校运动训练是学校体育的重要组成部分，也是我国竞技体育的战略基础。

4.体教融合指体育与教育的结合。它是体育系统与教育系统结合，共同为培养德、智、体、美、劳全面发展的竞技体育优秀人才的新体制。

5.体育特长生的培养按时间进程可分为选拔、培养和输送三个环节。

6.我国运动员的培养可以分为两个系统，分别是体育系统和教育系统。

7.普通中小学运动队是我国学校运动训练最基础、最普遍、最富有活力的运动训练组织形式。

8.体育特长生是学校运动训练的主体，指在体育方面有特长、有发展潜能、从事学校运动训练的学生。

9.课余体育计划指对未来训练过程预先做出的理论设计。

10.从运动技术要求角度看，选择运动员常用的两种方法即经验选材和科学预测选材。

11.人们根据竞技状态发展的规律，把训练分为准备期、竞赛期和休整期。

12.技术训练包括基本技术训练和高难技术训练。

13.构成运动负荷的两个因素是负荷量和负荷强度。

14.不同年龄阶段的学生的身体素质发展速度是不同的。在一个发展过程中表现最佳的时期，称为身体素质发展的敏感期。

15.多年训练计划通常可分为基础训练、专项训练和竞技能力保持三个阶段。

16.变换训练法中，变换练习的条件包括练习的环境、练习的负荷和练习的动作组合。

## 三、判断题

1.课余体育训练的主要目标是提高运动技术水平，因此，参加课余训练的学生要以训练为主，文化学习对他们来说不重要。

答：错误。

解析：课余体育训练的主要目标是提高运动技术水平。它是利用课余时间，在不影响完成文化学习任务的前提下进行的训练。

2.在学校体育各项工作中，体育教学、大课间等体育活动对于一些具有体育天赋的学生是远远不够的。

答：正确。

3.校园体育文化可以直接或间接地影响学生，对学生终身体育理念的形成发挥着重要作用。

答：正确。

4.小学阶段的学校运动训练任务包括进行全面的身体训练、发展各项身体素质和基本运动能力。

答：正确。

5.凡被认定为“基地”的学校，应根据奥运项目的要求来设置运动队。

答：正确。

6.2020年，第十四届全国大学生运动会在山东省青岛市举办。

答：错误。

解析：2021年，第十四届全国大学生运动会在山东省青岛市举办。

7.当前学校的运动会改革趋势表现为倡导全员参与和运动会节日化。

答：正确。

8.对于运动员年龄小、训练水平低的情况，一般训练的比重应该大些。

答：正确。

9.在一个周期训练中，要增加运动负荷，通常先增加负荷强度，再增加负荷量。

答：错误。

解析：在一个周期训练中，要增加运动负荷，通常是先增加负荷量，再增加负荷强度。

## 四、简答题

### （一）简答学校运动训练的含义，以及开展学校运动训练有什么意义

答：学校运动训练指学校利用课余时间，通过运动队、代表队、俱乐部等形式对部分在体育方面有一定特长和爱好的学生进行系统训练，全面发展其身体素质，有效增强其体质，提高其运动技术水平，使之创造优异的运动成绩，同时为培养竞技体育后备人才而专门组织的一种体育训练。学校运动训练的意义主要体现在以下几个方面：

**1.促进学校体育的普及和提高**

学校体育工作要坚持“以普及为主，在普及的基础上提高，在提高的指导下普及”的原则。

**2.探索优秀运动员体教融合培养体制**

实施体教融合既有利于发现并培养优秀的体育后备人才，又能使体育

后备人才得到全面发展，真正造就高素质的竞技体育人才。

**3.为体育特长生提供成长途径**

在学校体育各项工作中，要对部分体育基础较好并具有一定运动天赋的学生进行系统的运动训练，进一步发展他们的身体素质，提高他们的运动技术水平，使他们成为推动学校体育各项工作发展的中坚力量，同时也为各级优秀运动队输送更多的体育后备人才。

**4.加强校园体育文化建设**

校园体育文化指在学校这一特定的范围内呈现的一种特定的体育文化氛围，体现为人们在教学和训练实践过程中创造的体育精神财富和物质财富的总和。一方面，学校开展运动训练需要的运动场地、器材、设备等体育物质文化可为学校增添一道亮丽的风景，使学生充分感受到一种浓厚的校园体育文化氛围。另一方面，学校运动训练组织和体制既可使具有一定体育特长的学生直接感受到运动项目的魅力和运动训练的严格规范性，也可以营造文化环境，吸引普通学生在业余时间观摩本校运动员的训练过程，激发他们的运动兴趣，培养他们的运动习惯。

**（二）简答学校运动训练有哪些组织形式**

**答：1.普通中小学校运动队**

普通中小学校运动队是我国学校运动训练最基础、最普遍、最富有活力的运动训练组织形式。学校应当在体育课教学和课外体育活动的基础上开展多种形式的运动训练，提高学生的运动技术水平。

**2.体育传统项目学校运动队**

体育传统项目学校（简称“传统校”）指以开展学生体育活动为传统，并且在至少两个体育运动项目技能上具有特色的中小学校。传统校应在广泛普及学生课外体育活动、增进学生身心健康、积极开展特色项目训练、提高学生运动技术水平、培养体育后备人才等方面发挥骨干示范作用。

**3.国家高水平体育运动后备人才基地运动队**

为进一步贯彻落实《奥运争光计划纲要》，推动各级、各类体育学校的建设和发展，促进高水平体育后备人才的培养，全国范围内建立了一批“国家高水平体育运动后备人才基地”。该基地实行申报、认定制度。认定条件是认定工作的唯一标准，认定过程中涉及的项目为奥运项目。

**4.普通高等学校高水平运动队**

2017年，《教育部关于进一步加强普通高校高水平运动队建设的实施意见》指出，高等学校高水平运动队指具备条件的普通高等学校按照国家有关规定，通过招收具有较高运动水平的运动员学生，在文化学习之余组织开展专业运动训练，为进一步提高其运动项目竞技水平而组建的学生运动员代表队的统称。普通高校建设高水平运动队的主要目的是引领学校体育课余训练和竞赛的发展，为国家培养全面发展的高水平体育人才，完成世界大学生运动会，以及国际、国内重大体育比赛任务，充分展示我国大学生的精神面貌。

## 五、论述题

**举例说明我国体教融合的培养机制**

答：“南体模式”是南京体育学院在长期办学的历史过程中，通过不断调整办学思想和办学定位，结合国家，以及江苏省体育、教育事业发展的要求，在实践中形成的教学、训练、科研三者紧密结合、资源共享、优势互补的“三位一体”的办学结构形态和运行机制。

清华大学“体教结合”的培养模式体现了全面发展的育人观和因材施教的具体模式，也是思想、业务结合的生动体现。在体育代表队队员的培养中，学校始终把思想教育放在重要的地位，始终坚持思想、业务两手抓。体育教研部主要分管运动员的选材、招生、训练、比赛等方面的工作，团委作为学生思想教育和课外活动的主要组织者，主要负责运动员的招生、思想教育、队伍建设、日常管理和后勤服务，两者相互支持、密切配合。

# 第十三章　学校运动竞赛

## 一、名词解释

### （一）学校运动竞赛

学校运动竞赛指学生在校内外参加的所有体育运动项目比赛的总称，既包括学校（本校或外校）组织的比赛，也包括各级教育、体育等有关部门组织的比赛，国际体育组织的有关学生的国际性体育比赛，等等。

### （二）校外竞赛

校外竞赛指学校学生参加非本校主办的体育竞赛。校外竞赛主要有国际学生体育比赛（如世界大、中学生运动会），全国学生体育比赛，省、市学生体育比赛，县（区）学生体育比赛，镇（乡）学生体育比赛等。

### （三）校内竞赛

校内竞赛指由学校主办的学生体育竞赛，其目的是激励学生积极参加体育活动、展示学校体育工作成果、提高学生运动技术水平和培养体育后备人才。

### （四）竞赛规程

竞赛规程是根据学校年度体育竞赛计划中的赛事所做的具体、详细的法规性文件，它是指导学校体育竞赛工作的重要依据。

### （五）循环法

循环法指在比赛中参赛者都要按照一定的次序轮流进行一次或两次比赛，最后按成绩计算名次。

### （六）淘汰法

淘汰法指在比赛过程中逐步淘汰成绩差的参赛者，最后决出优胜者的一种比赛方法。

### （七）轮换法

轮换法指比赛时将参赛者分成若干组，并在同一时间内按规定的轮换顺序分别进行不同项目的比赛，最后综合各项目的成绩来决定名次的比赛方法。

## 二、填空题

1.学校运动竞赛可以分为校外竞赛和校内竞赛两大类。

2.学校竞赛项目的特点是竞争性、全员性、多样性、教育性。

3.根据竞赛的性质和任务，校内竞赛可分为运动会、对抗赛、友谊赛、选拔赛、表演赛、体育联赛和周期赛。

4.学校运动会是规模最大的学校竞赛活动。

5.制定竞赛方案时，首先要进行细致的调查研究。

6.学校体育竞赛组织管理过程可分为赛前准备、赛中组织和赛后工作三个阶段。

7.体育竞赛评定成绩和名次的方法包括个人和团体。

8.竞赛计分法一般包括循环赛计分法、定额计分法、人人得分法和团体项目加倍计分法。

9.奖项设置方法包括名次法、等级法、优胜法。

10.学校运动竞赛指学生在校内外参加的所有体育运动项目的总称。

## 三、判断题

1.制定体育竞赛方案时，首先要做的是赛事筹备。

答：错误。

解析：制定体育竞赛方案时，首先要进行细致的调查研究，并将之提供给相关领导。

2.一般情况下，学校竞赛项目除了田径、球类项目，还可以设置趣味体育，民族、民间体育项目。

答：正确。

3.世界大学生运动会只限于在校大学生和毕业不超过两年的大学生参加。

答：正确。

4.全国大、中学生运动会直接以学校为单位报名参加。

答：错误。

解析：全国大、中学生运动会都是以省（自治区、直辖市）为单位组团，不直接以学校为单位报名参加。

5.学校单项比赛具有组织工作方便、项目单一、比赛规则灵活的特点。

答：正确。

6.学校课余体育竞赛是我国大、中、小学每天最有保障的一种课余体育活动，也是落实学生每天进行一小时课余体育训练的最重要措施。

答：错误。

解析：课间操（大课间体育活动）是我国中、小学最普遍、最有保障的一种课外活动形式，是落实学生每天进行一小时课余体育活动最重要的措施之一。

7.学校体育竞赛计划一般包括学年度体育竞赛计划、竞赛方案和竞赛规程三个部分。

答：正确。

8.赛事筹备过程包括成立组织机构、确定时间、选择场地、开展宣传工作、准备所需的器材及物品等。

答：正确。

9.学校运动竞赛只需要按比赛的成绩和名次设置奖项。

答：错误。

解析：学校运动竞赛奖项的设置方法有名次法、等级法和优胜法。

10.学校课余体育竞赛要以校内为主，校内外结合，通过小型、多样化的竞赛活动促进群众体育活动的开展。

答：正确。

11.分组循环是先把所有的参赛者分成若干个小组，在组内进行单循环比赛，然后排出各小组的名次，再根据各小组名次重新分组进行循环，直到最后决出优胜者的一种比赛方法。

答：正确。

12.循环法一般在参加比赛的队（人）数较多、时间短、场地少的情况下采用。

答：错误。

解析：淘汰法一般适用于短时间内进行，参赛者又多的比赛。

## 四、简答题

### （一）简答学校运动竞赛的组织形式

答：随着体教融合的深入推进，学校体育竞赛形式多样、内容丰富，且不断创新，逐渐倡导全员运动会。目前，常见的中、小学学校运动竞赛组织形式主要有以下几种：

**1.学校运动会**

学校运动会是学校规模最大的体育竞赛活动，主要指每年春、秋两季的田径运动会，以及趣味运动会、阳光体育运动会、亲子运动会等。

**2.单项竞赛**

单项竞赛具有组织工作方便、项目单一和比赛规则灵活的特点，根据比赛内容可分为单项运动竞赛和单项趣味比赛。

**3.体育节（月、周）**

体育节指在一定时段内开展以体育为主题的系列活动，包括体育竞赛、体育表演、体育知识竞赛、体育知识讲座、体育征文、体育摄影等活动。

**4.校园体育吉尼斯**

校园体育吉尼斯指根据学生的生理特点，选择适宜的运动项目，并组织开展具有挑战自我、冲击极限、挖掘潜能等特点的竞赛活动。

**5.节日体育比赛**

节日体育比赛指在我国传统节日或具有鲜明地方传统文化特色的特定时期举办的体育竞赛，如举办“五四”广播操比赛、“六一”趣味运动会、庆“七一”篮球赛、端午龙舟赛（旱地龙舟赛）、迎元旦接力跑、迎国庆和中秋体育比赛等群众性的体育竞赛活动。

**（二）简答学校运动竞赛的意义**

答：学校运动竞赛指学生在校内外参加的所有体育运动项目比赛的总称。开展学校运动竞赛的意义主要包括以下几个方面：

**1.有利于促进学生身心健康发展**

学校运动竞赛要求参与者全身心地投入其中，这样既可以锻炼学生的身体，又可以提高学生的心理素质，对于学生的身心健康发展具有不可替代的作用。

**2.有利于促进校园体育文化建设**

学校运动竞赛一般被安排在课余时间进行。在课余时间开展丰富多彩的体育运动比赛不仅可以丰富学生的课余文化生活，而且对于营造一种健康、向上的校园文化氛围，促进校园文化建设具有重要的意义。

**3.有利于发现、培养体育后备人才**

学校运动竞赛是检查学校运动训练和教学工作效果的重要手段，有利于提高学校运动训练和教学的质量，提高学生的竞技运动水平，发现、培养体育后备人才。

**4.有利于培养学生团队合作精神**

学校运动竞赛中的很多活动都是以团队的形式展开的，团队的共同目标引领广大学生在团队活动中既满足了个人交往的需要，又获得了置身于一个集体的归属感，在相互协作，朝向共同目标奋进的过程中增强集体的凝聚力，培养团队精神。

**（三）简答竞赛规程的内容及制定依据**

答：竞赛规程是根据学校年度体育竞赛计划中的赛事所做的具体、详细的法规性文件，它是指导学校体育竞赛工作的重要依据。竞赛规程的内容一般包括以下几个方面：

竞赛名称：根据竞赛的性质和内容确定。

竞赛的目的和任务：由竞赛的目标确定。

竞赛时间和地点：准确地通告竞赛的时间和地点，可以使参赛者较早地做好各种准备。

参赛单位、人数及分组：是确定赛事规模的必要部分，对竞赛的组织工作有决定性的意义。

竞赛项目：赛事中的大、小项目，必须全部被列入。

竞赛方法：包括竞赛规则、录取名次、计分方法、奖励方法等。

报名方法：包括各项目的参加人数，报名资格、手续、截止日期等。

注意事项：包括参赛者服装、号码、资格审查及处理办法。

## 五、论述题

### （一）试述学校运动竞赛的组织、管理过程

答：体育竞赛的组织是一项复杂而细致的管理工作。学校运动竞赛的组织、管理工作可分为赛前准备、赛中组织和赛后工作三个阶段。

**1.赛前准备**

（1）确定比赛的名称、目的和任务、规模、组织机构和经费预算

（2）建立竞赛组织机构（领导小组）

学校举办各种竞赛活动必须成立专门的竞赛组织委员会，负责组织、领导体育竞赛的各项工作。

（3）制定竞赛规程

对于组织者、管理者和参赛者，竞赛规程是指导性文件，也是保证参与者公平参与比赛的法规性文件。

（4）开展宣传工作

充分利用校园广播、宣传窗、黑板报、海报、微信公众号等宣传媒

体，为比赛宣传造势，营造浓厚的比赛氛围。

（5）编排竞赛秩序册

竞赛秩序册是一种组织、管理竞赛，以及指导运动员、教练员、裁判员的手册。其内容包括以下几个方面：①封面；②目录；③竞赛规程；④竞赛组委会（领导小组）、工作人员、仲裁委员会、裁判员名单；⑤精神文明评选办法；⑥开、闭幕式程序；⑦竞赛日程表；⑧代表队成员名单；⑨最高纪录；⑩比赛场地平面示意图。

（6）训练准备

在班主任的组织和体育教师的指导下，以班级为单位，利用大课间活动和课余时间组织训练，以提高比赛质量。

（7）准备场地、器材及设备

检查、准备好比赛所需的场地、器材、扩音设备等，并在场地上画好比赛用线。

（8）召开领队、教练员会议，组织裁判员培训

**2.赛中组织**

（1）组织开、闭幕式工作

（2）全面协调并维护赛场秩序，掌控赛事进程

（3）做好医务防护工作

（4）及时处理偶发事件

（5）做好赛期记录公告及赛会简报

（6）记录并统计比赛成绩

**3.赛后工作**

（1）公布、整理比赛成绩

竞赛结束后，要及时整理比赛成绩资料，并存档，必要时可编印成绩册。

（2）奖励优胜者

按照比赛规程，对获奖的单位和个人进行精神奖励和适当的物质奖励。

（3）清理场地、器材及设备

（4）做好竞赛总结工作

**（二）论述如何做好体育竞赛方案**

答：竞赛方案表现为按计划有步骤地制定每一项竞赛的具体方案。在制定竞赛方案时首先要进行细致的调查和研究，并将结果提供给有关领导。具体分为以下几个步骤：

**1.调查研究**

策划一次竞赛，先要进行调查和了解，从学校现状中收集有关的资料，为组织者进行决策提供参考。调研工作的内容主要包括：①了解参赛班级的学生情况。②了解近期学校的工作安排。③了解竞赛项目所需的场地和器械。④了解组织者、裁判员的素质和水平，然后决定组织者和裁判员的培训时间。⑤了解赛事所需要的经费情况。⑥了解当地近期的天气状况。

**2.赛事筹备**

①成立组织机构；②确定时间；③选择场地；④做好宣传工作；⑤准备所需器材及物品。

**3.确定方案**

比赛的组织者在调查、设计的前提下，先草拟一个初步方案，然后在征求和商讨的基础上做必要的修改，最后制定出正式的竞赛方案。

**（三）论述课外体育锻炼与体育教学、课外运动训练的关系**

**答：1.三者的相同之处**

①三者同属于学校体育的范畴，都是学校体育的组成部分，都是实现

学校体育目的、任务的途径或组织形式。②三者都是以身体练习为基本手段，并且以身体活动为基本形式的教育性活动。③三者的活动的最终指向都是学校体育目的、任务的实现和完成。④三者活动效果也具有一定的同一性。

**2.三者的不同之处**

（1）主要目标或任务不同

体育教学的目的是完成教学大纲规定的体育知识、技能的学习和掌握。课外体育锻炼侧重体育课堂教学中学习的体育知识、技能的复习、巩固和运用。课外运动训练侧重提高少数有竞技运动潜力的学生的运动技术水平。

（2）要求不同

体育课为必修课，具有强制性。课外体育锻炼在多数情况下表现出自由、自愿的特点，不具有强制性。课外运动训练只对有条件且经过选拔的少数学生实施。

（3）内容不同

体育课受体育教学大纲的限制。课外体育锻炼的内容丰富多样，一般不受限制。课外运动训练包括与运动项目密切相关的身体和技战术训练。

（4）组织形式不同

体育课通常采用课堂教学的形式。课外体育锻炼形式灵活多样，一般不做形式上的要求。课外运动训练通常根据训练计划采用队、组或个人的组织形式。

（5）承受的身心负荷不同

体育课的负荷较为适中。课外运动训练负荷适中，具有较为明显的个人和项目特点。课外运动训练负荷较大，具有较为明显的个人和专项特征。

（6）效果的评价不同

体育教学的方法和标准不因人而变，具有统一性。课外体育锻炼的方法和标准灵活多样。课外运动训练一般根据专项技术和相应的竞赛规则进行评价。

**3.三者的相互关系**

体育教学是学校体育工作的核心，课外体育锻炼表现为体育教学的继续、延伸或补充。课外运动训练是体育教学和课外体育锻炼的促进因素，可以检验、提高体育教学和课外体育锻炼的水平。

# 第十四章　学校体育管理

## 一、名词解释

### （一）学校体育管理

学校体育管理指按照党和国家，以及教育、体育等部门颁发的有关教育、体育和学校体育方面的法律、法规、部门规章等规范性法律文件，遵循学校体育工作的客观规律，结合实际，运用现代管理科学的原则和方法，充分发挥有限的人力、财力、物力、信息、时间等因素的作用，以最佳的手段和方法对学校体育工作进行计划、组织、控制、评估等一系列活动的总称。

### （二）学校体育政府管理

学校体育政府管理指中央及各地方人民政府对学校体育实施的管理，按层次可分为国家、省（区、市）、市（区、盟）、县（区、市、旗）四个层级。其管理内容大致相同，只是体现了逐级指导与被指导、宏观到具体、要求到操作的特点。

### （三）学校体育学校管理

学校体育学校管理指各级、各类学校按照国家及当地人民政府有关学校体育的规定，结合本校的实际情况，协调各方因素，综合利用学校资源，积极、有效地开展学校体育工作的过程。

**（四）学校体育管理体制**

学校体育管理体制是学校体育管理机构设置、权限划分、工作职能、运行方式等方面的体系和制度的总称，是实现学校体育总目标的组织保证。

## 二、填空题

1.学校体育管理具有复杂性、多样性、层次性。

2.按照实施主体分类，学校体育管理可分为政府管理、教育行政部门管理、学校管理和教研室管理。

3.学校体育政府管理指中央及各地方人民政府对学校体育实施的管理。

4.学校体育管理体制是学校体育管理机构设置、权限划分、工作职能、运行方式等方面的体系和制度的总称，是实现学校体育总目标的组织保证。

5.国务院是我国学校体育管理的最高行政机关，具体的管理工作由教育部和国家体育总局分别负责。

6.教育部设置的学校体育卫生与艺术教育司是对学校体育、卫生工作实施领导和管理的职能部门。

7.国家体育总局青少年体育司下设的发展指导处具体负责对学校体育工作进行指导和监督。

8.体育教研室是学校体育工作管理的具体职能部门。

9.体育教师是学校体育管理的具体组织者和执行者。

10.按实施学校体育目标的途径，学校体育管理的内容可分为体育课程管理、体育教学管理、课外体育活动管理、学校竞技体育管理、学生体质健康管理等。

## 三、判断题

1.国务院是我国学校体育管理的最高行政机关，具体的管理工作由教育部负责。

答：错误。

解析：国务院是我国学校体育管理的最高行政机关，具体的管理工作由教育部和国家体育总局分别负责。对于教育部，具体的管理工作由其体育卫生与艺术教育司负责，具体的工作部门为内设的体育与卫生教育处；对于国家体育总局，具体的管理工作由其青少年体育司负责，具体的工作部门为内设的发展指导处。

2.我国对各级、各类学校的体育工作实行宏观管理的组织机构主要是国家体育总局。

答：错误。

解析：我国对各级、各类学校的体育工作实行宏观管理的组织机构主要由教育部和国家体育总局两大系统构成。

3.体育组织和教师管理属于学校体育的业务管理。

答：错误。

解析：体育组织和教师管理不属于学校体育的业务管理，而属于学校体育的行政管理。

4.大、中、小学各学段的学校体育内容不同，各地的体育发展情况也不同，因此体育管理应体现出多样性特征。

答：正确。

5.实施学校体育管理的决策人是体育组长。

答：错误。

解析：大多数学校会选派一位副校长主管学校体育，其工作职责主要包括向学校校委会（党委、党支部）提请学校体育重大决策建议、总体规划、大型活动等重要事项的审核和讨论，负责学校内部日常体育管理工作，协调体育工作有关部门的关系，布置体育工作任务，检查、督导学校的体育工作。

6.学校体育卫生与艺术教育司是我国政府对学校体育、卫生工作实施领导和管理的职能部门。

答：正确。

7.根据制定行政法律、法规的主体不同，制定学校体育法律、法规的主体和其权限也不同。

答：正确。

8.对学校体育信息进行管理是教育行政部门必须进行的工作。

答：正确。

9.学校体育管理的最终目的是提高学校体育工作效益。

答：正确。

10.学校体育督导和评估工作的表现形式主要有督政和督学。督政指监督、评价政府相关部门履行学校体育职责的情况，促进学校体育发展的行为。

答：正确。

11.全国各地的初中毕业生升学体育考试方案并不完全统一。

答：正确。

12.2020年10月15日，中共中央办公厅、国务院办公厅印发了《关于全面加强和改进新时代学校体育工作的意见》，提出了到2035年，多样化、现代化、高质量的学校体育体系基本形成的目标。

答：正确。

13.《学校体育工作条例》和《学校卫生工作条例》是1990年由国家教委、国家体委和卫生部颁布并实施的，是指导我国学校体育、卫生工作的最高法规。

答：错误。

解析：1990年，由国务院颁布，由国家教委、国家体委和卫生部实施的《学校体育工作条例》和《学校卫生工作条例》是指导我国学校体育、卫生工作的最高法规，也是评估学校体育、卫生工作的根本依据。

## 四、简答题

### （一）简答学校体育管理的含义及其主要任务

答：学校体育管理指按照党和国家，以及教育、体育等部门颁发的有关教育、体育和学校体育方面的法律、法规、部门规章等规范性法律文件，遵循学校体育工作的客观规律，结合实际，运用现代管理科学的原则和方法，充分发挥有限的人力、财力、物力、信息、时间等因素的作用，以最佳的手段和方法对学校体育工作进行计划、组织、控制、评估等一系列活动的总称。学校体育管理的任务主要表现在以下几个方面：

根据社会，教育、体育等事业的发展规划制定国家或地方的学校体育发展战略、目标、计划及工作任务。

建立、健全学校体育的各级管理机构和组织，制定相关的管理法规，并且明确各级管理机构和人员的管理职责。

组织开展学校体育的各方面工作，确保学校体育各项工作顺利、高效地实施。

发现学校体育工作中存在的问题和困难，并及时提出解决方案。

协调学校体育工作中各方面的关系，整合资源，为学校体育提供必要的物质、技术、信息等基础条件。

制定、评定并检查学校体育的标准和方法，客观评价学校体育工作的效果，督导各级政府和教育机构开展好学校体育工作。

**（二）简答学校体育管理的特点**

**答：1.学校体育管理具有复杂性**

学校体育管理的复杂性指学校体育管理因素较多，牵涉范围较广，理顺各方面关系的过程较为复杂，工作难度较大。

**2.学校体育管理具有多样性**

学校体育管理的多样性指大、中、小学各学段的学校体育内容不同，各地学校体育的发展情况也不同，学校体育管理具有多样性。

**3.学校体育管理具有层次性**

学校体育管理的层次性指学校体育管理可分为不同的层次，如可分为政府部门的管理、学校的管理、教研室（部）的管理、课堂的管理等。

## 五、论述题

**（一）论述学校体育法律、法规的含义及其种类**

答：学校体育法律、法规指由全国人民代表大会和全国人民代表大会常务委员会、国务院、省（自治区、直辖市）、省和自治区政府所在市，以及经国务院批准的市人大及其常委会和人民政府、国务院各部委等制定的有关学校体育法律、行政法规、地方性法规、自治条例和单行条例、部门规章、地方政府规章等规范性法律文件。

目前，我国还没有学校体育专门性的法律，只是部分教育、体育法律中包含学校体育的相关内容，这些法律如《中华人民共和国义务教育法》《中华人民共和国教育法》《中华人民共和国体育法》等。关于学校体育行政法规，目前有一项专项行政法规《学校体育工作条例》。关于学校体育的规章，目前还没有专项规章，大多包含在其他规章中，如《学生伤害事故处理办法》。有关学校体育的规范性文件有很多，如《关于强化学校体育促进学生身心健康全面发展的意见》《关于深化体教融合促进青少年健康发展的意见》《关于全面加强和改进新时代学校体育工作的意见》《关于进一步完善和规范高校高水平运动队考试招生工作的指导意见》《关于全面加强和改进新时代学校卫生与健康教育工作的意见》等。

**（二）论述学校体育微观管理的机构及其职能**

答：学校内部体育管理组织机构的基本运行机制表现为在主管校长的负责下开展本校的体育工作。一般情况下，学校会在主管校长的领导下建立本校体育运动委员会或本校体育领导小组；体育教研室日常行使校体育运动委员会的职能，通过组织体育教师协调年级主任、班主任、其他文化课教师和教辅人员，共同向全体学生和教职工开展学校体育工作，增强学生和教职工的体质。其具体职能为：

**1.主管校长**

大多数学校会选派一位副校长主管学校的体育工作，其工作职责主要包括：向学校校委会（党委、党支部）提请学校体育重大决策建议、总体规划、大型活动等重要事项的审核和讨论，负责学校内部的日常体育管理工作，协调体育工作有关部门关系，布置体育工作任务，检查、督导学校体育工作，等等。

**2.学校体育运动委员会**

学校体育运动委员会在一些学校又称“学校体育领导小组”，是学校体育管理的重要决策机构。

**3.体育教研室**

体育教研室是学校体育工作管理的具体职能部门，主要职责为代起草本校体育规章制度，组织体育教师开展教学工作和教学研究，开展群体活动，组织运动训练，举办学校运动会（节），负责体育场地、器材的使用和维护，组织学生体质健康标准测试，反映学校体育存在的问题，等等。

**4.体育教师**

体育教师是学校体育管理的具体组织者和执行者，其主要职责包括：积极参与或制定学校体育工作方案和有关规章制度，保质、保量地开展好体育课教学，不断提高自身素养和教学、训练、教研业务能力，积极开发体育课程资源，努力搞好运动训练和运动竞赛工作，坚持组织早操、大课间和课外班级体育锻炼，指导学生增强体质、增进健康，做好教学档案，等等。

**5.年级主任、班主任、文化课教师、教辅人员**

除了体育教师的其他教职员工也是学校体育工作和管理工作的重要力量。

# 第十五章　体育教师

## 一、名词解释

### （一）体育教师专业化

体育教师专业化指体育教师在职业生涯中依托体育教师专业组织和培养机构，通过系统的专业训练掌握专业知识和技能，在从事教育的过程中实现专业自主，展示专业道德并逐步提高自身的专业素质，成为一名合格的体育教育工作者的专业成长过程。

### （二）体育教学技能

体育教学技能指完成体育教学活动所需要的基本能力，主要包括体育教学计划编制技能、体育教学实施技能（动作示范、动作要领讲解、动作诊断与错误动作纠正、口令与队伍调动、场地和器材布置、师生沟通、处理突发事件等方面的技能）、教学反思技能等。

### （三）体育教师专业评价

体育教师专业评价指通过对体育教师的素质及行为表现状况进行考核，评判教师的素质水平，以及教育、教学效果。主要包括体育教师的专业素养评价、工作行为评价、工作绩效评价等。

**（四）体育教师教育**

体育教师教育是“体育教师培养和培训”的统称，表现为在终身教育思想的指导下，在体育教师专业发展的不同阶段对体育教师的职前教育、入职教育和职后教育进行整体构建，体现了体育教师教育的连续性、发展性和一体化特征。

**（五）教师资格制度**

教师资格制度又称“教师资格证书制度”，是在一定的历史条件下，国家对从事教师职业、专业或教育、教学活动的人员应具备的条件或身份的一种强制性的规定，是国家对教师实行的法定的职业许可制度。

## 二、填空题

1.体育教师是体育教学的实施者和研究者。

2.我国体育教师在专业化发展的适应阶段须参加岗前培训，时间一般为1—2年。

3.对体育教师的专业素质进行综合评价应主要采用发展性评价。

4.体育教师的专业素质体现在知识结构、专业技能、人格结构、身体素质等方面。

5.体育教师的专业技能主要包括运动技能、教学技能、组织活动技能和教育信息技能。

6.体育教师专业评价的主要形式有教师自评、学生评价、同行评价、专家评价。

7.体育教师教育具有“双专业性”，即同时具备学科性知识和教科性知识。

8.本、专科体育教师实习时间一般为8—10周。

9.体育教师的工作特点是“一育兼一科”的工作广泛性、校内外体育工作的多样性、对学生教育影响的全面性、室外工作的艰苦性。

10.高尚的思想品德和良好的心理品质、全面的业务能力、合理的知识结构、强健的体魄和充沛的精力是构成体育教师素质的四个重要方面。

11.体育教师应具备的业务能力包括运动能力、教学能力、教育能力，以及各种课外体育活动的组织、指导能力，科研能力，其他能力，等等。

12.体育教师合理的知识结构主要由基础知识和专业知识两大部分组成。

13.体育教师进修的主要途径有自学、开展教研活动、参加短期培训和函授等。

14.体育教育专业学科学习的特点是思想性、理论性和实践性。

## 三、判断题

1.体育教师的素养提高不能局限在体育类学科范围内，体育教师应该成为一个广泛的学习者。

答：正确。

2.体育教师的工作范围只限于学校。

答：错误。

解析：体育教师的教育工作不再局限于学校、操场、课堂，与各项社会体育工作也密不可分。

3.体育教师的知识结构包含体育教育专业所需的基础理论知识和体育教育专业知识。

答：正确。

4.对体育教师进行专业评价对提高其教育质量有积极意义。

答：正确。

5.体育教师的工作特点表现为以体力劳动为主、工作复杂多样、工作具有社会性。

答：正确。

6.教师资格制度确保了教师队伍整体素质的提高。

答：正确。

7.体育教师的职前培养要求掌握基本的科研方法，并且具有从事体育科学研究的能力。

答：正确。

8.体育教师的专业素质只表现为学科性知识和教科性知识的叠加。

答：错误。

解析：体育教师的专业素质要求主要体现在知识结构、专业技能、人格结构、身体素质等几个方面。

9.体育教师具有对学生教育影响全面性等劳动特点。

答：正确。

10.新时代加强师资队伍建设，要求大力加强师德、师风建设，将师德、师风作为评价教师素质的第一标准。

答：正确。

11.体育教师应以教学原则为指导来设计、调节、控制教学活动。

答：正确。

12.学校体育工作具有很强的群众性和社会性。

答：正确。

13.体育教师在传授体育知识的过程中，还肩负着创新、发展体育知识的重任。

答：正确。

14.认真备课、上课，不断提高体育教学质量是体育教师重要的职业素质。

答：正确。

15.做好课外体育的计划、组织和指导工作是体育教师的职责之一。

答：正确。

16.教学能力是体育教师从事本职工作的最基本能力。

答：错误。

解析：教学能力是体育教师完成教学任务应具备的最基本能力，也是体育教师综合能力的一个主要方面。运动能力是体育教师从事本职工作的最基本能力。

17.体育教师的人格结构指体育教师从事体育工作的相对稳定的心理结构，主要包括从事体育工作的职业理想和信念、职业品德、个性品质三个方面。

答：正确。

18.取得高等学校教师资格，应当具备研究生或大学本科学历。

答：正确。

## 四、简答题

### （一）简答体育教师的主要职责

答：体育教师是体育教学的实施者和研究者。体育教师是教师队伍中的重要成员，同样肩负着培养人才的重要责任，主要表现在以下几个方面：

**1.育人职责**

体育教师应根据教材的特点，培养学生的爱国主义、集体主义、社会主义精神，以及奋发向上、顽强拼搏的意志品质，实现以体育智、以体育心，让体育课程成为立德树人的重要途径。

**2.课程教学职责**

体育与健康课程是学校体育的主渠道、主阵地，是各级、各类学校的必修课。上好体育课是完成学校体育教学任务的前提和必要条件。

**3.课外体育组织与管理职责**

体育教师应充分利用各种有利因素，在上好体育课的同时组织、管理好各项体育活动，为学生终身参加体育锻炼，养成积极、健康的生活方式奠定基础，促进学生身心健康、全面发展。

**4.教研职责**

体育教师要不断总结教学经验，积极开展教学研究，提高自身素质，丰富并发展体育教学理论，提高学校体育工作的质量。

**5.社会服务职责**

体育教师的角色必须被拓展为“社会型教师”，自身成为社会活动的积极参与者，从而更好地完成学校体育任务，推动社会体育文化的繁荣。

**6.学习发展职责**

体育教师必须不断学习，促进专业发展，提高自己的专业水平，才能保证有效地履行体育教师的使命，完成学校体育教学任务。

**（二）简答现代体育教师的角色变化**

答：社会和教育的变革，以及体育课程的改革和更新，使体育教师的角色正在发生转变，主要表现在以下几个方面：

**1.从被动型向主动型转变**

体育教师要立足时代需求，更新教育理念，深化教学改革，聚焦学生学科核心素养，以研究者的视角分析、判断体育教学实践中的各种问题，并做出计划和决策，成为体育教学的决策者、开拓者，发挥现代体育教师在学校体育改革和发展中的主动型角色功能。

**2.从“教书”向“育人”转变**

体育教师不再是固定知识的传授者、健壮体格的训练者，而是未来社会新人的教育者和缔造者。体育教师应实施课程育人和组织活动育人，注重课程教学的思想性，有机融入社会主义核心价值观、中华优秀传统体育文化、革命文化等，培养学生适应终身发展和社会发展所需的正确价值观、必备品格和关键能力。

**3.从“控制者”向“引导者”转变**

课程改革理念强调“以学生的发展为中心，重视学生的主体地位”。贯彻这一理念要求体育教师从教学过程的主宰者、命令者，教学内容、方式、任务的指定者，学生成绩的决定者转变为学生体育学习的合作者、引导者和促进者。

**4.从“学校人”向“社会人”转变**

体育教师不仅承担着学校内体育教学的职责，而且还承担着学校与社会的沟通者的角色，进行社区全民健身指导，科学健身知识的传播和推动，社区体育活动的协助、组织与管理等工作。

## 五、论述题

### （一）谈谈体育教师教育内涵与过程

**答：1.体育教师教育的内涵**

体育教师教育作为教师教育的一个重要组成部分，表现为在终身教育思想的指导下，在体育教师专业发展的不同阶段对体育教师的职前教育、入职教育和职后教育进行整体构建，体现了体育教师教育的连续性、发展性和一体化的特征。

**2.体育教师教育的过程**

（1）体育教师职前教育阶段

体育教师职前教育指体育教师在入职前所接受的专业和学历教育，是体育教师培养过程的第一阶段，主要负责培养未来体育教师和其他体育教育工作者，同时也为体育教师的终身学习奠定基础。职前培养机构通过建立并实施课程体系、制定并执行教学计划达到我国体育专业人才的培养目标。

（2）体育教师入职教育阶段

体育教师入职教育阶段是体育教师教育体系中的一个阶段，是个体通过相关专业培养获得教师资格后进入体育教师职业领域的重要环节。通过该环节，新教师可以尽快适应教育、教学工作，并且胜任体育教师工作。新教师的入职教育不表现为体育教师职前教育的简单延伸，它是有组织、有计划地经过考核任用后，为新体育教师提供一个时期的系统而持续的专门性教育的阶段，其中包括为之提供专业方面情感上的支持和帮助的相关内容。

（3）体育教师职后教育阶段

体育教师职后教育阶段指为提高思想政治和业务素质，对取得教师资格的中、小学在职体育教师进行的继续教育和培训。它是提高体育师资整体素质、提高体育教学质量的关键。

**（二）请结合实际，论述如何成为一名优秀的体育教师**

答：体育教师是体育教学的组织者、实施者和研究者，促进学生身心健康发展的指导者，也是青少年思想品德的教育者，对学生的全面发展发挥着不可替代的作用。要成为一名优秀的体育教师，需要具备以下几个条件：

**1.体育教师知识结构要求**

体育教师的知识结构应包含体育专业基础理论知识和体育教学专业知识。体育专业基础理论知识主要指体育科学知识体系形成、发展中最基本的理论知识，主要包括哲学、教育学、心理学、社会学、计算机等公共课程的理论知识。体育教学专业知识主要指直接从事体育教学、阳光体育活动、课余训练和竞赛、学校体育管理、学校体育评价等方面的知识。

**2.体育教师的专业技能要求**

体育教师的专业技能主要包括运动技能、体育教学技能、组织活动技能、教育信息技能四个方面：

运动技能表现在为了达到运动的特定目的而正确运用运动技术和方法从事体育运动的能力，如较好地开展各类体育项目、较好地运用各种健身活动的方法等方面的能力。根据体育教学的需要，体育教师必须掌握各个项目的运动技术和技能。

体育教学技能指完成体育教学活动所需要的基本能力，主要包括体育教学计划编制技能、体育教学实施技能（动作示范、动作要领讲解、动作诊断与错误动作纠正、口令与队伍调动、场地和器材布置、师生沟通、处理突发事件等方面的技能）、教学反思技能等。

体育教师的工作范围较广，不仅要教好体育课，还必须有组织开展体育活动的技能，如组织学校运动会，组织、设计学校大课间体育活动，训练代表队等。

现代教育信息技术发展得很快，教育现代化水平逐步提高。体育教师必须不断学习更多的信息技术，掌握各种教育信息技能，以保证体育教学方法的先进性和过程的有效性，提高教学效率。

**3.体育教师的人格结构要求**

体育教师的人格结构指体育教师从事体育教学活动的相对稳定的心理

结构，主要包括以下三个方面：

从事体育教学活动的职业理想和信念：职业需要、职业动机和职业标准。

职业品德：热爱学生、教书育人、团结协作、为人师表、吃苦耐劳、友善、有耐心等。

个性品质：在体育教学实践活动中表现出来的相对稳定的、适应行为方式的兴趣、态度、情感、气质等个性特征和倾向。

**4.体育教师的身体素质要求**

良好的身体素质是从事体育教学工作的基础，是体育教师素质的重要构成要素。体育教师的身体素质主要包括体质和体能两个方面。

**5.体育教师的教研能力要求**

体育教师要不断开展教学研究，积极加强自我更新，以终身教育思想为指导，适应学习型社会的需要，积极参与学习培训，更新教学理念，提高教学能力，结合教学实践进行教学研究。

# 第十六章　学校体育场地和器材

## 一、名词解释

### （一）学校体育环境

学校体育环境指开展学校体育活动需要的所有条件的总和。学校体育环境可分为物质环境和社会心理环境。

### （二）学校体育物质环境

学校体育物质环境包括体育活动场所、体育运动设备和体育时空要素。

### （三）体育场地、器材

体育场地、器材是开展学校体育工作的物质保障。体育场地是学校的标志性和功能性设施，体育器材是体育教学工具之一。

## 二、填空题

1.2005年10月1日起，由教育部发布的《中小学体育器材和场地国家标准》在全国实施。

2.进入塑胶场地者，跑鞋鞋钉长度不得超过8毫米，跳鞋鞋钉长度不得超过11毫米。

3.体育器材的管理需要制度化、规范化、科学化、安全化。

4.中小学学校总体规划应按照教学区、体育运动区、生活区等不同功能要求合理布局。

5.体育器材的维护需要根据其材料性质进行。

6.统一的学校体育场地和器材国家标准对于学校购买体育器材、修建运动场地具有重要的约束和指导作用。

7.对于废弃的体育器材，学校可以进行开发和整合。

8.《国家学校体育卫生条件试行基本标准》要求24个班的小学至少配备1块300米的环形田径场。

## 三、判断题

1.学校体育运动场地指体育课、课间操及课外活动所需的场地。

答：正确。

2.学校篮球场、排球场、羽毛球场的线条可用于各种练习的起跑。

答：正确。

3.实心球只能用于做投掷练习。

答：错误。

解析：实心球除了用于做投掷练习，也可用作障碍物、标志物，以及用于做负重练习、保龄球练习等。

4.室内体育照明可以采用裸灯。

答：错误。

解析：室内体育照明不宜采用裸灯。

5.学校应在充分利用现有体育场地和器材的基础上，科学、合理地开发体育场地器材资源，创造性地开展体育工作。

答：正确。

6.学校运动场的宣传标语属于学校体育社会心理环境。

答：正确。

7.学校体育场地和设施是开展学校体育工作的基础条件。

答：正确。

8.2016年，国务院办公厅《关于强化学校体育促进学生身心健康全面发展的意见》提出：把学校体育设施列为义务教育学校标准化建设的重要内容，以保基本、兜底线为原则，建设好学校体育场地设施，配好体育器材，为体育教师配备必要的教学装备。

答：正确。

9.2020年，体育总局、教育部印发的《关于深化体教融合促进青少年健康发展的意见》指出：支持场地设施向青少年免费或低收费开放，将开展青少年体育活动情况纳入大型体育场馆综合评价体系。

答：正确。

10.2020年，中共中央办公厅、国务院办公厅印发的《关于全面加强和改进新时代学校体育工作的意见》指出：把农村学校体育设施建设纳入地方义务教育均衡发展规划，鼓励有条件地区的中小学建设体育场馆，与体育基础薄弱学校共用、共享。

答：正确。

## 四、简答题

**简答体育场地和器材标准实施的意义**

答：为了避免学校体育场地器材成人化、竞技化和非标准现象，提高学生掌握动作技能的能力，培养学生对体育的兴趣，使之养成终身体育的习惯，促进中小学生的身心和谐发展，保证学校体育场地和器材标准与学生生理、心理发展相适应的同步性，国家有关部门对中小学体育场地和器材标准化进行了研究，颁发了《中小学体育器材和场地国家标准》。统一的学校体育场地和器材国家标准对于学校购买体育器材、修建体育场地具有重要的约束和指导作用，有效地避免了质量问题和浪费问题，增强了适用性，也为合理的学校体育场地建设规划和体育器材配置提供了依据。同时，还规范了厂家研发、生产依据、生产符合方面的标准。

## 五、论述题

**论述如何进行体育场地、器材的利用与开发**

**答：1. 体育场地、器材资源的利用**

（1）体育场地的利用

学校可根据现有体育场地的情况，巧妙地将场地的大小，以及场地上的各种线条、结构、辅助设施等元素运用到体育课堂教学和阳光体育活动之中。

（2）体育器材的利用

对体育器材缺乏、经费相对不足的学校来讲，将学校现有的体育器材进行多重利用，可暂时解决器材不足的问题。例如跳绳，除了用于做各种跳绳练习，还可用作绳操、斗智拉绳、投掷、踩蛇尾、拼图案等游戏的器械。

（3）校园环境资源的利用

校园有着各种各样的环境资源，如建筑、墙壁、绿化带、台阶、树木、走廊、道路等。只要科学、合理安排，都可以进行体育教学和训练。

（4）校外自然环境的利用

学校周边的自然环境都可以作为体育教学和开展阳光体育活动的资源，如校园附近的公园、广场、绿化带、道路、空地，以及周边的森林、山地、田野、沟渠、江河、沙滩等。

（5）生活物品的利用

日常生活物品经过筛选也可被运用到体育活动中。以生活物品作为器材替代物，既经济实惠，又能达到理想的效果；还可将废弃的生活物品加工成新器材，既丰富了学生的体育器材，又让废物得到利用。

**2.体育场地、器材资源的开发**

（1）现有体育场地、器材的开发

对现有的场地、器材进行适当的改造，可提高学校场地和设施的使用率，缓解场地、器材的不足。如利用篮球场进行弯道跑的教学、利用羽毛球场地打排球等。

（2）废弃体育器材的开发

①改造。教师要有创新意识，以不同的视角开发废旧器材，以获得新的思路和使用方法。

②整合。整合就是把废弃的体育器材与其他物体加工、合成为一种有价值、有实效的体育器材，使原来报废的体育器材重新获得价值。

（3）自制体育器材

自制体育器材指师生根据教学内容的需要，因地制宜地动手制作体育器材。

# 第十七章　学校体育督导评估

## 一、名词解释

### （一）学校体育督导评估

学校体育督导评估表现为由教育督导评估机构组织及其成员根据国家的教育方针、政策、法规和学校体育科学理论，运用科学的方法和手段，对下一级政府和学校体育工作、下级教育行政部门和学校体育工作进行监督、检查、评价和指导，并向同级政府和教育行政部门报告督导结果，提出意见和建议，对学校体育工作进行调控，以使学校体育教学工作遵循教育、体育的规律进行，使国家教育、学校体育的方针、政策、法规得以很好地贯彻执行，不断提高学校体育教学质量，促进学校体育事业健康发展，保证教育目标的实现。

### （二）学校体育督导评估内容指标

学校体育督导评估内容指标是学校体育督导评估方案的主体部分，其设计和制定的科学性、可行性直接关系到学校体育督导评估的正确实施情况，能够对被督导对象给予准确的评价和指导。

### （三）综合性督导评估

综合性督导评估指督导评估内容涉及学校体育各项法律、法规和有关对象所有学校体育工作的各个方面，如“两基”“双高普九”督导评估就是综合性督导评估。

**（四）头脑风暴法**

头脑风暴法指督导机构组织专家（一般至少10名），以座谈会或会议的形式请专家针对督导主题，凭借实践经验和学科专业理论即席发言，使之相互启发，但不对他人的意见做批评或阻碍他人发言，最后对各位专家的意见进行整理，初步提出评估指标的方法。

**（五）因素分析法**

因素分析法指按评估内容本身的逻辑结构对评估指标进行逐级分解，把分解出来的主要因素作为初拟评估指标的方法。

## 二、填空题

1.学校体育督导评估职能包括监督职能、评价职能、指导职能、反馈职能和协调职能。

2.在我国，实施教育督导评估的范围主要是中等及中等以下学校和义务教育学校。

3.设计督导评估内容指标的基本原则包括一致性原则、独立性原则、平行性原则、简约性原则和可测性原则。

4.筛选评估指标一般采用经验法和数理统计法。

5.督导评估准备分为制定督导评估方案、组织人员培训和准备采集信息工具几个阶段。

6.学校可要求体育、教务、学生、后勤等部门分别进行自我评估。

7.根据对象的不同，学校体育督导评估可分为学校体育政府工作督导评估和学校督导评估。

8. 根据方式的不同，学校体育督导评估可分为学校体育计划规定性督导评估和经常性督导评估。

## 三、判断题

1. 本级政府教育行政监督的学校体育督导评估可以把本级政府所辖区域内的下级政府作为督导评估对象。

答：正确。

2. 根据我国行政法，各级人民政府是国家权力的执行机构，是整个国家组织体系的构成要素，但自身不是一个组织系统。

答：错误。

解析：根据我国行政法，各级人民政府是国家权力的执行机构，是整个国家组织体系的构成要素，同时自身又是一个组织系统。

3. 学校体育督导评估可以分为“督政”和“督学”。

答：正确。

4. 根据对象、功能、内容、方式、标准等的不同，学校体育督导评估分为不同的类型。

答：正确。

5. 根据内容的不同，学校体育督导评估可分为学校体育综合性督导评估和专项性或多项性督导评估。

答：正确。

6. 学校体育督导评估准备阶段指督导机构在督导小组进驻督导对象之前进行准备工作的阶段，是督导评估的起始阶段。

答：正确。

7. 自我评估阶段是教育督导组织实施过程中不重要的一个环节。

答：错误。

解析：教育督导的自我评估阶段非常重要，指被督导单位在督导小组进驻之前进行自我检查、总结、评价和提出发展思路的阶段。它是教育督导组织实施过程中一个重要的阶段，也是被督导单位按督导方案规定必须做的工作。

8.学校体育督导评估工作包括督政和督学。督政指监督评价政府履行教育职责，发展学校体育的情况。

答：正确。

## 四、简答题

**简答学校体育督导评估的职能**

**答：1.监督职能**

学校体育督导评估是对学校体育工作的行政监督，是政府体系内部的自我监控。利用学校体育督导评估监督政府、教育行政部门，以及学校和教师的教育行为，可以确保国家教育、体育方面的法律、法规、方针、政策得到积极的贯彻落实，确保学校体育事业健康发展，确保学生体质不断增强。

**2.评价职能**

学校体育督导评估过程也是一个评价的过程。它根据国家教育、学校体育的法规和政策，以及学校体育科学理论，运用科学的方法对被督导单位进行客观、公正的全面或局部考核，做出客观的评估，以搞清其成绩和不足，区分优劣。

**3.指导职能**

学校体育督导评估不仅要监督、评估，还要在评估的基础上对督导对象进行指导。就是在发现督导对象存在问题的基础上，由督学或督导人员运用自己的经验和学校体育专业知识，帮助督导对象找出问题的原因和解决问题的方法，以提高学校体育教学或管理的质量。

**4.反馈职能**

督学或督导人员在督导评估学校体育的过程中掌握了大量的上下级学校的体育信息。一方面，他们可通过督导评估把上级的指示传达到下级政府、教育行政部门和学校，使下级准确理解国家的法规和政策；另一方面，他们可以把下级执行的情况、下级对上级决策的意见和建议、在执行过程中发现的决策的不当等问题及时传递给上级有关部门。

**5.协调职能**

在督导评估过程中，督导机构、督学或督导人员通过信息传递在上下级政府之间协调学校体育教育关系，在政府各有关部门与教育行政部门之间协调配合关系；同时协调下级政府部门与教育行政部门的关系、政府及其教育行政部门与学校的关系、体育教师与学生的关系。

## 五、论述题

**论述学校体育督导评估指标设计的基本方法**

**答：1.初拟指标**

初拟指标表现为督导机构或人员根据学校体育督导评估的目的或主题，以及对评估内容的理解和实践经验初步确定指标。常用的初拟指标方法主要有以下两种：因素分析法、头脑风暴法和反头脑风暴法。因素分析法指按评估内容本身的逻辑结构对评估指标进行逐级分解，把分解出来的主要因素作为初拟评估指标的方法。头脑风暴法指督导机构组织专家（一般至少10名），以座谈会或会议的形式，请专家针对督导主题，凭借实践经验和学科专业理论即席发言，使之相互启发，但不对他人的意见做批评或阻碍他人发言，最后对各位专家的意见进行整理，初步提出评估指标的方法。反头脑风暴是与头脑风暴相反的一种方法，一般表现为在座谈会或会议上，由主持人提出自己设计好的指标体系，请各位专家发表批评或不赞成的意见，从而形成更科学的评估指标体系。

**2.筛选指标**

筛选指标指对初拟指标进行归类合并及筛选，从而保证评估指标的科学性和有效性。筛选评估指标的方法主要有经验法和数理统计法。经验法是根据个人或集体的经验，对初拟指标进行归类合并，以决定取舍的方法，又分为个人经验法和集体经验法。数理统计法主要有主因素分析法、聚类分析法、模糊聚类法等，可借助计算机软件完成。

**3.确定权重**

当学校体育督导评估指标被确定，要根据它们在督导评估内容中的重要程度确定其权重。权重就是权衡指标的分量，确定指标的重要性和地位。确定指标的权重一般有以下几种方法：集体经验判断法、特尔斐法和层次分析法。集体经验判断法依靠有经验的教育部门领导、学校体育专家、体育教师等的集体智慧和经验，揭示指标对于评估内容的价值的大小而确定权重数。特尔斐法是用匿名的方式就预定的指标权重数向不少于10名专家发放问卷，通过至少3轮的征求，汇集并统一专家的意见和判断，使大多数专家在相互不受干扰的情况下对指标的权重数达成一致的意见。层次分析法是一种多目标、多准则的决策方法，主要表现为两两比较的步骤，就是将所要比较的各条指标配成对，让有关专家对指标的某一特征进行比较和判断，将比较的结果以矩阵形式展示，找出它们的优先顺序，反映出各个指标相对重要的程度，以评价指标的相对优化程度。

**4.确定标准**

在确定好学校体育督导评估指标和指标权重后，还要确定评估标准。设计评估标准的步骤和方法包括设计标度和设计标号。标度可用定性、定量两种形式表示，定性标度一般以描述性语言表示。标号是区分标度的符号。

# 第十八章　体育课堂教学评价

## 一、名词解释

### （一）体育课堂教学评价

体育课堂教学评价指以体育课堂教学为范围，对体育教师的“教”、学生的“学”，以及最终的课堂教学质量及效果做出客观衡量和价值判断的过程。

### （二）形成性评价

形成性评价又称“过程性评价”，指在体育课程教学过程中，为了及时反馈学生的学习情况，改进体育课程教学及教师的“教”和学生的“学”的情况所进行的评价。

### （三）绝对评价

绝对评价表现为在评价对象的集合之外确定一个客观的标准，将评价对象与这一标准进行比较。

### （四）个体内差异评价

把被评价集合中的各个元素的过去和现在进行比较，或将一个元素的若干个侧面进行比较，即为个体内差异评价。

## 二、填空题

1.体育课堂教学评价的作用主要包括诊断作用、激励作用和调节与反馈作用。

2.体育课堂教学评价的原则主要包括发展性原则、科学性原则、主体性原则、过程性原则和多元性原则。

3.体育课堂教学评价的主体是体育教师和学生。

4.体育课堂教学过程的评价指标主要包括教师表现的评价、学生表现的评价和课堂表现的评价。

5.体育课堂学生学习评价指标主要包括体能评价、体育知识与技能评价、态度与参与评价和情意与配合评价。

6.根据评价基准的不同，教学评价可被划分为绝对评价、相对评价和个体内差异评价。

7.根据评价的科学性，教学评价可被划分为定量评价、定性评价和定量与定性结合的评价。

8.根据评价对象的不同，教学评价可被划分为自我评价和他人评价。

9.体育课堂教学评价与课前准备的评价不同，课前准备表现为一种预设，体育课堂教学实施过程则表现为一种生成。

10.教师评价包含教师对学生的评价、教师自评、教师同行的评价三方面的内容。

11.对于学生在体育课上学习态度的评价主要包括学生在体育课上的出勤与表现、学生在课外运用所学知识和技能参与体育活动和健康教育活动的行为表现等。

12.在进行体育学习评价时要注意两个方面的问题：一是采用的个体内差异评价要简便、易操作；二是在评价学生的体能和运动技能时个体内差异评价要与绝对评价结合起来进行。

13.体育课程学习评价的新理念主要表现在强调评价内容的全面性和可选择性，在评价方法的选择上要关注学生的个体差异，实现评价主体的多元性，关注学生的进步和发展。

14.进行体育学习评价可以培养学生正确认识的能力，以及评价自己和他人的能力，达到自我教育和互相教育的效果。

## 三、判断题

1.随着学校体育“健康第一”指导思想的贯彻，体育课堂教学评价工作越来越受到重视。

答：正确。

2.体育课堂教学评价对教师和学生具有监督和强化作用。

答：正确。

3.进行体育课堂教学的多元化评价可以充分调动教师、学生和家长参与评价的积极性，使管理者、教师、学生和家长形成评价的共同体。

答：正确。

4.教师的评价往往从学生的课堂表现方面进行。

答：错误。

解析：教师的评价往往从学生的体能、知识与技能、态度与参与情况、情意与配合四个方面进行。

5.尽管学生是体育教学活动的主体，但是对学生的教学评价并不重要。

答：错误。

解析：学生是体育教学活动的主体，所以，对学生的教学评价极为重要。

6.评定体育课教学内容的安排情况，首先看对教学内容前后知识点的关系、地位、作用的描述是否准确，其次看关于教学重点、难点的分析是否清楚、突出。

答：正确。

7.教学实施与课时计划可以达到完全一致。如果课时计划执行得不好，说明存在两种情况：一是课时计划没被设计好，二是课堂教学的实施比较随意。

答：错误。

解析：教学实施与课时计划不可能达到完全一致，但也不能完全偏离。如果课时计划执行得不好，说明存在两种情况：一是课时计划没被设计好，二是课堂教学的实施比较随意。

8.体育知识的涉及面非常广，内容也很多，如健康方面的知识、运动项目方面的知识、运动规则与裁判方面的知识、增强体质方面的知识等。

答：正确。

9.学生在课堂上进行身体练习，目的是完成体育教师布置的任务。

答：错误。

解析：学生在课堂上进行身体练习，目的是学会运动技术，掌握运动技能。

10.对学生的体育学习进行评价时，教师应该依据统一标准评价学生，一般不考虑学生的个体差异。

答：错误。

解析：学生在体力、心智、体育学习基础和体育学习能力上客观存在着一定的差异，在对学生的体育学习进行评价时，要在重视学生的差异性，运用多元化的评价方法，针对多样化的评价内容及多元化的主体的基础上进行客观的评价，以促进学生的全面发展和进步。

11.体育课堂学生学习评价主要包括体能评价、态度与参与评价、情意与配合评价、体质健康评价等。

答：错误。

解析：体育课堂学生学习评价主要包括体能评价、体育知识与技能评价、态度与参与评价、情意与配合评价。

12.在新的体育与健康课程的内容标准中，应提倡体育教师根据内容标准，结合本地、本校的实际情况设计并制定体育学习评价标准。

答：正确。

13.体育教学评价的主体是学生。

答：错误。

解析：注重评价参与主体的多元化是体育课堂教学评价区别于传统评价模式的重要特征之一。进行体育课堂教学的多元化评价可以充分调动教师、学生和家长参与评价的积极性，使教师、学生和家长形成评价的共同体。

14.情意表现与合作精神是学生体育学习评价的重要内容之一。

答：正确。

15.相对评价是以被评价对象为集合体，但不考虑该集合体的现状，使之同预定的目标对比，判断各个个体与目标的差距。

答：错误。

解析：相对评价表现为从评价对象的集合（如教师、学生、学校等）中选取一个或若干个作为基准，然后将各个评价对象与基准进行比较，以此做出评价判断。一般来讲，相对评价用于将每个成员获得的成就与这个成员所在集体的平均状况进行比较，从而确定每个成员在整体中的相对位置。

## 四、简答题

### （一）简答体育课前准备的评价指标由哪几部分构成

答：体育课前准备涉及的因素有很多，主要包括教学理念、教学目标、教学内容、学情分析、教学方法与手段、教学组织与管理，运动负荷与练习密度预计等。评价体育课前准备主要通过评价课时计划（教案）来实施，具体的指标和内容如下：

**1.体育课课时教学目标**

制定体育课课时教学目标时，首先要看它是否符合单元教学计划的要求；其次要看它是否符合学生的实际状况，能否体现学生知识、技能、体能、情感等方面的发展要求；最后要看它是否清楚、具体、全面，易于理解，便于实施，具有可测量性。

**2.体育课教学内容**

评定体育课教学内容的安排情况，首先要看教学内容前后知识点的关系、地位、作用描述是否准确，其次要看教学重点、难点分析是否清楚、突出。

**3.学情分析**

评定学情分析情况，要看是否符合“以学生为中心”的教学理念和实际应用情况，以及是否结合学生的学习水平、学习基础、学习习惯和体育学习能力。

**4.教学方法**

评定教学方法选择情况，首先要看教学方法是否描述清晰，选用适当；其次要看教学方法的选用是否符合体育教学内容的特点、学生年龄的特点；第三要看教学方法的选用是否有利于教学内容的完成，有利于教学难点的解决、教学重点的突出，等等。

**5.教学手段**

评定教学手段的选用情况，要看教学辅助手段（如挂图、模型、多媒体、哨、录音机、各种器材等）的准备与使用是否说明清晰，教具及现代化教学手段是否运用恰当。

**6.教学活动组织形式**

评定教学活动组织形式，首先要看教学组织形式是否得当、合理，尽量减少不必要的队伍调动；其次要看练习密度、运动负荷预计是否符合课的类型、教材内容特点和学生特点。

**7.教学环节**

评定教学环节，首先要看课的层次和结构是否合理，是否实现了过渡自然、步骤清晰、便于操作；其次要看课的各部分的时间安排是否合理。

**8.场地、器材准备**

评定场地、器材准备情况，要看场地、器材的准备和布置是否充分而完整，是否符合教学内容的特点、学校的基本条件、学生的年龄特征。

**9.教案文档规范**

评定教案文档规范情况，首先要看教案格式是否正确、结构是否完整、布局是否合理；其次要看文字、符号、单位和公式是否符合国家标准规范；最后要看语言是否清晰、简洁、明了，字体运用、图表运用是否恰当、整齐、美观。

**（二）简答体育课堂学生学习评价指标由哪几部分构成**

答：体育课堂学生学习效果评价表现为对学生学习效果进行检查、衡量和判定，同时检验体育教师对教学目标的具体落实情况。评价体育课堂学生学习效果可从四个方面分别进行：

**1.体能评价**

首先要根据体育课堂教学实际确定学生体能测试指标，以评价学生的体能发展水平。

**2.体育知识与技能评价**

（1）体育知识学习评价

体育知识的涉及面非常广，内容也很多，如健康方面的知识、运动项目方面的知识、运动规则与裁判方面的知识、增强体质方面的知识等。

（2）运动技能评价

学生在课堂上进行身体练习，目的是学会运动技术、掌握运动技能。

**3.态度与参与评价**

评价学生的体育课堂态度和参与情况，可从练习频率、回答问题、学习兴趣、积极参与活动等方面来进行，并且做出记录、写出评语。

**4.情意与配合评价**

对学生体育课堂学习中情意和配合情况进行评价，主要从学生在课上的情感、意志品质表现、人际交往和合作行为等方面进行。

**（三）简答体育课堂教学评价的作用**

**答：1.诊断作用**

对体育课前准备情况、课堂教学过程和教学效果进行评价，可以及时了解体育课堂教学各方面的情况，从而判断它的质量和水平，以及存在的问题。

**2.激励作用**

体育课堂教学评价对教师和学生具有监督和强化作用。相对客观、合理的评价能反映出体育教师的教学效果、教学水平和学生的学习情况。

**3.调节与反馈作用**

进行体育课堂教学评价，可以使师生双方更加明确地知道各自的“教”和“学”的情况，有利于体育教师和学生根据反馈信息修订计划、目标、方案、策略等，调整教师的“教”和学生的“学”的行为，从而有利于实现预期的目标，实现更好的教学效果。

**（四）简答体育课堂教学评价的原则**

**答：1.发展性原则**

发展性原则指在体育课堂教学评价中要从教育的本质出发，并且在实践活动中不断发展。这样不仅有利于学生的发展，有利于体育教师的专业化发展，还有利于课程建设的完善。

**2.科学性原则**

科学性原则指在体育课堂教学评价中要遵循体育教学规律，吸收并借鉴国内外相关研究成果，科学、客观地制定评价方案。

**3.主体性原则**

主体性原则指在体育课堂教学评价中要注重评价主体的积极参与。

**4.过程性原则**

过程性原则指在体育课堂教学评价中要注重教师“教”与学生“学”的过程中的基本成分，将之贯串始终。

**5.多元性原则**

多元性原则指在体育课堂教学评价中要以促进发展为基础，注重扩大评价的领域和视角。

**6.教育性原则**

教育性原则指在体育课堂教学评价中要体现教育的根本目的、任务和基本原则，遵循教育的基本规律和方法。

**7.实践性原则**

实践性原则指体育课堂教学评价要体现出活动参与实践情况，并且使评价在实践中进一步发展。

## 五、论述题

**（一）红旗实验小学将组织对二年级体育任课教师进行课堂教学评价。为做好这项工作，体育教研组请王老师设计一份体育课堂教学过程评价指标体系。请您结合实际，提醒王老师要从哪些方面进行体育课堂教学过程评价指标的设计**

答：体育课堂教学过程评价主要目的是评定在课堂上教师教授和学生学习的表现，以及教学效果。它与课前准备的评价不同，课前准备表现为一种预设，体育课堂教学实施过程则表现为一种生成。可根据不同的目的设置课堂教学过程的评价指标，常用的主要有以下几种：

**1.教师表现评价**

（1）教学理念先进

体育教师应具备与新课程相适应的先进的教学理念，教学过程能够突出学生在学习过程中的主体地位。

（2）教学组织实施顺畅

表现为体育教师能够流畅地上完体育课，课的开始部分、热身部分、基本部分、放松和结束部分连贯而又分明。

（3）教学方法运用自如

表现为体育教师熟悉教学方法，并且能够根据学生在课中的表现灵活运用教学方法和手段，顺利解决教学中的各种问题和困难。

（4）教学基本技能扎实

表现为教师的示范动作准确而优美，讲解简洁而有感染力，组织和管理有效，场地、器材布置合理；教师能够有效处理课堂突发事件；等等。

（5）实施差异性教学

表现为教师在教学过程中能够关注学生的差异和不同的需求，及时给予保护和帮助，做到因材施教、区别对待。

（6）及时反馈并指导学生

表现为教师能够及时掌握学生对教学的反馈情况，并且根据反馈进行合理、有效的调控；有较强的驾驭教学过程的能力；等等。

**2.学生表现评价**

（1）练习积极性高

表现为学生能够自觉、主动地练习，积极按教学要求参加活动。

（2）主动探究问题

表现为学生能够独立思考问题，真正做到将学习到的内容内化为自身的能力，并且做到对所学知识进行重组、迁移和应用。

（3）遵守课堂纪律

表现为学生能够服从教师指挥，听从统一调度，遵守课堂常规。

（4）关心他人，爱护场地和器材

表现为学生能够主动关心、帮助他人，有较强的互助合作意识，爱护学校场地和课堂器材。

**3.课堂教学效果评价**

（1）课堂教学目标的达成度

通过对课堂教学过程进行观测，检查体育课堂教学目标的达成度，包括运动技能目标、体能目标、认知目标、情意与配合目标等。

（2）课时计划执行情况

教学实施与课时计划不可能达到完全一致，但也不能完全偏离。如果课时计划执行得不好，说明存在两种情况：一是课时计划没被设计好，二是课堂实施比较随意。

（3）课堂教学氛围

主要表现为观察并判断学生学习的积极性、教师的投入程度、师生关系的融洽程度等。

（4）学生学会情况

教学的效果最终通过学生是否掌握教学内容，能否做到会说、会练、会组织来体现。

**（二）请举例说明并论述如何进行体育课堂教学效果评价**

**答：1.课堂教学目标的达成度**

通过对课堂教学过程进行观测，检查体育课堂教学目标的达成度，包括运动技能目标、体能目标、认知目标、情意与配合目标等。

**2.课时计划执行情况**

教学实施与课时计划不可能达到完全一致，但也不能完全偏离。如果课时计划执行得不好，说明存在两种情况：一是课时计划没被设计好，二是课堂实施比较随意。

**3.课堂教学氛围**

主要表现为观察并判断学生学习的积极性、教师的投入程度、师生关系的融洽程度等。

**4.学生学会情况**

教学的效果最终通过学生是否掌握教学内容，能否做到会说、会练、会组织来体现。

**（三）请举例说明体育课堂教学评价的某一手段**

答：把被评价集合中的各个元素的过去与现在进行比较，或者将一个元素的若干个侧面进行比较的方法称“个体内差异法”。这种方法在运用过程中存在两种情况：

一种情况是把评价对象的过去与现在进行比较。例如，某学生过去的体育课成绩是90分，现在是80分，说明该生体育成绩下降了。

另一种情况是把评价对象的某几个侧面进行比较，考察其所长和所短。例如，一个学生的体育课学习情况可以从态度与参与、体能、体育知识与技能、情意与配合几个方面来考察，考察之后可以发现该生哪一方面较好，哪一方面较差。

这种评价方法充分照顾了个体的差异，在评价过程中不会对被评价者造成压力。它的缺点是既不与客观标准比较，又不与其他被评价者比较，很容易使被评价者自满或感到评价的价值不大，压抑他们的争先意识。

# 第十九章　学生体育学业评价

## 一、名词解释

### （一）学业评价

学业评价指以国家的教育和教学目标为依据，运用恰当的、有效的工具和途径，系统地收集学生在各门学科教学和自学的影响下认知行为上的变化信息和相关证据，并且对学生的知识和能力进行价值判断的过程。

### （二）体育学习评价

体育学习评价是针对学生进行体育学习的具体情况而对其学习进程、学习效果所做的一种评判，既包括对学习进程的诊断和判定，又包括对学习结果的评定。

### （三）学生体育学业评价

学生体育学业评价指以《体育与健康课程标准》、学段目标、水平目标为依据，运用相对科学的评价方法，在体能、体育知识与技能、态度与参与、情意与配合等方面对不同水平阶段的学生进行价值判断的过程。

## 二、填空题

1.体育学习评价是针对学生进行体育学习的具体情况而对其学习进程、学习效果所做的一种评判，既包括对学习进程的诊断和判定，也包括对学习结果的评定。

2.学生体育学业评价是学校体育评价的重要内容，具有反馈、激励、调控学校体育工作，促进学生全面发展的功能，也是衡量学校体育工作是否有效的重要指标。

3.每学期对学生进行的运动技能测试属于形成性评价。

4.以学生体育成绩进步幅度为标准对学生进行体育学业评价的方法属于个体内差异评价。

5.学生运动能力的发展包括学生在所处学习阶段基本运动技能、体能、专项运动技能的提高程度，运用所学的健康知识和技能解决实际问题的能力，在展示或比赛中的表现等。

## 三、判断题

1.《体育与健康课程标准》要求建立有利于学生进步和发展的多元学习评价体系，要求用学生体质健康测试的成绩对学生的体能、体育知识与技能、态度等进行综合评价。

答：错误。

解析:《体育与健康课程标准》要求的学生学习评价包括学生学习过程评价和学生学习结果评价两个方面。学生学习过程评价是针对学生的学习态度、投入程度和学习行为的评价，学生学习结果评价是针对学生体能、知识、技能、学习态度、情意表现、合作精神等方面的学习质量和价值的评价。学生体质健康测试主要用于测试学生的体质和健康状况，以及锻炼效果。

2.体育课程评价主要包括学生体育学习评价和体育教师教学评价。

答：错误。

解析：体育课程评价主要包括学生体育学习评价、体育教师教学评价和体育课程建设评价三方面内容。

3.学生体育学业评价指对学生在某一水平阶段的体育学习和体育锻炼效果做出较为合理的评判。

答：正确。

4.以学生1000米跑成绩在一学年中的进步幅度为评价标准评价学生1000米跑成绩的方法属于自我评价。

答：错误。

解析：自我评价表现为被评价者按照一定的评价指标体系，对自己的情况进行自我评价，以达到相应的评价目的。以学生1000米跑成绩在一学年中的进步幅度为评价标准评价学生1000米跑成绩的方法属于绝对评价。

5.学期开始时进行的身体素质测验属于诊断性评价。

答：正确。

6.发展性评价的出发点和归宿是促进学生的发展。在评价的过程中，不仅要关注学生的现实表现，更要重视全体学生的未来发展。

答：正确。

7.表现性评价指对学生在真实生活或运动情境中完成某项任务或任务群时表现出的运动能力、健康行为、体育品德等进行的评定。

答：正确。

8.根据各学段学生身心发展特点的不同，学生的体育学业评价也有所区别，对于水平一的学生，采用以写评语为主要方式的评价。

答：正确。

## 四、简答题

**简答学生体育学业评价的原则**

**答：1.针对性原则**

在评价学生成绩的时候，要以《体育与健康课程标准》、学段目标和水平目标为依据，针对不同水平阶段的学生进行评价。

**2.多样性原则**

评价方式多样、评价内容多元是体育课程改革对学生进行体育学业评价的基本要求。 由于不同学段学生的知识和能力存在多样性，评价方法也应该具有多样性。

**3.客观性原则**

客观性指进行学生体育学业评价时，评价要点的选择、评价方法的确定、评价的结果都应符合学校体育活动的实际情况。

**4.整体性原则**

整体性指在学生体育学业评价的各个方面做到多角度、全方位地考察并评价，不能以点带面、以偏概全。

**5.科学性原则**

进行学生体育学业评价不能仅靠经验和直觉，要根据标准进行科学、合理的评价，力求评价方法和评价过程科学化。

**6.发展性原则**

发展性评价的出发点和归宿是促进学生的发展，评价不仅要关注学生的现实表现，更要重视全体学生的未来发展，每个学生在本人已有水平上的进步，学生的学习态度、学习过程、情感体验、方法和技能的掌握，学生之间的交流与合作，以及学生主动参与和解决问题的能力，帮助学生逐步形成终身体育意识和健康的生活方式。

## 五、论述题

### （一）论述学生体育学业评价的要求

**答：1.明确学生体育学业评价的作用**

在进行学生体育学业评价时，应关注以下几个方面：了解学生体育学习和锻炼的实际状况及达到学习目标的程度；判断学生在体育学习和锻炼过程中存在的不足及其原因，以便改进学校体育的各项活动；发现学生体育方面的潜能，为学生提供展示自己的能力、水平和个性的机会，鼓励并促进学生的进步和发展；培养并提高学生的自我认识、自我教育、自我发展能力。

**2.合理选择学生体育学业评价的内容**

学生体育学业评价内容涉及的因素很多，有态度方面的、体能方面的、理论知识方面的、运用方面的、情感方面的等。在体能方面，主要根据体育教学和学生参加阳光体育活动的实际情况，参考《国家学生体质健康标准》，确定体能测试的指标和内容，评价学生的体育水平。在知识与技能方面，主要根据《体育与健康课程标准》有关要求，以及体育教学和学生参加阳光体育活动的实际情况，选择相应的体育与健康知识、技能评价指标，评价学生掌握体育与健康知识和技能的程度、应用所学知识和技能的能力等。在态度与参与方面，主要选择学生在体育课的出勤率、课堂表现，对参加阳光体育活动、运动竞赛等的兴趣和态度作为评价指标和内容。在情意与配合方面，主要选择学生在体育学习和参加阳光体育活动的过程中的情感表现、意志品质、人际交往和合作行为等作为评价指标和内容。

**3.采用多样化的学生体育学业评价方法**

在选择并设计评价方法时，应注意方法要简便、实用、可操作，既保证评价结果的信度和效度，又有利于调动学生学习的主动性和教师的积极性，充分发挥评价的“育人”功能，以便体育学业评价新理念真正落到实处。还应注意定性评价与定量评价结合、形成性评价与终结性评价结合、相对性评价与绝对性评价结合的问题。

**4.充分发挥学生体育评价主体的作用**

为了更好地发挥评价的作用，既要采用教师评价，也要关注学生的自我评价和相互评价，并且努力发挥其他与学生体育学习有关人员的评价作用。

**5.合理显现并运用学生体育学业评价结果**

对不同水平的学生进行体育学业评价，应展现出评价的结果；对于这个结果如何计算，也应该有一个相应的标准。

**（二）论述不同学段的学生体育学业评价的内容与比例有什么不同**

**答：1.水平一学生的体育学业评价**

水平一学生尚处于发展阶段，运动器官比较脆弱，心理承受能力也较差。因此，对于水平一学生的体育学业评价，如随堂评价、阶段评价、终结评价，主要采用以写评语为主的方式。具体内容的比例如下：①主观评价占60%：自我评价占10%，小组评价占10%，教师评价占40%。②技评项目和测评项目占40%：技评和测评各占20%。每学期技评和测评项目均应不少于2项内容。学生的最后得分=学生自我评价（10%）+小组评价（10%）+教师评价（40%）+技评和测评（40%）。

**2. 水平二学生的体育学业评价**

水平二学生的体育学业评价主要采用评语式与等级制评定结合的方式进行。具体内容的比例如下：①主观评价占50%：自我评价占15%，小组评价占15%，教师评价占20%。②技评项目和测评项目分别占20%和30%。每学期技评项目应不少于2项内容，测评项目应不少于3项内容。学生的最后得分=学生自我评价（15%）+小组评价（15%）+教师评价（20%）+技评和测评（50%）。

**3. 水平三学生的体育学业评价**

水平三学生的思维和判断能力有了较大的发展，一般可采用问答与填表结合的方式对水平三学生的体育学业进行评价。具体内容的比例如下：①主观评价占50%：自我评价占15%，小组评价占15%，教师评价占20%。②技评项目和测评项目分别占20%和30%。每学期技评项目应不少于2项内容，测评项目应不少于3项内容。学生的最后得分=学生自我评价（15%）+小组评价（15%）+教师评价（20%）+技评和测评（50%）。

**4. 水平四学生的体育学业评价**

水平四学生的思维和判断能力相对于小学生有了很好的发展，对于水平四学生的体育学业评价，一般采用直接的方式，以等级制为主，综合进行。具体内容的比例如下：①主观评价占40%：自我评价占10%，小组评价占10%，教师评价占20%。②技评项目和测评项目占60%：技评和测评各占30%。每学期技评和测评项目均应不少于3次。学生的最后得分=学生自我评价（10%）+小组评价（10%）+教师评价（20%）+技评和测评（60%）。

**5. 水平五学生的体育学业评价**

高中体育与健康课程考试内容范围为《普通高中体育与健康课程标准（2017年版）》的必修必学、必修选学系列和《国家学生体质健康标准》

的内容。对于水平五学生的体育学业评价，一般采用“运动参与+体质健康测试+运动技能测试”的方式进行。其中，运动参与和体质健康测试是过程性评价，运动技能测试是终结性专项运动技能测试评价。具体内容的比例如下：①主观评价占40%：自我评价占10%，小组评价占10%，教师评价占20%。②技评项目和测评项目占60%：技评和测评各占30%。学生的最后得分=学生自我评价（10%）+小组评价（10%）+教师评价（20%）+技评和测评（60%）。

# 《学校体育学》模拟试题（一）

## 一、单项选择题（共10题，每题2分，共20分）

1.英国教育家（ ）首次对教育三大组成部分德育、体育、智育做了明确区分。

A.斯宾塞　B.卢梭　C.夸美纽斯　D.洛克

2.当前我国学校体育的指导思想是（ ）。

A.素质教育　B.健康第一　C.以生为本　D.以兴趣为先导

3.学校体育最本质、最独特的功能是（ ）。

A.教育功能　B.健身功能　C.娱乐功能　D.文化功能

4.下面（ ）原则提出的依据是：体育教学的本质特点和体育教学需要适宜的运动负荷的规律。

A.合理安排身体活动量　B.促进运动技能不断提高

C.因材施教　D.安全运动和安全教育

5.下列（ ）方法不属于以身体练习为主的体育教学方法。

A.分解练习法　B.完整练习法　C.循环练习法　D.个别练习法

6.学期开始时进行的身体素质测验属于（ ）。

A.综合评价　B.诊断性评价　C.形成性评价　D.总结性评价

7.2016年10月，国务院印发了《“健康中国2030”规划纲要》，明确提出将（ ）纳入体育教师职前培养和职后培训内容。

A.健康教育　　B.安全教育　　C.生命教育　　D.心理教育

8.发展中小学生体能的关键是（ ）。

A.以发展速度、灵敏性等素质为主　B.以发展基本活动能力为主

C.以发展运动能力为主　　　　　　D.抓住身体素质发展的敏感期

9.学校运动场的宣传标语属于（ ）。

A.学校体育物质环境　　　　　　B.学校体育制度环境

C.学校体育社会心理环境　　　　D.学校体育精神环境

10.我国大学体育课程倡导的“三自主”教学形式指“自主选择老师、自主选择项目、（ ）”。

A.自主选择上课时间　　　　　　B.自主选择上课地点

C.自主选择上课方式　　　　　　D.自主选择考核方式

## 二、判断题（正确的画√，错误的画×；共10题，每题2分，共20分）

1.1904年，清政府颁布并实施了《新学制课程标准》，规定各级、各类学堂中都设立体操科。( )

2.竞技运动教材化的改造过程可被概括为“分解—提取—改变—重构”。( )

3.体育课程评价主要包括学生体育学习评价和体育教师教学评价。( )

4.学校体育体现为以增强学生体质、传递体育文化为目的竞技体育过程，是计划性、目的性、组织性比较强的竞技体育活动。( )

5.当今的教育改革要求教师逐步做到完全以学生为中心，使学生的主导地位得到确认。( )

6.在体育教学中，为显示动作的前后部位，可采用正面示范。( )

7.体育课的专项密度指一节体育课中某项教学活动的合理运用时间与实际上课总时间的比例。( )

8.新时代学校体育的关键内容是“教会、勤练、常赛”。( )

9.《学校体育工作条例》和《学校卫生工作条例》是1990年由国家教委、体委和卫生部颁布并实施的，是指导我国学校体育、卫生工作的最高法规。( )

10.新时代“四有教师”的标准是有理想和信念、道德情操、扎实的学识和仁爱之心。( )

## 三、简答题（共2题，每题10分，共20分）

**（一）简答学校体育的功能**

**（二）简要说明在体育教学过程中，队列和队形安排与调动的基本要求**

## 四、论述题（共2题，每题20分，共40分）

**（一）请根据下列条件设计教学目标并编写基本部分的教案**

教学内容：排球双手下手垫球（第一次课）

教学对象：初中一年级女生

教学人数：40人

场地和器材：充足

教学时间：20分钟

**（二）请结合实际，就“学校体育是实现立德、树人根本任务，提升学生综合素质的基础性工程”谈谈你的观点**

# 《学校体育学》模拟试题（二）

## 一、单项选择题（共10题，每题2分，共20分）

1.17世纪，（  ）创立了学年制和班级授课制，并被誉为“近代学校体育之父”。

A.洛克　　B.夸美纽斯　　C.卢梭　　D.赫尔巴特

2.1923年，我国颁布了（  ），正式将“体操科”改为“体育课”。

A.《奏定学堂标准》　　　B.《壬戌学制》

C.《新学制课程标准》　　D.《各级学校体育实施方案》

3.1990年，经国务院批准颁发的（  ）是指导我国学校体育、卫生工作的最高法规。

A.《学校体育工作条例》和《劳卫制》

B.《学校体育工作条例》和《学校卫生工作条例》

C.《体育与健康课程标准》和《学生体质健康标准》

D.《体育与健康课程标准》和《学校卫生工作条例》

4.在徒手操初期教学中，教师进行动作示范时通常采用（  ）。

A.正面示范　　B.侧面示范　　C.背面示范　　D.镜面示范

5.体育与健康学科核心素养包括（  ）、健康行为和体育品德三方面。

A.体育知识　B.体育技能　C.运动能力　D.运动参与

6.在垫上做肩肘倒立时，针对学生不能挺直腰腹部的问题，可在垫子上方悬一吊球，使学生用脚尖触球而挺直腰腹部。这种纠正错误的练习法属于（　）。

A.限制练习法　B.自我暗示法　C.情景练习法　D.诱导练习法

7.习近平在全国教育大会上提出了学校体育“四位一体”的目标体系，下列不属于这一目标体系的是（　）。

A.提升技能　B.增强体质　C.健全人格　D.锤炼意志

8.下列项目中,（　）不属于《国家学生体质健康标准（2014修订）》测试项目。

A.50米跑　B.引体向上　C.立定跳远　D.台阶练习

9.中共中央办公厅、国务院办公厅于（　）印发了《关于全面加强和改进新时代学校体育工作的意见》。

A. 2012年10月　B. 2016年5月　C. 2020年10月　D. 2021年4月

10.在进行教学竞赛时，为体现分组的公平性，宜采用（　）。

A.同质分组　B.异质分组　C.随机分组　D.友伴型分组

## 二、判断题（正确的画√，错误的画×；共10题，每题2分，共20分）

1.1917年，伟大的革命家毛泽东同志以“二十八画生”的笔名发表了《学校体育之研究》一文。(　)

2.美国学者斯宾塞在《论教育》一书中，首次将教育的三大部分进行了明确区分，并着眼于实际的锻炼。(　)

3.确定我国学校体育的目标主要考虑体育固有的特性。(　)

4.在体育教学中，可以通过改变练习内容来调控运动负荷。（ ）

5.“从学生的运动兴趣出发”指选择教学内容时应充分考虑学生的兴趣，对于学生没有兴趣的项目，不宜选入教材。（ ）

6.在运用完整法进行教学时，也应就动作的某些困难环节让学生分解练习。（ ）

7.体育夏（冬）令营活动是校外学校体育活动的组织形式之一。（ ）

8.九年义务教育阶段的体育与健康课程被划分为四个水平。（ ）

9.体教融合的本质是将竞技体育人才融入基础教育体系。（ ）

10.国务院是我国学校体育管理的最高行政机关，具体管理工作由教育部负责。（ ）

## 三、简答题（共2题，每题10分，共20分）

**（一）简答如何在体育教学中遵循安全性原则**

**（二）简答分解法的运用要求有哪些**

## 四、论述题（共2题，每题20分，共40分）

**（一）论述如何理解“学生喜欢体育，但不喜欢体育课”这一现象，以及如果你是一名中小学体育教师，如何改变这一现象**

**（二）请运用篮球课的教学方法，设计一节高中体育课中35分钟的基本部分的教学，应包括具体的教学内容、教学目标、教学重点和难点、教学方法、练习时间和次数，以及教学组织**

# 参 考 答 案

## 《学校体育学》模拟试题（一）

### 一、单项选择题

1.D 2.B 3.B 4.A 5.D 6.B 7.A 8.D 9.C 10.A

### 二、判断题

1.错误。

解析：1904年，清政府颁布并实施了《奏定学堂章程》，规定各级、各类学堂中都设立体操科，结束了2000多年来封建社会学校教育中没有体育课程的历史。

2.正确。

3.错误。

解析：课程评价体现为以一定的方法、标准和途径对课程方案、课程实施和结果等的价值进行判断的过程。体育课程评价主要包括学生体育学习评价、体育教师教学评价和体育课程建设评价。

4.错误。

解析：学校体育体现为以增强学生体质、传递体育文化为目的的教育过程，是计划性、目的性、组织性较强的体育教育活动。

5.错误。

解析：在体育教学中，应贯彻落实以“学生发展为中心”的原则。学生始终是体育学习的主体，应充分发挥学生主体的自主性、主动性和创造性，但不能忽视教师的主导作用。

6.错误

解析：根据教师站位的不同，动作示范面可分为正面、镜面、侧面和背面。侧面示范有利于展示动作的侧面或前后方向的动作。正面示范有利于教师展示正面动作的要领，如球类的左右移动防守动作和持球动作。

7.正确。

8.正确。

9.错误。

解析：《学校体育工作条例》和《学校卫生工作条例》是1990年由国务院颁发，国家教委、体委和卫生部实施的，是指导我国学校体育、卫生工作的最高法规，也是评估学校体育、卫生工作的根本依据。

10.正确。

## 三、简答题

### （一）答案要点

学校体育的功能指学校体育在一定的环境和条件下对个人和社会发挥的作用。由于学校体育既具有教育的属性，又具有体育的属性，学校体育功能是教育功能与体育功能在学校这一教育环境中相互结合的反映。

**1.学校体育的本质功能**

学校体育的本质功能是“育人”，具体可以分为健身功能、益智功能、促群功能、塑美功能和娱乐功能。

（1）健身功能

学校体育的健身功能主要表现在：培养学生正确的身体姿势，促进学生生长发育；提高学生有机体机能活动水平；发展学生的身体素质水平和身体基本活动能力；增强学生对外界环境的适应力和对疾病的抵抗力。

（2）益智功能

学校体育的益智功能主要表现在：使学生掌握体育运动的科学文化知识，促进学生一般智力的发展；使学生掌握体育运动的技术和技能，不断提高学生的运动认知能力；提高学生大脑皮质反应的灵活性和工作能力，促进学生发展积极思维、良好记忆、丰富想象和集中注意力的能力；重新建立身心连接，预防大脑老化，避免学生出现认知功能的衰退。

（3）促群功能

学校体育的促群功能主要表现在：遵守学校体育活动的规章制度可以提高学生的组织纪律性，培养学生良好的道德意识；学校体育活动的集体性特点可以培养学生的团队意识和集体主义精神，增进学生良好的道德品质；学校体育活动的竞争性和对抗性特点可以促进学生竞争、开拓等良好个性心理品质的形成，培养学生良好的意志品质；学校体育活动的民族性特点可以培养学生的民族自豪感和爱国主义精神；学校体育活动是整个社会的缩影，这个特点为培养学生逐步具备现代人所需要的社会性品质提供了适宜的场所和条件。

（4）塑美功能

学校体育的塑美功能主要表现在：学习、体验优秀的运动文化可以提高学生美的需要、美的情操、美的观点、美的欣赏等方面的素养；进行身体锻炼可以培养学生健壮的体格，匀称的体形，端正、健美的姿态，轻捷、矫健的动作，落落大方的风度，等等；对具有形象美动作特点的项目进行学习，可以培养学生感知美、鉴赏美、评价美、表现美和创造美的能力；学校体育场馆布局，场地、器材布置等美的情景构建，可对学生施以美的感染、熏陶和陶冶。

（5）娱乐功能

学校体育的娱乐功能主要表现在：满足多种运动需要，实现愉快体验、情绪宣泄，缓解疲劳。参与者和观赏者都能获得愉快的情感体验。

**2.学校体育的外延功能**

学校体育作为教育系统和体育系统的组成部分，通过与教育系统和体育系统中的其他有关要素配合，共同对社会政治、经济、文化等领域产生积极的作用。

（1）政治功能

学校体育通过开展校内外、国内外多种多样的体育活动，对内有助于促进国内各民族儿童、青少年的团结，对外有助于促进不同国家儿童、青少年的交往和了解，从而促进世界协同发展。

（2）经济功能

学校体育经济功能最根本的表现是通过改善、提高学生的身体素质，培养合格劳动者，从而促进社会经济的增长。此外，学校体育某些领域的活动（如高校高水平运动队或俱乐部、高水平竞技比赛、大规模团体操表演等）可以进入市场，实现其经济价值，推动社会经济的发展；学校还可以通过某些经济手段蓄积财力，提高自身“造血”功能，弥补教育经费的不足。

（3）文化功能

学校体育是体育文化传递和创造的重要途径。学校通过对学生施以系统的身体教育，在学生掌握体育的基本知识、基本技术、基本技能，学会科学地锻炼身体的过程中传递、延续、继承优秀的体育文化。

**（二）答案要点**

队列和队形既是中小学体育课教学的主要内容，也是教学组织的重要手段，在课中的集合、组织学生练习、教师讲解并示范、变换教学内容等方面都会被用到。课中合理安排并调动学生队伍的基本要求有：

**1.把握好运用时机**

体育教师应该明确在什么情况下需要变换队形、如何变换、变换时应注意什么问题。

一般情况下，由讲解向示范转换时、由一个练习转向另外一个练习时，或者变换练习地点时都可能发生队列、队形的变化。

**2.合理选择队列和队形**

对于不同性质的教材，在教学中需要采用不同的组织形式，教师应根据具体教学情况来选择队列和队形。如进行活动性游戏较多采用圆形队伍，进行田径中的跑一般采用两路纵队，进行投掷练习一般采用面对面形式，进行体操项目一般采用纵队，等等。

**3.努力做到简捷而高效**

第一，队列和队形调动要在最短的时间内，通过最简洁的变换，达到最好的效果。第二，调动队伍力求科学、合理，使学生积极配合，做到步调一致，提高教学效率。第三，合理利用手势和口令，提高指挥和调控能力。

**4.符合卫生和安全要求**

队列、队形的安排和调动要力求做到有利于学生的听、看、练，有利于对学生进行保护和帮助，让学生背风、背光、背干扰，有利于教师指导和监控。

## 四、论述题

**（一）答题要点**

撰写的教案需包括教学目标设计，教学重点、难点设计，教学组织设计，教法步骤设计，教学要求设计，运动负荷设计。

每部分占一定比例的分数，如果内容不合理，则进行相应的扣分。

**（二）答题要点**

首先，给出自己的观点：对这一描述持支持和认可的观点。这句话来源于2020年10月中共中央办公厅、国务院办公厅印发的《关于全面加强和改进新时代学校体育工作的意见》，明确提出“学校体育是实现立德树人根本任务、提升学生综合素质的基础性工程”。

其次，进行具体的阐述。“学校体育是实现立德树人根本任务”主要阐述学校体育的德育功能。“提升学生综合素质”主要阐述学校体育之于智育、美育、劳育等方面的功能，也就是学校体育的健身功能、益智功能、促群功能、塑美功能和娱乐功能。

最后，结合以上论述及学校体育实践，阐述学校体育工作如何去做，才能落实好立德、树人根本任务，提升学生的综合素质。可从体育教学和课外体育的角度分别论述。

# 《学校体育学》模拟试题（二）

## 一、单项选择题

1.B 2.C 3.B 4.D 5.C 6.D 7.A 8.D 9.C 10.C

## 二、判断题

1.错误。

解析：1917年，伟大的革命家毛泽东同志以“二十八画生”的笔名在《新青年》杂志上发表了《体育之研究》一文，指出“体育之效，至于强筋骨，因而增知识，因而调感情，因而强意志”。

2.错误。

解析：英国资产阶级教育家洛克首次把教育划分为德育、智育、体育三个部分，他在教育著作《教育漫话》中写道“有健康的身体，才有健全的精神”。英国资产阶级学者斯宾塞在《论教育》一书中指出，健康教育是一切教育活动的基础。

3.错误。

解析：确定我国学校体育目标的依据包括社会需要、学生身心发展需要、学校体育的功能和国情条件。

4.正确。

5.错误。

解析："从学生运动兴趣出发"指选择教学内容时应充分考虑学生的兴趣，但是不可能完全满足每一个学生的兴趣需求。教学内容的选择还应从学生发展的角度考虑，选择能促进学生身心全面发展的教学内容。学生也应积极配合教师的教学，避免单纯从兴趣出发而忽视全面发展。

6.错误。

解析：在运用完整法教学时，对于无法分解却有一定难度的动作，可对其中的要素，如动力、动作时机和动作要领进行分析，找出主要原因和主要问题所在，有重点地组织学生进行练习，帮助学生掌握困难环节。

7.正确。

8.正确。

9.错误。

解析：体教融合概念的提出体现了对新时代我国教育和体育工作的全面部署和顶层设计，其本质就是将竞技人才的培养（体）融合到国民教育体系（教）之中。

10.错误。

解析：国务院是我国学校体育管理的最高行政机关，具体管理工作由教育部和国家体育总局分别负责。对于教育部，由其体育卫生与艺术教育司负责管理，具体工作部门为内设的体育与卫生教育处；对于国家体育总局，由其青少年体育司负责管理，具体工作部门为内设的发展指导处。

## 三、简答题

### （一）答题要点

安全性原则指在体育教学中应注意消除各种安全隐患，防止伤害事故发生。在体育教学中运用安全性原则的要求主要有：

**1. 加强运动安全教育**

将运动安全教育课堂化、制度化。提高教师的运动安全教育水平，把安全运动的经验和方法传授给学生，提高学生的防患意识。

**2. 加强运动环境管理**

课前要检查运动场地和器材，采取有效措施，消除安全隐患；合理安排内容顺序，以及队列和队形，避免学生之间、学生与器械发生意外。

**3. 重视检查运动服装**

要检查学生上体育课时是否穿运动服装，并且针对不同的运动项目提出具体要求。认真检查学生服装里、外部是否有尖锐、硬性、飘带等物，避免刺伤、绊倒自己或同学，造成伤害。

**4. 重视个体差异**

对于体质弱的，特别是有生理疾病或心理障碍的学生，要给予特别的关照。对于有心血管疾病的学生，在运动负荷上应做特殊安排；对于有心理障碍的学生，要积极疏导，不勉强他们进行练习。

**5. 扩大注意范围**

教师不能离开课堂，也不能把自己的注意力放在学生之外。在注意正在进行练习的学生的同时，还要兼顾非运动状态的学生，及时发现并提示运动风险。

**（二）答题要点**

分解法指将完整的动作结构合理地分成几个部分，然后按部分依次进行教学，直至最后学生完整地掌握动作技术的一种教学方法。其优点在于能够相对降低动作的难度，容易突破教学难点，帮助学生树立信心；缺点在于不利于学生对完整动作的领会，容易造成动作各部分连接失调。运用时应注意以下几点：

**1.合理划分动作**

分解动作时要考虑动作技术结构的有机联系，防止改变动作技术结构或破坏它们之间的联系。

**2.合理选择分解方式**

按动作技术分解后的教学顺序，教学方式可被分为分进式、直进式、递进式、逆进式。要根据实际情况选择不同的分解方式。

**3.针对各部分的难点进行练习**

分解教学是为了解决教学中的难点，所以教学时要找出各部分的难点。

**4.注意分解法与完整法的结合**

分解是为了解决练习中存在的困难。如果各部分的难点都得到了解决，应进行完整练习。

## 四、论述题

### （一）答题要点

“学生喜欢体育，但不喜欢体育课”是长期以来学校体育开展过程中面临的一大困境。从体育教师的角度思考如何改变这一现象，即需要提出相应的对策。对这一现象进行理解的时候，可以从这一现象反映出的问题入手。

**1.理解这一现象**

“学生喜欢体育，但不喜欢体育课”的问题不出自“体育”本身，也不意味着学生对体育运动不感兴趣，而是出在“体育课”上。可围绕体育课，通过以下几个方面进行分析：①对于学生为什么不喜欢体育课，可从体育课的内容、组织形式与学生的身心发展、学生的体育兴趣是否匹配来

# 目录
Contents

# 第一章 概述

# 第一节

## 2015年北京阅读季活动综述：推进全民阅读，构建书香北京

为贯彻落实中央关于推进全民阅读的精神和要求，北京市结合实际，探索创建了北京阅读季这一平台，作为推动全民阅读的重要抓手和载体，特别是在2014年，该平台经国家新闻出版广电总局批准成为国家级全民阅读品牌，并正式更名为书香中国·北京阅读季。2015年的第五届书香中国·北京阅读季，在国家新闻出版广电总局和市政府的正确领导下，秉持全民阅读理念，突出全民性、服务性，广泛开展形式多样、层次分明的阅读活动3000多场，参与人数达1000万人次。通过开展一系列活动固化并提升了这一国家级全民阅读品牌，使推广模式更加完善，品牌影响力日益增强，为全市全民阅读活动深入持续开展发挥了引领作用。

### 一、深化主题，提升全民阅读品质

第五届书香中国·北京阅读季紧扣时代主旋律，以“阅读点亮中国梦”为主题，通过诵读、畅读凝聚民心，滋养浩然正气，传播正能量。

一是结合庆祝新中国成立66周年这一主题，将培育践行社会主义核心价值观贯穿于北京全民阅读的始终，并作为一条核心主线持续用力，向不同人群推进，让民众在润物细无声的阅读活动中，自觉培育践行社会主义核心价值观。

二是为纪念抗日战争暨世界反法西斯战争胜利70周年，推出并举办千余场“铭记历史、缅怀先烈、珍爱和平、开创未来”系列抗战主题阅读活动，持续开展“牢记历史，珍爱和平”主题系列读书活动，讲述京城抗战故事，用史实教育群众，弘扬爱国主义精神。

三是充分挖掘中国五千年文明史这一丰富资源，大力弘扬中华传统文化。国家新闻出版广电总局和北京市政府联合主办“千里运河，万里书香”2015年书香中国暨北京阅读季启动仪式，琅琅读书声从京杭大运河北端响起，拉开了2015年书香中国系列活动的序幕。通过举办“全球视野下的一带一路”“漫说京味商文化”等专题讲座，开展“中轴线上的北京城——传统文化游”系列阅读活动，让人们在阅读中知晓老胡同，了解京韵味，感受传统文化的魅力。

## 二、完善平台，提高引领服务水平

推动全民阅读，政府重在引导和服务。北京阅读季注重加强顶层设计，不断完善服务功能，聚集社会资源。

一是完善综合平台，提升服务保障水平。对前四届沉淀形成的“五位一体”综合平台进行补充完善，搭建起引导平台、资源平台、媒体平台、公益活动平台、服务平台、人才保障平台等“六位一体”全民阅读综合服务平台，通过服务平台建设，增强“造血”功能，提升北京阅读季的创新能力、组织能力和执行能力。

二是建立联动机制，有序推进全民阅读。确定区县、业界机构、社会团体日常工作联系人，建立工作联系制度，及时汇总各区县、各单位全民阅读活动规划、实施情况，并对基层阅读活动进行跟踪服务，对一些具有代表性的重点阅读活动，给予重点关注和政策支持，形成上下联动、共同推进的良好格局。

三是构建一盘棋推进体系，增强工作实效。成立以国家新闻出版广电总局和北京市政府领导同志为组长的北京阅读季领导小组，设立工作办公室，负责北京阅读季的策划、统筹，加强组织领导；与区县、各成员进行对接，建立良性互动，先后召开20余次协调会，研究规划18项重点活动，细化具体操作实施方案，确保活动落地和品牌生命力。

## 三、整合资源，构建阅读发展新格局

充分发挥北京出版机构和媒体业实力雄厚、名人大家云集的优势，不断挖掘社会潜力，丰富阅读品质。

一是整合业界资源，构建双赢多赢格局。北京阅读季注重引导作家、学者、出版机构、社会团体参与阅读活动，提供优质阅读资源，并以此开拓营销市场，推动行业发展。2015年开发了阅读活动、阅读空间征集系统，通过双选机制，推动活动与空间、专家与基层的最大化对接，既打通了阅读活动落地渠道，又满足了基层阅读需求，实现资源互惠、互补。举办“品阅书香·名家面对面”系列活动千余场次，吸引数百家企业、机构参与，掀起专家、学者进校园、进社区、进企业、进乡村热潮，开创了可复制的全民阅读推广模式。

二是整合媒体资源，构筑立体宣传推广体系。开通地铁、公交阅读广告专线，开办广播、电视阅读专栏，制作、播放阅读宣传片，充分发挥主阵地作用；结合数字阅读的迅猛发展，发起成立北京阅读新媒体联盟，60多家新媒体、阅读网站成为首批成员，构筑了网络宣传力量；开设“北京阅读季”官网、微信、微博、APP等自媒体，增强阅读的趣味性和吸引力。

三是整合人才资源，加强推广队伍建设。不断聚集著名作家、学者、优秀出版人，壮大专家人才队伍，增强阅读原创力；实施“领读者”计划，选拔具有一定文化层次、有志于全民阅读推广的志愿者，进行系统培训，形成稳定的阅读推广者队伍，提高专业化水平。每年举办10期培训班，培训2000名阅读推广者，向基层输送阅读活动的组织者和引领者。

四是整合民间阅读资源，聚合阅读力量。针对大学生这一重点群体，利用北京高校云集的优势，成立以“引导青年阅读、鼓励青年分享”为宗旨的北京大学生阅读联盟，吸纳60余所高校、130多个大学生社团加入，有效发挥大学生在阅读中的带动作用；调动民间读书会、阅读团体积极性，结成战略合作伙伴，共同推进不同群体、各种类型的阅读活动。

## 四、创新模式，确保阅读活动高效落地

创新阅读推广模式，是全民阅读生命力的可靠保障。

一是坚持政府引导，加强顶层设计和宏观统筹。发挥政府职能作用，加强顶层设计，坚持用重点活动引领，细分人群，通过差异化阅读，增强阅读推广的针对性和实效性；加强成员单位、区县统筹协调，建立会议制度、活动报送制度、服务保障制度，使全市全民阅读形成一盘棋，整体推进。

二是激发业内支持，提升全民阅读品质。出版机构、文化机构等既是阅读参与者、推广者，也是行业创造者、营销者。北京阅读季与200多家出版机构建立了紧密型合作伙伴关系，共同推出大量优质阅读活动，以满足不同群体阅读需求。正是这数百家出版机构、文化机构持续活跃在北京阅读季大舞台，为北京全民阅读增添了活力和色彩。

三是倡导社会参与，推动阅读公益事业发展。推广全民阅读，社会各界的支持和努力尤为重要。北京阅读季鼓励倡导社会机构、企事业单位积

极开展有益于文化之都建设、提升人文素养的阅读活动，催生阅读公益事业发展，初步形成了全民阅读社会化运作模式，为全民阅读持续发展注入了动力。成功举办首届中国童书博览会，举办百年童书展、原创绘本展、家庭阅读体验日等 153 场次阅读活动，为孩子们呈现了一场场独特的阅读盛宴，接待客流达 10 余万人次，社会反响强烈。

四是立足群众受益，加强基层阅读服务。阅读生命在基层，效果体现在基层。北京阅读季始终坚持顶层设计注重基层，活动落地融入基层，服务保障支持基层，组织著名作家、知名主持人等到基层开展专题讲座，丰富和活跃基层阅读；深入开展书香北京系列评选活动，挖掘基层典型人物、事件，评选出十大书香家庭、示范社区、金牌阅读推广人，用典型引领基层阅读；宣传推广区县特色活动，强化基层阅读品牌建设，使区县乃至一些乡镇、道社区都有了自己的阅读品牌。

## 五、宣传推广，彰显阅读品牌影响力

2015 年，北京阅读季注重推广经典阅读、深度阅读，着力强化全民阅读示范效应。

一是加强社会宣传，营造深厚的书香氛围。发起北京阅读季口号征集，选定“就爱你阅读”阅读口号，通过开展“4・23”世界读书日系列阅读活动和“就爱你阅读”传递活动，形成“爱阅读、颂阅读、赞阅读”的良好氛围；在重要地段、重点区域张挂北京阅读季海报、标语、道旗，提高到达率和知晓度，营造起“我知晓、我参与”“我阅读、我快乐”的浓郁书香味。

二是加强媒体宣传，推进阅读活动全面落地。媒体不仅是北京阅读季的宣传报道者，更是推广全民阅读的生力军。发动平面媒体和广播、电视台，跟踪报道北京阅读季重点活动、特色活动，《人民日报》《中国青年报》

《北京晚报》等众多媒体在头版头条进行报道，中央电视台、北京电视台多次报道大型阅读活动。组成媒体专家团队，分组到16个区县进行走访，对书香家庭、示范社区、金牌阅读推广人等候选人进行实地考察核实，向评委会提出意见建议，确保评比的真实性和高质量。通过下基层走访、参与评审，让媒体融入全民阅读之中，变单一报道为综合推广。

三是加强理论宣传，增强品牌生命力。推进全民阅读既需要实践检验，也需要理论指导和引领。5年来，北京阅读季高度重视对全民阅读特点规律的探索，不断总结提升阅读理念，准确把握未来发展方向。2015年的阅读盛典期间，组织开展了5场“阅读+”主题论坛，邀请全国科研、产业、文化等领域35名重量级嘉宾进行高端对话。通过深层次研讨，北京阅读季提炼并向社会发布了2016年北京全民阅读6大发展趋势，即：进一步深化“政府引导、业界支持、社会参与、群众受益”的全民阅读推广模式；阅读推广更加注重和依靠体系运行；儿童阅读推广重在培养阅读习惯；全民阅读传递阅读之美；互联网成为阅读推广的新生力量；PPP模式（即将部分政府责任以特许经营权方式转移给社会主体）推动重塑公共阅读空间。

北京作为首都，有深厚的文化底蕴、雄厚的阅读资源，而且正在推进文化中心建设，在国家新闻出版广电总局、北京市政府的坚强领导下，北京阅读季将抓住机遇、发挥优势，继续以书香中国·北京阅读季为载体，持续高效地推动全市全民阅读深入开展，不断提升首都城市的文化品质。一是更加注重顶层设计，努力提升整体水平；二是更加注重凝聚资源，构建社会化运行机制；三是更加注重模式创新，激发基层活力，以更加扎实有效的全民阅读推广活动，为推进首都文化中心建设，实现中华民族伟大复兴和中国梦做出新的贡献。

# 第二节

重要讲话汇编

## 国家新闻出版广电总局党组成员、副局长　孙寿山
## 在书香中国·北京阅读季启动仪式上的致辞

“书籍是人类进步的阶梯”。读书是一个民族精神发育和文化传承的基本途径，也是一个民族凝聚力和创造力的重要源泉。中华民族有着优良的读书传统，五千年历史留下了韦编三绝、凿壁偷光、悬梁刺股等众多关于读书的千古佳话。热爱读书、崇尚读书之风绵延数千年，使得璀璨的中华文明传承至今。

重视读书、善于学习也是我们党的优良传统。以习近平同志为总书记的党中央高度重视全民阅读工作。党的十八大报告做出了“开展全民阅读活动”的战略部署，2014年、2015年国务院政府工作报告连续两年提出“倡导全民阅读”。习近平总书记更是身体力行热爱读书，率先垂范倡导读书，要求我们“真正把读书学习当成一种生活态度、一种工作责任、一种精神追求，自觉做到爱读书、读好书、善读书”。

从2006年开始，国家新闻出版广电总局会同中宣部等部门，持续10年开展全民阅读活动，通过组织倡导、搭建平台、塑造品牌等一系列举措，使全民阅读的风气在神州大地上如春潮涌动，蔚然成风。今年的“书香中国”系列活动，将策划在北京、江苏、湖北、广东、湖南、浙江、宁夏等地开展一系列丰富多彩、各具特色的全民阅读活动，大力培育和践行社会主义核心价值观，努力传承和弘扬中华优秀传统文化，在全社会进一步营造浓郁的读书氛围，使全民阅读理念深入人心。

莎士比亚说过：“生活里没有书籍，就好像没有阳光；智慧里没有书籍，就好像鸟儿没有翅膀。”为让阅读沐浴华夏，使书香飘满神州，大家都来读书吧！通过阅读点亮心灵、启发智慧、滋养正气，共同助推中华民族伟大复兴的中国梦——梦想成真！

（2015年4月18日）

## 国家新闻出版广电总局出版管理司副司长　许正明
## 在北京阅读季·阅读盛典上的致辞

我还清晰地记得4月18日晚在通州京杭大运河畔启动了2015年书香中国·北京阅读季的场景，从那天起开启了2015年全国系列阅读活动的序幕。半年多来，全国的阅读活动此起彼伏，精彩纷呈。从城市到农村，从东部到西部，从老人到儿童，琅琅的读书声已经逐渐成为中国广袤大地上最优美的旋律。今天的“阅读盛典”作为整个北京阅读季的收官之作，既是年度总结大会，也是读书人分享阅读乐趣的盛大节日。我代表国家新闻出版广电总局出版管理司对本次“阅读盛典”的举办表示由衷的祝贺。

书香中国·北京阅读季已经开展了五年的时间，可以说是全民阅读活动的一个典范。短短几年时间，北京阅读季已经从只有少数作家、学者、书评人参与的精英聚会到社区、乡村、街道、企业、学校、部队各领域读者踊跃参加的阅读盛典。从自费组织十几家出版社推广阅读活动，到200多家出版机构主动提供免费活动资源，从在都市报发表几十次的简讯到多家重要媒体开设专栏、专版进行专题报道，可以说北京阅读季已经在全国形成了品牌，影响力和辐射力日益增强。

作为一个北京的市民，我本人也亲身感受到了北京浓郁的读书氛围。北京阅读季是全民阅读活动的一个缩影，我们高兴地看到党和国家领导人率先垂范，在各种场合不断提倡读书和推荐好书，为推荐全民阅读注入强大的动力。习近平总书记指出："学习是文明传承之途，人生成长之梯，政党巩固之基，国家兴盛之要。"党的十八大首次将开展全民阅读活动写入报告，李克强总理连续两年在政府工作报告中提出倡导全民阅读，国家新闻出版广电总局正在加快推动全民阅读促进条例的立法进程，并将发布国家全民阅读中长期规划。2015年11月，还将首次召开全国全民阅读工作会议。

阅读是实现国家强盛、民族复兴的重要途径。一个人的精神发育史就是他的阅读史，一个民族的精神境界与阅读水平息息相关，国家的强大需要科技、文化、经济，这些都是建立在知识之上的。而这些知识是从阅读中来的，离开阅读便成了无本之木、无源之水。一个民族的发展延续首先是文化血脉和民族精神血脉的延续，民族的传承主要还是精神遗传，而这主要依靠阅读获得。民族要想进步也离不开民族本身的阅读风气和阅读习惯，对一个人来说，主要是关乎成长和长成，如果没有阅读，一个人的精神就不会成长起来。因此，倡导在全社会形成良好的阅读风尚，是我们国家重要的文化战略。

建设书香社会、建设书香中国是一项长期的任务，不仅要靠政府引导，更要发动全民参与。在实现中国梦的伟大征程中，我们每一个人作为梦之队的一员，都有责任用阅读夯实知识基础、孕育灵感。为万众创新提供原动力，让大众创业破茧而出。北京作为文化中心应该走在全国的前面，北京阅读季已经做出了许多有意义的探索和尝试，我相信在北京市委市政府的正确领导下，在社会各界的积极参与下，北京阅读季一定能够成为北京乃至全国的一张闪亮的名片。

（2015 年 10 月 27 日）

## 北京市常委、宣传部长　李伟

### 在书香中国·北京阅读季启动仪式上的致辞

书籍是人类文明传承的主要载体，阅读量的增长和阅读品质的提升则是一个国家文明程度和社会进步的重要标志。习近平总书记指出，我们的党要上进，我们的国家要上进，我们的民族要上进，就必须大兴学习之风。“倡导全民阅读”连续两年被写进政府工作报告，这些都体现了党和国家对全民学习、全民阅读的高度重视。在物质生活日益丰富、知识信息飞速发展的今天，大力倡导全民阅读活动，引导公众培养健康向上、终身受益的阅读习惯，对于提高公民素养和道德水平，增强国家发展能力，有着重要的现实和长远意义。

北京作为首都，有着深厚的文化底蕴和丰厚的阅读资源。近年来，市委、市政府高度重视全民阅读工作，将其纳入全市文化建设大局统筹谋划，大力推进，取得了很好的成效。北京阅读季自 2011 年设立至今，已开展各种读书活动 3000 余场，逐步发展成为融合各种阅读资源的政府服务综合平台，成为北京市民喜闻乐见的品牌文化活动。去年，在总局的关心和支持下，“北京阅读季”升格为首个国家级全民阅读活动，这不仅是对北京市工作的充分肯定，也激励着我们在推动全民阅读、建设书香社会中争创一流，继续走在前列。

（2015 年 4 月 18 日）

## 在中国童书博览会开幕式上的致辞

在中国传统经典启蒙三大读物之一的《三字经》里说道：苟不教、性乃迁。儿童是我们国家未来的主人翁，是我们未来的希望，如果不对他们进行教育，他们的秉性就有可能发生变化，但是只要我们做家长的适时地告诉他们，让他们好好学习、天天向上，儿童就可以在未来的道路上大步前进，茁壮地成长起来。

习近平主席曾表示过，一个民族的文明进步，一个国家的发展壮大，需要一代又一代人接力努力。唯有下一代秉持我们倡导的社会主义核心价值观，了解古圣先贤的思想，认识仁人志士的夙愿，我们的未来才有希望，才有梦想。因此，党和政府要始终关心各族少年儿童，努力为他们的学习成长创造更好的条件。老师、家长要承担起教育和引导少年儿童成长成才的责任。

在今天由电视、电子游戏和网络所构筑的科技世界中，孩子与书本的距离却越来越远了。因此近年来，世界各国所推动的教育改革，几乎都把推广阅读风气、提升阅读能力列为重点，甚至在识字率或阅读能力在全球名列前茅的英国、日本、芬兰等国，都纷纷发起全国阅读年的活动，希望举倾国之力，塑造良好的阅读环境。

那么阅读能为孩子带来什么呢？有人曾经这样说，儿童没有阅读，他的人生经历一定会有欠缺，通过阅读带来的启发，能够拓展孩子们的视野和提高孩子们的品格。儿童是社会力量的支撑点，家长应该给予更多的支持与引导，通过亲子阅读，不仅能够增加父母与孩子沟通的机会，共同分享、感受读书的感动和乐趣，还能使父母与孩子共同学习，一同成长。

作为第五届书香中国·北京阅读季儿童板块的重要活动，中国童书博览会跳出了传统书展模式，以创新性的“主题馆”作为分布，首次提出了

"儿童阅读主题公园"的概念，完成了真正意义上的儿童阅读"嘉年华"。仿真的宇宙空间、变幻莫测的海底世界、苍鹰翱翔的苍穹，还有原本只是在书本中看到、听到的文字和图片变身为立体的三维空间，仿佛让孩子走进梦中的"童话世界"。除此之外，6个国家的平行阅读时空概念，让孩子们可以在同一时间内，穿梭于不同国度，品味不同的人文风采、感触世界多元文化的神韵。

每个人都是从孩子长大的。实现我们的梦想，不仅靠我们这一代，更靠下一代。少年儿童从小就要立志向、有梦想，爱学习、爱劳动、爱祖国，德智体美全面发展，长大后做对祖国建设有用的人才。孩子们，叔叔阿姨们每一次辛勤地付出都是为了给你们提供更好的环境，让你们未来能够更优秀，值此六一国际儿童节到来之际，希望你们能在中国童书博览会快乐阅读，多多收获，早日成长为希望的太阳。

（2015年5月28日）

## 北京市委宣传部副部长　赵卫东
### 在北京阅读季·阅读盛典上的致辞

北京是享誉世界的历史文化名城，根植于这块沃土的北京阅读推广活动，近年来日益彰显出繁荣发展的蓬勃生机。在建设社会主义先进文化之都的进程中发挥了重要的作用。今年4月，北京阅读季活动在通州大运河拉开帷幕，过去半年里，作家、评论家、读者、出版机构、发行机构、图书网、新闻媒体等各方面人士持续活跃在这个大舞台上，共同策划开展了3000多场阅读活动。参与人数达1000多万，这其中既有"书香名家面对面"等精品活动，又有中国童书博览会这样的综合性群众会展活动，更有一系列紧扣中国梦、社会主义核心价值观、中华优秀传统文化、纪念反法西斯战争胜利70周年等主题的阅读推广活动。广大市民在尽享一道道书香四溢文化盛宴的同时，更好地品味到了阅读的魅力与美好。与此同时，北京大学生阅读联盟、北京阅读新媒体联盟等民间阅读组织纷纷成立，为全民阅读活动注入了新的活力。我们深刻感受到社会各界对全民阅读的关注热情越来越高，参与程度越来越深。我们相信本次阅读盛典将成为进一步汇聚各方力量，共倡全民阅读的盛会，成为品读经典、弘扬中华优秀文化的盛会。

“他山之石，可以攻玉”，积极借鉴吸收其他省市乃至世界各国开展全民阅读的先进经验，对于进一步完善北京阅读季的组织实施有着重要的意义。我们将虚心取经，以更高的站位和更宽广的视野，把北京阅读季打造成为京城百姓喜闻乐见、津津乐道的优秀公共文化品牌，推动全民阅读活动持续深入开展，为建设书香中国贡献力量。

（2015 年 10 月 27 日）

## 北京市新闻出版广电局副局长　韩昱
## 在北京阅读新媒体联盟成立大会上的致辞

书籍是人类文明传承的主要载体，阅读量的增长和阅读品质的提升则是一个国家文明程度和社会进步的重要标志。以习近平同志为总书记的党中央高度重视全民阅读工作。党的十八大报告做出了“开展全民阅读活动”的战略部署，2014 年、2015 年国务院政府工作报告连续两年提出“倡导全民阅读”。在物质文明充分发展、知识转型升级日益加快的今天，大力倡导全民阅读活动，引导公众培育健康向上、终生受益的阅读习惯，对于提高公民素养和道德水平，增强国家发展能力，有着重要的现实意义和长远意义。

北京阅读季 2014 年正式升格为国家级全民阅读活动，成为国家新闻出版广电总局和北京市政府共同举办的一项重要活动，这对我们来讲是一个全新的工作起点。今年北京阅读季更加注重加强顶层设计、突出主题、引领基层，加大重点人群引导力度，积极整合阅读资源，推进全民阅读平台建设，提升首都城市文化品质，助推首都文化中心建设。

在“互联网+”时代，新媒体对全民阅读的重要性日益突出。近年来，我国成人手机阅读接触率逐年提高，在2014年首次超过50%，而且成年人日均手机阅读时长首次超过半小时，新媒体阅读已经形成规模。新媒体阅读与传统阅读方式的聚合，可以将碎片化的时间有效利用，广泛惠及更多不同领域和工作方式的群体。如今，智能手机的普遍化使用，让打工者群体都学会了现代化阅读方式。

在这种形势下，由60余家新媒体单位共同组织成立的北京阅读新媒体联盟非常有意义。我希望，在接下来的工作中，北京阅读新媒体联盟能够让阅读行为通过新媒体手段更有效地传达到基层角落，让更多的人热爱阅读、养成阅读的习惯。同时也要积极探索，对新媒体阅读进行科学引导，引导大众的新媒体阅读从休闲阅读向知识阅读转化，不断增强新媒体阅读的知识性、深厚性和目的性。

最后，预祝大会圆满成功，祝贺北京阅读新媒体联盟的正式成立。

（2015年9月11日）

### 在书香北京评选会议上的致辞

首先，书香北京评选，从去年北京阅读季升格为“书香中国·北京阅读季”以来，得到了新闻出版广电总局，北京市委、市政府，北京市委宣传部的高度重视。今年4月份，北京阅读季举办了盛大的启动仪式，场面很大，内容很好，社会影响很大。在各方的努力下，今年的北京阅读季在去年的基础上又取得了新的成绩，有新的亮点。今年更加突出“阅读点亮中国梦”这个主题，围绕这个主题，结合反法西斯战争胜利70周年，又进行了进一步细化，主题越来越明确。北京阅读季对阅读的领导力、传播正能量的意识和实践更加凸显。

其次，今年在培育阅读组织上有了新的突破，我们成立了北京大学生阅读联盟，依托高校的学生基础，通过组织和发动，有将近60家高校的学生社团加入联盟，这些社团都和阅读有关系。北京大学生阅读联盟通过有组织的行为进行阅读推广，我们提出，北京大学生阅读联盟不是只管自己读，而是要成为全民阅读的一个引领者。我们还和北京互联网协会联合发起成立了北京阅读新媒体联盟。这个联盟把北京一些重要网站、新的媒体组合起来，更多地为阅读提供平台、内容和活动，在培育阅读组织方面有了明显的突破。我们希望通过北京大学生阅读联盟、北京阅读新媒体联盟，通过培育基层的社会组织、阅读组织，将来成立首都全民阅读联盟，这是有可能的，因为现在已经有些基础了。

第三，业界各位专家特别是出版界对全民阅读活动的参与越来越有深度，热情越来越高。北京阅读季已经成为业界参与全民阅读、支持全民阅读，推广自己的品牌，带动行业发展的一个平台。在社会各界的支持下，今年北京阅读季各种活动的范围、覆盖面越来越大，在办好少年读书节、青年读书节、大学生读书节、书香机关、书香妇女之外，今年又拓展了书香企业，把北京市一些国有企业拉进来跟国资委合作，创造了一些新的机会。

第四，北京阅读季活动的类型、活动的吸引力越来越大。我参加过几次“名师进校园”活动，到中小学进行阅读推广。如今，包括书记、校长以及一些老师对孩子的阅读越来越重视。把阅读作为提升素质教育、促进学生全面发展的重要抓手，作为一个重要的方式，使学生的阅读活动更加丰富多彩。所有这些学校、社区，包括大家评出来的书香家庭、阅读示范社区、金牌阅读推广人等，都标志着北京阅读季已经渗透到基层，深入社会各个层面。

基层阅读应当引起足够重视。全民阅读除了看得到的轰轰烈烈的活动以外，真正实际成效在基层，基层活动全了，老百姓真正参与到活动中来了，真正地读了几本书，全民阅读活动就取得了实实在在的成效。今年在引导基层、激活基层、推动基层阅读上也要有新的突破、新的亮点。

总而言之，在总局的领导下，业界和各界的支持下，北京阅读季在深度上、质量上都有了长足的进步。今天的评奖完成以后，今年北京阅读季准备在本月月底，10月27日到29日三天时间做全民阅读盛典。盛典是个总结，但我们希望今年不是一般性的总结，而是要把阅读盛典做成阅读活动，除一个很短时间的颁奖典礼外，其他三天都将请一些名家来做全民阅读推广活动。今天的评选工作是为阅读盛典做准备。

此外，在今年的阅读推广方面，培养阅读引领者也有一些计划，我们开启了引领者培训计划。目前正在编一些书，成立一些机构，也申请了一定经费。明年把阅读推广人培训做好，真正为北京市全民阅读提供更多的技能，既有热心又有专业技能的一批阅读推广队伍。今年的评选，一是对全年工作在某种意义上的总结，二是对阅读盛典做一些准备。

（2015年10月）

## 北京市新闻出版广电局公共服务处处长　王亦君

### 全民阅读，政府做什么？（刊载于《中国新闻出版广电报》）

北京阅读季开展已经第五年了，今年的阅读盛典也已收官。可以说，这五年的时间，北京阅读季正在见证北京这座城市的人们手不释卷蔚然成风的成长历程，同时，北京阅读季也是这段历程的参与者、推动者和缔造者。书香北京，正在形成。在这里，阅读活动更加丰富，阅读品质更加精致，读书品牌也更加成熟，这些都与政府的推动、全民的参与密不可分。

政府在推动全民阅读中应该起到什么样的作用？为什么要充分发

挥政府的作用？我想北京阅读季这五年的工作正是对这些疑问的一个正面回答。

## 搭建“六位一体”平台

北京阅读季自开办以来，根据全民阅读工作的实际需要，有针对性地采用平台运营思路，以政搭台、企业参与、群众受益的模式扎实有效地推动全民阅读各项工作的开展。

迄今为止，北京阅读季已经搭建起“六位一体”的综合服务平台：一是由书店、图书馆、益民书屋、大中小学校、市直机关、各类企业和社区文化中心等构成的全民阅读公益活动平台；二是由100多家媒体、60余家网站参与的全民阅读媒体平台；三是由300余家出版社和文化机构参与的全民阅读资源平台；四是由200余位著名作家、学者、出版家、资深书评人和阅读推广人引领的全民阅读引导平台；五是由“北京阅读季”官网、微信、微博、活动手册等自媒体组成的全民阅读服务平台；六是实施领读者计划，每年孵化2000名阅读推广种子，为推进基层阅读活动落地提供专业化人才队伍的人才保障平台。通过凸显服务平台建设，持续不断地提供“造血”功能，有效提升北京阅读季的创新能力、组织能力和执行能力。在这个巨大的综合服务平台之上，凝聚了北京乃至全国最为优秀的阅读资源，北京阅读季根据全年活动的规划和基层读者的实际需求，对这些资源、空间等进行了针对性的调配，使各方的效益都得到了最大的发展。

## 深入提升“六进”实效

积极整合阅读资源，推进阅读走进社区、走进基层。北京阅读季聚集了200多名以作家为主要力量的专家团队，通过双选机制与基层的阅读需求相匹配，实现专家与基层的最直接有效的对接，打通了出版机构、教委、学校、图书馆、基层单位、企业之间的资源互动渠道，解决了“彼此沟通、活动对接、资源共享”三难的实际问题，让阅读资源发挥最大效益，实现共赢，开创了可复制的全民阅读推广模式。

自今年开始，“品阅书香·名家面对面”等系列活动每月分主题举行，有上千场次，累计吸引数百万人次参与，数百家企业、机构参与其中，近百家媒体进行宣传报道。

其中，系列活动中如走进西城区的“书香·传爱”进校园活动、大兴区的“名家面对面”系列活动、北京人民广播电台的名家讲座活动等，场场爆满，每场活动现场人数都在200人以上，最高人次达700人之多。话题领域涉及抗战故事、中华主体价值观以及科普、古典诗词、传统文化、儿童阅读与写作等，掀起了专家学者进家庭、进校园、进社区、进机关、进企业、进军营的热潮。

为了提高全民阅读活动的针对性和实效性，北京阅读季组委会联合各个成员单位、合作机构进行研究，有针对性地引导不同年龄阶段的人群阅读，提升了阅读活动的实效性。如在全市机关内陆续开展领导干部系列文化讲座、青年公务员读书大讲堂、优秀书目推荐、读书有奖征文活动及公务员读书状况调研工作；针对女性群体的阅读需求，围绕“阅读与城市女性”“家庭阅读”“职业女性阅读”“中外阅读交流”等主题举办了10多场读书活动；以通州区为起点，打造亲子阅读“接力跑”，将亲子阅读理念推广传递到北京各大城区和乡镇等等。

## 发挥领读者积极性

优质的阅读活动需要高素质的专业人才、专业队伍进行组织协调推进。北京阅读季通过领读者计划，培育了一批根植于社会最基层的阅读种子，使他们成为植根于大众的全民阅读行为领袖。如大学生、中小学教师、益民书屋管理员、书店或出版单位的阅读推广者、公务员、年轻的父母等，他们既是阅读活动的发起者，也是阅读信息的传播者和阅读文化的倡导者，更是助推全民阅读的有生力量。领读者计划战略实施，大大提升了北京全民阅读推广的专业化水平。

北京大学生阅读联盟就是一个在第五届“书香中国·北京阅读季”领导小组指导下，由首都高校各阅读类社团、阅读爱好者组织自愿联合发起成立的青年阅读自组织。该联盟以“引导青年阅读、鼓励青年分享”为宗旨，意在充分发挥大学生阅读者在全民阅读活动中的带动作用。陆续开展的“优秀大学生社团”评选、高校领读者训练营、北京高校阅读现状调查、青年阅读大讲堂等多项活动，受到社会广泛关注。

阅读新媒体联盟是依托第五届“书香中国·北京阅读季”创立的阅读类新媒体平台，旨在团结阅读类新媒体及知名阅读推广人、阅读推广机构，共同促进北京全民阅读，营造良好的社会氛围。该联盟目前已联合亚马逊、京东、当当、中文在线、阿里文学、多看、豆瓣阅读、天翼阅读、百度文学等20余家数字出版单位。首届中国童书博览会是在北京阅读季领导小组办公室的指导下，集西城区、相关企业、出版机构等多方力量，共同设计、规划和承办的。今年的“中国童书博览会”集展览展示体验、儿童读物推荐、儿童阅读论坛、现场儿童文化艺术活动于一体，深受北京市民喜爱。

### 推动区县品牌建设

北京阅读季在坚持重点活动引领、品质取胜的基础上，建立完善了对基层阅读活动的科学指导体系，着力打造区县级阅读品牌。16个区县根据区域文化特色和民众阅读需求，主动挖掘潜力、整合阅读资源，大力推进本区域的特色品牌阅读活动，越来越受到普通大众的喜欢和热爱。

北京市西城区政府推广的“书香西城”活动，经过短短一年半的时间，就以鲜明的特色、清晰的规划、纵深的活动将全民阅读推向深入，初步形成了一套可供讨论和复制的全民阅读区域推广经验，为科学、系统推进全民阅读树立了典范。

“书香西城”建设中的创新性举措和所取得的成效已经成为全民阅读推广中一个值得研究的“西城现象”，对全民阅读中政府如何发挥作用、调动基层组织的积极性展开了有益的尝试。其他区县开展全民阅读活动的积极性也空前高涨，大兴区名家面对面、房山区大型群众诵读活动等都成为各个区县的品牌活动，北京阅读季的影响力仍在进一步的深化过程中。

（2015年11月27日）

# 第二章 北京阅读指数调查

# 北京阅读指数调查

书香中国·北京阅读季领导小组办公室在2013年探索北京市全民阅读综合评估的基础上，2014年联合华商传媒研究所等机构进行了北京市全民阅读指数调查，调查对象为北京市16个区县7岁至70岁的居民，通过结构式问卷，抽取了6300个样本，调查时间历时半年，对北京居民的阅读行为、阅读理念以及对阅读服务的需求等情况进行了调查和评估，形成了《2014—2015年度北京市全民阅读指数综合报告》。

## 一、北京书香氛围浓厚，综合阅读率居于全国领先水平

2014年，北京市综合阅读率为91.16%，纸质阅读率为81.7%，数字阅读率为78.18%，人均纸质图书阅读量为9.49本。

调查结果显示，无论是综合阅读率、数字阅读率，还是纸质图书阅读量，在这些直接反映全民阅读发展水平的主要指标上，北京市都居于领先水平，充分展现了北京深厚的文化底蕴以及北京“推进全民阅读、建设书香北京”的成果。

## 二、北京居民具有读书的良好习惯，阅读消费需求强劲

78.8%的北京居民表示“非常喜欢”或“比较喜欢”读书看报，具有良好的阅读习惯。调查数据显示，2014年，60.5%的北京居民阅读过纸质图书，自费购买纸质图书的人均花费为318.17元；报纸是北京居民获取信息的重要渠道，52.7%的北京居民阅读过报纸，自费购买和订阅报纸的人均花费为33.08元；北京居民阅读需求呈多元化，在自费购置阅读设备、参与阅读文化活动、办理与阅读有关的会员卡等方面的人均花费为360.95元。

调查结果表明，北京居民对阅读持有积极的态度，在阅读方面的消费需求也比较旺盛。这反映出北京居民在阅读的同时，加深了对阅读的意义与价值的理解、认同和提升。

## 三、纸质阅读仍受青睐，实体书店依然是北京居民购书首要渠道

随着科技的发展，阅读的方式、渠道呈现多样化，但纸质阅读仍然是重要的阅读方式，相当多的人依然偏爱纸质书籍所带来的真实感。2014年，北京市纸质阅读率为81.7%，较2013年增长了17.13个百分点。近几年不断兴起的各种阅读活动，也成为推动纸质阅读发展的重要因素。调查数据显示，北京市有80.08%的居民听说过全民阅读活动，有52.8%的居民对全民阅读活动感兴趣，有40.22%的居民参加过全民阅读活动。人们依然钟情于纸质阅读，是因为纸质阅读更能让人去品咂、钻研，更能承载深度阅读与思考，带来真正有价值的阅读。在“浅阅读”盛行的当下，纸质阅读不降反增，这是北京居民给传统出版业的“一大惊喜”。

62.39%的北京居民购买纸质图书依然选择实体书店，通过网络购书的

北京居民也达到44.06%，特别是20岁以下的青少年群体，网络购书几乎与实体书店购书的比率持平。调查结果表明，北京富有国际特色和地方文化内涵的新兴特色书店蓬勃兴起，不仅形成了北京新的文化地标，更极大地丰富了北京居民的阅读生活和阅读生态。

## 四、数字阅读人群大幅增加，手机是数字阅读的重要载体

随着互联网和移动互联网的飞速发展，数字阅读因其有着成本低廉、阅读便利、内容多样、便于检索、存储和传播等独特优势，已经成为人们重要的阅读方式。2014年，北京市数字阅读率为78.18%，较2013年增长了30.95个百分点。62.1%的北京居民阅读过数字图书，较2013年增长了21.74个百分点；阅读过数字报纸、数字期刊的居民，分别较2013年增长了10.63和5.61个百分点。

在数字阅读的各种载体中，手机已成为重要载体。调查数据显示，阅读数字图书，有73.95%的北京读者通过手机阅读；阅读数字报纸、数字期刊，分别有81.79%和78.79%的读者通过手机阅读。大屏幕、高存储量的智能手机不仅带来了沟通的即时和高效，同时也让阅读变得更加便捷，随时随地，想读就读。而层出不穷的各类阅读应用，也以多样化、人性化的功能，不断提升数字阅读体验。

## 五、北京居民关注新闻时政，喜爱文学小说，注重健康养生

健康养生、文学小说、新闻时政类图书的阅读，排在北京居民阅读偏好的前三位，阅读过或想阅读该类图书的居民所占比例分别达到25.13%、22.4%和21.14%。从职业群体看，教育、科研单位从业人员更偏爱健康养生类图书，其次是新闻时政类和历史传记类，比例分别为30.83%、25.65%和22.02%；企业从业人员更偏爱文学小说，其次是健康养生类和新闻时政

类，比例分别为28.39%、27.43%和24.51%；公务员更偏爱新闻时政类图书，其次是健康养生类和历史传记类，比例分别为28.86%、24.8%和17.89%；学生群体更偏爱文学小说，其次是健康养生类和财经管理类，比例分别为32.92%、18.92%和16.67%。

## 六、北京居民对图书报刊优质内容产品充满期待

对于目前市场上现有的书报刊及数字出版物的内容品质评价，26.27%的北京居民表示“非常满意”或“比较满意”，43.32%的北京居民认为“一般，基本满意”。在北京居民看来，一本值得阅读的好书应该具备的条件首先是“工作学习用得上”，选择比例为35.7%；其次是“作者功力很扎实”，选择比例为31.35%；再次是“对培养健康生活方式有益”，选择比例为26.06%。

调查结果表明，读者认为目前的阅读内容产品基本能够满足阅读需求。随着经济社会的不断发展，北京居民的精神文化需求日益增长，因而更加期待出现更多指导性强、功力扎实、贴近生活的优质内容产品。

# 第三章 阅读推广实践

第一节　主题人群阅读推广活动综述

第二节　青少年阅读推广——以“少年读书节”为例

第三节　公务员阅读推广——以“书香机关”为例

第四节　亲子阅读推广——以“亲子阅读月”为例

第五节　女性阅读推广——以“女性阅读主题活动”为例

第六节　大学生阅读推广——以北京大学生阅读联盟为例

# 第一节

## 主题人群阅读推广活动综述

北京是首都，是全国的文化中心，应该而且能够在全民阅读方面走在全国前列。在北京阅读季的大力推动下，更多的市民开始走进书店、走进图书馆，让阅读成为每个人、每个家庭的生活方式。在前四届阅读季工作的基础上，2015 年北京阅读季更加注重加强顶层设计、突出主题、引领基层，针对重点人群加大引导，将主题人群的阅读推广活动进一步推向深入。在 2015 年，北京阅读季有针对性地推出了“少年读书节”“书香机关”“亲子阅读月”“女性阅读主题活动”等特色鲜明的主题人群读书推广活动，并通过建设北京大学生阅读联盟、北京阅读新媒体联盟这样的阅读推广组织，进一步推进相应人群的阅读推广工作。

读书关系到一个人的思想境界和修养，关系到一个民族的素质，关系到一个国家的兴旺发达。一个不读书的人是没有前途的，一个不读书的民族也是没有前途的。北京阅读季的少年读书节以“博览群书、养德立志、弘扬经典、享受阅读”十六字为推广主题，通过开展“我的阅读我做主——

最受青少年喜爱图书推荐评选”“阅读筑梦”名家进校园系列活动、“北京书评”、校园内图书漂流、经典读物诵读、校园出版物展示、校园阅读大使评选、师生共读一本书、首届北京阅读季青少年图书创意市集等系列活动，倡导广大青少年多读书，形成爱读书、读好书的社会氛围，丰富首都青少年的读书生活，培养中小学生创新精神和实践能力，提高校园文化品位，构建出一套有特色书香校园文化。

在新的时代条件下，倡导领导干部必须要读书，不断提高自己、完善自己，经受住各种考验，坚持在读书学习中坚定理想信念、提高政治素养、锤炼道德操守、提升思想境界。要求各级领导干部坚持理论联系实际，养成边学习边思考的习惯，带着问题学习，通过读书提高运用科学理论、科学知识分析和解决实际问题的能力，全面推进学习型、服务型、创新型党组织建设。2015年，北京市新闻出版广电局、北京市直机关工委、北京市人力资源和社会保障局、商务印书馆与北京阅读季联合组织落实了“北京市机关青年公务员大讲堂”“北京市直机关领导干部系列文化讲座”等以“公务员”为对象的阅读推广活动，扎实推进市直机关“书香机关”建设，不断提升公务员的理论素养和综合能力素质，起到示范带头作用。

亲子阅读不但可以加深父母与子女的亲情，使他们深切地体会到父爱、母爱的温暖，还能有效地培养孩子们阅读语言文字的兴趣，极大地提高孩子们的阅读能力，积累和发展语言知识，开发智力，发展创造性思维。因此，2015年的亲子阅读月以“共沐书香、阅读成长”为主题，通过“亲子阅读接力跑”“亲子共读”“亲子共绘”等系列活动的开展，以近百场活动助力北京市幼儿家庭营造读书氛围，推动社区、学校、家庭进一步重视亲子阅读，培养家庭亲子阅读习惯，实现家长与孩子共同阅读与学习、阅读与生活、阅读与成长的融合。

女性不仅是社会建设的主要力量，其素质也决定了下一代乃至国家民族的未来，因此在新时期加强女性阅读推广建设是有非常重要的战略意义的。阅读可以培养积极的态度，阅读能使人进入博大、深厚的境界。当每个人以积极的心态面对生活，整个城市会形成一种健康向上的城市文化形态。2015 年北京阅读季的女性阅读主题活动以“优雅生活、相伴阅读”为主题，通过举办诗文诵读会、名家见面会、家庭教育讲座、女性影片赏析等活动，帮助女性通过阅读学习新知识，拓宽视野，提升自信心与幸福感，从而促进社会和家庭的和谐。

在网络盛行的时代，过浓的速读实用主义让大学生的阅读流于肤浅和功利，长此以往必然导致人文知识积累匮乏，直接导致发散力、想象力、创造力和耐挫力的缺失。读书在开启智慧、弘扬经典、提升涵养等方面有着巨大的功效。作为首都高校各阅读类社团、阅读爱好者组织自愿联合发起成立的青年阅读自组织，2015 年新成立的北京大学生阅读联盟以“引导青年阅读、鼓励青年分享”为宗旨，致力于深入开展首都大学生阅读活动，营造大学生好读书、读好书的读书氛围，建设文明和谐的书香校园，充分发挥大学生阅读者在全民阅读活动中的带动作用。

# 第二节

## 青少年阅读推广——以“少年读书节”为例

一直以来，青少年阅读推广作为北京阅读季的重头工作，每一年都会在形式与内容上有所创举，而2015年的北京“少年读书节”无疑是全国青少年阅读推广工作的一张不俗名片。第五届书香中国·北京阅读季·少年读书节，由北京市新闻出版广电局、北京市教育委员会、共青团北京市委员会联合举办。少年读书节，不仅扎实推进社会主义核心价值体系、社会主义文化强国建设，更以“博览群书、养德立志、弘扬经典、享受阅读”十六字推广主题，借由一系列活动，来营造首都浓厚的读书氛围，培养中小学生创新精神和实践能力，提高校园文化品位，构建出一套有特色书香校园文化。

### 一、我的图书我做主

以打造最受青少年喜爱图书推荐评选活动为宗旨，第五届书香中国·北京阅读季·少年读书节从三大方面着手，从4月起，率先邀请出版及教育界专家、知名作家、全市中小学校长定期向全市中小学生推荐书单，每月发布专家的推荐书目及阅读感悟，刊登于《中学时事报》相应版面。牵头举办“我的阅读我做主——最受青少年喜爱图书推荐评选”专家研讨会，携手北京语文特级教师何杰、朝阳外国语语文教师张媛、北京五中语文教师张婷共同研讨包括评荐书单，特色北京原创作品推广等议题为青少年的阅读生活提供更加权威、专业，同时切身的阅读规划。通过线下票选与网络投票的形式面向全市广大中小学生和家长、教师征集年度最受青少年喜爱的读物，优秀读物将在全市校园内开展系列好书进校园活动。在全市 16 个区县内以学校为单位填写阅读调查表，让学生根据专家推荐书目填写自己喜爱的图书及理由，让阅读推广真正走入青少年群体中。

## 二、“阅读筑梦”名家进校园系列活动

在青少年阅读推广中，媒介可以有很多，在 2015 年的少儿读书节·阅读筑梦的主题活动中，这一媒介由书变为书与作者，文化名家，当作者与文化名家带着经典作品与学生读者面对面交流，一种文化的维系与传承便以最亲切的方式得以践行。2015 年是世界反法西斯战争胜利 70 周年，也是中国人民抗日战争胜利 70 周年。少年读书节邀请作家萨苏来到北京五中，通过自己多年的写作经验，为北京五中 200 余名高中生讲述抗战中的历史故事，带来与众不同的历史亲历体验，用丰富实例的巨大感染力来推进青少年学生爱国主义教育。而北京东城区教育委员会则在全区范围内开展“纪念中国人民抗日战争胜利 70 周年‘侵华日本文物展览’系列主题活动”，结合当下的国家发展战略和国际形势，以比较分析的视角引导青少年学生从那段悲壮的历史中汲取精神力量，以实际行动捍卫国家主权、实现祖国统一、维护世界和平。

紧接着，在 9 月“阅读筑梦”名家进校园系列活动走进人大附小。

少年读书节

由著名儿童文学家杨红樱牵头，围绕自己的作品，给全校 4000 余名学生进行了一场集聚知识性和趣味性的主题讲座，并与学生进行了现场互动交流。人大附小的同学们争先恐后地在互动环节中与杨老师交流，在杨红樱的带领下，同学们仿佛亲身回到那些故事中的情景，而本次活动中，商务印书馆向人大附小的同学们赠送了系列图书，鼓励同学们“多读书、读好书”。同学们通过与作家面对面的交流，获得了极大的鼓励与满足，老师们也表示这次活动非常有意义，希望能够为孩子们提供更多这样的机会。

同样是 9 月，“阅读筑梦——名家进校园系列活动”在北京市海淀实验中学举办。活动现场，书声琅琅，飘满书香。除了《吟诵论语》和《读书伴我成长》主题演讲，海淀实验中学的同学们还为全体与会人员送上了自创的《歌唱弟子规》表演，用寓教于乐的形式刷新了文学经典阅读形式，展现了学校日常阅读教学活动的成果之余，更体现了本届少儿读书节的实践创新精神。直到 10 月底，“阅读筑梦——名家进校园系列活动”已走进北京 16 区各大中小学进行过交流活动，成效不俗。

## 三、读写合一，不仅是阅读，还有创作

在 2015 年的少儿读书节中，北京阅读季不仅将阅读作为工作重点进行大力推广，更在阅读之余，鼓励培养所有青少年读者，开动脑筋，拿起纸笔，进行创作，这不仅呼应着书香校园的实践创新精神，更是提高青少年文化层次水准的又一力举。

2015 年 9 月，在少年读书节的全力配合下“北京书评”系列活动走入全市部分校园内，开始号召倡导学生撰写书评，设立中、小学校园组，鼓励学生参与书单评选工作，进一步发挥北京阅读季·少年读书节在青少年阅读活动中的示范引领作用，并在 2015 年挖掘出突出北京“京味儿”特色的书籍。

同一时间，为力改国学文化在青少年中的传播，少年读书节结合北京市教育改革及语文课改，指导各学校进行国学诵读相关活动，在学校内开展传统文化教育及国学教育活动，在语文课改中不断进行有益的尝试及探索。

线下活动花样百出，线上亦别出心裁。以北京少儿读书节为统领，于全市 16 个区县内辅助学校开展校园读书节活动，依据不同年龄段特点的校园内阅读活动，借由网络等一系列线上手段，进行校园内图书漂流、经典读物诵读、校园出版物展示、校园阅读大使评选、师生共读一本书等活动，学校官网、学校微信、区县教委网站等一系列线上媒介，将青少年阅读推广几乎无缝穿插进学生们的线上生活中，让阅读时刻伴随少年们左右。

当然，最为动人的还属北京阅读季小作家培养计划本届少年读书节与《中学时事报》开设写作版面，鼓励首都青少年从阅读出发，到尝试写作，进行更深层次的阅读活动，已经刊登学生作品若干篇，向全市青少年分享写作心得与阅读体会。

而在 2015 年 9—10 月期间，北京少儿读书节更以“首都最美书店”明信片绘制为主题，在全市范围内招募及选拔青少年小画家及作家，走访北京有特色的书店及阅读场所，用青少年的视角绘制北京最美书店（第一辑），并配有文字，最终制成明信片。

为了推广青少年阅读理念，体现青少年阅读的创新性，10 月 17—18 日期间，北京阅读季在红领巾公园举办首届北京阅读季青少年图书创意市集，通过一系列活动，展示着少年用创新的方式激发青少年阅读兴趣，吸引青少年参与到阅读中来，并在阅读中开发自身的才华，创意市集上那些青少年的文创作品，无疑是 2015 年青少年阅读推广中最美丽的一道风景，也是这一年最美好的一段记忆。

## 四、活动成效

“少年读书节”是北京阅读季推出的一项面向青少年的阅读推广活动，通过名家进校园、展示特色阅读活动等项目，在青少年群体中推广阅读。2015年的少年读书节在北京市教委、北京市新闻出版广电局、商务印书馆、北青教育传媒等机构的大力帮助下，得以顺利开展，在近一年里为近万名小读者们带来了涵盖历史文化、人文艺术、生活百科等方面的讲座，更加丰富立体地为小读者们带来阅读与分享的感悟，大家在收获知识的同时，更多地体会到了阅读的魅力，纷纷加入到读书节的活动中来，为整个2015年的北京阅读季“少年读书节”系列活动画上圆满句号。

# 第三节

## 公务员阅读推广——以“书香机关”为例

为打造书香社会的文化氛围，提高公务员读书的热情，尤其是激发北京市公务员读书的积极性，2015 年，北京市新闻出版广电局、北京市直机关工委、北京市人力资源和社会保障局、商务印书馆与北京阅读季联合组织落实了“北京市直机关青年公务员大讲堂”“北京市直机关领导干部系列文化讲座”等以“公务员”为对象的阅读推广活动。

### 一、北京市直机关青年公务员读书大讲堂

自 2015 年 2 月以来，“北京市直机关青年公务员读书大讲堂”每 2 个月举办一次讲座，共举办了 4 场讲座活动，共有北京市的近 600 名公务员聆听了讲座。

2 月，在由北京大学教授刘华杰领衔主讲的“重启博物学，服务生态文明建设”活动中到场听众 110 人，每位听众都免费获赠图书《一平方英寸的寂静》1 册。

邢广程讲座

4 月，由中国社会科学院边疆研究所所长邢广程主讲，主题是“一带一路：中国与世界深度互动的链接范式”。到场听众达到了 200 人，每位听众获赠图书《微观新疆》1 册。

6 月，中国人民银行研究局副局长王宇则带来了主题为“人民币国际化与亚投行和丝路基金”的讲座。现场听众获赠图书《政府与市场》1 册。

8 月，华东政法大学前任校长、中华司法研究会副会长何勤华博士开堂主讲的“东京审判的伟大贡献与若干遗憾”。现场听众 150 人皆获得图书《东京审判》1 册。

短短半年时间，借由不同领域名家的号召，以公益讲座的形式号召公务员群体参与，并于活动中以赠书形式让所有参与者进行深度阅读，青年公务员读书大讲堂，在过去一年，成为推动全北京市青年公务员群体的阅读工作的有力一环，为青年公务员文化素养打下了坚实的基础。

## 二、北京市直机关领导干部系列文化讲座

除了基层青年公务员群体，在 2015 年 4 月，“北京市直机关领导干部系列文化讲座”也正式启动。作为“第五届书香中国·北京阅读季”的重要组成部分，北京市市直机关领导干部系列文化讲座由北京市人力资源和社会保障局与商务印书馆联合举办。著名学者陈鼓应先生做了题为“道家思想对当代中国的启示”的讲座。

陈鼓应先生围绕老子、庄子等先秦诸子的思想，围绕以儒道为代表的华夏文明，从治身和治国两个方面深入解读道家思想，他总结称老子的思想为“概念哲学”，庄子是“想象哲学”。他强调阅读的重要性：“一定要读原著，道家思想中的和谐观、社会观以及人文关怀对现实有多面向的启示作用，对继承和弘扬中华民族优秀传统文化有很好的帮助。”该活动到场听众 200 人，每位听众获赠图书《老子今注今译》1 册、《管子四篇诠释》1 册。

王宇讲座

本活动亦受到人民网、新华网、中国新闻网、《光明日报》《中国新闻出版报》《中国出版传媒商报》《北京晨报》、搜狐网、新浪网等媒体的广泛关注。

## 三、公务员阅读推广工作体现六大亮点

### 1. 各主办单位不断加强沟通

2015 年，在青年公务员大讲堂和领导干部系列文化讲座活动的选题策划、主讲人的遴选、宣传材料的制作等方面，主办单位和协办单位不断加强沟通。同时，商务印书馆还多次与工委宣传部沟通公务员阅读情况调查、书香机关评选等活动的落实工作。

### 2. 把握时代脉搏，紧跟当下热点话题

在这一年针对公务员群体的阅读推广究竟该选择何种选题，主办方与协办方在充分沟通的基础上，形成共识。在这一过程中，讲座内容兼具学术性和通俗性，兼具知识性和理论性。

### 3. 优中选优，做好讲座专家的遴选工作

选择合适的主讲人是活动的核心内容，也是关系到讲座成败的核心工作。2015 年，无论是青年公务员讲堂，抑或机关领导干部文化讲座，每一场活动无不从演讲风格活泼、适合公务员群体、专家时间合适、出版有适合公务员群体阅读的图书等条件入手来甄选主讲人。在实际操作中，常常会遇到部分无法满足条件的情况。在大家的共同努力下，每次讲座均请到了合适的主讲人。

### 4. 不断拓宽宣传渠道

在往年宣传模式的基础上，2015 年拓宽了宣传的渠道，在往年宣传页的基础上，升级到宣传册，所容纳的内容量得到扩大，并有上期全文回顾，便于听众获取更多的讲座知识。

**5. 引进激励机制，提高听众的参会积极性**

2015年，青年公务员读书大讲堂创新性地引进了激励机制。采取听讲座就有机会参加抽奖的方式，吸引青年公务员参加讲座的积极性。引进该项机制后，虽然工作量有了增加，但是也对提高青年公务员参加活动产生了积极的影响。

**6. 微信平台与现场统计相结合，做好活动调研工作**

2015年，以商务印书馆官方微信为平台，同时与现场意见反馈表相结合，统计听众关于青年公务员读书大讲堂的意见和建议，对于听众反映比较集中的问题，在下期活动中进行集中改善。

## 四、活动成效

“书香机关”活动在举办之后，获得了良好的社会效应。一方面，媒体对于活动进行了广泛而深入的报道，增强了活动的影响力；一方面，公务员群体通过活动也提升了自身素质。

据调查显示，通过参与“书香机关”系列活动，北京市机关及其党员干部读书学习的意识明显增强，读书学习的氛围更浓。

# 第四节

## 亲子阅读推广——以“亲子阅读月”为例

作为第五届北京阅读季的重要亲子阅读推广活动，本届亲子阅读月系列活动，以“共沐书香阅读成长”为主题，通过“亲子共读”“亲子共绘”等系列活动的开展，为北京市幼儿家庭营造读书氛围，培养家庭亲子阅读习惯，提高孩子的读书兴趣，实现家长与孩子共同阅读，为北京市幼儿家庭营造浓厚的读书氛围，推动社区、学校、家庭进一步重视亲子阅读。2015年的亲子阅读月活动以全北京市为范围，从通州区起始，跨越北京十六区，再回到通州区，其间每周都会举办亲子阅读大讲堂、主题亲子共读活动，为孩子们培养良好的阅读习惯，以不俗的反馈成为2015年全年全市乃至全国的亲子阅读示范。

### 一、亲子阅读接力跑

阅读起跑将亲子阅读接力跑活动作为亲子阅读月启动活动，以亲子阅读接力跑的起跑点通州区图书馆为例，每周六，在通州区三层少儿部都有故事妈妈儿童故事会，2015 年全年已经举办 30 余场，每场都有 80 余人参加。由志愿者组成的故事妈妈团队有 20 多人，在通州区图书馆的带领下，亲子阅读接力跑还将儿童故事会开到了通州区儿童福利院、教工幼儿园、新华街道天桥湾社区、台湖镇前营村，更大范围地让通州区孩子们在家门口享受阅读的乐趣。通州区图书馆还与芝麻街英语、纽带英文图书馆等机构合作，邀请专业的英文老师、外教，来到图书馆为小朋友做 6 场英文故事会，这也为喜欢英文的小朋友提供了交流、学习的平台。在 4 月 2 日国际儿童读书日期间，还组织了 300 余名幼儿园的小朋友和家长到图书馆参观、共同领略阅读的乐趣。还将故事会送到附近的金色摇篮等幼儿园里，让全园几百名孩子一起度过这一特别的节日，受到家长们的欢迎。

## 二、亲子阅读推广系列讲座

一如既往，2015 年的北京阅读季亲子阅读月的系列公益讲座，在众多知名儿童作家、著名阅读推广人的协力下，完成了全北京多家图书馆、校园的公益讲座，让广大青少年读者与作家面对面，与图书馆编辑零距离交流，引发小读者和家长们的对阅读的兴趣一直都是亲子阅读推广系列讲座的首要目标，而 2015 年，更多的出版社、教育机构的加入，让以亲子阅读系列讲座的规模更胜以往。以通州区为例，北京作家协会作家段立欣到芙蓉小学开展讲座《让阅读成为孩子想象的翅膀》。接力出版社带着《大头儿子小头爸爸》的作者郑春华到通州区图书馆多功能厅与 200 余名孩子、家长见面，分享阅读；双螺旋童书的编辑带着新书面对面地与小朋友交流。通州区图书馆的亲子阅读工作得到了社会广泛赞誉，芬芳幼儿园特意安排全院教职工来到通州区图书馆，分批进行参观培训，通州区图书馆也为他们特意安排了亲子绘本阅读的相关讲座。

## 三、"亲子共读""亲子共绘"作品征集活动

在2015年的亲子阅读月的"童读·同乐"的主题倡导下，通州区图书馆长期征集孩子与家长一起阅读的音频、绘画等作品，培养孩子对审美的情操。将音频资料、绘画作品在相应平台展览展示，营造亲子阅读氛围。

同时第四届信谊艾瑞·卡尔拼贴画大赛北京赛区画展在通州区图书馆启动，为期三天的展览活动，共吸引400余名小朋友的参与，邀请了多家美术机构做现场指导，开展了十余场丰富多彩而又各具特色的拼贴创意活动。绘本故事《拼拼凑凑的变色龙》、绘本剧《小黑鱼》、讲座《审美时代的儿童美育》、制作马克杯、T恤衫，现场拼贴画等丰富多样的活动，更将童读、同乐的概念贯彻到实际推广工作中。

## 四、少儿科普讲座

科学是人类发展的动力，知识是获得力量的源泉。让科学伴少儿成长，让知识助少儿成功，这一切都可以在实验中实现。2015年，少儿科普阅览分中心为小读者准备了内容丰富的科普知识讲座，全年15场科学实验，重在操作，意在探索。作为北京市少儿科普分中心的通州区图书馆，一直以来注重未成年人科普工作，并积极与多家出版社合作，引导小朋友阅读科普书籍，开展科普主题阅读活动。2015年相较以往，更增添了多种月球车、中药知识数据库、科普电子书等科普设备支持。还与区内智酷乐高等机构合作，开展拼装乐高机器人等活动，活动现场气氛热烈，风靡全球的乐高玩具在智酷教育老师的设计下，变成了考验家长和孩子间默契度的神奇魔法工具，受到小朋友的欢迎。

## 五、法制宣传教育

2015年的亲子阅读月不仅在文化、教育、科技上开展活动，对于和孩童息息相关的生活安全宣传亦没有忽视，2015年8月由区关工委和区文化委联合主办的“培育亲职教育，为孩子引领幸福之路”专题讲座在通州区图书馆举行。由中国第一代从事少年刑事审判的法官尚秀云主讲，针对未成年人的成长规律，以及有关家庭保护的法律规定出发，针对当前家庭教育中普遍存在的误区，重点讲解了父母应如何培养孩子健全人格和良好品性。

## 六、亲子阅读月闭幕式

所有活动成果，在亲子阅读月的闭幕式上进行展示，针对全年参与亲子阅读月的小朋友举办了儿童作品绘画展，展示了来自全市各区县的各项活动中的优秀作品。现场由艺术家带领孩子们一同观展，为孩子们分享观展的心得与体会，引导孩子们用艺术的眼光去欣赏美术作品。

在闭幕式上，除了绘画作品展活动，还进行了《恐龙世纪》——探寻失落的世界阅读体验会、亲子阅读小书房——小牛顿魔法乐园等开放式互动体验活动，以及与来自中国、美国、英国、韩国等中外艺术家带来的3D立体书工作坊、绘本动漫工作坊、绘本戏剧工作坊等艺术家进行互动活动。

主办方以这种互动的形式来引导孩子阅读，而不是以生硬的说教方式告诉孩子阅读的好处，可以让孩子们通过立体化的艺术形式感受阅读的乐趣，建立成就感，从小养成爱阅读的好习惯，并将在以后的学习、生活、成长与阅读相融合，终身受益。

儿童故事会

周末故事会

## 七、活动成效

2015书香中国·北京阅读季·亲子阅读月系列活动经过近一年的持续推广，活动覆盖了全北京各大城区。期间累计举办各类活动近百场，共计近万名青少年儿童参与本届亲子阅读月。儿童的成长与教育不仅是每个家庭关注的中心，也是社会大众热议的话题，因此该活动也得到了社会的高度关注，得到了媒体长期而持久的报道。

# 第五节

## 女性阅读推广——以“女性阅读主题活动”为例

为了更好地服务读者，细分公众群体，北京阅读季领导小组进一步细分公众群体，独具匠心地组织推出了“女性阅读主题活动”，以“优雅生活、相伴阅读”为主题，将阅读的风雅与灵性进行到底，共同迎接全民阅读的春天。活动的组织和推荐方为北京东城区第一图书馆，重点围绕女性阅读，展示当代女性风采，为首都女性营造书香氛围，激发阅读热情。在北京阅读季期间，东城区第一图书馆邀请女作家、女学者、女主持人走进图书馆与读者面对面交流，畅谈文学与人生；举办“感恩母亲”经典诗文诵读会，推出“女性主题外文影片赏析”以及女性阅读精品图书推选活动。自2015年5月以来，共有约2000余名社会公众参与了女性阅读活动，令广大女性读者受益匪浅。

### 一、主题先行，盘活已有资源

以阅读人群进行阅读推广活动的细分，不仅显示了北京阅读季在阅读推广工作方面不断细化的趋势，也是北京阅读季一个独到的创新。如何以推广人群、推广主题带动已有资源的重新整合和活动设计的创新，“女性主题阅读活动”提供了一个很好的借鉴。

1.“感恩母亲”经典诗文诵读会

作为书香中国·北京阅读季“女性阅读主题活动”首场活动，“感恩母亲”采取经典诗文诵读的方式，汇聚了一批京城女主持人、女书友、女性诵读爱好者，共同朗诵毕淑敏、三毛、舒婷、翟永明等女作家、女诗人的经典文学作品，共同领略女性阅读的魅力，共享阅读的盛宴。由于主题的关系，北京市新闻出版广电局得以与北京市妇联联合主办此次活动，无形中扩大了阅读推广的影响范围。也正因此，雨枫书馆也得以参与进来成为协办方，为活动带来了大批忠诚的“粉丝”。此外，活动还得到多家出版机构和社会力量的支持，中华书局为现场读者代表赠送了经典国学图书，并为广大女性读者定制了经典阅读推荐书单。

2.“名家面对面”系列活动

阅读季期间，东城区第一图书馆还推出“名家面对面”系列活动——邀请作家、学者、艺术家与读者面对面交流，帮助女性通过阅读学习新知，拓宽视野，提升自信心与幸福指数，不断促进社会和家庭的和谐。

首都师范大学文学院教授张志忠畅谈“经典现实主义与路遥的《平凡的世界》”；北京师范大学教授赵勇“以邓丽君和80年代的流行音乐为例谈‘靡靡之音’的是非功过”。此外，一些知名女作家、女主持人、女学者也纷纷走上讲坛，以文会友，感悟文学与人生。8月1日上午，著名主持人敬一丹携新书《我遇到你》走进图书馆，吸引了近500位读者到场聆听。8月8日，东城区作协主席、女散文集韩小蕙与读者分享了“散文——从传统到新变”这一话题，让文学爱好者对散文的创作有了新的认识。此外，台湾著名学者、女主持人姜涵为读者解读了新作《存在的幸福》，让读者受益匪浅，并充满了正能量。

## 二、重塑阅读中女性的主体地位

“女性阅读系列活动”的推出，也开始让社会大众重新审视女性阅读对于整个社会发展的重要性，让女性能够从传统的社会家庭角色中寻找到阅读的动力。女性是家族阅读的引领者，是培养下一代热爱阅读的主要力量，在今年的女性阅读系列活动中，针对女性在家族教育中的重要地位，东城区第一图书馆东总布分馆举办了“父母课堂正面管教系列讲座”“母亲节妈妈读书会”等活动，这些活动深受女性欢迎，通过对父母家庭教育的指导和亲子共同阅读活动的开展引导女性阅读，普及家庭教育知识，增进亲子感情，收效良好。基于女性，辐射家庭，影响全社会——活动的设计充分传达出这样的理念。

2015 年 5 月以来，东城区第一图书馆外文阅览室推出“女性主题外文影片赏析”活动。先后推出《小上校》：坚强而伟大的女性——秀兰·邓波儿的传奇；伊丽莎白·泰勒主演的成名作《玉女神驹》以及英格丽·褒曼主演《真假公主》。通过欣赏女性主题外文影片，也让读者在学习语言的同时，感受到伟大女性的传奇人生和永恒的魅力。

## 三、活动成效

英国作家缪塞尔·斯迈尔斯说：“女性的素养决定一个民族的素养。”“女性主题阅读活动”的深入开展，在全社会营造了良好的女性阅读氛围，提升了女性阅读的品位，将阅读的风雅与灵性进行到底。系列活动针对女性读者群体，通过分散的活动形式，开展有特色的小规模多样的文化亮点活动，凸显阅读的丰富——让女性不仅自己爱读书，也做一个爱阅读的妻子、爱阅读的妈妈，最终促进家庭和社会的和谐。

# 第六节

## 大学生阅读推广——以北京大学生阅读联盟为例

北京大学生阅读联盟成立于2015年5月23日，是在第五届书香中国·北京阅读季领导小组指导下，由首都高校各阅读类社团、阅读爱好者组织自愿联合发起成立的青年阅读自组织。联盟以“引导青年阅读、鼓励青年分享”为宗旨，致力于深入开展首都大学生阅读活动，营造大学生好读书、读好书的读书氛围，建设文明和谐的书香校园，充分发挥大学生阅读者在全民阅读活动中的带动作用。

### 一、组织基础：精心筹备、隆重成立

北京大学生阅读联盟的成立经历了一个非常精心的筹备阶段。2015年3月7日下午，筹备组召集了首都30余所高校48家阅读类社团的负责人举行筹备座谈会。3月28日，筹备组召开了联盟第一届代表大会筹备会。3月29日，筹备组召开联盟第一届会员代表大会，全国政协副秘书长、民进中央副主席朱永新，中央民族大学外国语学院院长郭英剑教授出席大会

并受邀担任联盟导师。

在完成各项准备工作之后，5月23日下午，来自59所北京高校的133家高校阅读类社团齐聚中国农业大学新报告厅，在1000余名大学生阅读爱好者的共同见证下，用集体诵读宣言的方式，向社会宣布北京大学生阅读联盟正式成立，并正式宣布2015北京大学生读书节启动。成立大会上，来自清华大学国学社、中国人民大学乡村中国读书会、北京师范大学南山诗社、北京航空航天大学复兴学社、中央民族大学十月文学社、国际关系学院先河文学社、外交学院知行学会等多个阅读社团进行了展示和演讲，对联盟进行推介。

大学生们也积极为自己的联盟寻求指导。中国作协报告文学委员会副主任王宏甲、国内幻想文学作家江南、商务印书馆总经理于殿利、军事题材小说作家谭国瑞、资深时事评论人朱煦、文化学者崔岱远等受邀担任联盟导师，在大会上发表演讲并与同学们交流阅读心得。此外，全国政协副秘书长、全民阅读倡导者朱永新，中央电视台著名主持人李修平、郎永淳、宋一平、董丽萍、李潘，清华大学教授蔡继明，中央民族大学教授郭英剑等媒体人、专家、学者纷纷受邀担任联盟导师。

## 二、阅读推广活动：名家云集、内容多元

阅读联盟在成立前后，以扎实的阅读推广活动在高校学生群里当中树立了良好的形象，产生了深刻的影响。

以“青春阅享会”命名的名家进校园活动，汇集了一批文化界名人，在高校阅读推广方面产生了很好的带动作用。

2015年4月15日，“青春阅享会”名家进校园活动在中国传媒大学广告博物馆报告厅举行，央视著名主持人敬一丹携带新书《我遇到你》与读者见面，讲述并回顾她奋斗30年的心路历程。5月31日，“青春阅享会”

名家进校园活动在国际关系学院学术交流中心第二放映厅举办，活动邀请到知名女作家梁鸿老师为同学们带来文学讲座。6月22日，“青春阅享会”名家进校园读书分享活动在中国农业大学东校区报告厅举行，邀请到中央电视台著名主持人郎永淳老师做“品读经典、感悟人生”主题分享，现场800余名大学生参加了活动。7月10日，“青春阅享会”名家进校园活动在清华大学四教举行，当代著名国学家、教育家熊春锦教授与同学们分享“无为而治在中国历史上的应用及对当代中国的启示”，清华大学教夏友富教授、鄢一龙教授作为嘉宾一起参与探讨。

从形式和内容来看，阅读联盟在各高校举办的中小型阅读系列活动，不仅形式多样，而且内容涵盖面较广，阅读文本紧密结合大学生的学习与生活，得到了高校师生的一致好评。

针对高校大学生阅读率下降的现状，阅读联盟举行了一系列的阅读倡议活动。早在2015年4月23日至5月23日，北京大学生阅读联盟在北京理工大学良乡校区徐特立图书馆门前举办宣传活动，通过展板展示、好书推荐、书籍交流，以及“我是图书管理员”“你画我猜”“时光慢递”等丰富多彩的活动，旨在推广阅读，鼓励同学们广泛涉猎、扩大阅读范围。4月25日，北京大学生阅读联盟在中国传媒大学校举行“曹可凡、白岩松专场交流会”，现场400余名大学生听曹可凡和白岩松从《蠡园惊梦》说起，回看我们的城市、我们的家，分享文化和阅读体验。5月4日，北京大学生阅读联盟在北京航空航天大学沙河校区图书馆大厅举办青年阅读推广倡议活动，北京航空航天大学校长徐惠彬院士、校党委副书记程基伟、副校长刘树春等校领导和社团骨干40人参加。徐惠彬校长和同学们分享了自己求学时期阅读《平凡的世界》《红岩》等经典名著的经历，并向同学们推荐英国作家曼吉特·库马尔的著作——《量子理论：爱因斯坦与玻尔关于世界本质的伟大论战》。校外国语学院副教授、美国西北大学博士王洪磊与同学们进行了读书分享交流。他纵谈中外的历史文化差异，推荐了马克·吐温的《给青年的忠告》等优秀外国文学作品，并一一解答了同学现场提出的问题。

结合高校学生专业学习的需求，阅读联盟也设计了一些活动与之对应。2015 年 5 月 26 日，北京大学生阅读联盟在外交学院新校区教学楼 121 教室举行读书会，邀请外交学系杨晖老师，为外交学院 60 余名知行学社社员解读塔夫里阿诺斯的《全球通史》，同学就老师主讲内容提出问题并进行讨论。6 月 29 日，北京大学生阅读联盟在中国人民大学明德主楼 930 举行“文献阅读的技巧与方法”分享会，由香港中文大学研究生于泽洋分享关于文献阅读的一些技巧与方法，大家纷纷提问，并就部分疑难问题进行分组交流，最后群体分享。7 月 12 日，北京大学生阅读联盟在北京交通大学学生活动中心三楼举行读书分享会，活动的内容是孟子公开课阅读分享和感悟。9 月 25 日晚，北京大学生阅读联盟在清华大学第四教学楼 4306 室举办题为“比较视野讲国学”的讲座，邀请了清华大学教授、博士生导师、长江学者特聘教授张国刚教授做分享。

结合高校思想建设、校园文化建设，阅读联盟也以阅读推广活动的形式做出了自己的回应。2015 年 5 月 24 日，北京大学生阅读联盟在华北电力大学图书馆研讨空间举行读书会活动，共有近 60 名学生参加。本次读书会分为阅读与交流两个环节，大家首先集中阅读《党的建设理论原著及重要讲话选编》，然后各组组员共同分享读书心得，并提出自己的观点。5 月 29 日。北京大学生阅读联盟在中国农业大学西区 1905 咖啡厅举办《校园记忆》读书会，中国农业大学校党委宣传部部长陈明海出席活动并致辞，共有 30 余名同学参加读书会，由此拉开了该校“阅读经典传统，品味书香生活”系列读书活动的帷幕。此外，2015 年 9 月 25 日，北京大学生阅读联盟还在中央民族大学北智楼 526 举行新生阅读分享会。本次分享以“追寻抗战历史，守望民族文化”为主题。活动首先以一条大阅兵时极火的微博“这盛世，如你所愿”为切入点，为大家推介王道平先生的《中国抗日战争史》，以此铭记过去，缅怀先烈。

值得一提的是，组成阅读联盟的高校社团之间也很注重交流。2015年5月30日，北京大学生阅读联盟在中国地质大学教一楼421室举行社团交流暨阅读分享会，联盟成员对外经贸大学沃野文学社、中国地质大学德兴会两社骨干社员40余人参加。社团之间的交流，不仅为校园阅读文化的普及助力，而且探索了校园阅读推广的新形式。

## 三、高校阅读推广的可持续化道路

同社会上的阅读推广工作不同，大学生的阅读兴趣多变，人员的流动性也比较强。为了解决这些问题，阅读联盟从以下几个方面进行了高校阅读推广可持续化的探索。

首先是进行北京高校青年阅读内容调查，了解当前高校大学生的阅读现状、阅读兴趣和阅读推广工作中的难点所在。

其次是进行高校领读者培养计划。2015年6月13日，联盟在北京交通大学思源西楼612会议室召开联盟骨干专题培训会，联盟理事成员单位负责人50余人参加。7月4日，联盟在清华大学学生活动中心209室召开联盟骨干活动策划研讨会。9月19日、9月26日、10月11日、10月17日，联盟配合北京阅读季在北京出版集团12层多功能厅举办的北京高校阅读骨干培训班，组织了150余名北京高校阅读爱好者参加。

此外，联盟还进行了优秀阅读社团评选。在2015年9月7日，联盟正式启动第五届北京大学生读书节优秀读书社团、优秀社长评选活动。

## 四、活动成效

北京大学生阅读联盟的成立，标志着首都大学生群体阅读推广工作进入了一个有组织、有体系、有目标的新阶段，因此联盟的成立引起了社会各界的高度关注。2015年5月23日联盟的成立取得了良好的社会反响,《中国青年报》《北京晨报》、人民网、千龙网、腾讯网等数十家媒体给予了报道。在此之后，很多媒体也对北京大学生阅读联盟的后续活动给予了高度关注。

联盟成立以来，先后举办了“青春阅享会”名家进校园、优秀阅读社团评选等活动，并举办了系列小型读书活动，为高校阅读风气的养成做出了贡献。此外，联盟还组织各大学阅读社团骨干参与了领读者培训，为高校阅读推广事业奠定了人才的基础。

北京大学生阅读联盟活动

北京大学生阅读联盟活动

# 第四章 阅读资源的整合

第一节 品阅书香·名家面对面：以双选模式构筑全民阅读通路

第二节 “全城尚读”大型公益活动

第三节 中国童书博览会

第四节 北京阅读新媒体联盟

# 第一节

## 品阅书香・名家面对面：以双选模式构筑全民阅读通路

几年来，通过打造“北京阅读季”这一品牌读书活动，北京市形成了“政府主导、社会支持、群众参与”的机制，广泛调动了社会各界参与全民阅读的积极性，16个区县也各显其能，科学有效地推进相关工作。

第五届书香中国・北京阅读季注重打造全民阅读活动平台，其中，品阅书香・名家面对面系列活动通过双选机制，打通了出版机构、教委、学校、基层、图书馆、企业之间的资源互动，解决了他们的很多顾虑及问题，让资源得到最大化的匹配和利用。

2015年上半年，品阅书香・名家面对面系列活动共举办了上千场活动，吸引数百万人次参与，共有数百家企业、机构参与其中，近百家媒体宣传报道。其中品阅书香・名家面对面走进西城区的“书香・传爱”进校园活动、大兴区的“名家面对面”系列活动、北京人民广播电台的名家讲座活动，几乎每场活动现场人数达到200人以上，最高人次达到700人之多，此活动得到了基层的积极配合，获得了大小读者的热烈欢迎，更是赢得了媒体的广泛关注，为北京营造了“多读书，读好书，好读书”的书香氛围。

不同于往年的名家讲座活动，2015 年的品阅书香·名家面对面在讲师名单上首创“双选”模式，充分了解场地方和读者的阅读需求，将他们视为阅读的积极倡导者和推动者，场地方对名家有着自己的选择标准，满足了他们需求，自然会提升名家进基层的意义和效果。

“双选”模式需要北京阅读季活动组织方在前期策划做好周密准备。准备分五个步骤：一是需求收集。北京阅读季领导小组办公室向各区县征集名家讲师团意向。二是初选沟通。北京阅读季领导小组办公室根据区县初步筛选方向，筛选 10 家资源匹配度最高的出版机构，由出版机构提供邀请可能性比较大的 40~50 人的进区县讲师团双选表。三是召开协调会。区县确认双选表后，共同协商讲师团名单和活动主题方向，确定活动时间段、活动举办时间段，明确平台方、场地方、资源方等三方分工。四是名师团确认。出版机构每家确认 1~2 名能够参与的作家，填写作家时间安排、讲座主题、听众年龄、对象和联系人等资料，形成最终名师团名单。五是双选对接。区县将名师团表发给意向场地方，场地方从名作家讲师名单中选取嘉宾、举办时间。嘉宾和时间采取备选方式，避免第一人选时间冲突，可采用第二人选。

双选模式的建立更加凸显了北京阅读季的平台作用，通过梳理资源，将名家、媒体、出版机构、发行机构、图书馆、民间企业等各界对阅读推广有热情、有能力的专家队伍聚集在一起，持续为北京阅读季出谋划策，助力北京全民阅读走上规范、系列的道路。

## 一、西城“书香·传爱”进校园名家巡讲

“书香·传爱”进校园名家巡讲活动是由北京阅读季领导小组办公室主导的“品阅书香·名家面对面”系列活动的一个典型案例，此活动由北

京阅读季、北京市西城区文化委员会、北京市西城区教育委员会通力合作，使得阅读推广、书香校园的开展更加系统和规划。从 5 月到 10 月，共开展了 20 场名家进校园活动，联合了二十多家家出版机构参与，话题领域涉及科普、古典诗词、传统文化、儿童阅读与写作等，在邀请的名家上加大设计力度，更加多样化，有科学家、城市规划师、大学老师、教育专家、青春作家、儿童文学创作者，等等，立足文化传播阅读，以满足不同的学校和学生的需求。在这些名家中，有科学作家高登义、儿童文学作家安武林、教育专家张一清、古诗词研究者戴学忱、青年作家安意如等二十位作家，分别走进西城 20 多所中小学校进行不同主题的讲座，参加每场讲座的学生 200 人以上，有的讲座甚至达到了 400 人以上，规模宏大，课堂互动热烈。名家的讲座不仅受到了学生的热烈欢迎，更是让学生在课外阅读上得到了指导，提高了阅读的兴趣范围。北京阅读季“书香 · 传爱”进校园名家巡讲活动示范作用颇为明显。相较于一般性的名家进校园活动，“书香·传爱”借助北京阅读季与西城区政府的力量，打通出版社、书店和学校，各方对讲座的内容和形式都有充分一致的了解。解决了许多围绕在活动本身、学校、出版机构的诸多问题，更具有借鉴价值。

## 二、大兴区“品阅书香 · 名家面对面”系列活动

从 2015 年 6 月至 10 月，北京阅读季联合大兴区文化委员会、大兴区图书馆，把“品阅书香 · 名家面对面”活动输送到大兴区的学校、社区、图书馆等机构和单位。

大兴区品阅书香 · 名家面对面的口号是“爱家爱阅读”，主题围绕自然环境、历史社科、生活方式、亲子教育等话题，多维度开展演讲和现场互动活动。该项目自 6 月份开始，经过需求收集、初选沟通、双选协调后，经过双选对接，将基层的阅读需求与优势资源进行有效的对接。基层工作，

巴巴爸爸的第二代创作者托马斯·泰勒（左）和爱丽丝·泰勒（右）与接力社总编辑白冰（中）

文洁若

萨苏

尤其是社区工作以家长和孩子为主要的切入点。北京阅读季大兴区“品阅书香·名家面对面”系列活动就将这两类群体作为主要目标人群，精准定位他们的阅读需求，去接洽在该领域有专长的专业出版社和图书出版物，并邀请相关领域的专家学者开展讲座，在短时间内实现了资源最佳匹配和活动效果的最大化。

共计邀请李山、张一清、章小东、安意如、春天姐姐、保冬妮、边玉芳等20位名家走进大兴，举办主题讲座，规模宏大，尤其是学者李山的讲座，大兴区组织了近700名大兴区文化基层骨干现场聆听嘉宾讲座，效果显著。教育专家张一清的讲座，受到了现场200多名学生的热烈欢迎。大兴区在两所学校组织学生和家长一起听春天姐姐的讲座，每场人数达到400人。在整个活动中，名家的每场讲座不仅读者爆满，每位现场读者还得到了大兴区赠送的讲座嘉宾的作品，让读者不仅感受到了作者的现场风范，也可以把讲座的内容延伸到图书中来。

刘慈欣

## 三、名家面对面进电台

在北京阅读季领导小组办公室的指导下，品阅书香·名家面对面活动走进北京人民广播电台。军事作家王树增，北京大学历史学系教授、博士导师钱乘旦做客北京电台，主讲有关“中国人民抗日战争暨世界反法西斯战争胜利70周年”主题的讲座。讲座听众均为北京电台总编辑以上的领导，活动规格高、质量高，受到好评。

## 四、国内外名家分主题走进京城各大空间

品阅书香每月分主题，联合出版机构，打造多场重点活动。从5月到10月，从国内名家到国外作家，整合了多方资源，连续邀请到国外绘本大师安东尼·布朗、荷兰著名童书作家阿兰德·丹姆、巴巴爸爸第二代创作者等著名儿童作家在北京各大空间与中国读者进行面对面的交流，吸引了上千人参加。国内名家包括历史作家萨苏、科学文学作家刘慈欣、学者祝勇、画家于大武、知名主持人郎永淳等，从活动主题上，涉及儿童阅读、抗日战争、传统文化、文学探讨、科幻文学、中国原创绘本十年等话题。以阅读为抓手，将全民阅读推广落到实处。

徐巍

安意如

## 第二节

### “全城尚读”大型公益活动

北京阅读季作为北京政府主导的全民阅读推广公益动，主要是通过搭建平台、引领示范来带动全民阅读活动的深入开展，因此如何在恰当的时间节点上用活动来吸引大众的注意力，就成为每年阅读季做好“开篇”工作的重头。

2015 年 4 月 23 日的“全城尚读”汇聚了北京世界读书日的 12 场庆祝活动，以不同角度、不同层面，在多种空间淋漓尽致地展现了国家领导人所倡导的“阅读是一种生活方式”的理念。为了更好地调动各方力量，北京阅读季以其平台优势进行了最大限度的资源整合、筛选、优化，将 12 场形态各异的精品阅读推广活动集中在一天开展，从早到晚每隔两小时就有一场活动展开，而北京人民广播电台全天候的活动推广、线上公益活动的持续加温，更将“全城尚读”活动不断推向高潮——这些都充分显示了北京市全民阅读推广的丰富形态，展现了蓬勃的发展势头。

单向空间的活动

帝王庙“阅读春天，赏春诵读”活动

## 一、文化大家的领读带动

“全城尚读”活动的一大类，是由各个领域的文化大家带动起来的，作为全民阅读推广的引领者，他们的领读带动和激励着全民学经典、爱经典，为经典文化的传播与发扬发挥着重要的作用。

在“阅读：向大家致敬”为主题的大众文化讲座中，来自多个专业领域的专家学者，从不同角度阐释了对这一主题的理解。中央文史馆馆员、北京师范大学教授赵仁珪建议，既要泛读和精读相结合，又要带着头脑读书。著名文学评论家贺绍俊则强调阅读文学类图书的意义和价值。诗人西川从诗歌创作的视角诠释了大家的理想追求。原中央人民广播电台文艺之声资深编辑叶咏梅通过朗诵路遥《平凡的世界》的精彩片段，阐释了名家力作在读者心中的影响力。

在王府井图书大厦举办的《外交官亲历丛书》新书发布会上，丛书的三位作者——蔡方柏（前驻法国大使）、张宏喜（前驻纽约总领事）和陆苗耕（前驻南非开普敦总领事）——同参加活动的读者分享了他们外交生涯、创作经历和种种有趣的经历，让更多的人开始关注外交的神秘领域，拓宽了读者的阅读视野。

在另外一场名为“在古典诗词中穿行”的活动中，学术权威王学泰讲古文，《凤凰周刊》主笔袁凌讲唐诗和著名学者李山讲《诗经》，引领读者们细细品量古典诗词的美妙,也推动了传统文学作品阅读在北京市民中的普及。

在北京市的历代帝王庙，另外一个别出心裁的领读活动“阅读春天，赏春诵读”，也在4月23日隆重举办。在苍松翠柏的环抱下，92岁高龄的著名翻译家、诗人屠岸先生作为开场嘉宾，朗诵了自己和夫人方谷绣共同翻译的诗歌《秋千》（选自《诗流双汇集》，［英］史蒂文森创作）。“荡呀荡着秋千上蓝天，上蓝天，你呀喜欢不喜欢？我想小孩儿最爱荡秋千，荡着秋千真好玩，真好玩！……”在老先生声情并茂地诵读带领下，在座的嘉宾和观众一起打开了阅读春天的大幕——先生声情并茂的朗诵，身后稚嫩的童声轻轻合诵，把嘉宾带入了充满希望的春天，带入了这个属于阅读的春天。

## 二、跨界合作点燃阅读星火

“全城尚读”的很多活动，在设计上跳脱了枯燥的讲座与简单的新书发布会等固有模式，各种跨界组合、创意方式为读者们带来丰富的阅读体验，大大提高了人们的阅读兴趣。

在北京三联韬奋书店举办的“纪念女性名人传记兴起——音乐人与作家谈‘真我’”座谈会上，知名女音乐人斯琴格日乐与女作家牛春龙就“真我”这一话题展开了讨论。活动中，斯琴格日乐十分坦诚地说起自己的感情经历，并且分享在音乐领域中顽强拼搏的精神。斯琴格日乐一直喜欢写作，在奔放自由的音乐形象下，她还有一颗细腻富有才华的内心。作为一名写作者，斯琴格日乐表示，我们阅读不分领域、不分职业，希望大家多读书。对话活动的另外一位嘉宾牛春龙，是享誉全球的华人导演吴宇森的太太。座谈会上，牛春龙说起自己的创作经历：“有过程和经历才能够创作。因为我以前是学佛学的，所以在这方面我会比较细腻。因为佛学每一个字每一段偈语你都要了解。了解完之后它是细腻的，像流水一样渗透石头，然后你就会看到水是在流，就很清澈。所以我觉得我很幸运，我有这方面的接触，在写文章的时候，虽然写得很直白，但那里有我的经历，我的生活过程。”通过两位不同领域的女性写作者的对话，这一活动打通了不同文艺领域的界限。

4 月 23 日下午两点，于大武“读北京、走北京、画北京——《北京：中轴线上的城市》绘本分享会”在西单图书大厦举办，将知行合一的

纪念女性名人传记的
音乐人与作家
公益传递规则：
李 洋
斯琴格日乐

“音乐人与作家谈真我”活动现场

儿童阅读推广思维进行到底。在《北京：中轴线上的城市》一书的首发现场，京城画家于大武带领读者在《北京：中轴线上的城市》一书中一起领略了北京城的布局之美以及历史文化。中关村二小刘老师因为喜欢这本书，萌生了和学生一起走访中轴线的想法。她曾经带学生三次寻访北京中轴线，在现场和读者们分享孩子们寻访北京中轴线的故事。在分享会的最后，于大武老师就和这批读者一起描绘沿途的风景、一路上各种古建筑、行走时自己的状态和喜欢做的事等，共同画出新北京的中轴线，让孩子们在实践中体验到阅读的魅力。

“戏剧教育与绘本亲子互动”公益讲座，着力于引导家长们通过戏剧表演的方式，带领孩子参与和体验，让亲子阅读变得更立体、更有趣。北京国际戏剧教育大会资深讲师、首都师范大学学前教育学院张迪老师，在北京第二书房金中都社区图书馆进行了一场关于儿童戏剧教育对家庭教育影响力的讲座。作为阅读延伸活动的儿童教育戏剧活动，亦可称之为立体阅读活动。张迪老师讲座中的“在家玩绘本戏剧”对家庭立体阅读具有指导意义，能充分体现家庭戏剧教育特点的部分。讲座现场张迪老师与助教给家长朋友们做戏剧教育示范指导，还为父母推荐了相关阅读书目。

知名艺文空间“单向街书店”策划的“12 小时马拉松接力诵读”，是文艺的阅读空间以富有创意的阅读形式将不同形式的阅读活动推向高潮。4 月 23 日晚上 8 点，单向空间的“12 小时马拉松接力诵读”正式拉开帷幕。相关负责人表示，这场“不打烊的流动诵读盛宴”是为庆祝世界读书日做的一件“疯狂”的小事——从 23 日晚 8 点到 24 日早 8 点，共 720 分钟，人们在书店里大声朗读，每人 5 分钟。在这样一个不眠夜，四面八方的读者步入单向空间，夹着一本书，或站或坐，聆听舞台中央“王座”上朗读者喜爱的书籍。他们读海子、读鲁迅、读加缪、读海明威、读辛波丝卡……工作人员还将每位参与者所读的页面和书封复印下来，一张一张粘贴到墙壁上。很快，墙面上满是翻飞的书页。活动还邀请10家在文艺青年中颇具影响力的微信公众账号引领读者们彻夜诵读，刷新了人们的日常阅读体验。

## 三、阅读的拓展：空间的更多可能性

阅读空间是阅读推广的窗口，在全民阅读推广中起着非常重要的作用。“全城尚读”系列活动设计上也充分考虑了阅读空间的拓展。

文化底蕴深厚的三联韬奋书店在时代的洗礼中坚定地保持着蓬勃发展的势头。2014年4月23日，三联韬奋书店第一家24小时书店在位于美术馆附近的生活·读书·新知三联书店开业，夜读的美好画面成为当天的新闻头条，至今仍为大家津津乐道。2015年4月23日，三联韬奋24小时书店海淀分店正式开业。此次开业的海淀分店位于清华同方科技大厦D座1层，营业面积900多平方米，周边有众多知名高校。这个分店的设计理念趋向潮流，主要面向中青年读者，店里也有咖啡售卖。和总店相比，图书门类也做了调整，以符合该区域的读者群体。作为肩负着文化传承意义的百年书店，三联在不断地拓展阅读空间的更多可能性。

代表未来阅读新形式的北京西城区新媒体阅读实验基地白云驿站，也选在4月23日开业。白云驿站位于白云观北里，依水而立。阅读空间共150余平方米，分为上、下两层，一层设有开放式书架，各类图书分类放置，并专门开辟了图书交换空间，可以让图书流动起来；二层既可供读者独自阅读，也可以共同交流，并为读者提供了台式电脑和笔记本电脑各10台以及免费的高速无线网络服务，读者可通过“社区阅读服务平台”浏览数字报刊、图书等数字文化资源，也可通过云借阅图书设备下载电子图书、期刊到手机、平板电脑等智能终端进行阅读。白云驿站阅读空间作为北京西城区文化委、西城区第一图书馆吸引社会力量建设公共阅读空间的又一成果，其开放进一步完善了西城公益阅读体系，为未来社区阅读树立了典型的示范作用。

## 四、通过活动传递、传承阅读的梦想

本次全城尚读活动也是“中国梦”的阅读实践。推广全民阅读的梦想，就是传承文明的力量，提升全民文化素质。

作为本次全城尚读活动的重要组成部分，“北京阅读季·就@你阅读”线上传递公益活动发动民众与数百名阅读领袖一起，在线分享一本好书、一句好文、一次阅读感悟、一个人生梦想。参与者只要@三位好友，以“#就爱你阅读#”的形式发布消息，就能和北京阅读季一起为拉萨的孩子、僧侣和农民捐赠图书。活动一上线，即引起了读者们的热烈响应，仅仅4月23日一天的阅读量就突破了1000万，很多微博名人纷纷转发支持，著名漫画家朱德庸更为活动专门创作了漫画。不仅如此，本次公益传递活动还持续进行到下半年，北京阅读季领导小组办公室根据共建城市拉萨的实际需求，捐赠了3万册拉萨孩子们急需的图书。

北京多个部门联合主办的“美丽乡村筑梦有我”主题活动中，小雨姐姐等12位知名主持人走进乡村小学课堂，和孩子们展开一场生动有趣的阅读公开课，为平谷区大华山镇中心小学的孩子们圆一个快乐阅读梦。

北京阅读季也联手了重要的图书电商和数字阅读机构如京东、掌阅等，整合这些阅读推广的有生力量和可持续发展主体的特性，在4月23日当天掀起了热烈的“读书节”购书优惠活动，引领人们参与阅读，将阅读内化为自发的消费和生活方式。

## 五、活动成效

“全城尚读”以活动集群的形式，揭开了“北京阅读季”全年阅读推广的序幕，引发了“就爱你阅读”的第一轮小高潮。有 2000 多人次直接参加了当天的 13 场阅读推广活动，获得了上百家主流媒体的报道，在新浪微博上开展的“就爱你阅读”公益传递活动仅 4 月 23 日一天就突破了 1000 万阅读量，“北京阅读季”官方微博和微信的阅读量与转发量大大提升。

本次“全城尚读”活动引起了几十家国家级和市属级电视、电台及主流平面媒体的高度关注，对活动进行了全面报道。其中，北京电视台多个频道进行跟踪报道，《北京你早》《北京新闻》《书香北京》等有影响力的栏目均给予了报道。北京人民广播电台多个频率进行了直播报道，小雨姐姐等多位知名主持人参加活动。《北京青年报》《北京日报》《中国文化报》等主流报纸做了整版专题报道，新浪、网易、千龙等网站也制作了主题网页，大大地提升了北京阅读季的影响力。

同时，重视网络传播与互动，联手新浪、腾讯、网易等多家新媒体，通过微信、微博、微访谈及视频直播等方式，让全民阅读的声音最响亮。除了官方网站、微博和微信的多角度立体传播之外，4 月 23 日当天下午，著名作家虹影、书评人朱大可、音乐人兼作家斯琴格日乐还在新浪读书频道进行了微访谈，畅谈“阅读是一种生活方式”，引发了网友们的积极互动。

在这次活动之后，“北京阅读季”又持续推出层次丰富、内涵深远、形式有趣的阅读推广活动，真正地将各项阅读活动贯彻到社会生活中，让全社会不同年龄、不同背景和不同领域的人群真正认识到阅读的重要性，通过阅读体味到美与乐趣，更加关注阅读、参与阅读和热爱阅读。

# 附录：

“全城尚读”全天活动一览表（2015年4月23日）

| 场次 | 活动名称 | 举办时间 |
|---|---|---|
| 第一场 | “阅读：向大家致敬”——大众文化讲座第100期暨世界图书和版权日京版集团第13届讲坛 | 9:30—11:30 |
| 第二场 | “美丽乡村筑梦有我——就爱你阅读”乡村阅读公开课 | 9:30—11：30 |
| 第三场 | “戏剧教育与绘本亲子互动”公益讲座 | 10:00—11:30 |
| 第四场 | 《外交官亲历丛书》新书发布会 | 14:00—16:00 |
| 第五场 | 三联韬奋书店新店开业典礼暨24小时店开业一周年 | 15:00—16:00 |
| 第六场 | 在古典诗词中穿行 | 14:00—15:00 |
| 第七场 | 读北京、走北京、画北京——于大武《北京：中轴线上的城市》绘本分享会 | 14:00—16:00 |
| 第八场 | “书香西城阅读春天”——西城阅读之友赏春诵读 | 15:00—17:00 |
| 第九场 | 纪念女性名人传记兴起——音乐人与作家谈“真我” | 16:30—17:30 |
| 第十场 | 西城区新媒体阅读实验基地白云驿站开业特别活动 | 15:00—16:00 |
| 第十一场 | “书香中国·东方少年·阅读圆梦”国际读书日主题活动 | 14:00—16:00 |
| 第十二场 | 12小时马拉松接力诵读——单向空间创意诵读会 | 20:00至次日凌晨8:00 |

# 第三节

## 中国童书博览会

2015 年 5 月 28 日—6 月 1 日，首届“书香中国·北京阅读季·中国童书博览会”（以下简称“童博会”）在中国儿童活动中心举办。童博会为期 5 天，以“书香童年伴我成长”为主题，集展览展示体验、儿童读物推荐、儿童阅读论坛、现场儿童文化艺术活动四位一体，现场设置有六大主题体验馆、八大阅读活动区，57 个展位，展览展销 10 万种中外文儿童图书出版物，展区面积逾 4500 平方米，活动区面积 2 万余平方米。通过 153 场次阅读推广活动，童博会为广大少年儿童提供了一场集公益性、知识性、趣味性为一体的阅读盛宴。

### 一、跨界整合为儿童阅读盛会提供新思路

“跨界”是本届童博会的最大特色，也是童博会得以办出新意和亮点的基础。通过跨界整合，童博会实现了几大层面的突破。

首先是突破传统博览会室内展陈方式，结合儿童这一受众特质和

中国童书博览会

传统文化体验

“六一”的节日契机，创新性选择户外博览会形式，将室内和室外的活动相结合，并通过引进798国际儿童艺术节这一成熟品牌，为儿童及其家庭提供了一场集童书与儿童阅读推广于一体的精彩活动集成。

其次是突破了传统图书博览会官方主导的做法，从策划到执行全程汇聚社会公众的力量，积极发动民众参与热情，充分体现了“全民阅读”的阅读推广理念，打造了一场从儿童到家庭都参与其中的“中国童书博览会”。

再次是在传播方式上尝试跨界，充分利用新媒体，与时俱进革新传播、参展、观展、互动模式与手段，塑造成一个儿童及家庭想参与、易参与、趣参与的儿童阅读推广平台。

最后，童博会突破了传统图书博览会参会主体的限制，聚合了包括童书出版相关的在京知名出版社、外地知名出版社和国内金牌阅读推广机构共57家出版机构参展，为优质的童书参展和精彩的阅读推广活动提供了保障。

## 二、多层面演绎新时代阅读主题

本届中国童书博览会有两大突出亮点：一是积极开拓中国童书出版原创市场，通过“中国原创插画师集结号”“中国优秀原创绘本展”“中国百年童书展”多方位挖掘、展示中国童书原创力量；二是紧扣阅读，从总体调性到具体实现多层级的创新演绎“阅读主题”。

“中国原创插画师集结号”是中国童书博览会针对国内优秀原创插画师，征集优秀原创插画的线上线下双互动活动。首先通过宣传推广在线上征集了一大批国内优秀原创插画作品，通过大众投票和专家评选，甄选其中200幅精品在博览会现场展览展示。到场观众还可以在驻留欣赏外为喜欢的作品投票，插画作品周围遍布来自孩子的圆形投票帖，完成一次“用脚投票、用手说话”的沟通反馈。

除此之外，童博会每天还邀请4位具有代表性的原创插画师在展区内与观众互动，围绕“把你画进插画里”，以儿童观众创意、插画师创作和插画师为儿童观众创作两种形式在现场创作出100余幅互动原创插画作品，并将其赠予参与互动的儿童观众。另外，“中国优秀原创绘本展”和“中国百年童书展”则分别通过优秀及重量级的作品，梳理、呈现中国原创童书百年发展脉络及当前发展风貌。

另一个亮点就是跳出传统书展模式，通过打造“儿童阅读主题公园”和“六大主题阅读体验馆”创造性地演绎了“阅读主题”，完成了真正意义上的儿童阅读“嘉年华”。六大主题馆涵盖科普、卡通漫画、绘本体验、传统文化、儿童文学和国际文化等，内容丰富有趣，活动区域集中。在这里，每个馆厅都是一个极富创造力的艺术空间，传统的阅读概念被重新解构。六大主题馆还充分利用各馆特色，准备了丰富多彩的文化互动活动，如：和大师一起咏国学经典，画京剧脸谱，系列故事分享会……这些活动受到了小读者和家长们的热烈欢迎，不少家长纷纷表示希望今后能看到更多这种孩子参与度高、互动感强的阅读体验活动。

## 三、活动成效

本届童博会接待客流高达10余万人次，深受广大少年儿童和家长们的喜爱，社会反响强烈。不仅如此，活动成效还体现在如下三个方面。

第一，媒体广泛报道。在市委宣传部的指导和策划下，本届中国童书博览会发布新闻稿件共计500篇，论坛推广40余次，北京电视台播放活动视频宣传片，北京广播电台多档栏目循环播报活动预告。同时，还开通了“中国童书博览会”官方网站和官方微博、微信，读者可以在线上平台参与评选“妈妈最爱的绘本推荐”活动，并在官方微博和微信的互动平台上参与作品上传、抢门票等众多丰富多彩的分享活动”，无论是在业内还是对普通公众都产生了极大的影响力。

第二，知名大社集体亮相。本届童书博览会除了北京图书大厦、王府井外文书店全程驻场，还邀请了来自全国各地的童书相关出版社参展，为童博会提供了精彩和丰富的内容。

第三，互动活动精彩纷呈。本届中国童书博览会，共组织了130场作家签售、名家讲座、公益讲堂、新书推介等多种形式、丰富多彩的文化活动，日均文化活动26场。还搭建了名人作家与读者互动交流的平台，特别邀请了著名儿童文学作家杨筱艳，儿童阅读推广人小月姐姐，著名主持人小雨姐姐、贺超叔叔，儿童防侵害教育专家张永将等近百名名人作家和专家学者到博览会现场,分享他们读书和创作经历以及丰富的人生体验和儿童安全常识。

贺超叔叔讲故事

# 第四节

## 北京阅读新媒体联盟

为了进一步发挥“2015 北京阅读季”作为北京全民阅读推广平台的优势，加深北京阅读季在引导数字阅读领域的服务性作用，使数字出版机构和企业能够更好地参与到北京阅读季的各项活动中去，2015 年 9 月 11 日，由首都互联网协会主办、北京阅读季领导小组办公室指导的“北京阅读新媒体联盟”（简称“新阅盟”）正式成立。成立大会在北京市新闻出版广电局新闻发布大厅举办。豆瓣阅读、阿里文学、耕林童书馆、雨枫书馆、千龙网、网易云阅读、新浪读书、凤凰读书、网易云阅读、阅文集团等 60 个机构参会，并成为北京阅读新媒体联盟的会员单位。这是一个依托第五届书香中国·北京阅读季创立的阅读类新媒体平台，旨在团结阅读类新媒体及知名阅读推广人、阅读推广机构，共同促进北京全民阅读，营造良好的社会氛围。

新阅盟成立之后，通过整合各界资源，开展了“你好·未来”中外数字出版论坛、“数字阅读联合限免”“阅读 + 互联网”主题对话论坛等活动，对于全民数字阅读的深入推动做出了卓越的贡献。

## 一、“你好·未来”中外数字出版论坛

2015年8月27日，一场由北京市新闻出版广电局、北京市互联网信息办公室主办，中国出版传媒商报、新阅盟承办的关于数字出版的对话在中外数字出版业领军人物之间展开。这场主题为“你好·未来”的沙龙是第五届书香中国·北京阅读季数字出版主题活动之一，邀请了英国《书商》杂志专题&观察栏目编辑托马斯·蒂夫南、澳大利亚《图书与出版》总编辑安德烈·汉克与中国数字出版领域卓有影响力的机构：网易云阅读、阿里文学、京东阅读、多看阅读、中信云科技、塔读文学、中文在线、中国知网等机构的负责人汇聚北京时尚廊书店，就数字出版未来趋势、2020年的数字读者预测分析等进行了深入交流和探讨。

在论坛上，中外专家形成了这样几点共识：

第一，数字阅读将成为国民阅读新趋势

活动中，几位媒体人均认为未来数字出版将趋蓬勃发展。与会专家就数字出版发展趋势达成了一致，他们认为，未来三年数字出版将呈现出蓬勃发展之势，阅读趋势也将由终端阅读向移动阅读方向发展。目前，数字阅读全民化的趋势才刚刚形成，读者主要的阅读对象还是网络文学，大概七成以上的读者主要阅读网络文学作品。但其他类型数字作品的阅读量在迅速攀升。几年前，网络文学以外的数字阅读占比可能还不到10%。这也充分说明，随着阅读人群的放大，读者的需求会越来越多元。

第二，让作者有代入感的作品有更高人气。与会中方代表在日常观察和相关数据中得出非常近似的结论，中国人的数字阅读主要集中在小说，对能人异士、都市故事更有兴趣。其中男性喜好凸显英雄梦的作品，如玄幻、特种兵等题材，女性则对生活有一种依托，偏爱言情、青春、穿越等。而据澳大利亚《图书与出版》杂志总编安德烈·汉克介绍，电子阅读在澳大利亚也非常流行，其阅读趣味也与中国的情况比较相似，爱情小说比较

受女性读者欢迎，奇幻小说则在各个群体中广受欢迎。

第三，手机阅读APP和阅读器将社区化。移动端是现在阅读趋势不可逆转的方向，亦是未来发展的趋向，以手机为主的移动端发展将带动阅读类APP的增长，而数字阅读产品将以大数据为基础，精准搜集用户使用习惯，进而“投其所好”推荐阅读内容，成为阅读主要的流量入口。在读者层面，数字阅读需要精确地把最全的内容推送给他们，并给他们更好的阅读和衍生服务体验。

## 二、数字阅读联合限免活动

2015年9月到10月，北京阅读新媒体联盟联合阅文集团、掌阅文学、塔读文学、多看、豆瓣阅读、百度文学、网易云阅读、亚马逊、京东、当当、中文在线等20余家数字出版单位，以“推广精品、引导阅读”为原则，举行为期一个多月的“数字阅读金秋联合限免”惠民活动，向全民推荐100余部优秀的数字阅读精品图书，使千万级的网友和读者享受到“北京阅读季”数字阅读领域的惠民举措。

此次参加限免活动的数字阅读作品共有165部，包括阅文集团30部（含起点中文网、创世中文网、小说阅读网、潇湘书院、红袖添香、起点女生网、云起书院、榕树下）、掌阅文学30部、塔读文学15部、多看阅读30部、豆瓣阅读10部、百度文学5部（含纵横中文网）、网易云阅读30部、京东15部。有130万人次参与了活动，产生了2000万pv的页面浏览量。

豆瓣阅读的免费赠书活动举办于9月25日至9月28日的中秋佳节，在图书主题上紧扣“亲情”二字，10部动人的亲情故事给读者朋友们带来不一样的阅读感受。作如品《妈妈》通过年过七旬的杨之骅对九旬母亲的追忆，讲述在抗战、饥荒、“文革”的特殊时期中，历史压在她们的脊梁上的苦难与纪念。豆瓣阅读征文大赛首奖、沈书枝的《姐姐》记叙了姐妹五人的特殊经历，却写出了一代人的共鸣：“每一处细节，都仿佛生活在发光。”在这些作品中，人气心理咨询师武志红的作品《为何爱会伤人》在此次中秋限免中获得最多网友的喜欢，数千豆瓣网友免费领取阅读，该书用专业的角度对爱情心理进行解读：“我们在童年所经历的幸与不幸，都将在爱情中一一对应。”

百度文学此次主要选择军事类图书进行免费赠书，以纪念中国人民抗日战争暨世界反法西斯战争胜利70周年。百度文学携旗下纵横中文网等网站在PC端限免多本军事题材精品好书，为第五届书香中国·北京阅读季数字阅读联合限免活动画上了独具特色的一笔。其中，限免作品《不败战神》的作者方想，是2013年中国网络作家富豪榜当红上榜作家，2015年2月在中国移动和阅读主办的首届中国“网文之王”评选中，入选最终的网文之王十二主神。他的作品以庞大丰富的想象和干净简洁的文笔为人称道，受到千万粉丝的狂热喜爱。方想在纵横中文网首发的少年的热血和传奇——《不败战神》已经以300万字的篇幅完结，在纵横中文网的总点击数接近3000万。据纵横编辑数据，看完《不败战神》的收费章节，起码要话花费几十元，此次限免活动，把这部分费用全部作为福利送给网友，每天都有万余名网友参加活动，分享好书。

阅文集团旗下的起点中文网、创世中文网、小说阅读网、潇湘书院、红袖添香、起点女生网、云起书院、榕树下等十余家数字阅读网站参与到第五届书香中国·北京阅读季数字阅读联合限免活动中来，奉献了30部精彩好看的原创小说作品。其中有比较适合男性群体阅读的作品，如写手永恒之火创作的《儒道至圣》，为读者打开了一个读书人可以掌握天地之力的世界，讲述一个默默无闻的寒门子弟，挟传世诗词，书惊圣文章，踏上至圣之路，令读者在吸收知识之余脑洞大开。其中也有适合女性阅读的多部作品，如长白山的雪的作品《长白山下好种田》，描写小人物的家长里短，平淡生活琐事，充满生活气息的长白山画卷给读者带来一缕轻松。

掌阅文学在2015年中秋到国庆假日期间，每天为广大网友送出3本好书。限免活动下载量排名第一的是柳如眉的《待我相思放下，许你浪迹天涯》，这部散文随笔类作品，品读最美古诗词，怡情怡心，感悟人世间的聚与散，情和爱——本书比市场走俏的诗词赏析少了些说教，淡了些考据分析的烦琐和复杂，浓了些现代式的心灵感悟。当人们迷失于浮世喧嚣和繁华的时候，需要这般清灵的文字来滋润干涸的灵魂。温婉宁静的文字，经典的赏读，更符合现代人的阅读要求。其他限免作品《不拼现在，拿什么赢将来》《你要去相信，没有到不了的明天》也是满满的正能量，奔忙在都市中干枯的心灵需要这种鼓励和滋养。

多看阅读在2015年9月到10月期间，每天限免1本书，在这册厚厚的限免书单中，既有生活类的畅销书籍，也有精彩、经典的社科和小说类图书。《犹太人育儿经》《曾国藩识人用人之道》《好想开家咖啡馆》《外公是个老中医》《世界上所有的烦恼，都是自找的》等实用书籍，用阅读的力量解开人们生活中的问题与心结。小说《夏有乔木 雅望天堂》经典文学作品《竹取物语》具有非常广泛的读者群，给数字化阅读带来一股清新之风。

塔读文学从9月17日到10月1日每天限免1本书，共限免了《清宫熹妃传》《星战文明》《刑侦大明》《最好的年华遇见你》等15本好书。此次塔读文学限免活动中，最受网友欢迎的是《清宫熹妃传》，在推荐期内累计阅读用户数超30余万。《清宫熹妃传》在塔读文学平台连载发布近2年，点击量过亿，吸引了一大批读者，培养了大批粉丝。此次限免也在该书的粉丝群中得到了很大的追捧。

在2015年9—10月期间，网易云阅读在网站上发起的联合限免活动中，《她们谋生亦谋爱——闫红》《过日子要有技术含量》《大国的文脉》《我的世界很小但刚刚好》《我们生命中的九一八》领取量均过万，获得了网友的支持和好评。

## 三、“阅读 + 互联网”主题对话论坛

作为2015年北京阅读季阅读盛典“阅读 +”论坛活动中的一场，“阅读 + 互联网”主题对话论坛是由新阅盟承办的。本场对话活动邀请到互联网界的各路精英，主题探讨新媒体与阅读创新、出版的新趋势，以及如何利用新媒体进行阅读推广。

会议主持人是“领读者”阅读加速器发起人萧三郎，发言嘉宾分别是：掌阅科技创始人张凌云、阅文集团高级副总裁张蓉、知识分子CEO及黑马会秘书长纪中展、赞赏社交出版创始人及CEO陈序、优酷土豆文化节目中心总制片人姚文坛、新浪阅读总经理张婷。与会者就如何在数字时代利用新媒体推进全民阅读发表了各自的看法。张凌云认为，正因为有了互联网，我们的阅读生活才会更美好，新技术不仅可以推广阅读，更可以深化阅读。张蓉认为，将移动互联网的特性运用到数字出版和阅读推广之中，是我们需要思考的重要课题。纪中展以自己正在运营的线上及线下阅读社区为例，展现了移动互联时代“汇聚阅读的力量”的全新前景。陈序则站在产业发展的高度，描绘了出版3.0的美好图景。相比之下，姚文坛和张婷所关注的，则是如何在互联网时代做好传统阅读的引导工作。

这场论坛吸引了首都数字出版、数字阅读界的各路精英参会，在充分呈现各家观点的同时，也给新时期的全民阅读推广提供了另外一种思路。

# 第五章 基层阅读实践

# 第一节

## 十六区全民阅读概况

### 一、西城区：书香西城·文化家园

自第五届北京阅读季开展以来，西城区依据2015年书香中国·北京阅读季的总体要求，结合本区“书香西城文化家园”的工作要求，以“阅读点亮中国梦”为主题，深入开展并成功举办了多项精彩活动，先后面向机关学校、街道社区、驻区部队、企事业单位、残障人士、城市居民等单位和群体，面向老少中青不同年龄阶层的读者们开展全民阅读活动。成功举办了各类活动近350场，共有60余家机关、事业单位、学校和各类社会组织参与其中，吸引近两万人参与，邀请专家学者120余人次，在西城区掀起了“多读书、读好书、好读书”的良好社会氛围。

**1.4·23世界读书日活动**

2015年4月23日，第二十个世界读书日到来之际，西城区在北京历代帝王庙举办了“书香西城·阅读春天”大型接力诵读活动。邀请著名翻译家屠岸带领各界群众共同诵读经典篇目，共度阅读美好时光。活动现场进行了“北京阅读季·就爱你阅读”大型公益活动的启动仪式，邀请嘉宾及全场观众共同发起为拉萨的孩子们进行捐书活动。同时发布了2015书香西城阅读地图，涵盖了全区的公共图书馆、阅读空间及书店的详细信息等内容，为百姓阅读提供了便利。区领导为阅读达人颁发了“书香西城阅读朋友”证书。当天，京城画家于大武“读北京 走北京 画北京——《北京中轴线》分享会”在西单图书大厦举办。读者在阅读中领略了北京城的布局之美以及历史文化。白云驿站公益阅读空间也与当日正式向公众免费开放，这进一步完善了西城公益阅读体系，特别是在形成环水系阅读圈方面发挥了积极的作用。

**2.“北京儿童阅读周”精彩纷呈**

“北京儿童阅读周”活动类型丰富、参与度广、影响力大，在形式和内容上都实现了诸多突破和创新。包括：

（1）成功举办首届中国童书博览会。

2015年5月28日至6月1日，第五届书香中国·北京阅读季·北京儿童阅读周暨中国童书博览会在中国儿童中心盛大举行。中国童书博览会以推动儿童阅读为己任，致力为孩子们推介精品好书，推进其从小爱读书、读好书的阅读热潮，对儿童阅读的推动可谓意义深远。

此次童博会跳出了传统书展模式，以创新性的“主题馆”分布，首次打造了“儿童阅读主题公园”概念，实现了真正意义上的儿童阅读“嘉年华”。

（2）5月23日下午，在西城区缤纷剧场，400多位书迷与英国超现实主义绘本大师，国际安徒生大奖和英国格林纳威大奖双料得主安东尼·布朗一起，穿越绘本奇境。

（3）西城区“城宫计划”——“书香·传爱”进校园名家巡讲活动汇聚了大量中外名家资源，由高登义、安武林、安意如等十余位名家所组成的讲师团走进校园，从而达到了让全社会形成共识，关注儿童阅读，做好儿童阅读推广工作，在青少年儿童中形成爱阅读、会阅读良好氛围的目标。

**3. 纪念中国抗战暨世界反法西斯战争胜利 70 周年系列活动**

西单图书大厦举行了“北平抗战实录丛书”新书首发暨作品研讨会。西城区第一图书馆联合龙源数字传媒集团共同举办了纪念中国人民抗日战争暨世界反法西斯战争胜利 70 周年主题讲座——“二战中的时空交互”，近百名读者参加了活动。西城区第一图书馆于 6 月 18 日组织西城街道居民近百人走进抗战圣地卢沟桥开展了一场阅读体验行活动，号召大家牢记历史，珍惜现在的幸福生活。西城区第一图书馆举办“胜利日”主题展览。西城区第二图书馆举办“抗战灯谜”主题系列活动，于年初在全市举办灯谜原创征稿活动，截至 7 月底共收到原创抗战谜作 2000 余条，并组织灯谜专家小组精选出具有一定艺术价值和抗战题材的经典谜作，制作成精美谜条进行展览和猜射，共有 7 万人参加，受到广大市民的欢迎。区内各机关、企事业单位、阅读空间、较大型图书批发零售单位等开展了期刊展览、图片展示、红色电影放映、知识答题等各类活动，以阅读为基点掀起了不忘历史、珍惜和平的红色浪潮。

**4. 第十四届丁香诗会**

2015 年 4 月 10 日，第十四届丁香诗会举办，兴盛于明代踏青时节的北京法源寺丁香诗会活动，自 2002 年恢复至今，成为北京群众文化的重要品牌之一。今年参加朗诵的有中央电视台原新闻联播主持人、著名播音朗诵艺术家薛飞，中央人民广播电台播音员戴萱、嘉华，北京电视台十佳节目主持人“小雨姐姐”孙怡，著名朗诵艺术家、年已八旬的殷之光等，还有来自基层群众朗诵团体和义诗社、中传教育培训中心的孩子们。著名作家、影视编剧赵大年，军旅作家、诗人石祥，诗人崔墨卿，京城名记刘一达等也参加了诗会。茅盾的《白杨礼赞》、舒婷的《祖国啊！祖国》、汪国真的《热爱生命》等散文、诗歌名篇伴随着美妙的音乐和丁香的阵阵清香，回响在法源寺上空。

### 5."名家大讲堂"系列活动

邀请了于丹、王立群、张颐武等名人围绕"纪念抗日战争胜利70周年""绿色北京·人文冬奥""让阅读潜入我们的生活""中国电影"等主题进行宣讲，为广大市民呈现了高品质的主题讲座，并赠送了图书。

### 6. 儿童青少年日常阅读活动

西城区青少年儿童图书馆"青青草文学社"带领小会员先后走进中国书店认识雕版印刷，到张一元茶庄学习泡茶，在京彩瓷博物馆制作瓷器，在空竹博物馆体验抖空竹，到中国现代文学馆感受文学美丽；西城区青少年儿童图书馆"共享阳光残障人读书会"活动坚持多年，公益形象深入人心；西城区青少年儿童图书馆"外来务工子女读书会"活动增强了外来务工人员与子女的关系，场面温馨又感人；西城区第二图书馆带领近百名少儿读书俱乐部的孩子与家长到北京植物园参观。让孩子们在大自然中学习生态科普知识，了解保护生态的重要性。另外，"民间艺术家走进少儿馆"活动、"青苹果童书会"活动、各类亲子阅读活动等，也吸引了众多市民的参与，接连掀起青少年儿童阅读活动的小高潮。

## 二、大兴区：书香首邑·未来航城

第五届书香中国·北京阅读季期间，大兴区图书馆以"书香首邑·未来航城"2015年大兴区全民悦读汇为主题，开展了丰富多彩的全民读书活动。

第五届北京阅读季，通过举办形式多样、主题鲜明、覆盖各年龄层次的读书活动，越来越多的新城居民加入到读书的行列中来。特别是各种寓教于乐的主题阅读活动受到了广大居民的热情参与，书香洋溢的场所越来越多，全社会的阅读氛围日益浓厚，变化令人欣喜。

与此同时，大兴区图书馆多次深入基层开展宣传活动，引导市民认识图书馆、走进图书馆、利用图书馆，进一步激发了广大群众特别是基层群众的读书兴趣和热情。截止到 8 月底，直接参与大兴区图书馆各种读书活动的人数达 50000 余人次。

**1. “书香首邑 · 未来航城”2015 年大兴区全民悦读汇启动式**

4 月 16 日，“书香首邑 · 未来航城”2015 年大兴区全民悦读汇系列活动正式启动。启动式共设置主会场、室内展示区、新媒体阅读与传统童玩项目展示区、户外展销推广区等四个区域。开展了读书节目展演、“大兴记忆”怀旧实景主题展览、“岁月光影”对比图片展、新媒体阅读、沙画创意设计、传统童玩项目体验等多项活动。

**2. 丰富多彩的“蓓蕾行动”亲子阅读活动**

一是注重培养低龄儿童的阅读兴趣。根据低龄儿童的思维特点和阅读喜好，定期开展“亲子故事会”“舌尖上的绘本”“创意课堂”等家庭互动体验及主题丰富、形式多样的培训课堂等阅读活动及综合素质训练课堂。目前，学前低幼活动已成为一项固定服务项目。此外，还邀请幼儿园小朋友参观图书馆，开展科普知识讲座，多种方式激发小朋友们的阅读兴趣。

二是传播“小手牵大手”的阅读理念。对于培养儿童的阅读兴趣，家长也起着关键性的作用。为此，图书馆利用“百场讲座进基层”这一平台，邀请儿童教育、儿童阅读方面的资深专家与广大年轻父母互动，在传递育儿理念的基础上，着力对激发儿童阅读兴趣进行探讨。同时邀请科普知识领域的知名讲师、汉学专家、陈氏太极传人、魔方俱乐部老师等与家长和孩子们面对面，学习科学基础知识，妙趣横生学汉字，掌握基本的防身术，体验魔方的魅力。

三是注重提高儿童的思维能力和动手能力。针对目前少年儿童思维能

2015 年 1 月 28 日，“植物的秘密”少儿科普讲座

2015 年 2 月 6 日，“亲近自然，走进古生物”科普讲座实验

大兴记忆展览

力和动手能力训练不足的现状，图书馆在暑假期间推出了少儿科普知识讲座、航空航天知识培训、少儿数学思维能力提升、剪纸技艺培训、皮影技艺培训、青少年电脑知识培训、语言艺术与语言表达等多项公益培训。这些培训一改以往的说教式授课方法，通过激发兴趣、引导思考、实际操作等方式，最大限度发挥孩子们的主观能动性，让他们成为课堂的主角，受到了广大少年儿童的热烈欢迎，取得良好效果。

四是引导青少年践行社会主义核心价值观。开展以“弘扬民族精神传承中华文化”为主题的2015年大兴区红领巾读书活动，引导未成年人树立正确的世界观、人生观、价值观。今年的红读活动包括“身边的榜样”红领巾讲故事比赛、青少年科普剧比赛、第三届“我的藏书票”设计比赛、“我的校园生活”电子书制作、“读书小状元”评比活动、“红领巾推荐图书”等6项系列活动。

**3. 开展形式多样的读书引导活动**

一是举办读史系列主题展览。先后举办了三次大型读史系列主题展览：“我心中的首邑——大兴”主题展览、“大兴记忆”读史系列活动——“那个年代我们的家”与“大兴记忆：不能忘却的纪念”。

二是开展“百场讲座进基层”活动。为了让讲座更贴近群众，图书馆深入各镇街的农村群众、社区居民展开调研，除此还包括在校学生、部队官兵和企业员工，覆盖面广，有效性强。同时，我们还组建了名家讲师团队，既有中国人民大学、北京石化学院等多所高校的专家教授，又有中央人民广播电台主持人、中央电视台栏目嘉宾等知名人士，讲师团队阵容强大，授课经验丰富。截止到8月底，共开展35场次，近4500人次参与。

三是开展“品阅书香·名家面对面”活动。作为第五届书香中国·北京阅读季的重要活动之一。6月24日，“品阅书香·名家面对面”系列活动走进大兴。该活动结合书香中国·北京阅读季组建的资源平台，以“爱家爱阅读”为口号，邀请一系列名作家讲师团深入大兴区的校园、社区、企业、机关等基层单位，围绕自然环境、历史社科、生活方式、亲子教育等话题，多维度开展主题演讲和现场互动活动，营造多读书、读好书、好读书的良好社会氛围。截止到 8 月底，共举办名家面对面 10 余场，参与人次达 2200 人。

四是依托传统节日开展活动。在春节、清明节、端午节，开展形式多样、内容丰富的节日活动，一方面丰富广大群众的精神生活，另一方面宣传和弘扬中华传统文化。

**4. 强化阅读宣传**

2015 年，大兴图书馆宣传工作全面进入“微”时代。在继续发挥传统媒体作用的基础上，微信平台目前已成了重要的宣传利器和亮点。上半年开始，图书馆着力将微信公众号打造成一个综合传播平台，把时效性、针对性、参与性、互动性和知识性全部融入微信，并提出“大兴区图书馆微信，不只是读书那些事儿”的工作口号和目标。利用官方微信平台，及时发布活动预告、新书推荐、通知公告，根据特色资源和热门话题，设置了“读来读往”“读善其身”“兴图视界”“图个高兴”“兴图资讯”“新书推荐”等特色栏目，努力用有价值的内容留住关注，用新鲜的内容吸引关注。

为增强与读者朋友们的互动，在微信平台开展大兴地名疯狂猜、成语疯狂、我最喜爱的微信栏目投票、“爱阅读爱分享”等多档互动栏目 4 期 70 次，参与人数超过 6000 人次。2014 年 12 月底，在厦门图书馆和《图书馆报》联合推出的《大陆地区图书馆微信公众号影响力排行》中，大兴区图书馆微信公众号排行全国第七。

在做好阵地宣传工作的同时，大兴图书馆还大力践行群众路线，加大力度开展基层宣传工作。参与开展了全区的“三下乡”系列活动，深入到安定桑葚文化节、庞各庄西瓜节、梨花节开展阅读宣传推广活动，深入社区开展阅读宣传活动，公益阅读宣传走进国际社工日活动现场，在“世界读书日”开展多项活动倡导全民阅读。

## 三、海淀区：书香缕缕沁人心·全民阅读育风尚

2015年，海淀区文化委深入贯彻党的十八大和十八届三中全会精神，以第三批国家公共文化服务体系示范区和第二批国家公共文化服务体系示范项目创建为抓手，充分发挥阅读优秀精神文化产品育人化人的重要功能，积极开展形式多样的全民阅读活动，培育和践行社会主义核心价值观，让书香传递社会正能量，努力提高全区人民的道德素质，丰富人民的精神文化生活。

以文化育人、以文化涵养人的全民阅读行动对社会主义核心价值观的培育和践行作用已初见成效，以讲座、读书沙龙、与大师对话、图书流动站、亲子阅读、阅读故事选拔赛和换书大集等多种方式营造浓郁的读书氛围，让更多的百姓从阅读中受益，让更多的正能量在社会中传递，让践行社会主义核心价值观蔚然成风。两年来，活动覆盖区内的机关、企业园区、学校、社区和农村，惠及党政干群、男女老少各类群体400余万人次，在全区营造了“爱读书、勤读书、读好书、善读书”的良好氛围。

在2015年，海淀区紧密合中华人民共和国成立66周年、纪念抗日战争暨世界反法西斯战争胜利70周年开展“和平主题诗文系列诵读”“重走红色交通线”等阅读活动，提醒群众铭记历史，警示未来，弘扬伟大的抗战精神和爱国精神。

### 1. 结合全区重点工作，强化文化凝聚

结合全国文明城区创建工作和第二批国家公共文化服务体系示范项目“高新技术企业园区构建公共文化服务长效机制研究”创建工作，以社会

主义核心价值观为引领，通过“与大师对话”、阅读在云端等阅读活动，推动创建工作实施，强化区域文化凝聚力。

**2. 结合区域特点，强化区域特色**

结合海淀区青年人群集聚的人群特征和高校、科研院所、高新技术企业集聚的行业特征，积极开展“青春的创造”主题阅读艺术沙龙活动、青年畅销作家论坛、“青春之歌”青年汇等青春阅读活动，凸显海淀区全民阅读的青春特色，彰显创新文化、传统文化和当代文化竞相迸发，科技与文化融合发展的成效。

**3.“典型带动阅读绽放”评选表彰系列活动**

一是结合北京阅读季系列评选，组织参加“书香家庭”“阅读示范社区”和“金牌阅读推广人”评选。二是组织“十大读书人物”评选。

**4. 整合力量，打造社会化的“读”服务**

注重阅读体验与感悟分享，广泛开展“书中的百合花”——女性阅读活动、红领巾讲故事比赛、“读书小状元”评选、“迎春花开”——田野阅读等形式多样、层次分明的阅读活动，最大限度地让区域内各界民众共享公共文化普惠的成果，彰显“以文育人、普惠共享”的文化价值追求。

**5. 引入社会力量，实现公共文化服务主体多元化**

今年，海淀区全民阅读服务主体再次扩展——三联韬奋 24 小时书店海淀分店、创业者黑马会、小米公司等社会力量先后加入海淀区全民阅读活动的服务团队，进一步拓宽了全民阅读的资源服务平台。

## 四、东城区：形式丰富多样，紧握时代脉搏

在 2015 年的北京阅读季活动中，结合活动主题，东城区图书馆一方面为已树立品牌的一系列阅读活动注入新鲜血液，另一方面大胆创新，紧握时代脉搏，推出了一系列形式多样、层次分明的新活动。主要有：女性

3月12日，秦大唐：摄影美学讲座

阅读、经典诵读、作家解读名著、少儿绘本阅读、“聚焦阅读”摄影比赛、视障读者“阳光助残”活动及名家系列讲座等，共举办161场次，活动受众群体涵盖儿童、青少年、女性、老年人、残障人士以及热爱阅读、兴趣爱好广泛的中青年人等，通过讲授、分享、比赛、互动、成果展示等多种举措推进活动开展，共投入资金约5万元。

本届书香中国·北京阅读季开展过程中，近3万人走进东城区第一图书馆并从活动中受益。在活动期间，图书馆先后开展采编推书、带领读者选书、网上征集书目等活动，极大提高了群众的阅读热情。媒体报道方面，《北京日报》《北京晚报》《北京青年报》及《图书馆报》等媒体多次报道了活动情况，共刊发新闻36篇。

### 1. 启动数字平台，免费发放卡片

2015 年 4 月 17 日，东城区数字图书馆“书香东城”全民阅读平台正式开启，平台承载 10 万种以上正版数字图书、3 万种有声图书、3000 多种数字期刊、23 万种中小学试卷、2 万多种中小学课件、50 万分钟以上的教育教学视频及几十万分钟影视剧节目。资源实时更新，市民随时随地可以通过电脑、手机等多种数字终端免费使用平台上的任何内容，真正实现“24 小时无障碍无边界”阅读。今后，东城区第一、第二图书馆、文化馆及街道图书馆将借助书香东城全民阅读平台的影响力，举办丰富多彩、主题鲜明、特点突出的阅读推广活动。平台启动后，将陆续免费发放 30 万张阅读卡，东城的百姓将拥有一个数字“私人图书馆”。著名文化学者于丹教授还亲临现场，发表“读书与读心”主题演讲，号召大家走进图书馆、利用图书馆，通过多种方式享受书香阅读，建设“书香东城”。

4 月 17 日，东城区数字图书馆“书香东城”全民阅读平台正式启动

5 月 9 日，史家小学母亲节读书会

**2. 开展摄影比赛，聚焦阅读风景**

摄影公益讲座作为一项传统讲座项目，每年24场讲座吸引了近3000名摄影爱好者走进图书馆。为进一步加强全民阅读宣传推广工作，激发群众的摄影热情，图书馆积极参加“聚焦阅读”摄影作品征集活动，面向街道、社会征集富有艺术感染力的摄影及微视频作品，并承办摄影比赛评比活动。活动共评选出一等奖2名、二等奖5名、三等奖10名、优秀奖25名。共征集摄影作品2000余张，300余人参赛。经初审，有300余张作品进入复赛。

**3. 诵读传承经典，名家亲临指点**

自2009年起，东城区第一图书馆连续7年以诵读方式推广全民阅读，吸引读者与艺术家参与其中，发现好作品，传播好文章，收到了良好的社会效益。本届阅读季活动中，借助儿童节契机，将“曹灿杯”全国首届青少年朗诵大赛带进图书馆。此次大赛致力于培育和践行社会主义核心价值观，为青少年儿童搭建传承经典国学文化的展现交流平台，充分提高青少年儿童的语言文化素养。大赛还同步启动了“清音计划”——关爱语言障碍儿童公益活动，邀请全国各地语言障碍儿童进京免费参与赛事全程活动，并进行免费培训。

**4. 名嘴推荐新书，发挥名人效应**

在今年的阅读季活动中，图书馆先后请来了央视著名主持人敬一丹、水均益和郎永淳，他们不但带来了自己的书《我遇到你》《益往直前》《爱，永纯》，更带来了他们对于自己的职业、人生理解，吸引了上千名读者参与其中。

女性是家族阅读的引领者，是培养下一代热爱阅读的主要力量，在今年的女性阅读系列活动中，东城区第一图书馆承担了北京阅读季女性阅读活动的组织和推荐，并将系列主题与母亲节相结合，先后举办了“感恩母亲”经典诗文朗诵会、“浓浓五月寄深情”女性经典诗文诵读会以及阿紫、舒婷等优秀女性作品经典诗文诵读会，共300余位读者热情参与。此外，针对女性在家族教育中的重要地位，东总部分馆还举办了“父母课堂下面管教系列讲座”“母亲节妈妈读书会”等深受女性欢迎的活动。

## 五、朝阳区：共读共享，掀阅读热潮

2015年，朝阳区充分发挥资源优势，结合北京阅读季活动各项活动主题，将全民阅读活动与弘扬社会主义核心价值观紧密结合起来，在区内开展了丰富多样，别具一格的系列读书活动，以一种全新的理念呈现在读者面前，既富有文化内涵，又突出了馆藏特色，掀起了读书“热”和参与“潮”。

2015年年初以来，朝阳区开展的全民阅读活动有“年文化”系列活动，朝阳文化讲堂公益讲座，“世界读书日”读书热，爱心邮局文化志愿行动，蓝色幻想儿童艺术节，“阳光悦读沐浴书香”青少年“暑期课堂”，纪念抗战胜利70周年系列读书活动，社会力量参与公共图书馆建设读书活动等项目。

经统计，截至2015年9月，全民阅读活动，共开展了八大主题260余项活动，参加活动人数达42000余人次，志愿者参与200余人次。另外，社会力量参与朝外街道图书馆运营，举办读者活动68场，参与人数1600余人次。

### 1. 我的声音　你的眼睛

以爱心为明灯，让他们看到美丽的世界；以祝福为导航，让他们感受人间的温暖。2015年5月15日，在第25个“助残日”来临之际，朝阳区图书馆特别为驻区视障朋友举办了“我的声音你的眼睛”专题活动。朝阳区图书馆特别邀请了北京联合大学师范学院艺术教育系的学生志愿者，为驻区视障朋友带来二胡独奏、笛子独奏、古筝独奏、手风琴独奏等曲目。让视障朋友们仿佛置身于音乐情景之中。驻区 20 余位视障朋友在家人或朋友的陪同下来到朝阳区图书馆新馆参加了活动。

朝阳区图书馆自创办盲人阅览室以来，先后为盲人朋友们组织开展了听书馆、情景式阅读、送书上门等多种形式的阅读活动，深受盲人读者的喜爱。

**2. 畅享“悦”读由你做主**

2015 年 4 月 18 日，以“畅享悦读，由你做主”为主题的朝阳区图书馆志愿者图书采购系列活动正式启动。图书馆组织志愿者了 20 余人统一乘车赴通州台湖图书仓储物流基地进行图书采购，共挑选了 250 余种近 2500 册图书。

此次采书活动打破了以往的图书采购模式，使读者以志愿者的身份加入到图书采购的环节中来，这种以需定供的图书采购方式，既能满足读者所需，也可保障入藏图书的良好质量，符合自助图书馆“公平、均等、便捷、高效、全天候”的宗旨，真正意义上实现以读者为中心的图书馆服务模式。

**3. “读中国看世界”——悦读·悦成长**

2015 年 4 月，朝阳区图书馆携手悠贝亲子图书馆（该馆为民办图书馆）发起“读中国看世界”——“世界读书日”悦读·悦成长绘本故事会。活动期间，《跑跑镇》已经跑遍了全国悠贝各分馆，在碰撞游戏的引领下，更多家庭及孩子们体验到了前所未有的阅读快乐！

**4. 纪念抗战胜利 70 周年系列展线上线下联动展出**

为纪念抗日战争那段可歌可泣、波澜壮阔的历史，朝阳区图书馆推出了《铭记历史珍爱和平》《伟大贡献》（由中国抗日战争纪念馆提供）、《抗日战争中的国际友人》（由国际友人研究会提供）三部专题展览。该展览已陆续在新旧两馆展出，并在朝阳区图书馆官方网站线上进行展出。

2月16日，朝阳区图书馆新馆举办了“腊月二十八，祥年贴花花”手工剪纸送吉祥活动

6 月 1 日，朝阳区图书馆第二届蓝色幻想儿童艺术节活动现场

专题展览通过近百个历史镜头，一份份文字史料和一张张抗战图像，再现了中国共产党领导中国人民进行的艰苦卓绝、波澜壮阔的全民族伟大抗战历史，用鲜血和生命谱写了正义战胜邪恶、光明战胜黑暗的英雄史诗。

在朝阳区图书馆“纪念抗日战争胜利暨世界反法西斯战争胜利70周年”系列读书活动中，业务拓展中心的馆员们还带着《铭记历史珍爱和平》《伟大贡献》(由中国抗日战争纪念馆提供)两部专题展览在驻区部队、街乡、学校进行了为期三个月的巡展。两部展览共展出32块展板、34幅图片，近百个历史镜头，集中展示出中华民族艰苦卓绝的浴血抗战史，旨在更好地讲述中国人民英勇抗日的历史事实，唤起人们对和平的向往和坚守。

此次朝阳区图书馆举办的大规模的巡回展览，馆员们足迹遍及驻区10余支部队；双井、朝外、金盏、东湖、三里屯、劲松、东坝、机场等街道及地区；工大附中首城国际校区、劲松三小等学校。展览一经展出，在广大官兵、读者和同学中引起了强烈反响，参观者热情很高，受到一致好评。

## 六、丰台区：最是书香能致远

在2015年，结合北京阅读季，以“书香丰台”阅读系列为主题，丰台区开展了丰富多彩、多种多样的全民阅读活动，吸引众多读者走进图书馆，充分利用图书馆资源，提高公共文化服务效益。截至2015年9月，丰台区共计开展各类活动59场次，累计参与读者12000余名。

依托北京阅读季开展的全民阅读活动，促进了和谐、凝聚了人心，践行了“北京精神”，同时推进了“丰台文化、丰台精神、丰台品牌、丰台形象”，提升了丰台区文化发展活力，为创建文明区奠定了基础。

### 1. 摄影系列活动

“阅读·风景”摄影比赛是北京阅读季活动重要版块之一，为了吸引更多的人群了解北京阅读季，在全区范围内普及摄影方面的知识以及解答摄影爱好者在摄影当中遇到的实际问题。区图书馆邀请丰台区南乡文化站站长梁春生，为摄影爱好者从零开始讲述摄影知识。同时区图书馆于 9 月中旬组织开展基层图书室采风实践活动，以提高摄影爱好者创作能力，展现丰台区基层图书馆（室）、益民书屋阅读环境。

**2. 语言艺术系列活动**

为满足广大群众对语言艺术的需求，进一步提高我区朗诵爱好者水平，为阅读季诵读活动做好基础，区图书馆邀请北京市朗诵艺术研究会副秘书长、中国传媒大学副教授詹泽老师对全区朗诵爱好者及民众举办专题讲座，现场辅导每位参与讲座的听众，提高大家朗诵水平的同时，使广大群众领略语言艺术的魅力。借助讲座中的学习与交流，丰台区南乡、卢沟桥乡分别以阅读为主题分别开展了朗诵比赛和演讲比赛。通过比赛畅谈阅读带来的快乐，歌颂美丽丰台的人文景观和发展变迁。

**3. 新书推荐及征文活动**

为了做好图书馆以及益民书屋的阵地服务工作，推动全民阅读风尚，区图书馆自年初至 10 月每月定期开展新书推荐活动。推荐的书目以热点文学、畅销小说以及深受读者喜欢的图书为重点，在本馆、各个益民书屋进行推荐，同时开展“阅读点亮中国梦”读书征文活动，让广大读者分享阅读所带来的欢乐、分享阅读感悟。

**4. 图书交换活动**

图书交换大集是“书香丰台”阅读系列活动中互动性强、读者参与众多的亮点活动之一，充分体现了全民阅读活动目的和意义，让广大市民和读者手中闲置的图书流动起来，使知识得以继续传播，图书资源得到充分利用。

区图书馆现场还发放“书香丰台”活动安排简介、新书推荐目录、“一卡通”办理须知等宣传材料，吸引众多行人驻足了解、关注活动动态，让参与的读者分享“赶集”带来的快乐。

“书香丰台”图书交换大集

卢沟桥乡朗诵比赛

#### 5. 书香北京系列评选活动

为了推动北京阅读季在丰台区全民阅读活动中纵深发展，以推广书香家庭、阅读示范社区以及金牌阅读推广人的形式，鼓励和引导人民群众走进公共阅读场所，发挥公共文化服务体系的社会职能，经过社区(村)推荐、街道、乡(镇)确认等层层选拔，共评选出了优秀阅读家庭5个、优秀阅读示范社区3个、金牌阅读推广人7个。

#### 6. “反法西斯战争胜利70周年”专题展览活动

2015年是世界反法西斯战争胜利70周年，为了纪念，缅怀先烈，弘扬民族精神，强化爱国主义教育，丰台区图书馆举办了《纪念反法西斯战争胜利70周年》专题展览。本次展览共分世界反法西斯战争、中国反法西斯战争、战争阶段、战争带来的启示、战争造成的损失五个板块，让读者、广大民众回顾战争历史，了解战争给人们带来的伤害和损失。本次专题展览及推荐优秀书目不仅为了纪念“反法西斯战争胜利”，更希望通过展览让更多的人了解战争的残酷，呼吁世界和平，激发每位观看展览的读者的爱国主义情怀，实现中华民族伟大复兴的中国梦，带动阅读热潮，丰富广大读者文化生活，共享全民阅读。

#### 7. “世界读书日”主题宣传活动

“世界读书日”当天丰台区图书馆举办了专题展览、为北京市十二中学生安排了《中国反法西斯——中国抗日战争》专题讲座，同时与卢沟桥街道和风四季社区、卢沟桥乡西局村、航天部三院图书馆共同开展“大众读书会”阅读交流活动，现场为学校、图书室赠送图书。活动中邀请记者对活动进行跟踪报道，宣传“世界读书日”全民阅读的同时，分享阅读、传递阅读所带来的喜悦，传递社会正能量。

#### 8. “八一”共建宣传活动

“八一”慰问活动，是区图书馆多年来一直坚持开展的一项工作，慰问活动不仅能够丰富广大官兵的业余文化生活，同时还能够宣传和提高区图书馆的社会职能。2015 年慰问活动中国，丰台区图书馆走访慰问了汽车独立二营、北京市卫戍区西营房官兵，同时分别与长辛店镇、太平桥街道共同开展双拥慰问活动为武警水电指挥部、装甲兵工程学院的官兵送去了祝福。

**9. “世界助残日”主题宣传活动**

为丰富残疾人文化生活，丰台区图书馆特别为自闭症、孤独症儿童等特殊群体精心挑选出少年文学、科普知识、健康成长等传递关爱儿童的青少年读物 320 余册，赠送区残联 7 个公益救助单位。同时，现场向群众发放杂志、一卡通须知、“书香丰台”阅读系列活动宣传材料等。

## 七、石景山区：红色基因、绿色发展、金色梦想

2015 年，石景山区结合北京阅读季，围绕“红色基因、绿色发展、金色梦想”的活动主题，全区开展了“图书服务进基层”“周末大讲堂”“名家讲坛”“红领巾读书活动”“小小书虫俱乐部”“小叮当手偶剧场”等主题文化活动，大大丰富了人们的精神文化生活。全年共开展阅读主题活动近 300 场，受益人次 35 万，投入专项资金共计 68 万元左右。

加强基础硬件建设，强化文化阵地功能，进一步完善图书馆四级网络数字化建设，区政府大楼 24 小时自助图书馆正式投入运行；少儿图书馆移动智能数字化信息服务平台更加完善，推进了文化主题场馆和数字科普阅览室打造项目；结合“永定河传说”特色资源，建设了专题数据库；加大了对基层图书分馆(室)的数字化建设力度。石景山区全民阅读活动开展情况得到了媒体的广泛报道，《人民日报》《北京晚报》《京华时报》《中国文化报》《法制晚报》《石景山报》《首钢日报》等纸媒共计发稿 88 篇。

通过开展内容丰富、形式多样的全民阅读活动，全区形成了积极向上、健康良好的阅读文化氛围，区内未成年人阅读群体不断增加，截至 2015

8 月 1 日，“小小书虫俱乐部”的小读者在拼插乐高玩具，制作电动汽车

纪念抗战胜利 70 周年灯谜展

年9月，石景山区两所图书馆共接待读者35万人次，外借图书45万册次；其中未成年人读者比例比去年同期增加4%，外借图书增加28%。

**1. 小小书虫俱乐部系列活动**

小小书虫俱乐部是石景山区少年儿童图书馆低幼亲子活动的主打品牌，自2009年3月成立以来，共有上百位小读者获得了会员身份，每年上千人次参与活动。

俱乐部每月定期举办大小型活动多次，如：我会讲故事、趣味手工会、才艺展示赛、阅读表演会、科学小玩儿家、亲子阅读辅导讲座等，涉及的知识面广，趣味性强。俱乐部创建的初衷在于为石景山区乃至全市的少年儿童，特别是学龄前小读者们搭建锻炼的平台，激发他们各方面潜能，让他们在活动中找到自信、获得勇气、学会思考、乐于表达。

**2. 图书馆里戏年夜——“快乐奔跑，阅！悦！跃！”**

“快乐奔跑，阅！悦！跃！”是石景山区少年儿童图书馆2015年打造的开年第一场大型活动，也是馆内精心策划的一档特色活动。活动以图书馆里戏年夜为主题，将红色革命传统教育、人文常识、社会主义核心价值观和图书馆使用技能贯穿于游戏的闯关环节中，寓教于乐，同时形成对图书馆的美好印象和对知识的向往。该活动由12名6~8岁的小读者分成四组进行闯关比赛，闯关环节分别设在平时用于小读者借书、阅览、活动的地方，看似平平无奇，其实处处可寻图书馆数字化建设的细节，对于从小接触电子产品的孩子们来说，能够更加快捷地获取图书馆的信息。此外，少儿图书馆还运用多媒体技术手段，实现了将比赛现场画面实时传送到报告厅大屏幕，家长们可以即时看到孩子的精彩表现。

**3. 纪念抗战胜利暨世界反法西斯胜利七十周年灯谜展**

石景山区图书馆的灯谜知识讲座，自2002年举办以来深受大众欢迎。每月第一周的周六，大家就会自觉相约来到图书馆听课。通过原北京市灯谜协会秘书长赵濂老师的13节授课，大家的猜谜水平得到了很大提高。

不仅如此，图书馆还依托各种传统文化节日举办形式多样的灯谜有奖竞猜活动，如元宵节、端午节、重阳节等。在学习知识的同时，也丰富了广大读者的业余文化生活。

为缅怀革命先烈，弘扬抗日民族精神，石景山区图书馆以纪念中华民族抗日战争暨世界反法西斯战争胜利70周年为契机，积极承办了“全国百城抗战灯谜展猜”活动，将抗战主题相关知识以灯谜的形式展现出来，广大群众既能体验灯谜活动的趣味性，又能在猜谜的过程中学到丰富的历史知识。

#### 4. 周末社区大讲堂

周末社区大讲堂是石景山区图书馆的品牌活动之一，坚持常年开展主题讲座，丰富社区居民的文化生活。2015年北京阅读季期间，石景山区图书馆采取区图书馆阵地和基层益民书屋相结合的方法，共组织“百姓读书大讲堂”讲座活动5场，300余人次参加。讲座内容贴近百姓生活，注重弘扬时代主旋律，涉及中国优秀传统文化，青少年健康等多个主题，深受社区居民欢迎。

## 八、房山区：传承文化，品味经典

为进一步发挥北京阅读季房山区的示范引领作用，在2015年房山区图书馆开展了以“传承文化，品味经典”为主题的阅读季系列活动，通过开展系列群众性读书活动，整合全民阅读资源，在全社会营造“多读书、读好书、善读书”的良好氛围。

2015年，房山区图书馆结合益民书屋建设管理工作与第五届北京阅读季活动要求，共开展了8项读者活动，累计近1.3万人参加。

**1. 做好阵地服务，夯实基础业务工作**

图书馆的业务工作是读者活动的基础，夯实业务工作，才能通过举办读者活动做好读者服务工作。

**图书馆始终把阵地服务放在业务工作重要位置。**截至9月，共办理读者证2215个，流通人次162053人，流通册次220977册，较好满足了读者图书借阅、报刊阅览等读书需求。

**开展新书推荐活动。**为营造全民读书的良好氛围，满足不同读者的不同需求，房山图书馆每月1日举办新书推荐，将10种畅销图书推荐给读者，截至9月共举办新书推荐9期，推荐图书90种，为读者的阅读提供了更多的选择和便利。

**发挥图书馆自身资源优势。**开展送书下乡活动，开展了“送书进农村”“送书进校园”“送书进军营”“送书进企事业单位”等一系列送书下乡工作。最远到达了蒲洼乡、霞云岭乡、史家营乡等边远地区，有效延伸了服务的手臂。1—9月份共送书下乡119次，送书93120册。

**规范益民书屋管理标准，发挥益民书屋作用。**为使益民书屋业务工作更加规范，管理水平进一步提高，更好地发挥作用，为全区益民书屋发放了《房山区图书馆益民书屋工作记录手册》，并于3月份起以乡镇为单位，采用现场实操的方式为益民书屋管理员进行业务辅导与培训，共培训9次，培训人数133人；9月23—24日，房山区又在韩村河会议山庄报告厅举办了2015年益民书屋管理员培训班，来自全区25个乡镇及社区432名书屋管理员参加了培训。

**2. 兰香中国——房山区第二十个“世界读书日”群众诗歌朗诵会暨“阅美人生”全民阅读活动启动仪式**

2015年4月19日，兰香中国——房山区第二十个“世界读书日”群众诗歌朗诵会暨“阅美人生”全民阅读活动启动仪式在北京理工大学良乡校区举行。诵读的重点是以兰花大会为主题，以兰花诗文、兰花舞蹈、兰花音乐等为舞台艺术表现形式，以独诵、领诵、齐诵、合诵与音乐、舞蹈等相互融合、上下互动的方式进行，现场有3500人参加诵读会。

### 3. “梦想起航”关爱外来务工子弟先锋行系列活动

2015年5月25日，“梦想起航”关爱外来务工子弟青年先锋行系列活动在北京市房山区外来务工人员子弟学校民仁学校举行。为房山区民仁小学的同学们送去文艺表演、文化信息资源、文具用品、国博流动展览等，努力营造关爱农民工子女的浓厚氛围，传播社会正能量。全校共有300名学生参与此项活动。

### 4. 2015年房山区群众诗歌诵读会

为深切缅怀英雄的光辉业绩，弘扬爱国主义精神和民族精神，深入推进社会主义核心价值观建设，为实现“新城新业新生活”的房山梦凝神聚力，“剑胆兰心”——纪念中国人民抗日战争暨世界反法西斯战争胜利70周年房山区群众诗歌诵读会活动于8月28日上午10时在平西抗日战争纪念馆举行，参与人员总规模近800人。

### 5. 书香中国·第五届北京阅读·书香北京系列活动工作

按照北京阅读季“书香家庭”“阅读示范社区”和“金牌阅读推广人”评选要求，通过层层选拔，房山区共推选出书香家庭4家、阅读示范社区2个、金牌阅读推广人5人报送给北京阅读季领导小组办公室。为房山区扎实推进“构建书香北京”建设，加强阅读资源整合，搭建全民阅读服务保障平台，树立全民阅读典型，发挥了示范带动作用。

### 6. 青少年读书系列活动

2015年在区文化馆小剧场、区图书馆四楼报告厅举办了青少年原创科普剧比赛、“身边的榜样”讲故事比赛、第十六届“读书小状元”演讲比赛等活动，共206名学生参加。通过参加这些活动，丰富了学生们的课外

4 月 19 日，世界读书日活动

换书大集活动

科普剧比赛

读书生活，提高了演讲水平，激发了他们的想象力和思维能力，为培养多读书、读好书、好读书打下了良好的基础。

**7. 换书大集活动**

4月17日、18日在苏庄社区良乡中心校举办了房山区第五届换书大集活动。活动以“分享阅读，交换快乐”为主题，号召和引领广大市民开始阅读、热爱阅读、分享阅读，发挥图书馆推动社会阅读的重要作用，同时盘活读者手中藏书、让好书“走”起来。开集的两天时间里，共有8000余读者参加活动，交换图书11200余册，免费发放图书和期刊2300余册。真正为广大读者提供了一个换书、交流的平台。

## 九．昌平区：阅读益民蔚然成风

2015年，昌平区依托北京阅读季，以“阅读点亮中国梦”为主题，举办了第五届昌平阅读季活动，开展了系列群众性读书活动。此次活动选拔面广、组织实施面广、参与面广，充分发挥了益民书屋在群众文化活动的作用，吸引了全区广大群众踊跃参与，在全区形成了勤奋学习、学以致用的良好风气，营造了“爱读书，多读书，读好书”的浓厚氛围，产生了良好的社会效益。据统计，2015年昌平区的全民阅读活动，开展了八大版块共81场活动，直接参与群众近8000人次，通过各项比赛和活动吸引大约8万人次参与北京阅读季。

**1. 开展“百姓读书大讲堂”活动**

为深入开展全民阅读活动，昌平区组织邀请了一批知名专家及专业讲师深入到农村、社区，根据各界群众的需求，举办了“健康知识”“科普知识”“消防安全”“法律知识”“文化昌平大讲堂”等百姓大讲堂系列活动，如女性健康知识讲座、儿童保健知识讲座、清明节习俗知识讲座、食品安全健康讲座等。讲座内容以“弘扬先进文化、关注大众话题、传播科学知识、提高市民素质、共建和谐家园”为宗旨，针对形势进行任务教育、爱国主义教育、法制教育、思想道德教育、健康教育、卫生知识培训等方面内容，讲座坚持“教于行、教于乐、贴近生活、关注民生”的理念，授课与示范相合，使大家“坐得住，听得牢，用得上”，讲究互动，追求实效，收到了良好的效果。北京阅读季期间，昌平区共组织大讲堂活动32余场，参与人数近1900人次。

**2. 开展“阅读点亮中国梦”少儿系列读书活动**

北京阅读季期间，昌平区通过红领巾读书活动将46所直属中心小学纳入北京阅读季，通过青少年原创科普剧比赛、“身边的榜样”讲故事比赛、“我的校园生活”电子书制作比赛、“我的藏书票”设计比赛、读书小状元评选等活动，带动8万余名小学生积极参与。据统计，在北京阅读季期间通过各项比赛和活动吸引大约8万人次参与。

**3. 图书交换大集活动**

为充分发挥图书馆在推动社会阅读中重要作用，号召广大群众开始阅读、热爱阅读、分享阅读，昌平区举办了“好书交换真情互动”图书交换大集活动。活动面向昌平区城镇、农村群众，通过图书交换的形式，“盘活”读者手中的书，让好书“走起来”，营造昌平区全民读书氛围。换书活动昌平主会场设在昌平图书馆，并在天南街道顶秀青溪社区设立了换书点。图书交换大集活动自3月27日启动，受到了众多读者的关注与响应。活动期间共收到读者交换的各类书刊300余册。

**4. “阅润昌平”摄影作品征集活动**

在第五届北京阅读季期间，昌平区举办了“阅润昌平”摄影作品征集活动，组织摄影爱好者，围绕阅读季主题创作拍摄，定格美丽瞬间，借助“镜头”独特的传播方式和唯美的表现手段，发现城乡建设的生产美、生活美、环境美、人文美，展现昌平景色秀美、生活宽裕、人文和谐的崭新面貌。

国学讲堂

萨苏做客“好书好人生·昌平读书汇”

活动期间共收集来自全区摄影爱好者作品113幅，并上报市益民办将加北京市评选。

5. 开展“八进八创”活动

面向基层群众，服务基层群众，积极推广全民阅读，在全区开展了“八进八创”活动。4月23日上午，昌平区图书馆参加由昌平区政协在延寿镇上庄村文化广场组织的2015年文化、科技、卫生、法律“四下乡”活动。本次活动中，区图书馆共发放图书期刊2000余册，发放环保宣传袋、文具等500件，发放奖品200份。

5月23日，昌平区图书馆联合崔村镇文化中心将精心挑选的800余册图书、期刊走进崔村镇香堂农贸大集，拉开了昌平区图书馆2015年“文化走基层，图书进大集”活动序幕。

6月27日，昌平区图书馆携带多方筹集来的图书300余册来到昌平区南口镇早市，开展送书下大集活动。通过图书下乡，零距离接触偏远农村，外来务工人员聚散地，让更多群众共享阅读。

在第五届北京阅读季期间，昌平区在全区开展了“书香家庭”“阅读示范社区”“金牌阅读推广人”评选活动，经过层层选拔，评选出9个“书香家庭”、5个“阅读示范社区”、5名“金牌阅读推广人”加参加北京阅读季书香北京系列评选。

6.“好书好人生·昌平读书汇”活动

“好书好人生·昌平读书汇”创办于2013年10月，是由昌平区文化委主办，区图书馆、博物馆、文化馆、区新闻中心共同承办的专家访谈式公益大讲堂活动。该活动以弘扬北京精神，积极倡导“我与好书同行”的思想，努力践行“我读书，我快乐，我学习，我成长”的理念，在北京阅读季期间，共组织举办了“好书好人生昌平读书汇”11场，邀请著名评剧艺术家谷文月、著名表演艺术家曹灿、女诗人阿紫等文化名人做客读书汇，超过3000名书友参加，在全区营造了一种“书声琅琅，书香昌平”的良好氛围，使阅读真正成为广大城乡居民的自觉行动和生活需要。

### 7. “一片丹心”《弟子规》公益亲子课堂

“一片丹心”《弟子规》公益亲子课堂由区文化委和陈一丹基金会主办，区图书馆承办，已顺利完成了第一期共10讲的全部课程。该活动内容新颖，以《弟子规》优秀文化引导孩子养成良好的学习和生活习惯，将优秀的传统文化融入生活，促进家庭与社区的和谐。得到了社会各界的一致好评。

### 8. “阅润昌平”童学会系列活动

在北京阅读季期间，昌平区图书馆利用少儿馆馆藏资源，举办了“阅润昌平”童学会系列读书活动共20场，有亲子阅读、手工课、书法课、讲故事、小小图书管理员志愿服务等等，活动内容丰富，形式多样，参加人数超过500人。这些活动不仅丰富了小读者的课外生活，也很好地在未成年人群中营造了阅读氛围。

## 十、平谷区：同读·同悦·同逐梦

为贯彻落实党的十八大和习近平总书记系列重要讲话精神，彰显北京阅读季的品牌价值，充分发挥书香中国·北京阅读季在全民阅读活动中的示范引领作用，平谷区文化委员会结合“第五届北京阅读季活动方案”“北京市红领巾读书活动方案”“北京市全民阅读活动方案”，开展主题为“同读·同悦·同逐梦”第七届大众读书工程。截至2015年9月举办各类讲座、培训、展览等多种形式的阅读活动125场次，受众人群达5万人。

与此同时，平谷区文化委员也加强了与新闻媒体、各大宣传网站的联系，及时对平谷区图书馆动态进行报道。截至8月底上报信息、新闻32条，分别在《京郊日报》《平谷报》、首都图书馆网站、北京市共享工程网站、平谷政府网、平谷新闻等各大门户网站及新闻媒体相继报道。编制馆刊《书缘》2期，在全市各公共图书馆及本区各分馆间开展宣传与交流。

**1. 北京阅读季系列活动**

**第五届书香中国·北京阅读季活动启动式。**2015年4月1日，在平谷区世纪广场桃花大舞台，开展“同读·同悦·同逐梦”平谷区第七届大众读书工程启动仪式。平谷区副区长徐素芝宣布活动启动，北京市新闻出版广电局公共服务处处长王亦君、区文委主任王文忠、区教委副主任崔会明等领导为荣获2014年大众读书工程优秀组织奖的单位颁发荣誉证书。

**“品阅书香”千场名家面对面系列活动。**邀请、汇集、精选出版机构、阅读组织、国内知名作家，走进社区、走进校园、走进机关，开展各类优秀阅读活动，大力推动首都全民阅读。截至8月底，完成各类科普、摄影、国学知识、文化等讲座共48场。

**书香北京评选系列活动。**平谷区共31户“书香家庭”，9位“金牌阅读推广人”，12个“阅读示范社区”报名参选，图书馆本着公开、公平、公正的原则，以业务突出、群众公认、好中选优为导向，突出群众性和示范性，最终评选出区级“书香家庭”8户，“金牌阅读推广人”2人，“阅读示范社区”5个，并推荐参加北京阅读季书香北京系列评选。

**“聚焦阅读”活动。**联合各街道、乡镇、学校及区摄影协会等单位，开展“聚焦阅读”活动，面向社会征集富有艺术感染力的摄影及微视频作品，展示读书美好瞬间，展现书香北京浓厚底蕴。据统计，共征集作品120幅，最终评选出60幅参加北京阅读季“聚焦阅读”摄影比赛。

**2. 北京市红领巾读书活动**

加强与少工委的合作，先后开展“身边的榜样”讲故事比赛、青少年原创科普剧比赛、第三届“我的藏书票”设计比赛、“我的校园生活”电子书制作大赛及第十六届“读书小状元”评比活动，全区共29所小学2万名小学生共同参与。

**3. 平谷区全民阅读特色活动**

**“诵经典、忆圣贤”平谷区第二届清明诵诗会。**2015年4月1日，组织平谷一小、三小、峪口一区、东交民巷马坊分校、德翰实验小学的学生、武警中队战士、绿谷艺术团和社区群众400余人组成了宏大的朗诵队伍，一起诵读国学经典和红色经典，缅怀英烈和先人。同时，引领人们在诵读中亲近经典，在亲近中热爱经典，在热爱中弘扬中华文化，提升人文素质，树立良好的社会风气。

**世界读书日系列活动。**世界读书日期间开展第五届北京换书大集活动，广大市民将手中闲置书刊与其他市民交换阅读，分享阅读的收获和乐趣。图书馆在现场还推出现场办理借书卡、关注图书馆官方微信有礼活动，鼓励大家积极参与阅读。活动共交换书刊2000余册，现场办证50余个，发放各类宣传品5000余份，近千名读者参与。此外，于4月23日，配合大华山镇政府协办“美丽乡村·筑梦有我——就爱你阅读”公益活动。该活动由中共北京市委宣传部、中共北京市委农工委、北京市农委、北京市新闻出版广电局、北京广播电视台、北京农商银行共同主办。

活动仪式上，村书记讲述了阅读改变农村面貌的故事；平谷一小的孩子们用吟诵的方式朗诵经典《游子吟》。此外，大华山中心小学的孩子们把他们今年最想要的一本书写在了心愿卡上。北京农商银行为孩子们实现了这个心愿，出资为这所小学捐建一个拥有500本精美图书的“书香校园阅读角”。

为了推动北京全民阅读更好地开展，书香中国·北京阅读季领导小组办公室建立了北京阅读季“阅读朋友”制度，聘请文化艺术界名人担任“北京阅读季阅读朋友”。活动仪式上，来自北京广播电视台的13名主持人获得“阅读朋友”称号，并走进大华山中心小学的每个班级，为孩子们上了一堂特殊的阅读课。

**开展“疯狂博士玩转科学”科学素养课程推广活动。**为了提高全区中小学生科学素养，切实解决科学类学科教学方式单一、学生缺乏想象力和创造力等深层次问题。深入全区各中小学校，开展“疯狂博士玩转科学”科学素养课程推广活动。此活动采用提问、信息搜集、实验探索、小组合作讨论等教学方法，内容涉及物理、化学、生物等各个领域。制作内容包括：蒸汽船、万花筒、针孔照相机、望远镜等等，深受孩子们的青睐。截至9月，共计开展30余场次。

**打造以“经典阅读——弘扬优秀传统文化”为主题的“2015全国少年儿童阅读年”系列活动。**开展“品经典，绘梦想，画未来”少年儿童经典阅读绘画大赛活动，共征集作品280余幅，评选出112幅作品参加全国比赛；围绕家长、教师及学生共同开展以“家有读书郎”和“我们班的读书故事”为主题的“寻找最美读书故事”征文比赛，共征集作品百余篇；面向各级图书馆馆员、教师、家长开展“我给孩子讲故事”经典讲读视频大赛，评选3组作品参加全国大赛；开展“用声音传播经典”少年儿童中华经典讲读音频大赛，评选11组作品参加全国大赛；举办“我爱我家”书香家庭阅读微视频大赛，评选5组作品参加全国大赛。

## 十一、延庆区：书香飘延庆 全民享阅读

延庆区为激发广大群众的读书热情，推动全民阅读活动热潮，按照中央宣传部、新闻出版广电总局关于推进全民阅读的相关要求，依托北京阅读季，在2015年开展了“阅读点亮中国梦”为主题的全面阅读活动，取得了良好效果，全年共有约2300人次参加。在“金牌阅读推广人”“阅读示范社区”和“书香家庭”的评选中，延庆区有1个阅读推广人、6个优秀社区及1个家庭参加市级评选。

“诵经典·忆圣贤”平谷区第二届清明诵诗会

“疯狂博士玩转科学”活动

**1. 4·23世界读书日活动**

在4月23日世界读书日之际，延庆图书馆以“把读书当成生活、让阅读成为习惯”为主题开展了系列活动，包括“悦读阅美——2014年度请读书目”展板展览、馆内新书现场阅览、发放首都市民学习空间学习卡、杂志、申冬奥宣传材料、电子书下载介绍等、读者调查问卷100份。

通过“4·23”世界读书日系列活动的开展，弘扬了尊重知识、崇尚文明的阅读理念，养成了公众良好的阅读习惯，丰富了公众文化生活，提高了公众文化素质，为建设学习型城市、学习型社会、文明社区做出贡献。让读者更进一步了解“4·23世界读书日”，更进一步了解图书馆，走进图书馆。

**2. “书香飘延庆、全民享阅读”端午节特别活动**

为传承中华优秀传统文化，丰富群众精神文化生活，在端午节来临之际，配合延庆第七届北京端午文化节活动，图书馆开展了以“书香飘延庆、全民享阅读”为主题的延庆阅读季活动。

（1）根据图书馆馆藏图书资源，精选60种适合端午节阅读的图书、杂志，包括端午节由来、屈原故事、诗词歌赋、文学经典、少儿绘本等适合各年龄段读者阅读的精品图书、新书，在活动现场摆放，供群众免费阅览，让大家在享受端午节各项文化活动大餐的同时，有一个心灵小憩的场所。

（2）设置现场咨询员，为现场阅读群众答疑解惑，增加交流互动，营造浓厚的读书氛围。

（3）设置意见簿，拓宽图书馆与群众交流互动的渠道，为广大群众建言献策提供一个平台，推进为我县图书馆事业发展。

以端午节传统节日为契机，“承端午文化精髓、扬民族传统底蕴”，通过主题展览、图书推广等形式多样的阅读季活动丰富了广大市民的节日文化生活，让广大群众切实感受端午节传统文化，激发阅读兴趣、培养阅读习惯，为节日的延庆增添浓郁的书香气息。

世界读书日活动现场

## 十二、密云区：书香密云·全民阅读

2015年，依托北京阅读季，密云区举办了“书香密云·全民阅读”推广活动，深受全区各级领导重视。北京阅读季期间，在充分展示全民阅读文化内涵的同时，让广大市民在阅读体验中深刻感受到全民阅读系列活动所带来的精神享受和文化传承的实效性。经统计，2015年密云全民阅读活动共开展大小型活动50场次，参加人数达30000人次，志愿者参与近200人次，设计宣传海报500张，展览展示10次，媒体报道7次。

### 1. 密云区第五届“书香密云·全民阅读”活动启动式

2015年4月25日，着力营造全民阅读良好氛围的密云第五届“书香密云·全民阅读”活动启动式，就此拉开了密云全民阅读季的帷幕。

### 2. 第五届北京换书大集

以世界读书日为契机，举办了“第五届北京换书大集”活动。本次活动是密云县第五届北京阅读季中一项重要活动，共计交换图书900余册，充分发挥了图书馆推动社会阅读的重要作用。

**3.“我和老书做朋友”旧书展**

2015年3月至5月，“我和老书做朋友”旧书展览，盘活了馆藏资源，吸引更多的读者走进图书馆，利用图书馆。

**4. 少儿和成人摄影培训活动**

2015年3月至7月，先后进行少儿和成人摄影培训活动，培训人数高达2000余人。活动邀请了中国摄影家协会会员、国家一级摄影师主讲，因而激发了密云广大市民对摄影创作的兴趣，创作出大量关于反映密云广大市民参加阅读活动的优秀作品。

**5. 诵读培训活动**

2015年4月至8月，分别进行少儿和成人诵读培训活动10余场。聘请了中国传媒大学客座教授杨光老师主讲，为引导广大市民对优秀传统文化的认知，培养其诵读情趣，提升文化综合素养，倡导深度阅读和精品阅读，起到了助推作用。

**6.“悦·读”摄影作品展**

2015年4月至9月，在密云图书馆一层大厅举办了“悦·读”摄影作品展。在摄影培训的基础上，向广大培训学员征集优秀摄影作品。

**7. 少年读书节**

2015年4月至12月，举办了少年读书节。充分利用书香校园评选、第二届儿童阅读周、北京市红领巾读书活动等，开展少年读书节活动。暑假期间，密云图书馆举办的“我的假期我做主”少儿读书系列活动、“奔跑吧阅读”“我有一双巧巧手”等活动，让广大中小学生爱上了阅读。

**8.“休闲阅读大讲堂”视频讲座**

依托文化信息共享工程，将精品视频讲座搜集起来，每周一期向市民播放，传递文化信息。

**9. 读书益民工程系列活动**

结合读书益民工程10周年纪念，以各镇(街)、村(社区)为单位，整合文化信息资源共享工程、“益民书屋”、图书馆(室)等资源，组织开展如诵读比赛、征文比赛、知识竞赛等阅读推广活动，各单位举办读书活动均在10场以上，充分发挥了益民书屋在全民阅读活动中的阵地和平台作用，更好地把阅读引领到基层，实现了基层阅读全覆盖。

**10. 积极参加北京阅读季书香北京系列评选活动**

2015年4月至6月，采取镇街推荐、社会报名、大众投票、专家评审等方式，参加北京阅读季书香北京系列评选，举办“金牌阅读推广人”“书香家庭”“北京最美阅读空间”“北京阅读示范社区”等评选活动，选出优秀者推荐至北京阅读季领导小组办公室。

**11. 诵红色经典，掀读书热潮活动**

2015年8月19日，举办“不能忘却的记忆”——纪念抗日战争暨世界反法西斯战争胜利70周年诵读比赛活动。此次活动，通过诵读的形式缅怀革命前辈的英勇抗战事迹，牢记历史，捍卫和平，让历史警钟长鸣。

**12.“文字间的烽火——抗战图书展”**

2015年9月—10月期间，密云图书馆在五层展览厅举办了“文字间的烽火——抗战图书展”。此次展览，整理和展出300册抗战类新书以飨读者。这些书目和展板从不同角度反映了全国人民抗击日本法西斯的残酷斗争历程，展现了中国人民对抗外来侵略不屈不挠的斗争精神，浓厚的抗战激情萦绕在展厅里，仿佛让人们又置身于英勇抗战的那个年代。

"书香密云·全民阅读"系列活动

"书香密云·全民阅读"系列活动

**13. 红领巾读书活动**

在红领巾讲故事比赛、原创科普剧比赛中，密云代表队均获得北京市一等奖的好成绩。5人荣获第十六届“读书小状元”称号。红读活动的广泛开展，已成为密云阅读推广活动中一条亮丽的风景线，极大鼓舞了广大少年儿童，让爱读书、读好书、善读书成为孩子们心中坚定不移的人生信条。

**14. 数字阅读**

密云图书馆在开展传统阅读活动的同时，今年还打造了数字密云图书馆，利用无线网络和公共电子阅览室数字资源，最大限度地服务于读者，从而推进数字阅读建设。在阅读季期间，县图书馆开展了数字阅读的系列活动，如电子书借阅查询机的使用、手机微信服务平台的开通、门户网站的重建等等数字图书馆新举措的服务活动，全方位缩小读者阅读半径，为广大市民充分利用图书馆提供了便捷服务。

## 十三、门头沟区：阅读品牌提升城市文化底蕴

第五届门头沟区阅读季和第五届北京阅读季同步，都是以“阅读点亮中国梦”为主题，以纪念抗日战争暨世界反法西斯战争胜利70周年为契机，着力培育践行社会主义核心价值观，着力强化爱国主义教育，着力弘扬中国优秀文化传统，广泛开展形式多样、层次分明的阅读活动。据了解，2015年，门头沟区图书馆在全区各系统、学校、乡镇社区等，开展了50余场余场群众性读书活动，参与人数多达万余人。

这些活动引领阅读时尚，培养阅读风气，固化并提升门头沟区阅读季品牌，增强门头沟城市的文化底蕴和品质，为推进全区经济社会文化发展提供基础和保障，营造了“多读书、读好书、好读书”的良好氛围。

1. 领读者计划

积极参加北京阅读季领读者计划系列培训活动，分期、分批的组织全区学校老师、机关公务员、益民书屋管理员、社区读书会等负责人的培训。为全区读书会发起人提供交流机会和专业支持，培养领读者后备储蓄力量，使读书会实现长期、持续性发展。

2. 搭建“读书、评书、荐书”平台

通过组织专家、学者、作家、出版家、书评家遴选、评价、推荐各类优秀出版物，并通过媒体定期向社会公布；并在《京西时报》开辟专栏“推荐一本好书”，共推荐好书30余本。开展“阅读好书·共享精品”大众有奖荐书活动，让读者通过多种方式推选出一批具有影响力的图书和作者，促进对精品出版物的解读和分享。

3. 门头沟区少年读书节

2015年门头沟区少年读书节以“弘扬民族精神传承中华文化”为主题，以门头沟区红领巾读书活动为载体，面向全区12所学校，5万多名在校学生通过开展讲故事比赛、原创科普剧比赛、藏书票设计比赛、电子书制作比赛、读书小状元评比、国学进校园、作家进校园、“我的阅读我做主”青少年最喜欢的100种图书推荐、“书香校园”评选、青少年图书交换大集等系列活动，倡导广大青少年多读书，形成爱读书、读好书的社会氛围，丰富全区青少年的读书生活。

4. 家庭亲子阅读月

通过在各乡镇社区开展婴亲子阅读体验、婴幼儿阅读科普知识讲座、父母与孩子共读一本书等系列活动。培养父母与孩子的阅读习惯，提高孩子的读书兴趣，实现家长与孩子共同阅读与学习、阅读与生活、阅读与成长的融合。

#### 5. 公务员阅读汇

结合学习型机关建设，适应公务员需求，通过“阅读好书共享精品”荐书活动、机关图书角建设、书香机关评选等系列活动，扎实推进“书香机关”建设，不断提升公务员的理论素养和综合能力素质，起到示范带头作用。2015 年，门头沟区各机关乡镇共推荐好书 20 余本，知识讲座 10 余场，有效地推进了“书香机关”建设。

#### 6. 门头沟企业职工阅读行动计划

在各类企业中开展了读书活动以及知识讲座，并推选出八方达、国资委、国信嘉业、石龙管委会 4 家单位参加书香企业评选，通过深化学习型组织建设，营造职场读书氛围，满足广大职工的阅读需求。

#### 7. “品阅书香”名家面对面系列活动

通过北京周末社区大讲堂活动，邀请出版机构、阅读组织、作家，走进社区、走进校园、走进农村、走进企业、走进机关，走进部队，开展各类优秀阅读活动 30 余场。

#### 8. 数字阅读体验系列活动

紧扣时代发展脉搏，在百度阅读、大佳网、多看阅读、网易云阅读、纵横中文网、掌阅科技、豆瓣阅读、VIVO 畅读等数字出版平台，开展“数字阅读体验”活动，让便捷优质的数字阅读走进大众。

#### 9. 读书益民工程系列活动

充分发挥益民书屋的平台作用，在全区各系统、乡镇社区、部队开展了“聚焦阅读”摄影比赛、共享工程知识竞赛、爱国主义诵读比赛、以及“阅读点亮中国梦”征文比赛等形式多样的主题读书活动。

#### 10. 书香北京系列评选

结合北京阅读季书香北京系列评选，在全区开展“书香北京”系列评选活动，通过征集，在全区范围内评选出 10 位“金牌阅读推广人”、10 个“阅读示范社区”、10 大“书香家庭”。活动旨在发挥先进典型的传承和示范作用，挖掘先进文化的发展源泉，激发全民读书兴趣，形成良好的读书习惯。

**11. 门头沟区第二届大型书市**

门头沟区图书馆承办了第二届北京书市门头沟分会场，活动时长共 11 天，全区共有万余人参加，销售图书金额共达百余万元，为市民选购、阅读图书提供便利。

## 十四、通州区：千年运河万里书香

2015 年 4 月 18 日晚，“2015 书香中国·北京阅读季”启动仪式在京杭大运河的最北端——通州运河河畔隆重举行，近千名中小学师生及市民代表一起，共兴阅读之风，共启全民阅读盛典。在成功举办 2015 书香中国·北京阅读季启动仪式的基础上，通州持续开展“读书益民”系列活动、“共沐书香阅读成长”亲子阅读月系列活动、“品读书香”系列讲座、“纪念抗日战争暨世界反法西斯战争胜利 70 周年”系列活动、“通州味儿”系列阅读活动、文化助盲系列活动、“红领巾读书”系列活动等。

**1. 2015 书香中国暨北京阅读季启动仪式**

围绕“千年运河万里书香”活动主题举办启动仪式，通过丰富的艺术表现形式，紧紧围绕社会主义核心价值观，向全社会倡导全民阅读。2015 年 4 月 18 日晚，“2015 书香中国·北京阅读季”启动仪式在京杭大运河的最北端——通州运河河畔隆重举行，近千名中小学师生及市民代表一起，共兴阅读之风，共启全民阅读盛典。著名表演艺术家殷之光、陈铎、朱琳、张家声、瞿弦和、张卫东、石维坚、吕中、冯福生、刘劲、虹云等人联袂带领群众集体朗诵，展现了运河承载的千年文脉，凸显了阅读的力量。

**2.“共沐书香阅读成长”亲子阅读月**

“共沐书香阅读成长”亲子阅读月活动，是通州区图书馆专门为孩子和家长乐享阅读而开办的一系列文化活动。包括“亲子阅读接力跑——阅读起跑”“亲子阅读推广系列讲座”“亲子共读、亲子共绘”作品征集活动、第四届信谊艾瑞·卡尔拼贴画大赛北京赛区画展。

**3.“品阅书香”系列讲座**

(1) 品阅书香国学家风系列讲座，大力营造阅读氛围。在通州区图书馆，常年设有读书演讲俱乐部、女性读书会等小型阅读沙龙，以传统国学、读书心得为主要内容，时而邀请作者到场，比如《下乡育儿》读书会等。也与媒体、网站合作各种读书活动，如与《通州时讯》合作了几期“真人图书馆”活动，大运通州网“和孩子一起成长”亲子共读会等，吸引读者广泛参与。

(2) 通州健康大讲堂。通州区图书馆联合首都医科大学附属北京胸科医院，共同举办这个健康大讲堂。健康大讲堂由十余名健康教育专家组成，吸引居民 1000 余人参加。

(3) 少儿科普讲座。2015 年，少儿科普阅览分中心为小读者准备了内容丰富的科普知识讲座，全年 15 场科学实验，重在操作，意在探索。

(4)“培养亲职教育，为孩子引领幸福之路”专题讲座。法制宣传教育也是图书馆非常重视的一项工作，8 月 27 日上午，由区关工委和区文化委联合主办的“培养亲职教育，为孩子引领幸福之路”专题讲座在区图书馆举行。

**4.“抗日战争暨世界反法西斯战争胜利 70 周年”系列活动**

活动包括书目推荐、诗歌征集、“李国亮纪念中国人民抗日战争暨世界反法西斯战争胜利 70 周年人物画展”、仇立权画和珅国画作品展等画展、纪念中国人民抗日战争暨世界反法西斯胜利 70 周年“全国百城抗战灯谜展猜”等。

5.“通州味儿”系列活动

通州故事讲座、“通州味 运河情 阅读美”主题摄影比赛、通州作家作品推介，在图书馆网站、微信平台上向广大通州区读者介绍包括高占祥、王梓夫、刘绍棠、欧阳中石、刘白羽、李赞、浩然等多位通州作家作品。

10月举办的“运河文化图书展”，依托图书馆资源，将通州区地方性文献，以及具有运河特色和通州味道的文学作品进行展出，唤起所有参观者对运河文明的记忆。

“传递运河记忆——‘纪录、寻找通州味道’摄影展”，通过摄影这种具有时代记录感的艺术形式，让普罗大众及专业摄影家共同参与，传承、展示身边的通州之美。

6.文化助盲系列活动

“文化助盲·共享阳光”——志愿助盲联合行动、“心阅书香”阅读分享活动、无障碍电影赏析活动。为推动文化助盲志愿服务活动全面开展，广泛动员社会各界力量，以通州区图书馆为基地，建立盲人文化志愿服务体系，开展送书上门等多种形式的文化助盲志愿服务活动，让盲人在爱的阳光下共享文化发展成果。为提高残疾人自信，增强健全人对残疾人的全面了解与认识，联合首都图书馆“心阅书香”志愿服务队，组织有声阅读志愿者团队，走进玉桥温馨家园为盲人朋友开展阅读指导，使广大盲人读者享受到阅读的乐趣。

为让更多视障人群与普通人一样欣赏到电影的魅力，开设无障碍电影放映专场活动，并为各乡镇、街道配送无障碍电影资源，联合助盲志愿者协助视障人群就近、就便观看高品质正版无障碍电影，打通服务残疾人的“最后一公里”，让残疾人的文化生活更精彩。9月，组织区内盲人读者参加“全国盲人百科知识竞赛”，丰富了他们的生活。

7.“红领巾读书”系列活动

**“身边的榜样”红领巾讲故事比赛**。“身边的榜样”红领巾讲故事比赛，用鲜活的事例引导学生理解和践行社会主义核心价值观。我区选送到市级比赛的学生中，康熠洁获得一等奖，高睿萱获得二等奖，程紫漪、贾添逸、谭博曦获得三等奖。庞艳、张丽娜获得优秀指导教师称号。

**青少年科普剧比赛今年科普剧比赛**。在青少年中深入开展法制宣传教育，弘扬社会主义法治精神，树立法治理念，增强学法遵法守法用法意识。我区芙蓉小学《闵子骞芦衣顺母》获得三等奖，时宇暄获得最佳表演奖。

**第三届“我的藏书票”设计比赛**。第三届“我的藏书票”设计比赛围绕“爱国、诚信、友善”三个方面内容展开，由学生自行构思，并用纸版印刷的技术，制作一枚新颖独特的藏书票。活动共征集到作品170余幅。

**“我的校园生活”电子书制作**。发动学生利用图像资料和优美的文字展示美丽的校园，制作一册“我的校园生活”电子书与大家共享。

**第十六届“读书小状元”评比活动**。在广大少年儿童中积极倡导热爱读书、自主阅读的良好习惯，参赛选手通过读书、利用图书馆的情况、信息素质培养以及读书成果，综合借阅图书记录和现场演讲等环节，最终评选出“读书小状元”进行表彰。

**童子百家讲坛**。暑假期间，通州区图书馆率先举办了两场“童子百家讲坛”活动，通过本馆微信公共号、《通州时讯》《北青社区报》等进行了活动招募，并得到诸多网站、其他微信公号的转发，受到了很多学生和家长的关注。9月份开始，“童子百家讲坛”活动延伸进入十所小学校园，从中选拔孩子分享他们的阅读成果。

## 十五、顺义区：多彩阅读贯穿全年

第五届北京阅读季期间，顺义区图书馆开展了丰富多彩的读书活动，以吸引更多的读者了解图书馆、走进图书馆、利用图书馆，充分发挥图书馆的社会教育职能。截至2015年9月，图书馆组织开展讲座、摄影、展览、讲故事、书香北京系列评选、亲子阅读推广、图书推荐等活动100余场，参加人数2万余人，活动范围辐射全区，充分发挥了图书馆的社会服务职能，进一步提升了图书馆的社会知名度。

### 1. 书香中国·北京阅读季系列读书活动

2015年上半年，顺义区图书馆围绕北京阅读季“阅读点亮中国梦”的活动主题，在全区开展了书香中国·北京阅读季系列活动。

**第五届北京换书大集活动**。活动强调“以书会友·图书有限·循环无限”的理念，透过广大市民彼此之间的图书交换，倡导全民阅读。

**开展“最美阅读”摄影比赛**。为了营造书香社会，倡导广大民众“多读书、读好书、好读书”，同时展示顺义百姓的读书热情，记录阅读美好瞬间，展现书香顺义的深厚底蕴，并真实反映益民书屋服务现状，面向社会征集富有艺术感染力的摄影作品，展示读书美好瞬间。活动共收到作品300余幅，通过专家评选，其中的93幅作品获奖。

**开展书香北京系列评选活动**。通过广泛宣传、动员全区共收到各类评选材料千余份，经过认真评选，最终推荐“书香家庭”7个、“阅读示范社区”3个、“金牌阅读推广人”7名，参加北京市范围内的最终评选。

**“聚焦阅读”摄影与微视频征集活动**。为进一步营造“多读书、读好书、好读书”的良好氛围，展示读书美好瞬间，展现书香北京浓厚底蕴，在第五届北京阅读季期间举办“聚焦阅读”活动，面向社会征集富有艺术感染力的摄影及微视频作品。

贯穿全年的亲子阅读节。馆内不定期举办“亲子阅读·阅读体验”活动，采取听故事、讲故事、演故事、做手工、做游戏等形式，让孩子和家长共同体验阅读艺术，延伸阅读形式，普及推广亲子阅读理念，让更多家庭了解阅读，喜爱阅读。

2. 2015 年“红领巾读书活动”

结合 2015 年北京市的红领巾读书活动总体方案，在全区范围内，组织开展一系列与少年儿童学习生活相关的读书活动。

“身边的榜样”红领巾讲故事比赛。用鲜活的事例引导学生理解和践行社会主义核心价值观。比赛吸引了全区 40 余名中小学生参加。

第十六届“读书小状元”评比活动。在广大少年儿童中积极倡导热爱读书、自主阅读的良好习惯，通过参赛选手借阅图书记录和现场演讲等环节，评选出区级“读书小状元”，并推选 5 名优秀学生至市级参评。

第三届“我的藏书票”设计比赛。围绕“爱国、诚信、友善”三个方面内容展开，由学生自行构思，并用纸版印刷的技术，制作一枚新颖独特的藏书票。

“我的校园生活”电子书制作。利用图像资料和优美的文字展示美丽的校园，制作一册“我的校园生活”电子书与大家共享。选送 10 件作品参加市级比赛。

3. 贯穿全年、丰富多彩的全民阅读活动

2015 年，顺义区图书馆开展了各类讲座、展览、图书宣传、阅读推广等内容丰富、形式多样的全民阅读活动。

春节前后的科技赶集、有奖猜谜、小品展播、成语接龙、网络书香过大年等活动为全区百姓营造了欢乐祥和的文化年味；3 月，女性主题阅读周系列活动，通过讲座、展览等形式普及女性健康知识，推广女性优秀读物；4 月，结合“世界读书日”开展系列读书活动，第五届换书大集、“最

孩子们参观获奖作品展览

现场准备的科学实验道具

笑笑阿姨讲故事

美阅读”摄影比赛，以及各类主题展览、讲座、征文等活动丰富多彩，吸引了众多读者的到馆参加；5 月，随着顺义爱阅团的成立，各种亲子阅读推广活动在馆内如火如荼地开展；6 月，第六届“顺图杯”少儿围棋大赛、“最美顺义”儿童艺术作品主题展等，与其他部门联合举办的少儿活动在全区拉开帷幕；7 月，庆祝中国共产党成立 94 周年系列活动；8~9 月，纪念中国人民抗日战争暨世界反法西斯战争胜利 70 周年系列活动等均收到了良好的社会效果。

## 十六、怀柔区：悦读·怀柔

第八届怀柔区全民阅读活动结合北京阅读季，继续打造“悦读·怀柔”品牌。2015 年，各种形式新颖、富有创意的读书活动层出不穷、丰富多彩，首次推出的“读书点亮人生”年度人物评选、“历史不能忘记”纪念抗日战争胜利 70 周年诵读、经典名著改编影视作品诵读比赛、朗诵培训班、少儿英语读书会五项活动成为本届全民阅读的新风景。

为增强全民阅读活动的参与率，凸显活动的广泛性、多样性和群众性，在开展书香家庭、阅读示范社区、金牌阅读推广人、聚焦阅读摄像比赛活动的同时，还举办了群众喜闻乐见的换书大集、征文、展览、讲座、读书状元评选等八项常规活动。活动共收集征文作品 242 篇、摄影作品 492 幅、评选出书香家庭 10 个、读书状元 10 名、读书之星 56 名，举办纪念抗日战争胜利暨世界反法西斯胜利 70 周年等图片展 5 次，为基层配送活动用书 3400 余册，配送抗战题材影视光盘 4700 余张，基层组织开展“市民大课堂”知识讲座 110 场，读者交换图书 2000 余册。

### 1.“读书点亮人生”年度人物评选活动

2015“读书点亮人生”年度人物评选活动是对 8 年来全民阅读活动中评选出来的 100 位读书状元和读书家庭进行再次推选，选出各年龄、各行业最具代表性的10位读书人物，通过外采小片、情景演出、现场访谈、领导颁奖的全新形式，展现读书人物的故事和精神，展现读书的力量和魅力。

2. “历史不能忘记”纪念抗日战争胜利70周年诵读活动

通过群众性诵读与践行社会主义核心价值观相结合的活动方式，进一步弘扬中华民族的优秀文化和不屈不挠的民族精神，积极展现美好的文学意境和传承的文化精髓，以此来铭记历史，缅怀英烈，弘扬伟大的民族精神，纪念抗战胜利70周年。8月28日，“历史不能忘记”怀柔区纪念抗日战争胜利70周年诵读活动在区图书馆报告厅举行。

3. 经典名著改编影视作品诵读比赛

比赛自3月份开始，历经4个月的层层选拔，来自8个镇乡、街道、区直各工委的13个参赛作品进入决赛。

4. “全民阅读我当先”诵读培训班启动

每周六下午两点至四点在图书馆四层活动室举办诵读活动，通过馆内张贴海报，网站、微博、微信、QQ群发送消息等形式进行宣传，让广大读者了解这个免费的阅读平台。截至8月底，该活动已经举办32期，单场活动读者由最初的9人增加到35人，参与人次达800余次。

5. 少儿英语读书会

少儿英语读书会采取与外教面对面交流的形式，开办一年来深受小读者和家长们的喜爱。今年的读书活动，在延续听英语故事、听英文歌曲、读国外经典原版绘本这些内容的基础上，增添手工制作的环节，让孩子们在听、读、画、剪、游戏的过程中提高英语水平。截至8月底已举办活动7期。

6. “聚焦阅读”摄影比赛

此次摄影比赛开展以来，得到了广大市民的大力支持。共有23个单位选送的492幅作品进行参赛。作品从不同阶层，不同职业，不同人物、不同场景等多方面反映了人们展示读书美好瞬间，展现书香怀柔浓厚底蕴。

7.“纪念中国人民抗日战争暨世界反法西斯战争胜利70周年”系列宣传活动

为纪念中国人民抗日战争暨世界反法西斯战争胜利70周年，弘扬中华民族的爱国主义精神，让广大读者通过阅读了解历史，珍爱和平，激发民族精神，鼓舞爱国士气，实现中华梦想，相继推出三个活动。即“伟大的胜利——纪念中国人民抗日战争暨世界反法西斯战争胜利70周年”图片展、“纪念世界反法西斯战争胜利70周年”主题图书专架、为基层配送抗战题材书籍和影视光盘。

8.“换书大集”活动

为推动全民阅读，让读者“盘活”手里的闲置图书，在交换中传递知识、分享快乐，发挥图书馆作为第三空间的社会作用，4月17日、18日举办了“换书大集”活动，共交换图书2000余册，参与读者400余人次。

9. 征文比赛

征文以歌颂抗日战争胜利为主题，以历史回顾、经典瞬间、感人故事为切入点，讲述怀柔及怀柔人抗战事迹，并结合自身实际将如何在新时期传承和弘扬爱国主义精神。经过两个多月的作品征集，共收到全区22个单位报送的征文242篇。

10.“市民大课堂”活动

各镇乡、街道、区直各工委、直属党委也积极开展“市民大课堂”活动，共举办讲座110场，参与人数7505人次。讲座紧紧围绕阅读乐趣、健康知识和政策法规等内容开展，向市民传播理论热点、历史文化、人生与健康的知识，内容直观、影响力强、涉及领域广、内容丰富。

少儿英语读书会

“读书点亮人生”年度人物评选活动

经典名著改编影视作品诵读比赛

# 第二节

## 阅读空间

### 一、综述

作为全民阅读的一个品牌活动，北京阅读季经过几年的发展，也成为展示北京全民阅读风貌的综合平台——公益活动平台、媒体平台、资源平台、引导平台、服务平台、人才保障平台等“六位一体”综合服务平台，在这一概念下，遍布京城的各色阅读空间也先后汇聚到北京阅读季的平台之上，它们积极参加北京阅读季的各项活动，和北京阅读季一道，在推进书香社会建设进程中发挥着不可替代的巨大作用。

有些空间历史悠久，比如中国书店、新华书店，三联韬奋书店；有的则刚刚诞生，在阅读推广的道路上才刚刚算蹒跚起步，比如第二书房、忆空间等等；有的空间闻名遐迩，在业内有着广泛的知名度和美誉度；有的专门服务于白领，有的专门服务于儿童，形式多样。24 家阅读空间和北京阅读季紧密合作，一年来举办活动 5000 余场（含线上），涵盖 20 余万人。各类丰富多彩的阅读活动，提升了北京阅读季整体活动的质量，吸引了更多人关注阅读、关注北京阅读季，比如雨枫书馆、悠贝亲子图书馆等举办的各种阅读活动，还吸纳了更多人加入到阅读推广的行列，为全民阅读事业培养了数百名阅读推广人，影响上万家庭爱上了亲子阅读。

作为北京阅读季不可或缺的合作伙伴，阅读空间也为北京阅读季的未来发展提了很好的意见和建议。比如有的建议政府指导大中专院校、中小学校走进书店开展阅读活动；有的建议政府给予书店支持与奖励，鼓励参与者开展公益惠民图书推广活动，有的建议北京阅读季可以组织更多和阅读表演有关的大型活动。简单的愿望表达了共同合作推进全民阅读的意愿。在未来的发展中，北京阅读季将一如既往地和这些阅读空间携手并进，在全社会共同营造“多读书、读好书、好读书”的良好氛围。

## 二、个案

### 1. 北京发行集团：为阅读活动护航做读者的精神家园

按照中共北京市委宣传部、北京市新闻出版广电局《第五届书香中国·北京阅读季总体方案》要求，北京发行集团围绕活动主题，开展了500余场阅读推广活动，继续打造“北京阅读季”品牌，在全社会营造“多读书、读好书、好读书”的良好氛围。

发行集团领导高度重视此项工作，专门成立了由集团主要领导担任组长的领导小组，下设以新华连锁公司、北京市图书进出口公司、中国书店相关负责人为主的工作小组，制订了详细的工作方案，并在集团系统范围内进行部署。4月起，北京发行集团在所属北京图书大厦、王府井书店、中关村图书大厦、亚运村图书大厦、中国书店、王府井外文书店和部分中小门店店堂显要位置张贴北京阅读季海报，并通过展牌、易拉宝、大屏幕、横幅、广播等多种形式，对北京阅读季期间推出的纪念中国人民抗日战争暨世界反法西斯战争胜利70周年优秀出版物展销活动、2015北京书市、2015北京国际图书节等精品出版物展示展销活动进行广泛宣传，并通过北发图书网，设立线上图书推介专栏、专区，形成线上线下互动，吸引了众多读者的参与和各界媒体的广泛关注。

**重点活动：**

8月13日："纪念中国人民抗日战争暨世界反法西斯战争胜利70周年"优秀出版物展示展销活动

4月22日—24日：参加中国书刊发行业协会图书馆馆配工作委员会

4月23日：世界读书日30余场图书推广活动

5月8—18日：参展朝阳公园"2015北京书市"

5月28日—6月1日：参加首届中国童书博览会

8月26—30日：参展"第十三届北京国际图书节"

2015年北京阅读季期间：

开展中小学及社区图书巡展活动

### 2. 北京涵芬楼书店：弘扬中国优秀文化 传统引领阅读时尚

涵芬楼书店是一家充满人文气息的书店，在北京阅读季期间，涵芬楼不仅每周主动报送精彩活动，还在店内举办活动共计30场，其中各种讲座18场，书画摄影展览12场，读者不仅获得了丰富多元的知识，还可以从视觉上、精神上收获双重愉悦。

**重点活动：**

4月24日—5月22日：北京大学国学社张卫东教授举办"张卫东国学诵念讲座《国子监官韵诵念·道德经》系列讲座"共三期

4月25日—7月11日：自然茶聊系列活动："第21期·博物学与古生物、化石""第22期·丝路往西——与那一边的历史相遇""第24期·如

何观察一只鸟”“第25期·保护的意义”“第26期·与自然交流的N种方式”共5期

5月8日：微电影来了——《微电影时代》新书发布会

5月24日：北京师范大学文学院教授、文学院院长过常宝“告诉你一个真实的柳永——从《柳永词选》谈起”文学讲座

5月30日：清华大学历史系教授、礼学大家彭林“礼乐文化与人生”讲座

6月21日：《吴大羽作品集》出版发行座谈会

7月30日：大学的人才培养座谈会暨《大学的根本》出版座谈会

8月11日：中国出版集团纪念抗日战争胜利70周年摄影作品展

8月16日：蔡志忠“诸佛菩萨”水墨画展暨蔡志忠先生图书签售会

9月20日：琴心墨象——吴文光书画艺术展

### 3. 中国书店：书店不打烊，阅读无止境

在2015年北京阅读季期间，中国书店充分发挥图书销售企业的优势，通过提供讲座平台、展销图书、开办24小时书店等形式，助力全民阅读事业的开展。

**重点活动：**

4月23日：“世界读书日，读书伴我行”惠民展销

4月23日：“读书改变人生”专题讲座

4月23日—5月22日：“影响我的一本书”征文比赛

6月1—7日：“书香伴童年，智慧享一生”童书展销活动

7月20日：中国书店雁翅楼24小时店开业酬宾活动

8月13日—12月31日：“纪念中国人民抗日战争暨世界反法西斯战争胜利70周年”优秀出版物展销

10月9—22日：《红楼梦》专题展览

### 4. 雨枫书馆：书女学堂，美食天堂

2015年雨枫书馆与北京阅读季合作开展活动40余场。其中以“书女沙龙”系列开展读书沙龙26场，以“书女学堂”系列开展读书学堂6场，“须叔美食汇”系列开展美食文化沙龙8场，以“雨枫征评”的形式组织线上读书与写书评活动20余期。

**重点活动：**

2015年北京阅读季期间开展了以下活动：

《〈三体〉中的物理学》全国巡回签售会

那些胆敢握笔的女人——“阁楼上的疯女人”与性别意识对话

世界读书日·雨枫儿童诗会：贺超叔叔讲故事

你还未再见，我已经想念——《心理罪》第一季读者见面会

法兰西大厨萌萌哒！美食旅行家彭怡平新书分享会

里则林《像狗一样奔跑》新书故事分享会暨读者见面会

“送给一直被生活怠慢的你”讲座

作家烟波人长安见面会

满学家杨原讲座

《城墙玛奇朵，爱情肉夹馍》首发会

李尚龙《你只是看起来很努力》新书发布会

### 5. 青少年阅读体验大世界：阅读梦从这里扬帆起航

作为国内最大的儿童主题书店，青少年阅读体验大世界（以下简称大世界）为孩子们送上了内容丰富且形式多样的5类7种主题活动，分别进行了20余场次阅读体验大课堂、5期大世界奇妙夜活动、阅读体验儿童剧、大世界亲子读书会及大世界艺术实验室。自阅读季开始至今，共开展阅读体验活动96场次，3670人次参加了活动。

### 6. 百万庄图书大厦：一家营造文化体验阅读空间的社区书店

2015 年北京百万庄图书大厦定位为“管理年、创新年”，通过调整服务业态和阅读活动推广两个维度，努力打造温馨舒适的文化体验空间。大厦与北京阅读季办公室、西城区团委、西城区宣传部、展览路街道共同合作，充分利用上游出版社的作者资源以及各大读书会的民间资源，挖掘重点产品合自身特点举办一系列的全民阅读推广活动。

**重点活动：**

2015 年北京阅读季期间举办了以下活动：

150 多场学术讲座、读书沙龙、绘本讲读、作者签售等读书交流活动

与一起悦读俱乐部共同推出读书沙龙活动

老年摄影爱好者系列摄影讲座

纪念抗日战胜胜利 70 周年爷爷奶奶孙子书画作品展

举办“遇见最美丽的绘本”“如何成为购物达人”“六一有礼”“书香燕京”“纪念世界反法西斯战争暨抗日战争胜利 70 周年图书大联展”“那些年，我们一起追的美食！”“读点儿经典”等主题图书联展

### 7. 雪绒花儿童中心：为爱阅读 21 天

2015 年，雪绒花在阅读推广工作方面进行了创新，主要体现在以下几点：一、雪绒花通过开展形式多样化的每天一次高频次的阅读推广活动，打造出雪绒花亲子阅读品牌；二、通过建立微信公众号、网站、博客、微博、微信、QQ 群等多媒体方式大力宣传；三、整合高品质的合作资源和志愿者加入，为阅读延伸带来新创意。雪绒花发起了“为爱阅读 21 天”计划，鼓励家长每天为孩子讲故事并记录亲子阅读经过及感受，持续 21 天发布在雪绒花微信群

或 QQ 群内，并由志愿者统一收集资料并定期发布进展，最终达成目标的家庭将获荣誉证书。这一活动在各界影响较大，得到了非常好的效果。

**重点活动：**

2015 年北京阅读季期间举办了以下活动：

绘本推荐

亲子故事会（中文及英文）

绘本研读会

出版社绘本分享

为爱阅读 21 天

传统节日活动

红泥巴读书俱乐部的探长老师的阅读主题讲座

儿童科学活动

图书捐赠

阅读延伸活动

### 8. 第二书房：阅读构筑梦想

第二书房是以“家庭教育”为主题的会员制社区图书馆，定位是“父母学堂儿童书馆”，口号是：阅读构筑梦想！在第二书房看来，阅读对一个孩子的全面健康成长非常重要。第二书房通过提供大量经典的图书、优美典雅的阅读环境，营造一个舒适的阅读氛围，最终目标是培养伴随孩子一生的阅读习惯。在 2015 年北京阅读季期间，通过举办大量儿童阅读活动，吸引更多的孩子和他们的父母走近阅读、热爱阅读，为全民阅读事业做出了有力的贡献。

**重点活动：**

1 月：“花婆婆”方素珍老师专题讲座、保冬妮老师专题讲座、余治

莹老师专题讲座、西藏贫困地区学生北京游学团、跟着绘本游北京——第二书房游学活动

4 月：刘称莲老师“亲子沟通与儿童情绪”讲座、海峡两岸阅读推广人共话亲子阅读

5 月：资深故事姐姐黄分老师和明星志愿者方爷爷的绘本剧表演、赵闯和杨杨的《恐龙大王》创刊号揭幕

6 月：恐龙钟老师活动专场

8 月：蔡皋老师《绘本阅读》主题讲座、黏多糖病人小朋友专场阅读会

### 9. 皮卡书屋：体会阅读之美享受阅读之乐

在整个北京阅读季期间，皮卡书屋开展了丰富多彩的阅读活动，其中，于 2015 年 4 月举办的海淀全民阅读青年家庭嘉年华活动，得到了各方的一致好评。

**重点活动：**

4 月 25 日：2015 年海淀全民阅读青年家庭嘉年华

7 月 18 日—8 月 30 日：阅读马拉松

2015 年北京阅读季期间：

科普大课堂

### 10. 悠贝亲子图书馆：和爱一起走，悦读 · 悦成长

在北京阅读季期间，北京悠贝累计开展了 4320 场故事会，累计有 17280 个亲子家庭参与其中；悠贝绘本之旅活动举办 287 场，参与家庭 3018 个；悠贝故事达人训练营 13 场，参与人数 345 人；悠贝故事达人讲师培训 2 场，参与人数 36 人；悠贝麦克小奎儿童绘本创作师资培训 3 场，参与人数 73 人；悠贝阅美妈妈讲座 69 场，参与家庭 2070 个；悠贝阅读陪伴指导师认证培训 1 场，参与人数 21 人；悠贝阅读推广人专业课程培训

2场，参与人数106人。各类丰富的阅读活动，提升了家庭亲子阅读的质量，吸纳更多人加入阅读推广的行列，为全民阅读事业培养了数百名阅读推广人，影响上万家庭爱上了亲子阅读。

**重点活动：**

3月16日—4月12日：“悦读春天”千场故事会、“悦读春天”故事讲读音频展播、“悦读春天”我家的阅读故事分享

4月8日—4月30日：“23天全民一起悦读·悦成长”读中国看世界——世界读书日活动

5月：“和爱一起走，悦读悦成长”千场故事会

7月10日—10月10日：“每天十分钟悦读·悦成长”系列主题阅读活动

9月12—20日：以画展及亲子艺术工作坊的活动形式推出中国原创绘本作者九儿新书，并在全国五座城市举行巡展

### 11. 蒲蒲兰绘本馆：小书店，大空间，享阅读

蒲蒲兰绘本馆连续三年被评为“全球最美书店”。由蒲蒲兰绘本馆策划实施的“2015北京阅读季”的近20场亲子活动和几十场故事会就是在这里举行的。

设计与绘本有关的亲子活动——蒲蒲兰称这样的活动为绘本阅读延伸活动。除了趣味性和锻炼孩子的五感之外，它还作为绘本阅读的补充，让孩子更加了解和理解绘本的内容。延伸活动的设计者需要对儿童的艺术感知力有深入的了解，并且熟悉绘本的深层含义及作者的创造风格。设计方案要兼顾活动中的“过程”和“结果”，主要的活动过程是动手部分。一个优质的亲子活动一定是由头脑的思考开始的，那么由绘本引导孩子去思考自己要做什么，如何与爸爸妈妈分工完成一件作品就成了设计者要着重考虑的。制作好的作品就是“结果”，结果的美观性、趣味性、创造性也是一个亲子活动

成功与否的关键。十几场亲子活动由很多热爱绘本，热爱孩子的老师设计、带领。其中泷本弘子老师的活动最受欢迎。她是日本艺术活动设计者，蒲蒲兰活动设计师。资深幼儿园教师，来华16载，坚信“走进儿童心灵”的瑞吉欧教育理念，带着孩子们玩各种创意和手工，乐此不疲。在创造性活动中，充分调动孩子的五感，并培养自己思考、自己归纳、自己表达内心的能力。培养孩子注意观察生活中的色彩、形状、味道；注意季节和自然的变化，并能够欣赏这些变化的能力；培养孩子制作简单玩具的能力，能够装饰自己，发挥想象力使生活更多姿多彩的能力。期望孩子们在自然状态下快乐成长。

**重点活动：**

2月8日：和于大武老师一起做纸灯笼

6月14日：粽米飘香艾蒲长——端午节小香囊制作

8月16日：泷本弘子老师和孩子们一起玩泥巴

2015年北京阅读季期间：

蒲蒲兰故事会

## 12. 北京童立方亲子空间：开好故事会，推动家庭阅读氛围

为响应国家新闻出版广电总局推进全民阅读的要求，支持第五届书香中国·北京阅读季活动，童立方举办了一系列儿童阅读公益活动，让更多家庭参与阅读、打造书香家庭、和谐社会。一年间童立方开展的线下阅读推广活动近60场，影响范围从大兴天宫院到高米店，让更多的家长朋友们认识到阅读的必要性。为了扩大社会影响力，推广全民阅读活动，童立方积极与公益爱中行、大兴文委、早教协会和周边社区居委会建立合作关系，密切配合。

**重点活动：**

1月17日：父母这样做，就能够成就孩子

4月16日：2015年大兴区全民悦读汇启动，童立方再现“最佳绘本馆”风采

4月22日：2015大兴区图书馆蓓蕾行动，童立方带来好故事

8月8日：童立方8.8爸爸节活动——向我的“小头爸爸”致敬

9月22日：50个宝宝学刷牙：滚蛋吧！龋齿君

### 13．一起悦读俱乐部：让读书活动开遍京城角落

一起悦读俱乐部自2015年4·23世界读书日以来，继续坚持在每周末举办读书活动，除了在华亭嘉园本部基本的小型读书分享会之外，还在其他场地独立主办或与其他机构合办了许多读书活动。同时，一起悦读俱乐部也受邀去一些学校等场所进行阅读推广活动。在2015年书香中国·北京阅读季活动开展以来不到半年的时间里，一起悦读俱乐部共举办或参与举办了28场活动，平均每个月五场读书活动，参与到一起悦读俱乐部读书活动的人数，累计近1000人次。

**重点活动：**

5月9日：读友分享会——刘兵老师领读洛克的经典著作《政府论》节选

5月14日：一起悦读俱乐部的老师到北京师范大学实验小学为一年级的孩子们上绘本阅读课

5月16日：作者见面会——著名作家亦夫《虚无的守望》见面会

5月23日：出版人廖之坤《活着不是给别人看的》读友交流活动

5月27日：一起悦读俱乐部的老师在北京师范大学实验小学未来科技城学校为家长们做“和孩子们一起悦读”的讲座报告

5月31日：一起悦读俱乐部的老师为史家小学四年级亲子家庭做《长腿叔叔》的阅读分享

5月30日：现代人的自我失落与迷惘：《卡夫卡全集》联合读书会

6月6日：追寻自由星空下的无恶之境：《甘特的冬天》暨西班牙语文学译丛读书会

6月12日：作者见面会——著名作家和出版人方希与《话题2014》主编杨早和萨支山对话

6月13日：与优昙悠谈读书沙龙

6月13日："生死无憾的秘密：看世界的一种方法"读书会

8月16日：暑期亲子阅读课活动

8月22日：《漫谈人工智能》作者见面会

9月5日：中国社会科学院哲学研究所研究员陈霞老师讲读《庄子》

9月19日：《乌盆记》作者呼延云见面会

## 14. 言几又书店：用书链接多元艺术生活

传统意义上来讲，书店里就是看书买书的地方，但是，既然看书了，那看困了喝杯咖啡喝口茶行不行？可以！一本美食地图、美食图片看饿了在书店吃口饭行不行？可以！书店集合了这么多读书爱书之人，在这里做个读书沙龙行不行？可以！书画不分家，如果书店足够大，举办个画展行不行？可以！爱书的人也爱看电影，在书店里举办个电影放映行不行？可以！

脑洞开了之后，我们可不可以在书店里举办一场室内乐演奏？可不可以在书店举办一场民谣音乐会？可不可以在书店里举办一场创意市集？可不可以在书店里录制一期节目？可不可以在书店里举行一场路演活动？可不可以在书店里举行一场新产品发布会？可不可以在书店里演一场小型话剧、即兴舞台剧？这样，书店成为一个连接文学、艺术的场景，连接人与人、人与物、人与事件的场景，也恰如其分地体现了书店作为公共空间的意义，体现了书店对互联网"连接一切"精神的传达与学习。

**重点活动：**

3 月 17 日：《最后的耍猴人》作者马宏杰见面会

4 月 11 日：约会孤独国——向明、周梦蝶诗歌朗诵会

4 月 11 日：杨恭如《我和斐济有个约会》读者见面会

4 月 25 日：《家国记忆》作者见面会

5 月 9 日：苇航书院山长杨汝清带领小朋友诵读《论语》

### 15. 尚 8 空间：文化产业促进阅读繁荣

第五届书香中国·北京阅读季过程中，尚 8 作为场地合作方，与北京阅读季各相关活动机构倾力配合。在两个月内成功举办 3 场夜读活动、承办 4 场阅读活动。

3 场夜读活动，分别从亲子阅读、年轻人阅读、青年人阅读三个维度，普及全民阅读理念，弘扬中华传统文化。4 场阅读活动各具特色，将不同题材不同内容的书籍与阅读思想，在同一个空间，不同的时间，展现给阅读爱好者。这也将促进参与阅读活动的阅读爱好者更加喜欢阅读，也会使他们愿意去影响身边的人，普及全民阅读的阅读理念。

**重点活动：**

6 月 13 日：夜读系列之寻找

6 月 20 日：夜读系列之自由

6 月 27 日：夜读系列之存在

7 月 26 日：回归心灵故乡沙龙

7 月 28—30 日：黑马创业营沙龙

7 月 29 日：《我家住在大海上》新书发布会

8 月 7 日：刘若英《我敢在你怀里孤独》新书发布会

## 16. 忆空间：博物馆公共教育推广理念的传播者

忆空间与北京阅读季合作开展了多项专题阅读讲座、阅读分享会，受到了忆空间的家长以及活动场馆周边来参加活动的人们的一致认可与好评。其中，诸如国家博物馆知名志愿讲解员周娅老师在忆空间举办的关于中国古代人的“坐”的分享会，还有秦俑考古队执行队长许卫红老师在朝阳图书馆举办的关于《说说秦俑那些事》的读书会，以及朋朋哥哥诸多次的店内《宫城》主题读书会，都将忆空间的博物馆公共教育推广理念和北京阅读季推广的全民阅读理念，有效地传播给了我们的读者。

**重点活动：**

6月14日：周娅老师和30多位大小朋友分享传统文明礼仪中的“坐”

9月11日：许卫红《说说秦俑那些事》读书会

2015年北京阅读季期间：

朋朋哥哥《宫城》读书会（每周一举行）

## 17. 大兴新华书店：书香点亮中国梦，阅读点亮人生路

大兴新华书店按照北京市新闻出版广电局承办第五届书香中国·北京阅读季的要求，为了积极营造“多读书、读好书、好读书”的良好氛围，大兴新华书店专门成立了北京阅读季工作领导小组，由书记专门负责主抓这项工作，搞好北京阅读季重点活动和宣传活动。张贴北京阅读季海报、悬挂宣传横幅和活动手册等宣传品。开辟了北京阅读季主题荐书专区和专架，突出展示近年来优秀作品，引导读者的阅读兴趣。

**重点活动：**

4月15日：在大兴电视台“十分关注”栏目做了两期以“阅读点亮中国梦”为主题的读书座谈节目

4月23日：书香点亮中国梦——大兴本土青年作家赵昕女士新书发布会

4月23日—5月6日："儿童阅读"少儿图书8.5折优惠

6月20日：少年国学诵读比赛活动

2015年北京阅读季期间：

"阅读点亮人生路"图书捐赠活动

流动图书宣传展销活动

## 18. 密云新华书店：展销助阅读，图书进万家

密云新华书店高度重视北京阅读季活动，召开了专门会议研究部署，成立了领导小组，制定了详细的活动方案，抽调一名中层干部专门负责此项活动。要求书店各部门积极配合，组织形式多样、内容丰富的图书展销活动，让优秀出版物走进群众、走进农村，真正做到好书送到家门口，全民共享阅读，积极营造"多读书、读好书、好读书"的良好氛围。

**重点活动：**

4月23日：世界读书日9折优惠售书活动

6月1日：与小朋友一起欢度"六一"、儿童图书优惠打折活动

2015年北京阅读季期间：

抗战主题红色经典图书展销

服务三农流动图书宣传展销活动

## 19. 平谷新华书店：公益先行推动全民阅读

为贯彻落实党的十八大和习近平总书记系列讲话精神，配合第五届书香中国·北京阅读季的开展，平谷新华书店本着社会效益第一的最高经营准则，投入大量人力与财力，尽自己最大努力来完成上级交代的任务，为社会尽自己的义务。

2015年4月18日北京阅读季的启动仪式在通州举行，平谷新华书

店在同时间从北京市发协领取到了北京阅读季的张贴海报，在两个门市的显著位置张贴，并分别做了阅读季宣传的条幅悬挂于门市的入口处；我们两个门市分别利用店外的电子显示屏打出北京阅读季的宣传和推广口号。

为了第五届北京阅读季的顺利开展，使书店每个员工能深刻认识到自己肩上担负的社会责任使命，统一思想，书店于 4 月 27 日晚上给全体一线职工做了一次分享阅读的共同学习，学习内容为《责任比黄金更重要》；4 月 28 日下午为新入职的职工做了入职培训，如何能做一名最好的员工。通过内部培训，做到了思想上的统一，做事上团结合作，共同把阅读季的工作做到最好。除了学习外，书店领导克服了资金上的困难，积极筹措资金花费 100000 元左右，组织 4000 册图书和文化体育用品，为阅读季的系列活动的开展做好物质上的保证。平谷新华书店在第五阅读季活动开展的过程中，共计赠送图书 438 册价值 12641.90 元；优惠售书让利为 2710 元，出动车辆 15 车次，行程 350 公里，参加人员 65 人次，从而保证了阅读季系列活动的圆满完成，新华书店作为党的宣传窗口，真正做到了当经济效益和社会效益有冲突时，以社会效益为最高营销准则。

**重点活动：**

4 月 23 日：世界读书日 85 折售书活动、为康德馨敬老院赠书活动

6 月 1 日：“六一”儿童节主题活动

6 月 7 日：送书下部队

## 20. 顺义新华书店：走出去请进来，共享阅读之乐

本次阅读季活动中，顺义新华书店以四大营业门市为大本营的基础上，采取“走出去、请进来”“线上线下齐动员”相合的活动模式，切实为广大读者创造阅读氛围，为社会教育、文化传播、促进学习型组织建设、构

建和谐社会等方面起到正面积极作用。在往届“全民阅读季”活动经验的基础上有条不紊、扎实认真地开展了丰富多彩、富有成效的读者活动。阅读季期间，顺义区新华书店共组织阅读宣传活动 200 多场次。

**重点活动：**

4 月 23 日：“小手拉大手亲子阅读”活动

4 月 24 日、5 月 5 日：“图书进校园”系列主题活动

5 月 1 日：“携手阅读季，走进东方太阳城社区”活动

5 月 14 日：“把健康送给妈”主题宣传阅读活动

6 月 1 日：“你读书我送礼”活动

9 月 1 日：“微信抢书”活动

8 月 20 日到 9 月 10 日：“宣传抗战胜利 70 周年”读书活动

2015 年北京阅读季期间：

设立“阅读空间站”

“与书共缠绵，购物享阅读”图书进商场活动

“携手走军营，共享读书乐趣”活动

“为顺义学子赠书”活动

## 21. 单向空间：点亮精神世界，遇见思想同道

单向空间作为北京的文化地标，以高质量的文化沙龙闻名，是致力于提供智力、思想和文化交流的公共艺文空间。单向空间旗下的“单谈沙龙”自 2006 年起至今已举办 1000 多场文化沙龙，汇聚华人世界顶级作家、导演、艺术家，以及来自四面八方的年轻人。人们在这里逃离庸常生活的逼仄，点亮精神世界，遇见思想同道。

为了配合北京阅读季的开展，单向空间书店开展了一系列的沙龙活动。共开展沙龙活动一百余场，累积参加沙龙活动的有一万余人。除了传统意

义上的沙龙对谈，单向空间书店还尝试了剧本朗读、戏剧表演、文学课堂等等具有创新意义的新的沙龙形式。一系列活动的举办，为读者提供了和智者面对面谈话的机会，为城市打造公共文化共建，为社区提供精神文明建设，为创建和谐社会做出了贡献。

**重点活动：**

4月23日：423世界阅读日，书店通宵朗读会

5月29日：单谈742——台湾新生代作家沙龙

6月13日：单谈747——黄永玉《沈从文与我》新书发布会

6月28日：单谈752——“新陆诗丛+11”仲夏诗歌节

8月15日：寻找中国的“纽约客”——非虚构写作的未来

## 22. 海洋宝宝绘本馆：让孩子亲近阅读

海洋宝宝绘本馆会根据孩子的心智年龄兴趣爱好，由导读人员帮孩子选择推荐不同种类的绘本，在馆内以故事会的形式与孩子分享阅读，孩子还可以把绘本借回家由父母给孩子阅读。在2015年北京阅读季期间，海洋宝宝通过各类型活动的举办，让孩子亲近阅读、爱上阅读。

**重点活动：**

2015年北京阅读季期间：

色彩的诱惑——食品安全趣味课堂、跳蚤市场、英文故事会

## 23. 时尚廊书店：为商圈打造精致文化生活

时尚廊书店作为北京地标性书店，举办了很多跟阅读有关的活动，也积极参与到北京阅读季的各项阅读推广中来。在2015年8月，时尚廊书店为北京阅读季主办的“你好，未来，中外数字出版业媒体圆桌沙龙”的活动提供了场地，活动现场邀请了国内外嘉宾到场，吸引了近20家媒体

的报道。时尚廊在整个北京阅读季举办期间，举办了近 20 场阅读活动，活动影响广，得到了各界的好评。

**重点活动：**

1 月 12 日：余秋雨首部长篇小说《冰河》新书分享会

2 月 4 日：史淼《不靠体型靠造型》新书分享会

3 月 27 日：20 30 40 活在最美的当下——卡梅隆·迪亚茨新书阅读分享会

3 月 28 日：设计沙龙 Sexy Trash 性感垃圾——让再生材料飞起来

3 月 29 日：《如果还有昨天》青年作家王彤新作读者见面会

4 月 18 日：逐海而居——陈冠华太平洋沿岸小住宅设计

4 月 19 日：冯峰《越过山丘》新书发布暨画展

4 月 22 日：李筱懿《美女都是狠角色》分享会

4 月 23 日：人间四月天，阅读让我们不再孤单——世界阅读日读者沙龙

4 月 23 日：石毓智《中国人的逻辑》新书分享会

4 月 24 日：华夏地理藏书票读者沙龙

4 月 25 日：沐大师风雅《文豪之家》新书分享会

6 月 6 日：三个“70 后”的写作转型——从批评到叙事

7 月 3 日：《像爱奢侈品一样爱自己》新书分享会

8 月 27 日：中外数字出版业媒体对话数字阅读未来

# 第三节

## 阅读推广人

### 一、综述

在全民阅读推广中，有很多热心公益的人在北京的各个角落默默地发光发热。通过组织策划读书项目或者活动，编辑读书栏目，推荐书单，他们宣讲阅读理念和经验，指导读书会、文学社等各类阅读组织开展阅读实践活动，一心致力于阅读的公益传播，让全民阅读渗透到社会的各个层面，影响到尽可能多的人群。在“2015书香中国·北京阅读季”大型全民阅读活动中，北京阅读季领导小组办公室主办“金牌阅读推广人”的评选，在93位申报者中选出了10位金牌阅读推广人，以表彰他们在全民阅读推广中所做的种种贡献。

这10位金牌阅读推广人，来自北京各个区的推荐和报名，有6年来一直坚持推动阅读进园所、进课堂的深耕实践者，有打造了最大的微信亲子社群的主持人，创办的讲故事栏目已拥有近百万的忠实小粉丝。也有创办了国内首家专门针对女性读者的雨枫书馆，多年来专注女性阅读与亲子阅读的书女，还有十余年扎根博物馆做志愿者的，致力于为孩子们做最专业的博物馆公共教育和阅读推广工作的帅哥……他们身上，洋溢着传统和现代相得益彰的文化气息，以自己的微薄之力，打造着当代都市人的特别是城市家庭的书香家园和诗意人生。

## 二、个案

### 1. 孙慧阳（朝阳区）

孙慧阳

女，41 岁，阅读深耕实践者、童书翻译，北京“社区亲子绘本馆”项目荣誉专家、2015“阅读改变中国”年度点灯人。

在略显浮躁的现代社会中，坚持，是难能可贵的精神品质。她 2010 年 10 月开创“童书阅读线上分享”模式，6 年来一直推动“阅读进园所、进课堂”，给读者带来了丰富的阅读体验，为儿童提供了绝佳的读书之径。

作为阅读者，自 2010 年 10 月开创“童书阅读线上分享”模式，带动成人在 QQ 群内赏析童书，同步筹划、实施线下成人的深度阅读实践活动，影响更多成人重新思考童书阅读的过程，聚焦儿童与成人阅读差异性，重新定义与理解亲子共读与集体共读，提升阅读过程中与儿童的有效沟通能力。

作为阅读推广人，在担任中央人民广播电台“乡村少年”栏目阅读导师及“都市之声”栏目驻场嘉宾期间，广泛传播亲子阅读理念及优秀儿童文学读物。作为北京“社区亲子绘本馆”项目荣誉专家、深圳市首届阅读推广人培训班讲师，先后应邀在深圳后海小学、北京石佛营小学、北京师范大学奥林匹克花园小学、国家图书馆少儿馆等多省市机构与成人及孩子们共读，与成人分享深耕后的思考。常年为国内诸多绘本馆、幼儿园及早教机构宣讲阅读理念及提供实践指导。持续探索以高品质的内容对话阅读，推广与民间绘本馆的经营，推动行业节能。

作为阅读深耕实践者，长期深入班级阅读一线，在无任何外部资金支持的情况下，6年来坚持公益实践，并推动“阅读进园所、进课堂”活动。同时将家中书籍带入班内进行“图书漂流”，供师生免费借阅，累积提供优秀读物超过2000册，打造了良好的班内共读氛围，培养学生们以阅读的味蕾检验书籍，培养以阅读为生活习惯的终身阅读者。

同时作为童书翻译，与明天出版社、新蕾出版社、接力出版社、中少社、上少社、21世纪出版社等国内各大主流童书出版社保持良好的内容合作。截至2015年，翻译及导读童书作品70余册，并在知名期刊及媒体发表多篇阅读指导文章。

### 2. 王凯（朝阳区）

王凯

男，36岁，凯声文化传媒公司CEO。凯叔讲故事创始人、主讲者。他创立了中国最大的故事品牌“凯叔讲故事”，打造了微信最大的亲子社群，有近百万的孩子是他的忠实小听众。他录制的400多个绘本故事，伴随孩子们的睡前一小时，被称为“哄睡神器”。

王凯因为喜欢给女儿讲故事，机缘巧合进入亲子阅读领域，经过一年多的努力，创立了中国第一的讲故事品牌“凯叔讲故事”。打造了微信最大的亲子社群，目前有超过两百万的孩子是“凯叔讲故事”的忠实小听众。通过每天讲故事的方式，在微信里与260万家庭互动，致力于培养儿童的阅读习惯，提升亲子沟通质量。“凯叔”利用一年多的时间，总共录制了将近600个绘本故事。他通过对《西游记》的改编，发表了目前最适合3~12岁孩子阅读、收听的西游记版本《凯叔西游记》，这套书受到了广大家长和孩子们的喜爱，增强了孩子们的阅读兴趣。他还在全国各地组织绘本故事会，与上千家庭互动。也曾举办全国故事大赛，征集会讲故事的小选手，在北京举办总决赛。

### 3. 肖佐刚（东城区）

肖佐刚

男，52岁，北京市东城区第一图书馆馆长。作为一位图书馆馆长，他一直致力于全民阅读活动的推广与创新，他策划了一系列阅读活动，并打造出图书馆的文化品牌，让普通民众有机会接触文化精英、聆听精英文化，在对话中得到引领提升。

是一个阅读点灯人，每点亮一盏阅读的明灯，就会照亮一颗心灵。2008年以来，他一直致力于全民阅读活动的推广与创新。他策划了一系列阅读活动，并打造出图书馆的文化品牌。他带领着图书馆团队克服重重困难，不遗余力地向社会公众传播优秀文化，弘扬时代主旋律，传递正能量，为这个充满书香的文化之都增添了一道亮丽的阅读风景线。

图书馆是知识的海洋，是智慧的沃土。2009年，东城区第一图书馆秉承“读者为本、活动为形、阅读为魂”的服务宗旨，充分整合馆内丰富的文化资源，进一步打造让市民满意的文化品牌。在肖馆长的精心策划下，“书海听涛”这个充满书香气息的阅读品牌由此诞生了。它囊括了作家与读者见面会、经典诵读、少儿红读、摄影丰富生活、书画赏析、古都历史、档案见证北京等十余个系列板块的阅读推广活动。

为提高全民的阅读水平，肖馆长带领着他的阅读推广团队，一直默默无闻地辛勤耕耘在图书馆这块文化高地上。每周六的“书海听涛——作家与读者见面会”是肖佐刚一手策划，亲自担任主持的阅读推广项目，7年来从未间断。见面会邀请的嘉宾中有王蒙、张炜、刘醒龙、莫言、刘震云、梁晓声、蒋子龙，著名学者马未都、舒乙。著名主持人敬一丹、白岩松、杨澜等都曾做客“书海听涛——作家与读者见面会”。

“路漫漫其修远兮，吾将上下而求索。”在阅读推广这条漫长的道路上，肖佐刚始终乐此不疲，心怀公益，不求回报。这里记录了他对阅读推广的坚守与思考，还有已经融入他生命里的阅读推广理念——让阅读成为一种生活方式。

### 4. 许春宇（海淀区）

女，40岁，雨枫书馆创始人。曾从业IT行业，因为文艺女的少年情怀，义无反顾“华丽”转身卖书人，2007年创办国内首家女性书店——雨枫书馆，被《纽约时报》喻为轻度女权主义者。

雨枫书馆创办于2007年，是国内首家会员制女性书馆。以关注服务女性阅读生活为愿景，倡导“做书女”。十年以来，雨枫致力于提升读者的阅读感受，“让脚步停留，让心行走”是雨枫人秉承的阅读生活理念，

许春宇

我们希望通过良好的阅读服务体验，帮助人们节约阅读成本，回归阅读习惯，养成独立思考之精神，并和大家一同期待全民阅读时代的回归——和谐身心，美好生活。雨枫主题客户群为25~45岁女性，其中妈妈会员占比65%，他们直接影响了孩子与家庭的阅读选择。累计推送好书1296本，延伸阅读推荐1809本；坚持每周举办5~6场次的读书会、作家见面会，父母课堂、儿童阅读、单身派对、生活沙龙等各类文化沙龙活动，近900场次。青少年公益读书会70多场，坚持举办妈妈读书会3年近80场，间接影响了7万多人的阅读体验，辐射人群近10万人次。雨枫书馆目前分店数量达到九家，坐落在北京的西城、海淀、朝阳和昌平区，同时，雨枫书馆在天津、青岛、太原也开了分店。

许春宇说，一个城市需要阅读，需要让阅读作为城市生活的引领。因为我们都很爱这样的生活，一杯清茶，一本书，一段时光，很美好。她认为，书店要传递经典文化，构建社会影响力的价值。一家好书店是需要有人来传承的，独立书店要保证自己的独立性需要经营者长期耐心的坚守，需要书店运营团队成员能够长期保持对书业的情感与激情，独立的思想精神是需要依靠核心人物得以展现和传承的，人不变，书店的味道难改变，独立之精神就可流传。把“做书店”这件事长长久久地做下去。

5. 张鹏（丰台区）

张鹏

男，32岁，忆空间阅读体验馆馆长。自2003年起，张鹏成为中国国家博物馆志愿者队伍当中的一员，12年600多个周末，他坚持给小朋友们作了2000多场义务讲解。作为青少年阅读推广人，他有经验、有魄力、有爱心，有想法，更有恒心。他的目标是让书籍和阅读永远成为孩子们最好的伙伴。

张鹏是北京青联委员、北京博物馆学会志愿者专业委员会秘书长、四月公益博物馆志愿者协会创始人，还是中国国家博物馆、中华世纪坛世界艺术馆、首都博物馆在册志愿讲解员。自2003年成为中国国家博物馆志愿者队伍当中的一员，至2015年12月，600多个周末，他坚持给小朋友们做了2000多场义务讲解，从未爽约。现为青少年阅读推广人、忆空间阅读体验馆馆长，立足于博物馆，致力于为孩子们做最专业的博物馆公共教育和阅读推广工作。

除展厅讲解工作外，张鹏先后在北京首都图书馆、上海中华艺术宫、西安陕西省图书馆、石家庄河北省图书馆等省市图书馆，以及清华、北大、首都医科大学等高校开展专题讲座，推广有关中外历史文化的阅读与交流。另外，带领和组织爱好博物馆、爱好阅读的志愿者和青年人，发起四月公益博物馆志愿者组织，开展带领社会公众走进博物馆的各类活动200余场。作为四月公益小课堂的主讲人，2013年累计为5000人次的青少年和家长，开展了22场世界文明系列公益讲座。2014年累计为2000人次的青少年和家长，开展了 10 场中国古代文明系列公益讲座，让好的阅读习惯在广大青少年中广泛传播。

2014 年年底，张鹏带领着与自己志同道合的团队，创立了忆空间阅读体验馆。作为馆长，张鹏将忆空间打造成了孩子们的阅读体验乐园。店内有 300 平方米的阅读空间，1 万册以上的书籍，包含自主开发的历史、文化和艺术类图书，可供大人和孩子们免费阅读。也定期举办的由其主讲的读书分享会和其他老师讲解的各类提升青少年人文素养的课程。从 2014 年年底创立至 2015 年 6 月，忆空间已接待了超过 1500 人次（不重复计算）的阅读爱好者，其中很多都是一家三口定期来进行亲子阅读。张鹏相信，书籍和阅读永远是孩子最好的伙伴。在忆空间，家长和孩子们可以寻找记忆，走进逝去的历史文化；留住回忆，珍藏阅读的美好点滴。

### 6. 孙亚利（大兴区）

女，43 岁，“悠贝亲子图书馆”总经理。她带领团队将悠贝月度“互动式”故事会服务于亲子图书馆、公立图书馆、社区、教育培训机构等。在儿童阅读推广上多年的高度专注，帮助她实现自己理想的阅读愿景。孙亚利作为亲子阅读领导品牌“悠贝亲子图书馆”的总经理，自 2014 年度至 2015 年上半年，带领团队将悠贝 6 年多服务上百万个家庭积累的一线推广经验进行沉淀总结，制定出了一套“阅读综合解决方案”。比如在亲子图书馆内面向 0~8 岁孩子家庭专业

孙亚利

的、一对一的阅读咨询指导服务；针对家庭和机构设计的互动式故事会执行；阅读/亲子类的讲座与沙龙的执行；“故事达人”训练营，“阅读陪伴”工作坊的研发与执行；定制化的家庭图书馆产品等。

她在全国各地组织免费的“绘本馆营运培训”，宣讲阅读理念以及分享运营经验，给予全国绘本馆馆长和潜在希望加入绘本馆行业推广全民阅读的客户开馆的营运指导和督导。自2014年10月至2015年7月，共计组织了8个城市的营运培训，其中包括北京、深圳、上海、昆明、桂林、杭州、重庆、济南，参与人数在1000人左右。

她还参与悠贝平台上的“亲子图书馆”的千册经典书单的制订，以及悠贝英文图书馆的千册经典英文原版书的筛选确定工作。此书单在悠贝平台作为每个亲子图书馆的基本馆配，服务300家亲子图书馆，服务于超过3万个家庭。

## 7. 田冰（昌平区）

田冰

女，38岁，昌平区雪绒花社区儿童中心运营总干事。冬日里，雪，最纯洁无瑕，绒，最温暖人心。田冰一手创立并独力支撑“雪绒花小书屋”，一年四季为热爱读书的朋友们服务，和谐了邻里关系，推广了雅韵书香，吸引了一批社区志愿者紧紧相随。

田冰于2005年来京，2013年6月由于偶然机会接触到儿童绘本阅读，从此喜欢并爱上阅读推广，目前全职负责雪绒花社区儿童中心的运营管理、项目策划及志愿者管理，全面负责儿童阅读推广及家长阅读指导工作。

为了有效地进行儿童阅读推广，作为阅读团队的负责人，设计出针对不同年龄段人群、形式有趣、线上线下相结合的阅读延伸内容：在线下组织故事手工、故事游戏、故事舞蹈、故事烘焙等儿童非常感兴趣的形式；在中华民族的传统节日，组织大型的农庄活动，让孩子们在大自然的怀抱里了解民俗、了解我国千百年来的传统；邀请著名的童书出版机构（爱心树、蒲蒲兰、新疆青少年、启发、电子社、接力、梦溪经典）编辑在雪绒花 QQ 群里进行绘本创作及绘本故事分享，充分利用互联网，以满足白天工作很忙无暇参加线下活动的家长需要；"为爱阅读 21 天"也是阅读推广的一个活动。坚持 21 天可以养成一个习惯，推出 21 天阅读计划，鼓励妈妈们加入队伍，每天坚持为孩子阅读并记录亲子阅读过程和感受，为坚持下来的家庭赠送图书并颁发证书。

以上各项活动的开展深受儿童及家长的喜爱，参与者稳定增加，雪绒花也小有知名度。为了积极宣传阅读理念和经验，在工作中不断地完善活动板块，除了组织志愿者来馆讲故事外，每月组织 2 次研读会，便于家长们进行深入研讨和交流，提升内功。每年也定期邀请红泥巴读书俱乐部的著名儿童阅读推广人、探长老师做更为深入的阅读指导。

同时，田冰本人也是昌平区实验小学的义工故事妈妈，每周一下午到班级给孩子们讲故事，目前已有一年时间。雪绒花的正能量是强大的，有些志愿者自发地到附近的幼儿园、社区讲故事。可以说在雪绒花的带动下，社区良好的阅读氛围逐渐形成，越来越多的家庭加入阅读的行列。

## 8. 梁军（西城区）

男，41 岁，西城区社区文明推进协会执行会长。他创立了以“百姓捐书百姓看”为宗旨的“书香驿站”，以行动让更多北京人身边出现便利的阅读空间。

梁军

梁军从 2013 年 1 月 11 日起，通过组织社会力量，发起成立西城区社区文明推进协会，致力于创建社区文化公共空间，并与 2015 年 1 月 6 日正式挂牌首都首家社区级公益阅读空间——玉桃园“书香驿站”。首个“书香驿站”公益募捐物资价值达 52 万元。在各级政府的大力支持下，与爱心企业、公益组织、专家、志愿者一起，把“书香驿站”的模式进行复制，目前已挂牌 11 家，筹备建设中 5 家。

他不仅筹备了“书香驿站”，还开办各种阅读活动，如“百姓捐书百姓看”“书籍漂流”等大型活动，引发社会关注并募捐书籍 7000 余册，图书漂移借阅量 2000 余册。借助“全民阅读日”举办“阅读经典传承文明”大型公益活动，组织专家及社会各界推动全民阅读，参与知名专家 5 人，参与人数 200 余人，并现场开展捐书活动。此外，还有名家讲堂，即组织名家老舍之女舒济和赵大年、闪世昌等走进社区举办活动。这些交流分享活动，大大促进了人们学习和阅读的乐趣。平日里，还经常做分享活动，比如书香驿站组织读书会、科普沙龙等各种活动。截至 2015 年年底，共组织分享会、讲座、沙龙等各类活动300余场，参与人数10000人次，登记骨干文化志愿者160余位。

这些活动都极大丰富了社区的文化生活，激发了居民参与“书香驿站”及社区活动的积极性。新华网、人民网、《北京日报》《中国文化报》等媒体都给予采访报道。

### 9. 才胜元（大兴区）

男，85岁，退休教师。才胜元不仅在讲台上充实了学生们的头脑，而且在退休后仍然关注孩子们的阅读。他发起了幸福图书馆，把图书馆捐到了新疆和田市皮山县皮山小学，满足了边远地区的孩子们对知识和渴求和对阅读的兴趣。

才胜元

才胜元是一名退休老教师，现在赋闲在家。他一直自我介绍为读书人，因为从小就喜欢读书，相信读书能改变命运，也能改变一个人的气质，也就是精气神。

朋友们都知道他喜欢读书，经常会请他给他们或他们的孩子开书单。从2010年开始，他基本上每年都会为超过30个朋友开书单，也定期把读书心得与朋友们分享。因为书，才胜元结识了更多的爱书人，也受邀去各社区和学校做分享交流，截至2015年年底，参加此类活动超过30次。因为喜欢读书，也希望能够让更多的贫苦地区的孩子们有好书读，才胜元发起了幸福图书馆，发动书友和读书人捐款捐书、献策献计、出人出力。在新疆和田市皮山县皮山小学捐助建设了1所图书馆，并为学校的图书馆提供3000册以上的好书。还募捐到100多台旧电脑，提供给幸福图书馆。

才胜元把学龄前的小读者视为阅读“预备役”，重视抓好娃娃阅读。他自荐担任我们社区图书馆的老师，每个月都带孩子走进图书馆，让他们摸摸图书，转转书架，看看别的读者在做什么，闭上眼睛感受书香的味道。大一点的小读者借书有从众心理，才胜元因势利导推荐他们看适龄的图书。再大一点的中学生思想活跃、猎奇心强，才胜元尊重他们的个性要求，主动配合学校为他们提供知识面宽、时代感强、促进健康成长的精品新作。对于家长读者群体，才胜元最理解他们在想什么、急什么、需要什么，一个眼神、一个微笑、一两句互动沟通的话语，就拉近了和他们的距离。老年读者是图书馆的常客，才胜元对他们倍加关心，细心为他们提供一些个性化服务。

才胜元深知活到老学到老的真谛，只有加紧学习、边学边用。他经常自费参加培训学习，听专家讲座，认真做笔记、写心得，积极参加同行经验交流活动，还养成了看新书、翻报纸、做摘抄、剪报的习惯。有时间还去转书亭、进书店和逛书市。

才胜元连续多年开展“少儿快乐读书日”活动，每月一次，至今约有1200余人次受益。他还组建了“小志愿者队伍”，为中小学生搭建服务社会的平台，几年来陆续有50余人参与到活动中。

### 10. 项怀安（密云区）

男，67岁，密云镇大唐庄村益民书屋管理员。书香不仅仅属于城市，更要弥漫在乡村。这位老人坚持4年每年超过300天坚守在书屋，为群众

项怀安

服务。他希望让农村有书香气、书卷味，使村民坐在四方书桌上也能够开阔眼界，使好读书、读好书蔚然成风。

项怀安自 2011 年 7 月益民书屋成立起就担任管理员，今年已经是第四年了。作为一名益民书屋图书管理员，一名阅读推广人，他努力做好本职工作，通过多种形式向广大村民推荐新书和好书，让村里的益民书屋真正成为群众文化交流的平台。虽然村子的书屋面积为 100 平方米，可村委会却投入了几十万元对书屋进行了装修，县图书馆配送书架 25 个、阅览桌 24 张、椅子 24 把。

现在馆藏图书 4500 余册，涉及法律、文学、种植养殖、保健、文明礼仪、古今中外军事、哲学等十二类。

在管理工作中，他积极结合村民的生活实际，邀请市县级的养种植专家来村里讲座并到实地进行指导，受益村民高达 2000 余人。每年春节期间，他还邀请市县级书法家、画家、作家为群众题字作画，并向书屋捐赠图书 200 余册，充实了书屋馆藏资源。节假日期间，他主动为村民组织各种形式的诵读、科普知识竞赛等，阅读活动高达 30 余次，参与活动的村民 3000 人次。寒暑假期间，组织开展丰富多彩的少儿阅读活动 10 余次，共计 500 余名孩子参加。由于他的阅读推广活动受众面广，极具特色，为此，新华社、《京郊日报》《密云报》等媒体进行了采访，在社会上引起广泛关注，并受到社会各界好评。

如今，书香弥漫在村里的大街小巷，村民的生活越来越和谐，幸福指数逐年提高。

# 第四节

## 书香家庭

### 一、综述

第五届书香中国·北京阅读季书香北京系列评选于 2015 年 6 月 19 日正式启动，其中包括北京“书香家庭”的评选。报名截止日期 7 月 31 日，北京阅读季领导小组办公室共收到各类评选报名表近 300 项，其中申报书香家庭的有 117 个。

根据评选方案，“书香家庭”评选分为初审、复审和终审三个阶段。今年的复审阶段与往年相比，增加了媒体评审团和现场调研。整个复审阶段由集中评审和现场调研两部分组成。由 16 家长期关注北京阅读季的主流媒体选出的代表团进行了认真的复审工作。在复审现场评委会上，评委们分组对“书香家庭”的评选进行评议，提出了 30+5 个候选家庭作为现场调研对象。最终评出了北京十大书香家庭。

忠厚传家久，诗书继世长。几千年来，无论是贫穷还是富有，中国的家庭都有诗书继世的梦想，这个梦想之中，人们不仅仅是想通过读书改变命运，更是通过读书让家人得到一份长久的安宁和幸福，得到自我价值的最大实现。爱默生说：“家庭是这样一个地方，在一日之中，人们的胃口得到三餐的满足，而人们的心灵却得到千百次的满足。”每个家庭的文化内涵对于提升人们的文化素养具有重要意义。通过书香家庭评选，我们很欣喜地看到，诗书继世的传统仍然在当下延续，我们看到越来越多的家庭比任何一个时代都更加重视读书，我们看到全家阅读的画面出现在城市和乡村，我们看到藏书动辄上万册的普通家庭正如雨后春笋一般出现，我们更看到，这些书香之家并不是为了评选而存在，无论我们是否评选，他们一直都在那里，延续着千百年来家庭的读书之梦。

“有田不耕仓廪虚，有书不读子孙愚。”几个满满的书柜，一张安静的书桌，正在成为越来越多家庭的标配，祖孙共读、父子共读、母子共读，这些温暖的画面，每天都出现在万家灯火中……一个长幼齐读的家庭是温馨的，一个家家读书的城市是美好的，而每一个城市都弥漫着书香的社会，则是和谐而充满希望的。

## 二、个案

### 1. 李澍晔家庭（西城区）

这个家庭藏书 1600 多册，夫妻共同出版著作 61 部，他们 24 岁的孩子李湉也已经出版 6 部作品。书给这个家庭带来共同的欢乐，成为他们无声的引路人。

不知不觉中，这个家庭已经历了 26 年。回顾过去，从夫妻见面时共同拥有的第一本书是《钢铁是怎样炼成的》，到今天的藏书 1600 多册，再到夫妻共同出版的著作 61 部，孩子李湉出版 6 部书的历程，从部队大院、演习训练场，到现在居住在北京西城区德胜门外，搬家无数，唯独书最多、最割舍不掉，真是经历了一次又一次深刻而难忘的人生的重要洗礼。

教育孩子遇到困惑时，读书；工作上遇到困难时，读书；思想上有压力了，读书；家庭遇到问题了，读书；生活中有麻烦了，读书；写论文时没有观点了，读书；创造源泉枯竭了，读书。总之，书真的是这个家庭的一员了。

这个家庭还召开家庭图书交流会，参与者百余人，其中不乏作家和学者。

“泱泱中华需志士，求学之路荆棘多，任重而道亦远，吾将一生而执之，而后快之。风华佳年人才出，慎思苦学韧当先。”这句话一直写在这家人的书架上，以此来激励他们全家不息、不懈、不怠、不骄、不躁、不愚、不浮。

李澍晔家庭

## 2. 李元华家庭（通州区）

为毛主席演唱录制唐宋诗词歌曲的经历让李元华与诗词结下不解之缘。30 多年来，李元华家庭坚持“让古籍中的文字活起来，让诗词插上音乐的翅膀”，用艺术方式推动阅读成效显著。

读书为家庭增添和谐温馨，提升生命质量，调节自我心理环境，好心态赢得好身体。有健康的身体就能继续为社会服务——已经近 80 岁的老艺术家李元华如是说。

李元华家庭

作为国家一级演员，李元华退休后舞台更广阔、工作更繁忙、生活更丰富、身心更健康。谁都知道，凡有邀请演出，李元华从不讲价，不讲条件，无论在大会堂还是在社区乃至贫困山区、养老院、麻风病院，她经常参加义演，为山区孩子送爱心、送音乐，走进大中小学、走进工矿企业，开无包装的独唱音乐会。她每年为社会演出服务几十场至上百场之多。除了演出，她还通过读书学习，转型为导演、教授，并兼职中国社会艺术协会副主席、中国民族声乐学会副会长、北京家庭文化促进会副会长、中华诗词学会艺术顾问等，做了大量的文艺晚会及旅游文化的创意策划的组织工作。

李元华的读书成果，更多的是以舞台艺术晚会的方式呈现出来。1997香港回归时，为中国文联、中华诗词学会策划导演了中华诗词演唱会《回归颂》；1999年澳门回归，为中国文联创意策划导演了大型歌舞晚会《莲颂》，2012年文化部主办的优秀剧目展演，李元华自行集资创意策划导演了大型中华诗词歌舞交响乐晚会《心灵律动》。此外，她还多次组织海峡两岸传统诗词演唱会《诗乐情深》《来自心国的旋律》，根据著名作家巴金的《家》改编了歌剧《鸣凤》。

为普及弘扬中华传统文化艺术演讲，李元华走进国家图书馆、国家行政学院、中科院、文化部、新华社至地方讲坛院校、区县妇联、军干所等，推动传统文化的普及和推广。

李元华和家人，每天的阅读时间都有三四个小时，家里藏书以国内外名著、工具书为主，人均藏书量达1000册左右。

### 3. 范楠家庭（石景山区）

范楠因先天性脊柱裂而重度残疾，但她乐观向上，一路读书，一路成长，并因为读书遇见真爱，成立家庭。她对读书的劲头儿，潜移默化地影响着全家的读书氛围，鼓励着身边的残疾朋友。

范楠今年 31 岁，是北京市轮椅篮球队的一名队员，患有先天性脊柱裂。她的童年是在亲人们的百般呵护下度过的。一个偶然的机会，范楠于 2004 年 9 月来到了北京市轮椅篮球女队这个集体，成为一名优秀的轮椅篮球队队员，艰难且圆满地完成了 11 年的学业。

“记得最深的是石景山区少儿图书馆的老师们，在我 7 岁时为我送来了《钢铁是怎样炼成的》《张海迪的故事》等书籍，就是那些书，让我知道了保尔、张海迪、海明威、托尔斯泰、曹雪芹、巴金、老舍等古今中外

范楠家庭

的作家、名人和他们的巨著。书让我痴迷，使我到了废寝忘食的地步。书中的英雄、榜样在我心里慢慢地扎下了根，我被他们的精神所感动。为了能像正常学生一样上好每一节课，我白天坚持不喝一口水，不上一次厕所，珍惜在学校的每一分每一秒。”范楠说。

少儿图书馆的老师给她送来大量的图书，为她的语文知识、写作水平奠定了坚实的基础。范楠的作文从小学到高中全在班里名列前茅，中考语文还得了满分。她还会把看过的书讲给同学们听，并利用业余时间写了许多文章，登在了《北京晚报》《京华时报》《北京工人报》《国际广播影视》《翠微文艺》等报刊上，共计40余篇。

现在，范楠已成家了，爱人是她初中的同学，他们就是以书结缘的，占据了家中一面墙的千余本藏书，是夫妻俩的最爱。书籍是他们俩的精神寄托和共同话题。如今夫妻俩已经有了小宝宝，他们家爱书的传统也将传给他们的小宝宝，让她也从小看书、爱书，掌握更多的知识，成为国家的栋梁。

### 4. 王春信家庭（平谷区）

遇挫折而不堕其志，荣誉加身而不改其行，这一切，都得益于读书。这位基层文化站长的家庭奉行着“忠厚传家久、诗书继世长”的家训，用读书传递着希望，承载着家与国的梦想。

王春信，现受聘为平谷区大华山镇文化站长。他的爷爷王文元在20世纪二三十年代是私塾先生，靠教书挣几斗小米维持生活，私塾就在他家南厢房。他的父亲只跟爷爷念了两年书就能画画、写书法、说大鼓书，是平谷有名的民间艺人。奶奶、姑姑偷着在学堂门外听课，也都识字。

在他小的时候，他的爷爷就教他《三字经》《名贤集》《论语》。上小学时读了《水浒传》。中学一毕业，被村里任命为通讯员，每周可以写

王春信家庭

两天稿子。高考没有赶上，但乡里村里都知道他爱读书，两次批准他参加成人高考，分别考取了北京农业大学植保系、中国政法大学政治系，脱产读了四年大专。到工厂上班，厂里知道他爱读书写字，就让他当上了办公室主任，还负责文秘工作，为厂领导撰写讲话稿、起草相关文件。

虽然不是公务员，镇里却聘他当了20年的文化站长，他意识到应该团结农民朋友一起读书，为书香社会做出贡献。2000年，他发起成立大华山文学社，有18名好读书写作的农民参加，现有40名社员成为大华山镇读书写作的名人，文学社办有季刊《菊花谷》32期。2006年，镇党委主办《桃乡视窗》，他成了主编，至今已出刊225期。

在读书活动中，他结识了很多名人，四次与浩然老师谈读书，毕淑敏、刘恒、祝勇、止庵等大家让他分享读书成就。由于他边读书边写作，最近几年成为中国楹联学会会员、北京楹联学会理事、平谷作家协会副主席、平谷区政协文史撰稿员。

在大华山镇，读书写作已蔚然成风，在文学社里有楹联创作小组，有戏曲创作小组，曾与中国评剧院、北京京剧院、北京楹联学会、北京作家学会共同举办过读书写作活动。15年来，全镇有很多人获得了各种奖项。

读书给了他家几代人荣耀，他在家庭中传承着读书家训的同时，也尽其所能为书香社会做着贡献。

### 5. 曹仲帅家庭（怀柔区）

作为校长的曹仲帅，不仅在学校每层都建立了图书角，鼓励孩子们进行图书互换，小学五年级的儿子也利用自己的藏书在班里开办了小图书角，免费向同学提供图书借阅服务。

曹仲帅家有三口人：妻子是怀柔区第三小学图书馆管理员，儿子现就读于怀柔一中高一(2)班，他现任怀柔区实验小学校长。这一家人酷爱读书，家有藏书1800余册，无论到哪里，他们最爱去的地方就是书店、书市和图书馆。如今，阅读已成为他们家庭的一种习惯、一种文化、一种享受。

曹仲帅家庭

一、创办袋袋鼠图书角的儿子

他的儿子在班级创办袋袋鼠图书角，免费义务地把图书借给同学。

从2010年开始，每年寒假，他的儿子总会把家中的好书挑选一部分，送给长哨营小学(爸爸曾经工作过的深山区学校)的贫困孩子们。他的儿子曾获“华人少年作文比赛”一等奖、“叶圣陶杯”全国中小学听说读写大赛一等奖、北京市中小学生航天科幻征文比赛一等奖、北京市“少先队员标兵”、怀柔区优秀小学生、北京市红领巾读书活动第十一届“读书小状元”等。

二、经营第三小学图书馆的妻子

他的妻子在学校组建“三槐书社”，组织学生开展读书读报知识竞赛、征文活动。有近百篇作品分别获得一、二、三等奖，学校两次获得学校组织先进单位，而她也两次被评为学校组织先进个人。

三、建设书香校园、引领师生阅读的曹仲帅

构建学校“童年愉悦”的办学理念体系，为学生们设计“好吃有营养”的课程体系，构建基于云时代的“现代、人文、绿色、书香”校园。购置图书，配备班级、楼道、放学等候区图书角，出台《实验小学阅读章程》，营造校园处处皆书韵的氛围。培养阅读习惯，拓宽阅读视野。

## 6. 白琨家庭（海淀区）

这个家庭每天晚间三小时的阅读习惯已经保持了多年，他们更通过各种渠道，把这个小家庭的正能量聚成一团火，散若满天星，将阅读的美好传递给更多人，将平凡生活变得不平庸。

白琨是国际关系学院法语教研室主任，她的丈夫孔震是北京信息职业技术学院就业办公室副主任，女儿孔令涵是中关村一小五年级学生。好读书、读好书、读书好是这个家庭不懈的追求，也在十余年中见证了播种、开花和结果的过程。读书使她的家庭不足60平方米的小屋充满了诗情画意，读书也令家庭成员在学业和事业取得了双丰收。

白琨家庭

这个家庭的父母非常重视亲子阅读，常常利用周末孩子在家的时候和她一起共同阅读一本书，共同分享书本中精彩的故事，聆听孩子讲述一周来读书学习的情况。父母也常常去买些主题健康、富有趣味性、文辞优美的课外书，作为奖品或者礼品送给孩子。女儿孔令涵是一个可爱的蒙古族女孩，她最喜欢语文，阅读了大量的中外名著，因此在期末考试中成为唯一的语文满分获得者。父母和孩子一起读书，一起快乐成长，让书香真正进入家庭，让家里处处有读书的气氛。

这个家庭也非常喜欢通过各种交流平台与书友交流心得。女儿特别喜欢在朋友圈和聊天群里分享读书心得，将好书的摘要做好，把精华提炼出来。父亲所在的学校有8000名在校生，通过读书沙龙活动，带出一批爱读书的有志青年。母亲则通过国际关系学院的校友网络，将读书的精神渗透到世界各地。

### 7. 余玮家庭（丰台区）

丰台区余玮家庭每年购书近万元，家庭藏书数量近 3 万册，另有近 5 万种报刊。在作家父母的影响下，13 岁的女儿余果和 9 岁的小余岳热爱写作，多次出书。

这个家庭有一个良好的读书氛围，家庭的集体活动除了旅游、锻炼，就是读书。全家楼上楼下近 30 个书柜，除了卫生间与厨房，无处没有书，并专门为孩子设计书桌、书柜，让孩子有个好的读书环境。余玮治学严谨，先后加入中国作家协会、中国报告文学学会、中国红色文化研究会等，出版过《邓小平的最后二十年》《知情细说毛泽东》等近 80 本专著。目前，余玮正在筹建一个以藏红色图书及红色报刊为主要藏品的“红色中国博物馆”。

余玮家庭

妻子吴志菲是红色励志作家，系中国报告文学学会、中国传记文学学会、中国散文学会会员，出版有《红舞台下的凡人邓小平》《中国作家访谈》《我们跨过鸭绿江》等畅销图书。

全家每年积极参加首都图书馆的换书活动，并得到《北京青年报》的报道。同时，每届图书节或书市都踊跃参加，且有时全家出席现场签售活动，经常参加一些阅读经验交流的校园活动或社会活动。

作为家长，提倡悦读，让孩子从小对书感兴趣，对阅读感兴趣，培养孩子的读书能力。全家每个人都有自己的博客，在博客上分享自己的阅读感受。

孩子在读书中体验着快乐，也充实着自己。13岁的余果出版了《金色的小脚印》《最女生》和《“00后”的心事》三本专著，成为北京科普作协与中国诗歌学会的最小会员之一。9岁的余岳也出版了自己的专著《小笔尖下的童真》，加入了中国少年作家学会。这一切，都是阅读给他们带来的收获。余岳自称“读书狂”，每天晚上睡觉前看半小时，一有业余时间就看书，看得快时两三天一本。

良好的阅读氛围对孩子有潜移默化的影响。目前，已有《中国新闻出版报》《中国校园文学》《北京晚报》等26家报刊以《在书香中美丽绽放——校园小作家余果》等为主题推介余果的阅读与写作经验。此外，《快乐日记》“日记名人堂”专栏等12家报刊报道了余岳的读书与写作事迹。

全家每年安排时间外出旅游，带孩子到科技馆、博物馆等参观学习，在旅游中增长地理文史知识，开拓视野。全家读山水、读生活、读人、读社会、读世界，吸收书上读不到的许多真知。读书，成为全家的重要生活习惯。

### 8. 翟康乐家庭（东城区）

东城区翟康乐的爷爷是前清“庠生”，家中世代藏书。翟康乐退休后继续写作，就写自己最熟悉的家族故事，为自己而写，为家族而写。让读书人之心天地可鉴，干干净净地传下去。

翟康乐出生在书香之家。爷爷曾在京城鼓楼大街郎家胡同的八旗官学读书（后北京市立一中，现为北京一中）。父亲的藏书很多，为他读书提供了有利的条件。母亲出生在全国三大庄园之一的康百万庄园，是康百万家族的后裔，从小接受“耕读传家”的熏陶。

“文革”时期他有机会“饱读诗书”，在逆境中不断充电，是工厂里公认的笔杆子。改革开放以后，他被调入厂部办公室任主任，开始涉足机要和文秘工作，并主持编制了企业规章制度和责任制度。20 世纪 80 年代

翟康乐家庭

中期，他从山沟沟里的军工厂回到城里，在一家国有大型企业担任领导工作，但仍然笔耕不辍，因此退休之后，留下了十几万字的文章。

2006年退休后，他大部分时间沉迷于读书和写作之中，先是主编了《第九六〇厂厂志》，接着完成了长篇纪实文学《被遗忘的陕军》的编著工作，又写了《康百万家族的传奇故事》这部故事集。

他现在的家庭也是个书香之家。女儿和儿子各有一女，受家庭熏陶，从小酷爱读书。每个人的家中最多的不是装满四季服装的衣柜，而是摆放各种书籍的书架。

### 9. 姜昆阳家庭（朝阳区）

阅读没有年龄之分。朝阳区姜昆阳老人退休不“褪色”，退休后笔耕不辍，与老伴共同完成了多部书稿，用精神激励世人，用阅读美好人生。

从 20 世纪 50 年代起，姜昆阳就开始了自己的读书生活。当时他的父亲给他们兄妹买了一本《唐诗三百首》，给他们讲诗、讲诗人。后来读的书越来越多。书读得越多，问题越多，疑惑越多，感慨也越多，于是很想把心得体会和想到的东西写出来。后来他用了十多年的业余时间，写出了 50 多万字的长篇历史小说《商鞅》(2001 年作家出版社出版)。

姜昆阳家庭

一年又一年，他家的藏书越来越丰富，家里的第一个书柜很快就装满了，又买了第二个、第三个，后来是五个、七个。现在已经有九个书柜，还有三个书架。家里的藏书超过 15000 册，还有各种电子书 1 万册以上。几年来，他向东城区图书馆、向西藏的小学、向社区、向中共中央党史研究室图书馆等多次捐书，总数超过 2000 册。

多年来，除了工作中的职务作品，他用业余时间写了《爱因斯坦》《牛顿》《伽利略》等几部作品。退休以后时间更充裕了，于是又写了《斯大林》《钱学森》《李四光》《李白》《杜甫》等十几部作品。

### 10. 徐继新家庭（昌平区）

徐继新这一家人都把藏书、读书当成快乐。他们坚信，读一本书就能开一扇窗，看见不一样的风景。为此，他们将个人藏书向村民免费借阅，连续 16 年坚持做公益图书馆，不求回报。

通过阅读，徐继新全家人的眼界更开阔了，工作更顺手了，生活更丰富美好了。“书这东西，只要你看，就会有益。”重读不重藏、藏以致用。他的女儿通过阅读，了解了行业动态，提升了业务素质。一家人在书籍的滋养下，在对知识的共同追求中，在对美好生活的不断创造中，家庭非常幸福、和睦、向上，读书已经成为全家人休闲放松的方式。家人创作的文学作品，曾多次获得市、区级奖励，并在市、区级报刊上发表。

徐继新家庭

他的女儿今年22岁，从一岁开始读《小猫钓鱼》《白雪公主》，一直保持到小学三年级，都是在童话故事声中进入梦乡。在四年级时，他的女儿迷上了《豌豆》《阿衰》，从书中学习到了语言的艺术。她也读《钢铁是怎样炼成的》《泰戈尔诗集》，写起作文信手拈来，人物描写栩栩如生，读她的文章就像看一幅画，可以从她的文字里品出画卷来。她在小学、中学作文比赛中多次获奖，且有多篇作文发表。书给了她知识，给了她人生的目标，更给了她其乐无穷的时光。

徐继新一家三口常常各自捧着一本书，在书墨香气中穿梭。书将各种信念注入全家人的脑海，使全家人充满愉悦和崇高的思想，从而入神忘情，灵魂升华。

# 第五节

阅读示范社区

## 一、综述

在“2015书香中国·北京阅读季”大型全民阅读活动中，由北京阅读季领导小组办公室主办的“十大阅读示范社区”评选非常引人注目。

北京阅读示范社区的评选，目的是集思广益，遴选适合北京当地社区的、多类型、可复制性强的社区阅读推广方案。2015年6月19日开始，主办方向全市范围征集，共收到16区县67个社区报名参选，经过初选、复审、终审等环节，评委会选出10个入选社区，这些社区在北京阅读季平台的支持下举办了一系列的社区阅读推广活动，产生了较好的社会影响力。

这些社区遍布城乡，一年合计举办活动近千场，惠及群众十余万人次。他们不断创新服务方式，有的依托社会力量开办阅读空间，有的引进外部资源来为社区阅读服务，有的立足自身优势开展读书活动，邀请作家、书画家、教师等走进社区书屋，开读书会、办辅导班，以各种独具特色的活动模式和丰富多彩的活动内容，吸引着越来越多的人前去享受阅读之乐。位于社区之中的益民书屋、儿童绘本馆等，还出人意料地在邻里之间发挥了链接和枢纽作用，不仅让人们重新回到社区生活，还滋润了他们的精神家园。这一活动不仅可以鼓励更多社会力量参与到阅读推广事业中，而且能为社区阅读推广提供更为有效的解决之道，推动全民阅读向纵深化、日常化发展。

## 二、个案

### 1. 广安门街道荣宁园社区（西城区）

西城区广安门街道荣宁园社区

这里拥有知名的第二书房，环境优雅，藏书涵盖古今中外；这里，正围绕家庭教育、亲子阅读打造优雅阅读空间；这里正在尝试政府搭台、私人运营、读者免费读书的新型模式。全民阅读的全新探索，正在路上。

社区内有固定的阅读推广机构——第二书房。第二书房在金中都公园的宣阳驿站有占地1000多平方米的阅读空间，环境优雅，藏书14000册，阅览席位150多个，有非常好的阅读氛围。也有固定的阅读推广团队，即以创始人李岩为核心的6人专业阅读推广团队，他们每天都举办阅读活动。

从2014年9月到2015年5月，举办了50多场阅读活动，累计参加人数超过5000人，获得明显的社会效益。中央电视台、北京电视台、中央人民广播电台、《人民日报》《大公报》等媒体均报道过。

第二书房中国学社内设国学典藏图书阅读区、书画笔会区及手工艺品展示区，经常举办“国学经典讲座”活动，年度活动次数达40次以上。2015年上半年，活动24场次，参与活动人数达1440余人。还举办了“国学经典讲坛”活动40场，年度参与居民达2400人次。

## 2. 北官厅社区（东城区）

有些人失去了看见这个世界的权利，但我们可以通过阅读，让他们遇见更辽阔而美好的世界——东城区北官厅社区已经坚持10年，免费为盲人提供阅读服务，让阅读照亮他们的人生。

北官厅社区坐落在北新桥街道的东北角，东邻俄罗斯大使馆，占地约0.2平方公里。大众读书会作为社区固定的阅读推广组织，每月都会在北官厅社区活动中心举办读书活动，由樊祥昇、王廷伦担任领读老师，读书内容涉及养生保健常识、国家大事、国际国内形势、政治、实事、法规和一些与健康相关的科普知识。通过开展学习活动提高居民的道德文化水平和文明素养，北官厅社区获得了良好的社会声誉。

到2015年，北官厅社区科技大视野读书会坚持学习已有12个年头了，一直保持有近30名学员，他们已经成为北官厅社区一道亮丽的风景线。

东城区北官厅社区

### 3. 拱辰街道北关东路社区（房山区）

在这 120 平方米的学习园地里，定期组织大型诗歌朗诵会、知识讲座，先后举办各种类型和主题的阅读活动共计 327 场次；数字虽然无法涵盖全民阅读的全部内容，但可以看出，这个社区在为此做了不懈地努力。

北关东路社区位于良乡古城中心区，是房山区拱辰街道 8 个老旧小区之一，辖区面积 12.3 万平方米。有 43 栋居民楼和 150 间平房，社区现有 2357 户， 6739 人，其中 60 岁以上老人 1280 余人，残疾人 120 余人。社区党总支下设 6 个党支部，现有党员 365 人。辖区有解放军某部、房山区水务局、仁德医院、质监局等十几家单位及商户 75 家。社区楼房大多建于 70 年代。基础条件差，配套设施不完善，没有物业管理。社区党总支、居委会代行物业的一切职能。

社区筹建 120 平方米的学习园地，添置桌椅 120 套、电视机 3 台、DVD1 台、投影仪 1 台。筹建 80 多平方米的图书阅览室，藏书达 8000 多册。

本着贴近生活、贴近实际、贴近居民的原则，组织开展丰富多彩的阅读活动。结合世界读书日，先后在辖区开展“我读书，我快乐”“品味书

房山区拱辰街道北关东路社区

香，快乐生活”“阅读使我的生活更精彩”等读书月活动10场次，组织社区居民参加房山区及街道组织的大型诗歌朗诵会5场次。结合社区实际，围绕社会公德、职业道德、家庭美德、个人品德，开展“践行社会主义核心价值观，做文明有礼房山人”“讲文明，树新风，从我做起”“加强精神文明修养，提高自身道德水平”知识讲座31场次。围绕“提升生活品质，健康快乐生活”，开展“关注健康，未病先防”“播种文明绿芽，共建生态城市”“我的健康我做主”等阅读活动118场次。

针对不同群体开展各类活动，比如针对中老年朋友关心的热点难点问题，开展“我的权益我知道”“交通法规我知晓”“继承法规我明了”等阅读活动46场次。除此之外，还定期召开夕阳红书友会、青年阅读沙龙、阳光少年书友会，先后邀请社区阅读之星、社区学习之星、社区老党员等57人分享学习经验，交流心得体会。组织大型诗歌朗诵会5场次，知识讲座31场次，各种类型和主题的阅读活动共计327场次。

### 4. 田村路街道阜四社区（海淀区）

海淀区田村路街道阜四社区有一个文化小院，不少爱书人把藏书送来分享给社区居民。居民们有自己的报纸，写自己的故事。正如自发组织的“田村书院”名字一样，成为一处读书桃源。

海淀区田村路街道阜石路第四社区由原北京市橡胶工业设计研究院家属院转制而来，有居民1000多户，以橡胶院员工及家属为主。作为一家科研单位的家属区，该社区一直有着较深厚的阅读氛围，还有一批热心公益的爱书人。

2014年6月，田村路街道与橡胶院经友好协商，决定将该社区内一处面积约500平方米的旧自行车棚改造为社区文化小院。2015年7月小院装修完成，图书阅览室向社区居民开放。

海淀区田村路街道阜四社区

在阜四小院建设之初，田村路街道就引进了专业的社会组织——北京市海淀区睿翔社会工作事务所，负责小院的日常运营，由总干事董保刚负责社区阅读推广。小院阅览室筹备过程中，该事务所与田村路街道相关负责人走访了三联书店、彼岸书店、皮卡书屋等机构，联系彼岸书店完成了阅览室首批图书配置。

海淀区田村路街道邀请清华大学城市品牌研究室为街道制订文化发展规划，这是清华大学团队首次为街道层级的行政辖区设计文化发展规划。

田村路街道为营造全民“多读书、读好书、好读书”的氛围，主要从两方面着手：通过对辖区内房屋资源摸底，找到了一批可作为阅读活动的房屋，阜四小院就是其中的代表；二是寻找社区文化达人，通过开展“田村文化沙龙”系列活动，聚集了一批辖区内外热心公益的爱书人。

2014年以来，田村路街道组织了多次包括阜四社区居民在内的阅读活动，或是服务阜四居民的阅读活动。首先，推出“田村书院”微信公众号(tiancunshuyuan)，设计了佳作推介、国学品读、名家讲堂、历史探索等栏目，成为田村爱书人的线上平台。另外，突出的活动有:2014年10月与北京社区文化传媒协商引进《北青社区报》，让田村路居民有了一份属于自己报纸，2014年10月18日至19日，在山村山举办了“山村山老年快乐周末嘉年华”活动，在4万平方米的活动现场引进了图书、大型科普项目，让到场的2万多居民在家门口享受到文化服务；2014年12月24日，在阜四社区东侧的田村路社区教育中心举办“田村文化沙龙”，本次活动以“城市文化建设”为主题，清华大学城市品牌研究室研究员萧东荣做主题演讲等。

## 5. 龙山街道车站路社区（怀柔区）

这里是老人的棋牌室，小朋友的百草园，这里是怀柔区车站路社区。社区定期举办老人健康讲座、革命历史讲座等。在寒暑假，孩子们一起阅读，一起利用废弃的材料做手工，一起学习和传递知识。

车站路社区位于怀柔区龙山街道的东部，面积约1.2平方公里。现有常住居民2136户，常住人口6435人。社区读书会自成立以来，立足辖区实际，努力实现资源共享。社区读书会充分发挥基层文化组织的职能作用，提高社区居民文化素质，积极开展各项与阅读有关的活动。

社区配套设施完善，有固定的阅读推广机构——车站路社区益民书屋，书屋有各类藏书约3000册。社区还拥有近50平方米的阅览室。社区阅读推广人卢益堂自2003年起积极投身社区文化，退休后担任社区益民书屋的学习顾问。曾荣获怀柔区学习之星、书香之家、魅力老人、读书状元、传统美德优秀宣传员等称号。他为居民们推荐的书籍得当多样，

怀柔区龙山街道车站路社区

品味高雅，使大家真正做到健康、科学、文明的阅读。

社区益民书屋不断强化阵地建设，进一步夯实基础工作，把“读者至上，服务第一”这一宗旨落实到工作的每一个环节。努力扩大读者群，2014 年读者发展到 200 余人，全年接待读者 3000 人次以上，对外借阅图书达到 1000 册次以上。在搞好图书借阅工作的同时，注重做好未成年人思想道德建设工作，结合 4・23 世界读书日、六一和全民读书月等节日，举办适合少年儿童的丰富多彩的暑期读书活动、优秀影片欣赏、故事会、征文等。

为进一步打造好“社区知识家园”服务品牌，充分利用社区影像设备、图书阅览室等场所举办丰富多彩的与阅读相关的活动。全年举办诗歌朗诵会、知识讲座、亲子阅读等各类活动 20 次以上，完善“市民大讲堂”每月一讲活动品牌，落实辖区学校、企事业单位等人才资源，拓宽讲座活动内容，提高活动质量，实行专家现场讲座与视频讲座相结合的形式举办讲座，参与活动的人数累计超过 500 人，收到了良好的效果。

### 6. 新街口街道西里二区社区（西城区）

这里不仅有以“儿童阅读”为中心开展的各类阅读活动，还设有残疾人、老弱病残读者专座，开通图书预约服务，只要居民一个电话，工作人员就会送书上门。

北京市西城区新街口街道西里二区社区是一个拆迁、回迁小区，社区内人员类型多样，文化服务需求类别多样。社区内有西城区青少年儿童图书馆，馆舍面积 6548 平方米，馆藏 34.5 万册（件）。开馆至今流通人次 224 万人次，流通册次 265 万册次。馆内设有综合阅览室、儿童阅览室、报刊阅览室、电子阅览室等多个开放厅室，现有北京市儿童文学作家库、点点书库——数字动漫平台 & 书库。常年以“儿童阅读”为中心开展分级阅读指导，每周开展阅读趣味活动，激发阅读兴趣。

西城区新街口街道西里二区社区

社区阅读推广活动以西城区青少年儿童图书馆主要阵地，积极开展全民阅读活动。组织辖区内中小学开展“西城区中小学生‘鲁迅奖章’暨红领巾读书活动”“西城区中小学校图书、资料专业技术人员继续教育培训”“科普讲座进校园”等读书活动，促进“书香校园”的建设。仅2014年累计学生参与总数86866人次，覆盖率98.5%。关注特殊群体，通过开展“外来务工子女读书会”“共享阳光残障人读书会”，在西城区培智学校建立基层服务点等形式，把精彩阅读活动带给特殊群体，让他们享受到阅读的乐趣。强化特色阅读，组织名老作家顾问走进“青青草”儿童文学社、走进心悦阅读课堂，与社区的孩子共读共享一本书，深受小读者的喜爱。开展网上阅读活动，推进数字文化资源共享。作为北京市文化信息资源共享工程，少儿馆利用馆藏数字资源，组织各类型线上线下活动100余场，如悦分享、数字阅读知识课堂、“优秀电子读物资源我知道”，近9000人参加，其中90%上为青少年、儿童读者。设有残疾人、老弱病残读者专座，并有集体外借、电话续借、预约、送书上门等服务，极大地方便和丰富了社区居民的文化生活，激发了社区居民参与阅读的积极性，促进了社区的和谐，为书香社区的创建奠定了坚实的基础。

社区订党报、学党史，还定期研讨政策法规，并经常举办赠书、借书、换书和读书会等活动，这些做法得到了街坊邻里和穆斯林群众的一致认可。

### 7. 太阳宫地区芍药居二社区（朝阳区）

朝阳区太阳宫地区芍药居二社区实施以“倡导全民读书，建设阅读社会”为宗旨的“知识工程”，激发居民读书的热情，定期组织大家交流阅读理念，分享阅读体会。

芍药居二社区位于芍药居北里小区东部，占地面积227600平方米，

朝阳区太阳宫地区芍药居二社区

社区户数4834户，常住人口10516人。社区内有国属单位1个，小学1所，幼儿园1所。

朝阳区太阳宫地区芍药居二社区图书馆面积约100平方米，藏书1万余册。为丰富地区群众文化生活，社区定期组织“书香红芍——阅读与文明同行”为主题的全民阅读活动、世界读书日专题活动。社区利用重点节假日这个节点组织开展读书月活动、少儿阅读活动、党员阅读活动，在全民阅读日期间开展诗歌朗诵、演讲比赛等活动。

社区阅读推广人还定期组织大家阅读理念并分享阅读体会，在交流会上传递正能量。社区图书馆从为社区居民考虑出发，每天向社区居民开放的同时，还在寒暑期对青少年、对外开放，除开设了书籍、报刊阅览区外，图书馆还另辟了一处电子阅览区，11台电脑方便了广大居民及青少年上网浏览。满足了居民上网查询资料的同时，还为广大居民登录全国文化信息共享工程提供了良好的阅读平台。公共文化信息共享工程的使用，为广大社区居民提供了一个良好的数字化学习平台，从文化、文艺等诸多方面，提供了与百姓生活息息相关的学习载体。

一直以来，芍药居二社区通过活动引导居民爱读书、多读书、读好书，陶冶居民的情操，提升居民的人文素质和道德修养，丰富社区文化生活，为创建学习型社区打造良好的书香文化氛围。

### 8. 儒林街道温泉南区东里社区（延庆区）

社区益民书屋虽然只有120平方米，但他们创造了阅读的辽阔天地。策划举办各类读书沙龙交流会、优秀爱国主义影片展演、读书演讲比赛等，社区开设的“阳光课堂放学来吧”主题活动成为延庆的一个样板。

温泉南区东里社区隶属于延庆县儒林街道办事处，区域面积0.21平方公里，社区内生活设施配套齐全，有24幢住宅楼，1757户，4917名居民。社区拥有300平方米的规范化办公环境，活动室面积达到2000平方米，益民书屋120平方米，现有图书2000余册，方便居民借阅。网络阅览室8台电脑，方便居民学习网络知识。社区图书馆80平方米，可同时容纳70人进行读书活动。社区配有专职的阅读推广人，指导居民如何选择、阅读优秀的书籍。社区居民大多是公务员和各企事业单位职工，文化程度较高，很多人具有大专以上学历，退休人员知识更是极其丰富，其中有退休的专家、老中医、教师等。居民参与读书活动更是积极主动，培养了较高的读书意识，形成“社区带动家庭，以家庭带动社会”的读书氛围。

延庆区儒林街道温泉南区东里社区

温泉东里社区着眼于提高居民素质和促进全体居民

的全面发展，为形成人人读书，终身学习的目标，开展了一系列丰富多彩、灵活多样的读书学习活动：一是组织社区读书积极分子开展了一场别开生面的读书沙龙交流会；二是陪同行动不便的居民共同阅读、共同学习；三是组织全体社区干部自学和工作相关的法律法规，同时举办“以案说法”的活动；四是在社区的居民中开展以“传递正能量，畅想中国梦”为主题的征文比赛；五是以“品味书香，提升素养”为主题举办读书节开幕式暨文艺演出活动；六是开展优秀爱国主义影片展演活动；七是举办“阅读点亮认识，学习创造未来”读书演讲比赛；八是举办“让我们读书吧”为主题的读书活动；九是举办同读一本好书活动；十是倡导广大居民每日读书一小时，每月阅读一本书，形成人人爱读书、家家飘书香的良好氛围。

开展了一系列丰富多彩、灵活多样的读书学习活动，有读书沙龙交流会、优秀爱国主义影片展演、读书演讲比赛等活动，并倡导广大居民每日读书一小时，每月阅读一本书，形成人人爱读书、家家飘书香的良好氛围。

### 9. 新通国际社区（通州区）

通州区新通国际社区联合社会组织，邀请专人负责阅读推广活动，共开办了 40 余次相关活动，参与活动的人数累计超过 1000 人次以上，让书香和文化气息弥漫在整个社区。

新通国际社区内有固定的阅读推广机构，悦读空间工作室和电子阅览室，社区除配备 70 平方米阅读室，为社区居民提供场地进行阅读学习，还有一间 200 余平方米的多功能活动厅，用作日常举办居民读书活动场所。

社区内有相对固定的阅读推广达人。社区每年的阅读推广工作做到了年初有计划，年中有记录，年底有总结。阅读推广达人遵纪守法，具有一定的文化水平，保持良好的阅读习惯，荐书得当多样、品位高雅、热心公益，并定期为居民组织开展丰富多彩的阅读活动，以更好地在社区进行阅读推

通州区新通国际社区居委会

广，在居民中广受好评。

社区组织社区居民以及青少年开展读中华美的故事、理财知识课堂、居家安全知识讲座、0 岁读书早教活动、“我读书、我收获”品读活动、“小故事、大道理”读书活动、亲子阅读会以及法律知识讲座等活动 40 余次。参与活动的人数累计超过 1000 人，获得良好的社会声誉和居民的广泛支持，使社区具备了阅读推广的群众基础。

社区有 200 余平方米的多功能活动厅，用作日常举办居民读书活动场所，共开办了 40 余次相关活动，参与活动的人数累计超过 1000 人次。

### 10. 十三陵镇胡庄社区（昌平区）

昌平区十三陵镇胡庄让我们看到了一个社区无论身处何方，为让居民享受阅读美好所付出的努力。胡庄社区居委会位于昌平区西北部，与十三陵镇政府毗邻，辖区范围包括 16 个行政村的散居居民和四片居民区，现有常住人口 5880 人。为方便居民阅读，特设立了近 30 平方米的图书室，

昌平区十三陵镇胡庄社区

内藏图书6000余册，包含有科学养生、体育锻炼、科学育儿、历史文学、少儿读物等书籍刊物10余类，可以满足社区不同年龄段人员的读书需求。为鼓励居民读书，图书室配备了桌椅、空调等设施，并有专人管理，且图书分类清晰、准确，标签完整，便于居民快速查找到所需要的图书。图书室位于居委会后院，环境安静淡雅，并且常年免费开放，极大地满足了社区居民的读书需求。为营造良好氛围，社区两委广开思路，积极探索，通过开展知识讲座、青少年读一本好书等活动，激励广大居民，尤其是中小学生热爱书籍，形成良好的阅读习惯。社区图书室的设立，为满足居民文化需求提供了有力保障。

胡庄社区居委会始终坚持以提升居民文化素养为己任，引导和帮助全体居民培养读书兴趣。近3年来，我社区共举办大众读书会活动3次，累计参加人数达150余人；利用寒暑假中小学生放假的时间，累计举办读书月活动3次；组织中小学生暑假读一本好书活动2次；组织中小学生和家长共同阅读一本优秀书籍活动1次；向居民和中小学生推荐优秀文学读本、优秀课外读物宣传活动1次。这些活动的举办，极大地激发了广大居民，尤其是中小学生读书的热情，为广大居民形成良好的阅读习惯起到了积极的促进作用。

# 第六节

合作机构

## 一、综述

在 2015 年，通过面向全国进行活动征集的方式，第五届北京阅读季得到了更多出版机构的参与。出版机构积极响应，携带作者资源和自身产品，参与、组织了各类全民阅读活动。北京阅读季则以搭建平台为契机，通过提供场地、搜集发布活动信息、配合宣传、组织评选等各种方式，统筹各界资源服务全民阅读。这为北京 16 区带来了更多的阅读推广活动，为社会营造了“多读书、读好书、好读书”的浓厚氛围，极大地丰富了首都的市民文化生活，更推动首都的全民阅读事业向纵深方向发展。

进入第五年，北京阅读季与各合作机构采取了更为灵活、多样的合作方式，为全民阅读工作的健康发展奠定了坚实的基础。从整体上来看，合作活动的方式主要有以下三种：①项目承办。相关单位成为北京阅读季重点活动承办单位，承办单位按照主办单位要求修改方案，双方共同协调资源执行方案。②项目合作。活动申报单位自行完成活动计划，北京阅读季根据活动需求，积极帮助活动申报单位协调活动场地、媒体推广、专家资源等，以达到更佳活动效果。③项目扶持。申报单位自行完成活动计划，自动进入北京阅读季全民阅读推广平台，北京阅读季积极协助活动申报单位进行媒体推广，以达到更佳的推广效果。此外，与北京阅读季合作的出版机构，也在探索更多的合作模式，比如推荐新出版的图书、推荐专家顾问参与北京阅读季的活动，提供公益活动礼品等赞助。

灵活的合作模式极大地调动了合作出版机构的参与热情和积极性。作为 2015 年北京阅读季的重头活动“名家进校园”，需要大量优质的专家学者参与其中。在了解到这一需求之后，包括中华书局、商务印书馆、人民文学出版社、接力出版社等在内的很多出版机构均推出了自己的重头作者，协调作者配合活动的时间，保证了这项品牌活动在 2015 年的顺利开展。2015 年是抗日战争暨世界反法西斯战争胜利 70 周年，包括中国人民大学出版社、中国少年儿童新闻出版总社在内的多家出版机构结合自己已有的图书和新书的出版，提供了相当数量的此类阅读推广活动。出版机构通过各种方式与北京阅读季开展的合作，在推动自身出版事业发展的同时，也为全民阅读推广做出了很大的贡献，产生了良好的社会影响。

从总体上来看，2015 年由全国各合作机构提供的活动，充分发挥了各自的出版特色和资源优势，紧扣第五届北京阅读季主题，弘扬了中国优秀传统文化，培育践行社会主义核心价值观，引领阅读时尚、培养阅读风气。不仅符合在校大学生、女性、公务员、青少年等各个层面的重点人群开展深度阅读的需求，而且也符合进街道社区、进乡镇、进校园、进企业，进机关的“百姓读书大讲堂”的需要。

## 二、个案

### 1. 北京出版集团：让阅读无所不在

在第五届北京阅读季期间，北京出版集团与北京阅读季紧密合作，承办了包括“第五届北京阅读季重点合作机构推介会”“书香中国·北京阅读季领读者计划培训——北京高校阅读骨干培训班”等一系列重点活动，并通过图书展销等形式，让阅读深入到北京市民生活的方方面面，对于推动全民阅读活动的开展起到了很好的作用。

**重点活动：**

1 月 9 日：第五届北京阅读季重点合作机构推介会

4 月 20—24 日：“读书点亮智慧人生校园书市”活动

5 月 8—18 日：北京出版集团集团图书展销活动

5 月 15—17 日：科普阅读进商场

5 月 28 日—6 月 1 日：中国童书博览会系列活动

6 月 2 日：健康图书进社区

7 月 10 日：健康图书进公园

9 月 19—25 日：科普图书展销活动

2015 年下半年：“书香中国·北京阅读季领读者计划培训——北京高校阅读骨干培训班”系列培训会

### 2. 商务印书馆：活动创新引领高端阅读风尚

在北京市新闻出版广电局、北京市直机关工委、北京市人力资源和社会保障局、北京市国资委、北京市总工会等单位的指导下，商务印书馆组织开展了“全民阅读推广——书香机关公务员读书节”“第五届书香中国·北京阅读季·书香企业”活动、“名家进校园”系列活动，以及组织了与阅读相关的其他活动。

**重点活动：**

4—9 月：“名家进校园”系列活动

2015 年北京阅读季期间：

“北京市直机关青年公务员读书大讲堂”系列讲座

北京市直机关领导干部系列文化讲座

“第五届书香中国·北京阅读季·书香企业”系列活动

### 3. 中华书局：引领和推进建设书香社会

在北京阅读季儿童阅读周期间，中华书局参与了书香西城活动，各相关部门都拿出了自己最优秀的资源，筹备了 8 名专家走进西城学校，嘉宾包括戴学忱、朱康有、胡刃、张一清等老师，参加黄城根小学、徐悲鸿中学、三帆中学、新世纪实验小学等六场活动。在西城区“城宫计划——‘书香·传爱’进校园名家巡讲”方案中，重点活动一共有十项，中华书局邀请的四位专家的五场活动均列入重点活动。

中华书局此次参与了北京阅读季的重要活动，均获得很好的评价。在每场活动举办前，书局相关部门领导和活动负责人都会提前到学校实地考察、与校方商量活动方案，谋求长远活动计划，积极撰写新闻稿、约请媒体采访，书局官网官微亦会配合活动同步发消息。

**重点活动：**

5 月 28 日：唱着歌儿学古诗——戴学忱古诗吟唱与分享活动

6 月 1 日：“我与历史名人有个约会”——中华历史名人进校园讲座

6 月 2 日：“生生不息——中华优秀传统文化与社会主义核心价值观”主题讲座

6 月 5 日：“妙趣横生学汉字”主题讲座

6 月 12 日：书香吟诵歌声成长——戴学忱的古诗吟诵路讲座活动

### 4. 生活·读书·新知三联书店：实体书店的文化坚守

第五届书香中国·北京阅读季举办期间，生活·读书·新知三联书店在北京共举办活动18场次，其中系列活动“书店里的大学公开课”四季十讲、三联韬奋24小时书店海淀分店开业仪式、七场图书阅读沙龙活动，规格高、质量高、宣传广，每场活动现场人数最少是200人，最高达到近千人，均成为北京阅读季期间的重要活动。

**重点活动：**

4月23日：三联韬奋24小时书店海淀分店揭牌仪式

2015年北京阅读季期间：

“书店里的大学公开课”系列讲座（共14场）

图书阅读沙龙（共7场）

### 5. 人民文学出版社：悦读生活传递书香

2015年，人民文学出版社参与2015年书香中国·北京阅读季活动共有4场，分别是安意如到北京一六一中学讲课、安意如到大兴兴华中学讲课、王树增参加2015年北京阅读季“品阅书香——名家面对面”活动、北京四中著名教师段玉佩到西城图书馆讲《苦苓的魔法森林》等，参与人数达1400多人次。这些活动与社会热点相结合，与出版社出版的新书营销活动相结合，互相促进，借力宣传，取得双赢的良好效果。

**重点活动：**

6月8日：安意如“古典诗词的美丽与哀愁”主题讲座

7月6日：安意如古诗词赏析讲座

7月26日：段玉佩环保讲座

8月11日：“为国家命运而战”王树增讲抗日战争报告会

## 6. 中国人民大学出版社：弘扬主旋律全民悦书香

2015年，人大社的阅读推广活动主要活动分为三类：培育和践行社会主义核心价值观、纪念抗战胜利70周年、结合当今社会热点举办的活动。其中第三类主要涵盖：关于大变革时代的中国经济、国际货币金融秩序、中国城镇化、2015北京社会科学普及周、中国互联网新闻、创业投资等方面的活动，此外还为广大青年、儿童提供了多种形式丰富多彩的活动。

**重点活动：**

2015年6月19日：社会主义核心价值观及国际传播学术研讨会暨“社会主义核心价值观·关键词”系列丛书出版座谈会

2015年北京阅读季期间：

《大道之行》系列读书会

纪念抗战胜利70周年系列活动

收入分配中的财金政策暨《大变革时代的中国经济》新书发布会、国际货币金融秩序“大洗牌”暨《大洗牌》新书发布会、鲜花与荆棘共生的中国城镇化、“中国互联网新闻·十年”对谈会、“创起来”——《做自己的天使投资人》新书发布会、博弈论、西游记和三体——高冷的经济学魅力等系列社会热点话题讲座。

“2015创意写作国际论坛”“著名写作教练杰夫·格尔克教你如何写小说”“语文大分时代到来后我们的考与学”读书会、“语文，是个活法儿”读书会、“听青音，学习爱”讲座、“大学里没教的那些事儿”讲座等系列写作类讲座。

“《奇幻科学大探险》系列走进中国科技馆”“让孩子爱上阅读——开心球走进幼儿园”系列讲座、开心球故事分享、画艘飞船去太空、教小朋友画画等针对儿童的阅读推广活动。

### 7. 中国少年儿童新闻出版总社：中国儿童的阅读梦从这里启航

2015年第五届北京阅读季，中国少年儿童新闻出版总社（以下简称“中少总社”）积极参与，组织多场阅读相关的活动，以实际行动支持北京阅读季活动。中少总社通过各种精彩活动，真正做到了用行动点亮中国儿童的阅读梦。通过一本一本精品图书，一个又一个精彩的活动，逐步打开孩子们一扇又一扇的阅读窗口。

**重点活动：**

2015年4月23日：作家翌平“儿童文学阅读与写作”讲座、韩毓海教授“少年读马克思”主题讲座

5月20日：“勿忘国耻，圆梦中华”《神圣抗战》纪念版发布暨主题阅读启动会

5月30日：《保卫萝卜》欢乐总动员——2015阅读欢享会

6月19日：“名家联手50年接力完成口语讲史打造传世经典”《中国历史故事集》全集首发式

### 8. 东方出版社：大腕云集，影响深远

东方出版社与北京阅读季已经合作近两年，2015年该社与北京阅读季共同合作在北京多个区县举办了多场活动，都得到了较好的社会反响及预期的活动效果。

**重点活动：**

4月23日：世界读书日系列活动（“纪念女性名人传记的兴起——音乐人与作家谈‘真我’”访谈、“走进共和国外交·对话中国外交官”读书活动、“在古典诗词中穿行”读书会）

7月22日：表扬批评都有道——亲子家庭教育育儿讲座

7月24日：李山讲《诗经》

## 9. 接力出版社：为读者提供服务，为阅读注入力量

2015年，接力出版社在北京阅读季的大力协助下，专门定制了10余场有创意、有新意、有实意的阅读活动，现场参与人数数千人，媒体宣传发稿300余篇，活动影响几万人，让全社会不同年龄、不同背景和不同领域的人民体味到阅读的乐趣，体会到阅读的价值，感受到阅读的力量。

**重点活动：**

7月11日：永远的巴巴爸爸——巴巴爸爸第二代创作者中国读者见面会

9月24日：人生迷宫的行者精神——“移动迷宫”新书品读会

2015年北京阅读季期间：

北京阅读季·名家大讲堂系列讲座（著名儿童文学作家葛冰、百家讲坛主讲人暨著名历史学家张一清、著名儿童生命安全教育专家张永将的主题讲座）

## 10. 童趣出版公司：阅读点亮童年

2015年，童趣出版公司结合自身丰富优质的资源优势，以及在阅读推广活动积累的经验，全年举办了以“阅读点亮童年”为主题的系列阅读推广活动，取得了较好的社会效果。

**重点活动：**

4月20日—5月10日：“奇先生妙小姐100场趣味故事会”系列活动

5月21日、7月7日、8月2日：阅读点亮童年·公益科幻讲堂——系列科幻文学阅读活动

5月28日—6月1日：阅读点亮童年·童书博览会系列活动

6月26日—7月17日：阅读点亮童年·肯德基万场故事会

2015年北京阅读季期间：

阅读点亮童年·童趣悦读嘉年华

### 11. 海豚出版社：以阅读助力儿童成长

海豚出版社积极配合北京阅读季开展了多项阅读推广活动。2015 年年初，出版社积极响应北京阅读季的倡议，以授权的方式为北京阅读季策划印制、发放到学校的感恩卡提供了几米绘本中的形象素材，使得感恩卡策划活动得以顺利开展并取得成功，为后续同类活动的开展做了良好的示范。此外，出版社还结合图书出版特色和作者资源情况，参加了北京阅读季策划的“儿童阅读周”——组织儿童文学作家进校园的阅读推广活动，取得了一定成果。

**重点活动：**

1 月 9 日：沈昌文、陈冠中、张冠生、祝勇、黄昱宁新书读者见面会

2 月 8 日：纪念并庆祝金庸创作 60 周年——《陈墨评金庸系列》新书讲座签售会

3 月 19 日：英国 19 世纪书籍装帧艺术及其高峰讲座

3 月 31 日：第二场英国 19 世纪书籍装帧艺术及其高峰讲座

4 月 19 日：“寻找春天的花朵，DIY 你的花瓣”数学绘本读书会

5 月 24 日：伦敦的旧书店与北京的旧书肆——谢其章和杨小洲新书分享会

5 月 31 日：民国热与再启蒙讲座

6 月 2 日：儿童文学作家张菱儿“阅读与成长”讲座

7 月 4 日：如何让孩子爱上阅读讲座暨《推开儿童文学之门》新书签售会

9 月 12 日：读长声、知日易——旅日作家李长声新书分享会

9 月 19 日：海豚出版社人文新书分享会——四代出版人的文化情怀

### 12. 中国大百科全书出版社：用阅读推开新世界之门

中国大百科全书出版社积极承担推广阅读的社会责任，在 2015 年北京阅读季期间共举办了 5 场阅读推广活动，受到了在校师生和社会大众的欢迎。

**重点活动：**

4月18—19日："百科全书不知道"名家系列讲堂

5月8日："位梦华带你独创极地，一起探索南极北极与人类未来"科普讲座

6月1日："书香·传爱"进校园名家巡讲——"南极北极的故事"讲座

6月1日："书香·传爱"进校园名家巡讲——"亲近地球三极"讲座

7月4日：丁玲与二十世纪中国革命——《丁玲传》出版座谈会

9月10日：知名华裔作家朱小棣携《朱启銮画传》在京举办读书写作分享会

## 13. 作家出版社：让文学照亮生命

2015年作家出版社开展了一系列内容丰富、形式多样的图书活动，包括图书研讨会、媒体见面会等。在阅读推广活动的设计上，作家社立足于自身的优势，以文学为抓手，以名家为引领，同时也将一批新人新作展现在了读者的面前，产生了较好的社会影响力。

**重点活动：**

1月7日：花千芳新书发布会

1月8日：冯骥才的五花八门——2015冯骥才新书发布会

1月9日：《大秦帝国》（精粹缩写本）新闻发布会

1月28日：女作家余红的长篇小说《琥珀城》新书发布会

1月30日：云南绥江县移民工作经验汇报交流暨《生命线上的奇迹》作品研讨会

2月15日：《仰望高峰》新书发布暨研讨会

3月25日：《湘西秘史》新书发布会

4 月 17 日：吕铮纪实文学《猎狐行动》研讨会

5 月 10 日：《我们伟大的母亲》新书发布会

6 月 24 日：《心会痛，才算长大》发布会

8 月 26 日：“中国作家馆”开馆暨《寻找平山团》新书发布会

8 月 26 日：反法西斯诗选《西班牙在心中》首发式

8 月 27 日：《小王子》立体书珍藏版、《小王子》典藏版、“小书虫读经典”之《小王子》多形态出版物联合首发式

### 14. 北京十月文艺出版社：倡导有价值的主流阅读生活

十月文艺除了遴选具有独特价值的好书，推荐给北京阅读季，再通过各类媒体向公众进行推荐，全方位地为读者的阅读生活提供服务。在北京阅读季品阅书香活动里，十月文艺开展的多场文学交流线下活动均质量高，文学性强，影响了一批爱好文学的读者，产生了良好的社会反响。

**重点活动：**

4 月 15 日：《平凡的世界》问世三十年的不凡之路——邵燕君 & 杨庆祥文化对谈

4 月 17 日：成为作家——老舍文学奖、鲁迅文学奖作家徐则臣讲座“成为作家”暨《耶路撒冷》读书会

6 月 21 日：别睡，保有灵魂的人——《日瓦戈医生》文学朗读会

### 15. 蒲蒲兰绘本馆：中国原创绘本的见证者

蒲蒲兰绘本馆 2015 年与北京阅读季合作甚多，在 2015 年 4 月 23 日全城尚读系列活动中，蒲蒲兰举办了于大武老师的活动，产生了不错的反响。2015 年 9 月下旬，蒲蒲兰绘本馆举办了“原创十年·绘本原画展”“绘本的未来·原创绘本论坛”等文化盛会，成为北京阅读季中期的重要活

动之一。活动开幕式级别高，邀请了国际国内顶级绘本创作者参与，中央及京城媒体现场报道。原画展展览设计充满创意，吸引很多家长和孩子前来观展。这次活动不仅是对我国本土绘本十年原创道路的真诚回望，更是对绘本艺术、对儿童阅读的一次有利推广。

### 16. 蒲公英童书馆：最美的遇见

2015年，蒲公英童书馆和北京阅读季“品阅书香·名家面对面”系列活动合作甚多，同时还有安排了多位名家走进“品阅书香·名家面对面”进基层系列活动。这些活动每场活动都达到上百人，活动效果显著，现场气氛热烈，传播效果好。

蒲公英的几场活动主旨虽有侧重，也更有针对性，并与当下紧密连接。其中几场有关儿童的活动，很好地诠释了北京阅读季推广儿童阅读的主题，不仅具有国际性，更是深层次地让家长和孩子体会到阅读的重要性。

**重点活动：**

6月27日：“做最好的爸爸”主题沙龙

7月26日：“回归心灵的故乡”主题沙龙

8月3日：欢迎来到野兽国——莫里斯·桑达克童书插画展开幕式暨《亲爱的小熊》首发式

### 17. 北京师范大学出版社：阅读推广公益先行

作为北京阅读季的合作出版机构，北京师范大学出版社以公益的态度做阅读推广，关注自闭症儿童群体，并利用多年积累的专家资源将知识送进学校、送给家长，取得了较好的社会效益。

**重点活动：**

4月2日：《中国自闭症教育康复行业发展状况报告》发布会

8月27日：面向社区的自闭症咨询和赠书活动

10月10日、11月27日：大兴名家面对面活动

## 18. 人民军医出版社：用阅读普及健康知识

2015年，为切实贯彻执行国家新闻出版广电总局《关于开展2015年全民阅读工作的通知》精神，进一步促进全民阅读活动，人民军医出版社继续用心地打造贴近广大读者需求的优秀出版物，组织解放军总医院等单位知名专家赴基层开展多场健康讲座及义诊和咨询服务，受到广大群众的普遍欢迎和好评。

**重点活动：**

2015年北京阅读季期间：十余场面向社区的健康知识讲座

## 19. 中国轻工业出版社：轻生活　悦读书

中国轻工业出版社在北京阅读季活动期间，以时尚生活的概念引领阅读潮流，通过举办一系列阅读推广活动，让更多读者领略了阅读时尚的一面。

**重点活动：**

4月7—9日："阳光姐姐"伍美珍校园行

5月28日：《李英爱的晚餐》新书发布暨韩国在线美食节发布会

6月28日：《一起来吃》读者分享会

8月25日："活泼厨房，严肃用油！"健康生活沙龙

## 20. 中国青年出版社：让阅读改变人生

中国青年出版社在北京阅读季的大力支持下，策划组织了多场形式多样的阅读活动，近千名读者踊跃参与，活动效果反馈良好。

**重点活动：**

2月4日：《不靠体型靠造型》新书发布

3月20日：作者进校园活动

6月27日：《大王今天很高兴》新书画签会

8月4日：知见心理学创始人恰克·斯佩扎诺博士分享会

10月23日：《外星人的惊天秘密》讲座

## 21. 新蕾出版社：书香伴成长　让阅读成为孩子想象的翅膀

2015年，新蕾出版社除了继续开展作家校园行活动外，还增加了与各企业间的合作，让儿童阅读进入企事业单位中去，通过成人与儿童一起的交流推进全民阅读活动的开展。

**重点活动：**

4月23日：世界读书日系列活动

6月1日：儿童节系列活动

9月21—23日：开学季系列活动

## 22. 天天出版社：高平台　大梦想　新希望

北京阅读季举办期间，天天出版社积极响应上级号召，高度重视各项活动的开展。截至9月底共开展活动11场，形式涉及讲座、诵诗会、中外名家对谈、户外体验等多种形式。邀请到老一辈文化名家屠岸先生、金波先生，以及当代儿童文学界领军人物曹文轩、安武林等走进读者当中。活动参与人数之多，得到了来自社会各界的好评。

**重点活动：**

4月2日："苏醒的儿童诗歌"系列诵诗会

4月23日："书香西城·阅读春天"活动

5 月 28 日—6 月 1 日："红城王国"系列读者见面会、"童年中国"系列原创绘本讲读活动、"与大师一起艺术创想"美工活动、"天天爱科学"亲子活动

6 月 8 日、9 月 29 日："书香·传爱"进校园活动

2015 年 BIBF 期间：

"战争·孩子·人性"以及"原创儿童文学"对话活动

## 23. 禹田文化：阅读让孩子更出色

在从最初的禹田翰风图书到今天的禹田文化传媒，禹田经过 13 年的努力，目前已经形成一个包含禹田翰风图书有限责任公司和禹田文化艺术有限责任公司两家公司在内的中国少儿文化传媒机构。在 2015 年的北京阅读季期间，禹田文化共举办 6 场活动，参与人数达 240 余人，得到了家长和孩子们的欢迎。

**重点活动：**

5 月 28 日："我的怪兽朋友"卡通形象创意大赛

5 月 29 日：和孩子一起聊聊如何更出色

5 月 30 日：好孩子大冒险："最好的我"在这里！

5 月 30 日：幼儿园里的 26 个开心果

## 24. 青豆书坊：架起专家和读者之间的桥梁

青豆书坊成立于 2007 年，以策划发行大众阅读图书为主，在家庭教育、文化历史、儿童绘本方面都有一系列有影响的产品，2015 年，和北京阅读季合作开办线下讲座 40 余场，通过开展系列活动，在专家和读者之间架起一座沟通的桥梁，在全社会营造"多读书、读好书、好读书"的良好氛围，影响到数千个家庭。

**重点活动：**

6 月：“父母平和孩子快乐”大型公益讲座

2015 北京阅读季期间：

《如何说孩子才会听，怎么听孩子才肯说》线下讲座 30 余场

## 25. 活字文化：把一切交给孩子

活字文化公司是一家以优质图书为核心内容、以全媒体形式为载体的文化创意机构。2015 年，活字文化带着 7 本书和 4 场活动，参加了为期 5 天的中国童书博览会，让作者与孩子接触，与家长接触，为孩子阅读习惯的养成做出了贡献。

**重点活动：**

2015 年 5 月 28 日—6 月 1 日：新书读者见面会系列活动

## 26. 耕林童书馆：“生态教育”的践行者

2015 年的前三个季度，耕林童书馆举办的线下线上阅读活动约 30 场。相比往年的版权书引进书唱独角戏和常规的阅读分享、故事会、手工、情景剧等活动形式，2015 年，耕林童书在“原创绘本”市场上给予了重视及扩展，也让多样性的阅读活动更好地组织与实施。2015 年，耕林不仅推出了一系列中国原创绘本，更隆重地推出了“生态教育”理念，再因“生态教育”理念的成功推出，将此类阅读活动无限复制，实现阅读活动范围的最大化和优质内容的良好循环。

**重点活动：**

2015 年北京阅读季期间：

生态教育绘本新书发布会及读者分享会

“我们的家园”生态绘本插画展及全国巡讲

### 27. 华章同人：传播推介优秀文化

2015 年公司共与北京阅读季合作 4 场重要活动，其中“地球超载，人类何为”讲座在北京成功举办之后，继续在全国各地开展了 12 场活动，参与人数众多，产生了较好的社会影响。

**重点活动：**

6 月 20 日：“你还未离开，我已经想念”——《心理罪》第一季收官读者见面

7 月 22 日：“文洁若与日本文学”——《丰饶之海》新书发布会

2015 年北京阅读季期间：

“漫不经心的传奇：电影眼看法国”——《漫不经心的传奇》新书沙龙系列活动

“地球超载，人类何为”——《倒计时》&《没有我们的世界》新书全国巡讲活动

### 28. 飓风社：为儿童播种阅读的种子

飓风社由新经典文化与讲谈社（北京）合资成立，立志为儿童打造，适合儿童身心健康发展，了解儿童心理需求的优质好书。并坚持为中国孩子营造一个最安全、舒适、愉快的阅读环境而不懈努力。在 2015 年北京阅读季期间，该公司共同组织活动 3 场，极大地丰富了首都儿童的阅读生活。

**重点活动：**

5 月 22 日：飓风社蓝天东方幼儿园绘本讲座——绘本之美、绘本之力

7 月 8 日：“品阅书香·名家面对面”系列活动之一——聆听《一棵知道很多故事的树》阅读进社区活动

7 月 22 日：安东医生顺义出诊记——顺义图书馆、顺义爱阅团公益亲子读书会

## 29. 启发文化：插上阅读翅膀，穿越绘本奇境

作为一家国际性的文化传播公司，启发文化积极参与书香中国·北京阅读季，以中英文化交流年和第二届北京儿童阅读周为契机，策划了“穿越绘本奇境——2015安东尼·布朗北京行”，活动特别邀请英国绘本大师安东尼·布朗及丹麦插画家汉娜·巴托林访问北京，围绕儿童教育、早期阅读和绘本创作进行文化交流。

**重点活动：**

5月21—26日：穿越绘本奇境——安东尼·布朗北京行

## 30. 世界图书出版公司北京公司：提升阅读品质，培养阅读风气

2015年，世图北京在不断推出社科、动漫、心理学好书的基础上，更加注重资源整合，广泛开展形式多样、层次分明的阅读活动，积极开展了各类线下新书发布会、读者见面会、读书沙龙等，为读者提供了与作者、译者、专家见面的机会，提升阅读品质，培养阅读风气，极大地提升了读者对世图专业出版品牌的感性认识和公司美誉度。

**重点活动：**

6月27日：《北京记忆》新书发布会

## 31. 世纪文景：社科新知　文艺新潮

2015年，世纪文景和阅读季联合主办了多场兼具规模与特色的文化沙龙，在媒体和读者中间获得了良好的反响。作为一家充满活力的新锐出版社，文景以“社科新知 文艺新潮”为出版理念，希望通过阅读与沙龙分享，创建内涵更为丰富的文化品牌。将图书产品扩展为阅读服务，将图书销售升级为阅读推广。

**重点活动：**

6 月 17 日：戴锦华对话孙柏："阁楼上的疯女人"与性别意识

7 月 4 日：中国妈妈亲历的美国教育——章小东《小狮子》读书分享会

2015 年上海书展期间：2015 文景艺文季——阅读未来

8 月：插画大师艾伦・李、西班牙作家马塔斯读者分享会

9 月 19 日："创业时代：资本与企业家"对谈活动

## 32. 阅文集团华文天下：文学与人生，梦幻与现实

2015 年，华文天下和北京阅读季联手，共推出了两场台湾畅销书作家的主题分享会。两场活动从举办伊始，就引起了热议和关注，现场氛围热烈，嘉宾和参与读者互动充分，达到了良好的活动效果。来自海峡彼岸但归属不同领域的两位作家，从文学和社会的角度，给读者们打开了一扇新窗，活动通过充分的交流，开阔了视野，通过阅读、反思、审视自身和传统文化的探讨。

**重点活动：**

2015 年北京阅读季期间：

简媜："我们这一代的文学"北师大讲座、陈文茜新书《树，不在了》新书发布会

## 33. 北京科学技术出版社：以书籍传递爱与快乐

北京科学技术出版社积极响应书香中国・北京阅读季积极开展多种多样的系列阅读活动，以创造良好的阅读环境，打造全民阅读平台。

**重点活动：**

3 月："图画捉迷藏我是寻宝王"系列公益活动

5 月 28 日—6 月 1 日：2015 年中国童书博览会系列活动

2015年“六一”儿童节期间：

“百社千校书香童年”系列活动

2015年北京阅读季期间：

烘焙美好心情——爱和自由烘焙课堂全国巡讲系列活动

## 34. 中国中医药出版社：悦读健康，传播知识

在全民阅读的大好时机下，中国中医药出版社配合北京阅读季开展了5项活动。

**重点活动：**

5月：北京书市系列活动

5—9月：第二届悦读中医之星评选活动北京赛区评选

9月：《乡村医镜》媒体推荐会暨健康诊疗专场活动

## 35. 清华大学出版社：捧起一本书，墨香一座城

在全民阅读推广的热潮中，清华大学出版社结合自身的优势，以积极的态度参与其中，通过读书分享等活动的举办，让好书更接近大众，让大众更接近阅读。

**重点活动：**

4月26日：《我的特殊月子》新书分享会

6月28日：《人生可以美得如此意外》主题演讲

## 36. 中国地图出版集团：让大众更接近阅读

中国地图出版集团是由中国地图出版社、测绘出版社有限公司、中华地图学社有限公司以及中图北斗传媒有限公司等子公司组成的企业集团。在全民阅读推广的热潮中，中国地图出版集团以积极的态度参与其中，通

过新书发布会等活动的举办，让好书更接近大众，让大众更接近阅读。

**重点活动：**

6 月 10 日：《美国国家地理地球仪登陆中国》首发仪式

7 月 25 日：《死磕日记》新书发布会

## 37. 北京语言大学出版社：亲子阅读的推动者

北京语言大学出版社积极参与到 2015 年北京阅读季活动中来，结合自身的出版社优势，以阅读分享会的形式面向广大市民家庭推行亲子阅读，得到了家长和孩子们的欢迎。

**重点活动：**

8 月 2 日："剑桥双语分级阅读·小说馆"亲子阅读分享会

## 38. 华东师范大学出版社：全民阅读教师先行

作为第五届书香中国·北京阅读季活动的一部分，大夏书系读书节联合西城区少儿图书馆推出了资深编辑给中小学教师做讲座专场活动，取得较好的阅读推广效果。

**重点活动：**

5 月 13 日："阅读，教师成长的必经之路"主题讲座

## 39. 中共党史出版社：《三进巴格达》敲开阅读季之门

作为北京阅读季的生力军，中共党史出版社积极参与到全民阅读推广活动中来，精心策划实施阅读分享活动，让更多的读者从活动中受益，为书香北京的建设做出了应有的贡献。

**重点活动：**

4 月 15 日：《三进巴格达》新书分享会

## 40. 漓江出版社：阅读与时尚的混搭

作为北京阅读季系列活动之一，漓江出版社所举办的新书发布会，有200名读者参与，读者反响热烈，活动还得到了25家媒体的报道，产生了较好的社会影响力。

**重点活动：**

7月3日：《像爱奢侈品一样爱自己》新书发布会

## 41. 上海译文出版社：做高雅文化的倡导者

上海译文出版社积极参与到北京阅读季全民阅读推广活动中来，精心策划实施阅读分享活动。

**重点活动：**

5月24日：天鹅绝唱——诺贝尔文学奖得主约·布罗茨基《悲伤与理智》新书发布会

# 第六章 启示与展望

# 第一节

## 书香中国·北京阅读季阅读盛典

2015年10月27日下午，第五届书香中国·北京阅读季阅读盛典在北京市西城区天桥艺术中心隆重举行，共有900余人参加了此次活动。举办阅读盛典作为阅读季的闭幕式已成历届传统，这既是2015年北京阅读季总结之举，也是一场2016年北京全民阅读活动的动员会。盛典由颁奖典礼、“第五届书香中国·北京阅读季成就展”“书香长廊”主题活动、“阅读+”系列主题对话四部分构成，展示了北京全民阅读公共服务平台取得的成果。整场活动立体而全面地展示了北京阅读季举办五年来的成果，是“展示范例、研讨方法、总结提升、引领趋势”的中国年度全民阅读盛事。

### 一、场内场外活动的结合，立体呈现北京阅读季发展成就

作为2015年全年北京阅读季的闭幕式，阅读盛典所要呈现的内容异常丰富。为了将这些成就尽可能全面地呈现出来，盛典在筹备之初就形成

金牌阅读推广人上台领奖

书香家庭代表上台领奖

了分板块的思路，并最终形成了颁奖典礼、“第五届书香中国·北京阅读季成就展”“书香长廊”主题活动、“阅读+”系列主题对话四个部分，同与会代表共同分享这些年的成果，回顾历程和足迹，总结失败和得失，探索解决之道。

从4月通州运河河畔启动，到10月落幕于书香西城，第五届书香中国·北京阅读季以搭建全民阅读服务平台为目标，积极整合资源。基于这一平台的上千家合作机构，成为书香中国·北京阅读季最宝贵和最值得尊敬的同行者。为了体现这些合作机构的成果，北京阅读季搭建了一个长达90米的“书香长廊”。在长廊的一侧，是北京16个区县3000场活动成就的展览，以图文并茂的展板表现了各区县在这1年中的作为与成果。在“书香长廊”的天幕上，滚动播放着“就爱你阅读”“阅读盛典”等醒目字眼。深入参与书香中国·北京阅读季的900多个合作机构的代表和读书界的精英，都要步上“书香长廊”的红毯，以主人翁的姿态走向主会场。“书香长廊”的尽头舞台上，北京阅读季在盛典正式开始前举行了简单而隆重的仪式，对此次阅读季中获得优秀组织奖、优秀合作机构奖、新闻传媒机构优秀推广奖以及“聚焦阅读”摄影大赛奖项的组织代表及个人进行了颁奖，表彰他们在2015年所做出的出贡献。此外，嵌在全世界7种通用语言字母、数字雕塑上的“聚焦阅读”获奖图片，也见证了北京阅读季在引领全民阅读上所取得的累累硕果。

在主会场内，阅读导师敬一丹与赵普全程主持了此次盛典，国家新闻出版广电总局出版管理司副司长许正明、北京市委宣传部副部长赵卫东在现场致辞，茅盾文学奖得主周大新及金牌阅读推广人王凯倾情演讲，精彩的文艺演出更是重现了北京阅读季中富有感染力的阅读推广片段。

随着北京城市阅读环境的良性发展，越来越多的推广人在基层扎扎实实推广阅读，越来越多的家庭将阅读作为茶余饭后、共叙亲情的载体，越

聚焦阅读摄影展

著名主持人敬一丹与赵普主持了此次盛典

盛典节目：阳关三叠

来越多的社区充盈着书香。正是来自基层的点滴书香，氤氲弥漫，打造了北京这座文化古城的全新文化生态。在颁奖典礼现场，北京“书香家庭”“阅读示范社区”“金牌阅读推广人”的评选结果被一一揭晓，发挥先进典型的示范作用，激发全民读书兴趣。

此外，主办方还联手出版机构，为到场读者提供了形式多样、颇具趣味性的“阅读红利”，其中包括由接力出版社、中国青年出版社等提供的最新图书，人民文学出版社提供的实用书券，以及中华书局提供的古朴线装书、伯鸿书香奖首日封等物品。

## 二、五场主题对话活动，汇聚社会各界的智慧力量

“阅读+”系列主题对话是2015书香中国·北京阅读季在阅读盛典之外，奉上的一道阅读盛宴。北京阅读季力邀全国科研、产业、公益、科技、文化、教育、旅游、房地产等泛文化产业代表，以更多元的视角、更立体的话题设置共同聚焦全民阅读的关键词，探讨未来阅读的大趋势，成为全年阅读活动的新高潮。对话旨在进一步探索北京全民阅读的特点规律，创新推广模式，培养阅读风气，引领阅读时尚。

基于这五场主题对话，北京阅读季还发布了2015年北京全民阅读趋势关键词，包括“政府引导、业界支持、社会参与、群众受益的全民阅读推广模式”，以及“阅读推广更加注重和依靠体系运行”“儿童阅读推广重视培养阅读习惯”“全民阅读传递阅读之美”“互联网成为阅读推广新生力量”“PPP模式推动重塑公共阅读空间”这五大趋势。全民阅读趋势关键词的发布，将阅读盛典从单一的颁奖典礼提升为公共话题，成为社会关注的全民阅读大事件。

## 二、活动成效

作为一场仪式性活动，阅读盛典的意义在于宣介北京阅读季的丰硕成果和全面阅读的重要意义，在于加强社会各界对于阅读推广的重视程度，而从媒体的反馈来看，此次活动取得了非常好的效果。

早在阅读盛典开始前的10月初，各大媒体均以专栏文章、三大评选等报道、阅读新媒体联盟互动、自媒体同步联动等方式为阅读盛典的宣传预热。

10月27日，在阅读盛典顺利召开的当天晚间，即有10余家媒体报道，北京电视台新闻联播播出了阅读盛典的新闻报道，中新社等网站全面报道了阅读盛典、书香北京大三评选的结果等新闻。

10月28日，《中国新闻出版广电报》《北京日报》《新京报》《北京晨报》《北京晚报》《光明日报》《中国文化报》等主要平面媒体以头版、文化版头条、整版报道等形式对阅读盛典进行了全面报道，充分肯定了北京阅读季全年工作对北京市阅读生态的改变、对北京市民生活方式的改变，评价北京阅读季为“全民阅读的领航者”。各大门户网站对主流媒体的报道进行全文转载，一时间，全民阅读成为热门话题。两天的阅读+主题对话，以其前瞻的视角、激烈的思想交锋也成为各大媒体深度报道的对象，《工人日报》《中国出版传媒商报》《新京报》等媒体先后对论坛进行了大幅报道。

10月30日，北京全民阅读指数和全民阅读趋势发布会后，形成了主流媒体报道的第二轮高峰，《中国文化报》《中国新闻出版广电报》《北京日报》《北京晨报》《新京报》《北京晚报》纷纷对发布会进行重点报道。在广播电视媒体方面，中央电视台“朝闻天下”“文化十分”、北京电视台“晚间新闻联播”节目都对北京阅读季阅读盛典进行了报道，中国国际

书香长廊

广播电台、中央人民广播电台文艺之声、北京人民广播电台先后数十次播报阅读盛典的相关报道。

从总体上看，此次对于阅读盛典的媒体报道是卓有成效的：平面媒体头版头条报道达十余个，整版报道二十余个版面，百余家媒体参与报道，网络媒体转载率近千条，立体化地呈现了书香中国·北京阅读季全年的工作成绩。在此期间，新华社也以《政府搭台、社会参与，“北京阅读季”凸显全民阅读品牌效应》为题的内参充分肯定了北京阅读季的工作，将北京阅读季的全民阅读模式作为一个范式进行推广和探讨。所有这些，都为社会大众进一步了解北京阅读季、了解全民阅读奠定了基础，开拓了道路。

# 第二节

## “阅读+”对谈：全民阅读趋势主题对话

10月27—29日，在第五届“书香中国·北京阅读季”阅读盛典期间，五场“阅读+”系列主题对话活动隆重举行。活动特邀全国科研、产业、公益、科技、文化、教育、旅游、房地产等相关领域代表，集中探讨全民阅读平台、阅读空间构建模式、阅读与科技融合、儿童阅读推广、阅读与生活方式等重要的全民阅读话题。对话旨在进一步探索北京全民阅读的特点规律，创新推广模式，培养阅读风气，引领阅读时尚，在全面总结2015年经验的同时，也提出了2016年全民阅读的一系列趋势。

### 对话一：全民阅读未来大趋势

“全民阅读”究竟会带来什么？我们又应该期望一个什么样的“全民阅读”愿景呢？为了回答这些问题，北京阅读季请理论界和产业界的领军人物从各自领域的制高点出发，审时度势，对于全民阅读推广的一些重要的趋势进行预判。

**对话主持人**

敬一丹，原中央电视台主持人

**发言嘉宾：**

柳斌杰，全国人大教科文卫委员会主任委员、清华大学新闻与传播学院院长

聂震宁，北京印刷学院新闻出版学院院长、韬奋基金会理事长

刘伯根，中国出版集团公司副总裁

李湛军，北京发行集团董事长

徐升国，中国新闻出版研究院出版研究所所长

## 柳斌杰：全民阅读是人全面发展的基础工程

到底现在阅读是什么状况？我认为，现在的阅读状况总体上是好的。

第一，阅读选择的多样性。从大的方面来说，有读纸质书的，也有读屏的，无论男女、老少、城乡，读书的形式越来越多了。

第二，阅读内容个性化。现在读书品种增多，少年儿童、老年人，不同职业、不同文化修养的人都能找到适合个性阅读的图书，读书的人越来越多了。

第三，阅读空间便利化。现在想读书非常便利，图书品种空前丰富，并且拿起手机就能读、上网就能读，多功能阅读空间在扩大。

第四，阅读方式实用化。学用结合联系得更紧密，遇到什么问题、学习什么知识、需要什么资料在网上就可以从数据库中调出来。

第五，阅读范围国际化。中国的阅读已经迈向了国际化，全球最新的书、学术文章成了阅读的热门货，不仅传承中华文化，同时了解世界多样文化的发展、多种思想创造，文化视野越来越宽。

但这些趋势相应地也带来一些阅读上的问题，如无主流、快餐化、

碎片化、娱乐化等不良倾向，引起社会不安和非议，需要加强管理和引导。

## 聂震宁：兼容全民阅读的碎片化和整体化趋势

手机已经是解决我们生活很多问题的主要途径，而且还不是一般的途径，是主要途径。因此，碎片化的阅读已经弥漫在我们的生活之中，这是为什么我们要重视碎片化阅读的原因。

回到阅读的传统来看，碎片化阅读只是人类阅读传统中的一种状态。在数字化移动互联网时代，我们有了十分便捷的阅读新载体，但出版业还要设法提供优秀的内容给受众，而不是一味守着一种纸介质书刊，这才是善待碎片化阅读。当然，浏览式的、肤浅的、随意性的碎片化阅读如果在社会上弥漫起来，人人都不读书了，那可是中华民族的灾难——过于轻松、肤浅的阅读对一个人智性的发育会带来问题，会造成智力弱化、思维惰性的严重后果。

一个国家、一个民族，肯定需要提倡完整的阅读、深度的思考，通过这些阅读和思考，不断地锻炼人们的思维，提升社会的创新能力。可是当下，人心浮躁，交流肤浅，已经成为时代病，这就是为什么这个时候更需要提出坚持整体化阅读趋势的原因。

善待碎片化阅读，追求整体化效应，不断提高全民阅读的质量，这就是我们积极开放的阅读态度。

## 刘伯根：图书榜单与阅读趣味

现在阅读的方式和渠道越来越多，可供选择的产品也越来越多。在这种情况下，怎么样来选择？我认为有三个榜单可供参考。一个是畅销书的排行榜，这个大家比较熟悉。第二个就是常销书排行榜，有一些书销量在短时期内不一定大，但是它会长期销售下去。第三个就是私人书单。这三个榜单，是普通读者在选择读什么样的书时的重要参考。不怎么读书的人，看了这个榜单以后，知道大家都在读什么书，让选择更容易。经常读书的人，也可以把榜单拿来做参考。

畅销书榜单往往集中反映一个时期社会的现实和热点，思想的潮流和主流，价值的判断和追求。进入畅销书榜单的不一定都是文学著作，一些社科类图书也进入畅销书榜单了，这说明现在读者阅读面的广泛。

常销书榜单上的书是人类经过长期选择留下来的精华，这样的图书是人类文化的精华和浓缩。因为积淀时间比较长，这样的一些榜单可以满足读者求知、修身、职业等需要。

相比之下，私人书单上的书需求量要小得多。在互联网时代，碎片阅读和传统阅读之间互相影响，阅读的个性化取向越来越明显了。这就要求出版单位要给读者提供越来越多的个性化选择，给读者的私人阅读需求生产一些小众的书，并借助互联网的力量实现盈利。

### 李湛军：让阅读成为人们的一种生活方式

阅读或者书籍可以说是人类文明的载体，阅读不仅是学习和生活工作的方式，还可以是陶冶情操、养心悦目，让精神充分享受的生活方式，把阅读作为一种生活方式，把它与学习和工作方式相结合，不仅会增加发展的创新力量，而且会增强社会的思想和道德力量。

之所以有很多人不爱阅读，是因为阅读还没有成为他们的一种生活方式。目前，有相当一部分人的阅读是出于功利性或者目的性。应该说功利性和目的性驱动的阅读是阅读的重要动力，一般不需要开发，只要动力在，阅读就在。但问题是一旦功利性和目的性不强，也就是说当预期性的目的达到后，自然也就容易失去阅读的动力。

现在的问题是社会环境给阅读和学习太多的功利性和目的性的暗示和教导，容易忽略阅读本身还带有的陶冶情趣、修身养性的愉悦功能。我们要把阅读引导到更开阔的视野和生活习惯上，否则很难改变目前国人不看书的问题。

要让阅读成为人们的一种生活方式，一是需要政府和全民来营造一个良好的阅读环境，二是需要全民逐渐养成一种阅读习惯、阅读兴趣，三是家长对孩子的阅读不要赋予太重的责任和使命。

我想提出一些建议：一是希望各行各业加大对书店公益功能的打造和投入。二是希望各行各业加大对作家和作者的宣传和推荐力度。三是需要政府和社会共同处理好几个关系：内容生产和渠道之间的关系、硬件设施和软件设施的关系、精品化和大众化阅读的关系、政府支持引导和市场推广的关系。

## 徐升国：全民阅读应引入新型发展模式PPP

PPP是公私合作进行公共基础设施建设的一种项目融资模式。在该模式下，鼓励私营企业、民营资本与政府进行合作，参与公共基础设施的建设。该模式既可以引入社会资金来启动、推动全民阅读，又可以解决一些公共阅读设施服务效率和服务质量不高的问题。

今年上半年，第二书房北京金中都图书馆正式成立。该馆所在地原为公园管理处的物业用房，西城区政府觉得这些房屋作为物业用房太浪费，于是将其开发为一个阅读空间，并把场地免费提供给阅读推广人李岩，同时还提供了一些启动资金，让李岩的第二书房来进行运营。政府提供场地和一些启动资金，但是大多数运营资金需要李岩解决，日常维护也需要他自己解决。那么李岩可不可以向读者收费？如果收费，是不是成了拿政府提供的机会和条件去盈利？如果不收费，图书馆日常维护运营费用从哪来？这是我们还没有解决但是一直在思考的问题，而PPP模式为这种公办民营、公助民办的全民阅读公共设施适当收费提供了理论依据。

在PPP模式下，政府可以通过招投标方式让企业或个人参与，提供资助和支持，而企业提供的服务要达到什么样的标准，政府都要进行考核。在我看来，用PPP这种方式开展全民阅读、推动全民阅读是非常好的。只有全民参与，才能让全民阅读真正深入到全民中去。

## 对话二：儿童阅读推广的关键话题

儿童阅读是全民阅读的起点，近些年社会各界都认识到从儿童阶段进行阅读推广的重要性。本次主题对话邀请到了相关领域的专家学者，介绍了心理学、教育学界最新的实证研究成果，并总结了公共图书馆、民间的儿童阅读推广机构、儿童阅读推广人的实战经验，探索新的观念及方法，寻求儿童阅读推广工作的创新途径，理性释放社会各界的力量与热情。

**对话主持人**

梅　建，中国儿童中心研究员，中国优生科学协会副会长常务理事，中国心理学会常务副秘书长

**发言嘉宾**

张明舟，IBBY（国际儿童读物联盟）国际执行委员

陈　晖，北京师范大学教授、博士生导师

罗　静，中国社会科学院心理所博士

孙　怡（小雨姐姐），北京人民广播电台节目主持人

迈普里斯·安徒生，丹麦童书专家、《呀！屁股》一书作者

王　悦，当当网副总裁，童书频道主编

## 张明舟：国际视野下的儿童阅读

2002 年 9 月，一次偶然的机会，我陪同中国代表团赴瑞士巴塞尔参加 IBBY，也就是国际儿童读物联盟的世界大会，在那次大会上我非常惊喜地发现，全世界有那么多的人一直在从事儿童文学、儿童读物的创作，那么多人汇聚一堂，他们的共同愿望和目标居然都是创作最好的儿童读物，推广儿童阅读，让所有的孩子能够有机会读到高品质的儿童读物！

童年是人生的起点，儿童阅读是阅读的起点，所以我提出了四点期望：第一、欢迎大家来参加 IBBY（国际儿童读物联盟）世界大会。每两年，全世界阅读推广人汇聚一堂，召开 IBBY 世界大会。第二、建议成立北京市的儿童阅读联盟，以呼应中国儿童阅读联盟及国家儿童读物联盟。第三、我希望能够再申办一次国际儿童图书节。4 月 2 日是安徒生诞辰纪念日，也是国际儿童读物联盟设立的国际儿童图书节。第四、我一直希望将来能设立全国读书月（两头贯穿着 4 月 2 日的国际儿童图书节和 4 月 23 日的世界读书日），这样也能够把我们阅读推广活动能提高到一个新的高度。

## 陈晖：以文学阅读促进儿童全面发展

我要重点提示两个大的方向和领域。首先，中国原创儿童文学及图画书的阅读，在学校和家庭、在阅读季这样的阅读社会活动中应该有重心的、核心的地位。其次，我们的阅读推广、特别是基于学校阅读的推广，应更多关注我们广大的乡村和小城镇儿童的阅读现实需要。

关于学校的儿童文学阅读需要思考的问题有很多：比如说学校的文学阅读活动，其性质和地位怎么确认？是文学的教育，还是教育的文学？儿童的阅读主体地位怎么确认和实现？在阅读习惯的养成和阅读能力的提升，在阅读趣味和阅读效能方面我们如何做到兼容？这些都是我建议大家要关注的。

在农村和乡村儿童文学阅读的问题上，我们需要思考，是不足应该以更多的反映先进的思想文化和教育理念的作品支持乡镇乡村儿童的阅读？我们为他们准备的文本在题材和内容上，能不能更多地关注农村儿童的生活状况，他们的社会环境和日常经验？我们是不是充分考虑了中国广大文化教育条件相对落后的地区孩子们的心理落差和情感缺失？

通过这样一些精准分析和达成社会共识的讨论，我们学校的儿童文学阅读活动也许就能够真正体现出国家、民族“最深刻、最基本的文化关切”，进而实现我们以文学阅读促进儿童全面发展的目标。

## 罗静：阅读对儿童心理发展的影响

阅读对儿童心理到底有什么影响呢？

第一，阅读对儿童的认知有正面的影响。世界学前教育组织在1997年阅读与儿童的国际大会上提供了这样的一个研究结果，即阅读对孩子的口语、书面语、写作技能、词汇等方面都有积极的影响，阅读会使儿童的词汇更丰富，理解能力更好，交流也更顺畅。

第二，阅读有利于儿童对于情绪的控制。好的绘本会让儿童有积极的情感体验，阅读此类绘本的孩子的情绪控制和调节能力也会更高。

第三，阅读对于儿童智力的影响也很显著。很多研究都发现，阅读对于孩子专注力、记忆力、想象力和创造力有正面的影响。

第四，阅读有利于孩子坚强意志力的培养。

第五，阅读对孩子最重要的影响就是安全感。安全感是让一个孩子能够自由自在表达自己的一种状态，在我看来，阅读是获得安全感最好的一种方式。因为在阅读的过程中，父母和孩子之间有一种亲密的关系，父亲陪着孩子读书，对于建立安全感效果更明显。

第六，阅读对孩子的行为实际上影响更大。我们会发现一个孩子如果培养起读书的习惯，他的问题行为就会很少。通过阅读，儿童可以培养自己的自尊、自爱、自强、自信等优秀的品质。

## 孙怡（小雨姐姐）：我们爱阅读——亲子阅读的现状与发展

阅读是儿童成长过程中不可或缺的重要一环，而亲子阅读是家庭教育中极其重要的方式。即使是今天我们有了录音机、电视机、放映机等等这些声光传媒工具，但仍然不能替代亲子阅读的方式，因为妈妈拥抱着孩子，亲口读书的声音是最有生命力的、最亲切的声音。这种亲切的接触既有身体的接触，更有精神的接触。亲子阅读给家庭提供的是最为宝贵的一份财富，这就是将文字文学转变成声音文化的文学语言财富。亲子阅读是维系亲子关系的一条非常重要的纽带，也是促进孩子养成阅读习惯、培养阅读能力，具有特殊意义的做法。

亲子阅读、儿童阅读，其实应该是以快乐为先期条件的，而不是那种为了学知识而去看一些儿童图书，但实际情况并不容乐观。我国幼儿专家徐青对深圳、浙江等城市的340个家庭做了关于早期阅读情况的调查分析，发现包括《百科全书》在内的故事、知识类的图书和期刊占家庭儿童图书的84%，也就是说很多家长会把早期阅读和知识教育等同起来。当然也有的家长会将亲子阅读变为家庭教育的一部分，这是很好的。我自己会经常去幼儿园给小朋友讲故事，给老师和家长培训讲故事的技巧。常常在提问环节，家长就会问很多问题，比如说孩子不吃蔬菜，该让孩子看什么书？小朋友不合群，很孤独，喜欢自己玩，该看什么书？等等。随着新媒体、自媒体、交流平台的兴起，很多家长不满足听我们这样专业人士讲故事，他们也会自己录制一些故事和大家分享，我觉得这种方式也特别好。

我相信，未来我们的亲子阅读能够成为家庭、生活当中习以为常的一部分，让亲子阅读成为孩子们对童年回忆中最美好、最快乐的片段。

## 迈普里斯·安徒生：鼓励和加强孩子们的阅读习惯

如果在给孩子阅读的时候，你是充满热情和好奇心的，那么孩子自然也会被你感染。在现在的生活里，我们都非常忙碌，没有时间读书给孩子听，但是阅读反而需要这样一个比较安静的时间。正因为这样，每一次给孩子读书的时候，我一定要找一个非常安静的环境，然后让孩子静下心来并把注意力放在书上，这样他们才能真正地读进去。这样的环境还有一个好处，就是能让孩子更多地发现书里面的细节，这一点在图画书阅读方面体现得尤为明显。

幼儿从早期阅读经验中获得的最好的东西，就是当童年过去以后，他仍然对于阅读抱有热情和好奇心，依然会享受阅读的乐趣。

我是一名幼儿园的园长，在我的幼儿园有两个阅读的传统：一是在下午的某个时间，我们会读一些书给孩子听。在阅读的过程中不只是读，而是要让孩子参与到这个故事中来，这样可以保证孩子们的注意力是在书上的。另外一个传统是在孩子午饭以后准备午睡的时候给他们读一个故事。此外，园里的孩子们在方便的时候还可以选一些书自由阅读——有一些书是不需要成人的引导，反而几个小朋友坐在一起会有更好的阅读效果。

## 王悦：把更多的好书，给更多的孩子——北京市少年儿童阅读报告

从当当的销售数据来看，2015 年 1—9 月，当当童书已经销售了 20 亿码洋，其中北京家长在孩子阅读方面的投入远远高于全国的平均水平，也高于其他一线城市。

在北京地区，精装图画书的购买远远高于全国平均水平，益智游戏和幼儿启蒙这两个品类的购买也是高于全国平均数据。但是我们看到，全国的科学百科品类图书购买占当当童书的 20% 多，但北京的数据这个品类却只占了 14%，这说明科学阅读方面北京还走得慢了一点儿。

从我们畅销品的覆盖来看，当当单本销售超过排名前 2000 的品种基本占我们销售的 80%，这证明好书的力量是很强大的。

从年龄段占比我们看出，北京更关注早期阅读。其中 0~2 岁购买占比全国是 6%，北京是 10% 以上。3~6 岁购买占比全国是 37%，7~10 岁是 42%，3~6 岁童书购买量少于 7~10 岁；而在北京 3~6 岁占比是 34% 左右，7~10 岁是 27%，3~6 岁高于 7~10 岁的占比。这说明北京的家长确实是从小在培养孩子阅读，也很在意自己的孩子在读什么书，读多少书。

从行政区域来看，朝阳区、海淀区购买图书的人数比较多，这个跟行政人口可能有关系，同时也跟他们的阅读推广做得好有关系。朝阳区人均购买童书册数为 43 册，大兴平均 30 册，房山平均 21 册——人均册数其实是一个挺了不起的数字，如果全国都平均这么多册，可想而知，孩子们的阅读环境将会是多么好。

从销售数据上也可以看出，北京青少年阅读的不只是儿童文学，也不只是科学书，阅读很多样化，有少儿英语、图画书、益智书、幼儿启蒙、婴儿读物等等。

## 对话三：用全新生活方式引领阅读

阅读不仅是获得知识的方式，更是积极向上的生活方式。各界领军人物的阅读生活，在引领审美潮流的同时，也慢慢改变着人们对于阅读的认识和理解。本次论坛邀请到各领域专家代表，探讨阅读作为生活方式如何影响和改变着人们的生活。

**对话主持人**

曾　晶，中国公益研究院副院长

**发言嘉宾**

吕敬人，著名书籍设计师

李　红，中粮集团忠良汇创办人、北京锡纯艺术教育公益基金会发起人

李　伟，中国金茂控股集团有限公司营销管理部总经理

戴　政，决胜网联合创始人兼首席执行官

张　鹏，北京忆空间阅读体验馆创始人

## 吕敬人：好书留住阅读温和的回声

电子书会替代传统书籍吗？我想不会，纸面书籍会消失吗？这个回答我想大家心里都明白。书籍阅读不会被边缘化的理由，我举四点。第一，数码载体阅读是科技进步的产物，但也有其缺陷。第二，摆脱出版纯商品化的病毒，出版人想做好书。第三，跟上阅读美学的时代，读者需要眼视、手触、心读的美书。第四，书具有电子载体完全不同的欣赏形式，它具有物质性、时间性、空间性、流动性，书是信息诗意栖息的建筑。未来，书还是应该让大众来读，那些普通阅读的书，不需要用纸张呈现的，由电子载体来替换，不要砍那么多树，可以节省纸张，减少环境污染。但是我们又不能偏颇，许多读书人喜欢和享受翻阅当中的美感，这是千年积淀下来的一种生活存在。那些读来有趣、受之有益的书，给人带来愉悦，这些分众会更多地去阅读纸质书。所以书的对象可分成大众、分众、小众，依据不同的需求而存在。电子载体和纸质载体是在两条并行线上起伏波动地竞争发展着。

19 世纪，英国有一位书籍设计家威廉·莫尼斯，在当时的工业革命导致大批量机械化生产环境下，提出了回归手工制作、追寻自然之美的做书传统，来展示生活与艺术相融合的书籍之美理念，在工业化鼎盛时期探寻书籍与历史的未来。对于今天电子业覆盖阅读天地之时，莫里斯的冷静思考令我们反思。书籍设计让文本更亲近读者，书籍艺术让生活离不开阅读。好书，留住阅读温和的回声。

## 李红：新媒体时代下的阅读

手机阅读明显有着与其他阅读方式不同的特性，很难说这些特性好与不好，关键在于我们如何应用。

手机阅读的第一个特点是相伴相随。手机的贴身性使得微信阅读成为很多人业余时间的一种陪伴，成为我们对书本阅读有益的补充，这种伴随性要求阅读内容更加贴近我们的生活。

手机阅读的第二个特点是互动互享。短平快的微信阅读使我们能够快速而精准地聚焦兴趣点、需求点，阅读的互动性能够为读者聚集一群志同道合的朋友，打通双向的信息流，再由聚集焦点引发深入思考，从而增加思想的厚度。

手机的第三个特点是边界广大。手机的阅读打破了国界、地域、阶层之间的差异，也打破了物理的空间，我们的阅读范围也不再受书架上有限书本的限制。

无论通过什么样的载体进行阅读，能够引发思考、引人向善的阅读才是真正好的阅读。这种阅读其实哪怕小到八卦新闻，小道消息，大到内心的升华，改变世界，或许都是有意义的。最后我想呼吁，大家一起努力净化手机阅读空间，贡献更多有益的原创内容。

## 李伟：阅读的伪装者

如果谈到阅读，我想我最多也就算阅读的伪装者。阅读的伪装者有三个表现。第一个表现，喜欢买书大于喜欢读书。第二个表现，喜欢书房大于喜欢书。第三个表现，喜欢当文化人大于喜欢文化。

但是阅读的伪装者也读一点书，但更多的是功利性的阅读：首先是打发时间，比如打发等飞机的时间、上厕所的时间。其次是为了解决眼下的问题，工作中遇到这样那样的问题了，需要从书中找一些概念、一些方法。第三个表现叫够吹牛皮，虽然这本书我只看了一个序，但是我的感想确实还很多。第四个表现叫提升格调。这就是我们的一些现状。为什么会出现这种情况呢？因为大家都过得很忙，都过得很急。

但如果我们一旦从这种忙碌中停下来，如果我们因为生病而需要休息，如果我们所服务的企业、所追求的事业并不需要你，是否百无聊赖就是人生唯一的真相呢？我们用什么样的方式去度过这个过程？在我看来，如果百无聊赖是人生真相之一的话，那么阅读可能是打败空虚的利器。如果你一定要追求精神世界的功名利禄，阅读则是通往它的捷径。

### 戴政：创业者与阅读

因为时间有限，片段式阅读，是我作为一个创业者最常采取的阅读方式。

在创业的早期，我读的是专业书籍，是直接指导实践的。后来我会经常把各种各样书里面的东西用 Word 拼成自己想要的读物，用打印机打出来，这对创业初期的我来说更为有用。

所谓创业，其实不外乎跟各种各样的人打交道，本公司的员工、竞争对手、投资人、客户，等等。因为这个缘故，我特别喜欢看历史故事，通过阅读历史故事，我能学到很多跟他人打交道的方法。

为了能够抓住经济发展的趋势，我还会看一些预测经济趋势的书，并浏览管理方面的书籍。在管理类的图书方面，我不会选咨询公司的人写的那种书，因为我觉得从那里面很难获得真知灼见，相比之下，有过实操经验的作者显然更有发言权。

现在也有一些特别有意思的阅读推广人，会通过一段视频在很短的时间里讲明白一本书，实际上这对受众来说也是片段式阅读，这种阅读方式有好处也有坏处，但我也会从中吸取知识。

实际上我觉得，做到多大的公司都要创业，公司里最爱学习的人一定是CEO，因为一个公司就像金字塔一样，高不过塔尖，所谓的塔尖就是CEO，如果CEO不是那个最爱学习的人，这个公司可能几年后就死了。

## 张鹏：阅读中行走，行走中阅读

在我的心目当中，阅读给我带来三个影响：阅读知自己，能让我懂得思考，能让我安静下来；阅读知未来，我能够知道未来会怎样；阅读知世界，很多父母希望把孩子培养成某一个方向和领域的专家，但我带着孩子阅读，带着孩子去博物馆，不是希望他能够成为某一个领域的行家，我希望给孩子一个更广阔、更有趣、更丰富的世界。

参观博物馆其实也是一种阅读的方式，我们可以更好地去认识过去的世界，我们可以更好地去探寻今天的世界。博物馆不是一个旅游景点，是我们终生学习的场所，这里收集了人类的记忆，这里珍藏着民族的灵魂，这里抵御着岁月的剥蚀，这里记录着时代的变迁。一个人因为有了自己的记忆，老去之后回忆起来人生才会很精彩；一个国家因为有了自己的记忆，国家才更显厚重；一个民族因为有了自己的记忆，这个民族才能够得以延续下去。我为什么要写书、讲书、读书？是为了给自己留记忆、攒记忆。这是我心目当中，博物馆在我心目当中的位置，也是好书在我心目中的一个位置。

在我的眼里面，传统文化就在我们身边，阅读的世界就在我们身边——让阅读成为我们行走这个世界最好的方式。

## 对话四：阅读+互联网

互联网的存在一方面极大地改变了大众的阅读习惯，另一方面为阅读推广提供了新的平台与可能性，近年来新媒体在阅读推广方面的尝试更是令人瞩目。本场对话活动邀请到互联网界的各路精英，主题探讨新媒体与阅读创新、出版的新趋势，以及如何利用新媒体进行阅读推广。

**对话主持人**

萧三郎，“领读者”阅读加速器发起人

**发言嘉宾**

张凌云，掌阅科技创始人

张　蓉，阅文集团高级副总裁

纪中展，知识分子CEO，黑马会秘书长

陈　序，赞赏社交出版创始人、CEO

姚文坛，优酷土豆文化节目中心总制片人

张　婷，新浪阅读总经理

## 张凌云：移动阅读的变与不变

互联网最大的一个特性，应该是变化。我们今天每一个人的生活，特别是这几年，都因为互联网，特别是移动互联网的出现，发生了巨变——这也包括我们的阅读。

互联网给我们的阅读带来了四个变化。

第一个变化，是用户群体的改变带来整体需求的巨变。几年前，基本上是我们引导用户。但今天平台提供给用户的，却未必是他们想要的。

第二个变化，是内容消费的周期变得更短，带来了整个创作链条上的变化。以前网络文学作品都很长，有几百万字，持续更新一到两年。今天用户长文的忍耐程度已经越来越低，也讨厌一成不变的文学作品。

第三个变化，是用户本身是在成长和变化的。当到了一定的年龄阶段，或者外面一些环境的变化，每个人的需求一定是会发生一些改变的。另外一个变化就是跨界融合不断带来新的变化和新的突破。有的产品占用了用户大量的时间，那就一定会挤压掉用户使用其他产品的时间，这个时候就需要融合用户的多种需求。

说完四个变化，接下来我想跟大家谈两个不变：第一个不变，是用户追求高品质高品位的内容，是永恒不变的。第二个不变，是技术的创新、产品的创新永无止境，永远不会变。

“阅读 + 互联网”在我看来就是“人文 + 技术”，我们应该本着这样一种人文精神去做互联网的阅读类的产品。如果说互联网里没有阅读，我认为是无法想象的。有了阅读的互联网，我们的生活才会更美好。

## 张蓉：移动端新内容的分发

关于移动互联网对于阅读的影响，我认为有五点。

第一点，用户的变化。现在 1990—1995 年出生的人（即“网生代”），已经超过了 3 亿人。这 3 亿的用户已经逐渐成为中国移动互联网的主流用户，与其他世代用户相比，“网生代”更加自主、自信，也更加多元化。对于网生代用户而言，提供全量的内容显然更为可行——除了移动互联平台上原创的内容之外，还需要传统出版提供的内容。

第二点，在移动互联网时代，你在手机上看书的同时，手机也在“看”你。手机会存储你的各种行为并对其进行分析，并为你提供对应的推送。现在通过移动互联网，用户和内容提供商之间的信息不对称的障碍已经被打破了。智能化的结果会让我们去思考，有了这些数据之后应该怎么去做？

第三点，阅读个性化。以前在移动互联网上，一千个人看到的东西都是一样的。现在则更关注用户的个性化需求，这是很大的挑战。

第四点，粉丝效应的爆发。每个创作者都有吸纳粉丝的需求，希望知道自己的粉丝在哪儿，然后与自己的粉丝实时互动。移动互联网总是实时在线而且永远连接，这就为读者与创作者的实时互动成为可能。

第五点，社交的互动化。微信是一个强关系链的应用软件，每个用户平均有180多个好友，这180多个好友跟用户的层次相近，通过朋友圈的发布、通过朋友的推荐和影响，也有可能提升用户的阅读习惯。

## 纪中展：如何打造“阅读＋”社群

从2013年起，我在微信上开了一个公众号“老纪读书”，每天推荐一本书。这样持续下来，一年以后，大概推荐了几百本书，有接近17万的粉丝，慢慢形成了一个互联网上的小社群。

后来基于公众号订阅用户的需求，我建立了“老纪读书会”：定期赠送会员一本我自己推荐的书，书上还附有作者的签名；每年办六次活动，跟大家线下交流。

有了线下的交流，我们想到干脆把天下读书人联合到一起，为天下读书郎服务，所以我就发起了“幸福乡村图书馆”活动。我们采取众筹的方式，请所有人一起来参与建设乡村图书馆。

从“幸福乡村图书馆”的乡村图书馆回访开始，我又做了一个“贰万书院”，将读书人聚集在一起，经常在一起出去走一走，读万卷书、行万里路。

我这个阅读社群就从一个微信公众号，到一个读书会，到一个公益组织，到一个深度的阅读组织，是这么一个演化的过程。经过将近两年的实践，我总结了一下“阅读＋社群”的核心要素。第一个，它一定要有一个价值观；第二个，它要具备媒体属性，它要有传播；第三个，它要有活动；第四个，它需要有培训；第五个，一定要交易。

## 陈序：出版的3.0

在阅读的形式、生态急剧变化的今天，仅仅改变阅读本身还不够，因为阅读是由出版决定的。因此，不改变出版，便不可能真正地改变阅读。

更早的时候，把字刻在石头上的时候、写在羊皮卷上的时候、写在纸上的时候，出版1.0其实就已经开始了。它像其他的工业化传播过程一样，在工业革命之后，达到了最繁荣的程度和最发达的水平，但是它仍然是以孤立化为背景的。

最早的大家都非常熟悉的精本古卷的闭门写作，它的创作过程总是一个人自己完成的，然后他需要通过一个社会的媒介，在工业时代之后，通过大工业的传播机器来传播。这个机器不管是媒体还是出版商，没有这样一个发现、传播的机制，出版就不能最终完成。个人的创作，他的思想、他的故事，就不能够传播到更广泛的市场和社会中去。这就是我们熟悉的出版业。

出版2.0，主要的标志就是数字化阅读和移动阅读终端。移动阅读终端并不仅仅是指Kindle这样一个硬件，其实也包括了所有的聚合阅读的应用，它具有移动阅读硬件的特征。所以在出版2.0的时候，最重要的特征是文字出版和图像出版的数字化，就是我们通常所说的电子书和移动化阅读形成。其实出版2.0的时代，仅仅是因为内容与新的载体进行了结合、与数字化进行了结合、与电子化进行了结合、与移动终端进行了结合，其结果是使阅读市场产生了天翻地覆的变化，但这还不是最繁荣的时候。

现在我们面临的是出版3.0。这个时候我们要去改变的不仅仅是阅读市场，而是要到它的上游去真正改变创作本身。我们关注的是众筹、众包和社交融入的出版，这才是出版3.0。通过在创作和谋求出版这样的过程引入众筹、出版人众包的方式，使得一个出版项目在创作出来之后能够在市场上得到更好的反响，同时能更好地完成它的传播过程，而这一定会改变阅读的未来。

## 姚文坛：阅读与视频的结合

近年有一个预测，说未来的三到五年，视频内容将成为互联网内容的主打内容之一。我认为阅读不是孤立的，读书也不是孤立的，现在争抢大家阅读时间的不是同行的竞争，而是被娱乐化的其他阅读方式在竞争。在这个时代大家最需要的视频内容中的那么一点点阅读，可不可以？

2015 年 1 月到现在为止 9 个月的时间里，我只做了一件事情，做了一个《看理想》的高端文化系列视频节目。这个系列里包括：梁文道的读书节目，叫《一千零一夜》；陈丹青的讲绘画的节目，叫《局部》；马世芳讲音乐的节目，叫《听说》。读书节目《一千零一夜》上线将近四个月的时间，现在整体的播放量是 6117 万，集均的观看人数是 117 万。后来通过大数据的分析，发现我们的受众有这样几个特点：他们分布在一线、二线城市，年龄在 25~35 岁的占 70%，男生的比例占 60%；他们的收入基本是在 5000 以上，更多的是在 8000 以上；他们的学历基本在大本以上，占 90%。我对我们现在这些高端的用户充满了信心。

我觉得在互联网阅读的今天，我们要一起打造的是整个移动互联网生态下的阅读生态，而在阅读生态当中，其实每个人都会有自己不同的角色。我不要做那么贪心的事情，我就在这几亿的用户当中寻找到那一百万、两百万最具有黏度的用户，就够了。

## 张婷：怎么样利用社交媒体品牌推送优质作品内容

现在内容在变化，我们的手机也带来用户习惯的一些变化。我们其实不是行业内在相互争抢，而是要去抢占用户的时间。那在移动碎片化的时代来看，大家无论是使用微信还是微博，其实都是在碎片化的时间来产生阅读的行为。

为了让微博用户也能进行深度阅读，我们做了这样几件事。

第一件事，我们在微博内建立了大概超过50万册的图书信息页，通过一些宣发和推广，已经建立了超过1个亿的关系链。

第二件事，我们为在微博内喜欢看书、喜欢和大家分享书的阅读类的人群提供一些服务。在有重点的作品推荐或者是话题服务的时候，我们能够争取许多微博内的资源，对优质作品内容进行曝光。

第三件事，我们在微博内也跟内部一些兄弟部门进行沟通和合作。比如一些电视剧火爆了之后，有些用户可能以前不看书，看了这个电视之后，觉得文学作品也写得挺好看，就去看看书里怎么讲的，结局是不是这么回事。用户在微博内发现了这些好的内容的时候，他需要产生阅读行为怎么办？我们会把这样的专业数据和服务提供给第三方，做的是服务和平台的事情。

## 对话五：公共空间如何推动全民阅读？

公共阅读空间是文化传播的平台，在全民阅读推广中起着重要的推动作用。书香社会的建设，政府该有什么样的举措为民众提供更多更便利的读书平台？都通过哪些方式扶持公共阅读空间？公共阅读空间如何跟政府之间搭建交流平台？公共阅读空间如何寻求公益与商业之间的平衡，探索一条可持续发展的道路？如何赋予传统公共阅读空间新的功能，让越来越多适于阅读的空间进入人们的生活？为了回答上述问题，作为“阅读+”系列主题对话活动的最后一场，北京阅读季邀请到了包括政府部门负责人、博物馆负责人、新型公共阅读空间负责人等多名专家，就公共阅读空间的打造、全民阅读的开展这些话题展开深度交流。

**对话主持人**

小　马，中央人民广播电台主持人

**发言嘉宾**

孙劲松，西城区文委主任

黄雪寅，首都博物馆副馆长、研究员、赴美学者

陈绍敏，北京宇里行间文化发展有限公司总经理

李　岩，第二书房创始人

许春宇，雨枫书馆创始人

## 孙劲松：采取多种模式建设公共阅读空间

公共阅读空间，是我们在推进书香西城建设过程当中，通过实践和探索，一步一步打造出来的这样一个全新的公共文化产品。

西城区的第一个公共阅读空间在北京西四万松老人塔下的塔院里面，叫砖读空间。从某种意义上说，砖读空间是形式和载体的创新，也是机制的创新。在砖读空间之后，又出现了第二书房。

对于公共阅读空间的建设，我提了一个概念，就是我们要建一个有中国特色的社会主义书香社会，而且必须以社会主义为方向。这句话可能听着有点绕，其实第一个社会主义和第二个社会主义是不一样的。什么是社会主义？就是必须以社会为主义，为社会而主义。什么意思？就是说社会问题必须由社会自身来解决，而不是国家包办。我们在书香社会的构建过程当中，从这句话应该能找到一个方向。我提了一个口号，叫站在人民群众中间服务区域文化发展，我们只能当服务员，这是政府应该尽的责任。所谓站在人民群众中间，既不是领先在、走在人民群众的前头，也不是尾随在群众的后头，而是要切切实实地站在群众中间，和群众同呼吸共命运。社会是由人、家庭、政府，包括各种社会细胞等社会元素构成的，那么政

府可以推动书香社会的构建，但是不能包办代替。

我们推动公共阅读空间，实际上还有一个原因。我们传统的按行政区划来设立的公共图书馆不一定能够满足群众的需要，特别是存在效率低下、服务水平不高的问题。我们的社区图书馆，有的地方就是几十平方米的一个空间，摆了一两张桌子，有一两千本书，流动性很差，群众到那儿去看书的愿望很低。基于对群众的需求这种调研，我们觉得，应该创造一种新的公共服务的提供方式，依托社会来提供公共服务的方式，包括政府提供服务的方式，用各种各样的方式来支持社会主体开办公共保障服务设施。应该说，没有阅读的社会，就没有书香，就建不成书香社会。当然我们说的社会化，是一定要防止或者说绝不是商业化、市场化。

## 黄雪寅：在博物馆营造阅读空间

在为读者营造阅读氛围时，我觉得作为博物馆，首先我们应该用科学准确的文物信息教育公众，给观众的所有信息必须跟学校里的教材一样，是准确无误的，包括一个标点符号、一个用词。其次，博物馆要多用开放的临时展览吸引观众，只有不断引进好展览，才能吸引观众走进你的空间，才可能让观众在这个空间里接受教育。第三，要用丰富的博物馆类图书服务观众。博物馆要在整个图书行业进行差异化竞争，就应该拿出本行业最有特色的东西，别人没有的你去做，别人都有的就不要去做了。第四，用时尚实用的文化商品引领观众。为什么要提到商品？为什么不说读书？因为其实博物馆的教育除了文化知识的教育之外，还有一种教育——美学教育。别小看这个东西，一个杯子的设计，一条丝巾的设计，都承载着文物信息。第五，要用高品质的环境影响观众。走进美国大都会博物馆，你会觉得面对那么多图书，每一本都想看，因为它已经为你营造了一个渴望知识的环境。因此，博物馆的环境一定要高雅，有美的气息，要让观众有获得知识的欲望。

一个好的博物馆其实是很重要的文化载体和空间，要在这个空间里达到教育观众的目的，我们能做的事情太多了。

## 陈绍敏：阅读与书店气质

书店是公共阅读空间的一个主要阵地。要怎么样制造一个很好的阅读氛围，能够让读者进了书店之后心静下来坐下来读书——我觉得这是现在的书店需要去做的一个工作。

首先，书店应该有书店的气质。书店的气质和我们人的气质一样，它有很多综合的因素，然后决定了这家书店给大家呈现出来的面貌和大家对这家书店的感觉。比如，书店的名字要让你的读者首先明确这是一家书店，然后店名还要很亲切、朗朗上口、让人记忆深刻，能够体现书店的本质和内涵。

其次，现代书店在功能和布局上应和传统书店有所区别。传统书店给我们的印象就是一排一排的书架，客人在里面走来走去挑选书，看的话也只能站着看一会儿，或者干脆坐在地上。阅读已经被我们的生活挤压得没有什么时间、没有心情来阅读。所以我们会想提供这么一个地方，让大家在烦躁的社会中抽身出来，有一个环境可以静下心来读书。所以字里行间在空间上给出了很大的面积来阅读，还提供咖啡和其他饮品，提供舒适的沙发，都是为了让大家能够享受阅读的美好。字里行间书店所有装修的材质和家具的材质，以及色彩上的考虑，都是为了让顾客能静下心来想想读书的事。还有就是灯光、音响。灯光不能太暗，也不能太亮，就是要柔和，要适合阅读。

最后是商品和服务。比如我们的陈列，如何让读者第一眼看到的是美的而不是杂乱的；又比如，如何让读者方便地找到想要的书，这也需要通过书店的服务体现出来。

## 李岩：营造孩子喜欢的阅读空间

第二书房做了中国首家家庭教育主题图书馆，目前的连锁全国有十多家。我们的理念是：有爱读书的孩子就有我们放心的未来，对一个家庭是这样，对一个国家更是这样！我们的目标是“寻找大院文化，培养发小情感，涵养书卷气质，促进全民阅读”。核心价值观是“大阅读、大协同、大公益”。

我们现在和社会各界的合作很多，如政府、博物馆、房地产开发商等，从他们那里拿到了很多免费的空间，这就是所谓的资源整合。还有一个是大公益的概念。为什么是大公益？政府为什么很重视阅读？是因为它是百年大计。公共阅读空间应该是一个社区里最具人气、最受人尊重、能给人以美好感觉的地方，而且要承担社区社交功能。在阅读空间里，人应该是主体，空间里应该是聚人气的温暖的地方，要以“人”为中心。希望阅读空间能够无处不在。其实我们有很多的闲置或者低效使用的场地，比如公园、闲置的办公用房，完全可以借助社会力量，用很小的成本和很短的时间开发改造出来，成为很好的、高品质的阅读空间。

## 许春宇：阅读与城市生活

我觉得一个城市需要阅读，城市需要有阅读的灯光，需要让阅读作为城市生活的引领。因为我们都很爱这样的生活，一杯清茶，一本书，一段时光，很美好。

雨枫书馆，我在2006年给它的定义，是一个人与人沟通聚会的场所。在那个时间，我们提出这样的想法还是蛮新颖的，毕竟那个时候，书店产品还是书本身而不是阅读服务这件事情。经过9年的发展，雨枫一直都在坚持它最初的理念。我们也觉得我们的核心价值在于我们能够帮助读者去节约阅读成本，即看书的时间成本，以及情感付出的成本。我们希望能够提供给女性朋友一个休闲的自我空间，可以寻找自我，可以在这里完成自己的精神生活。希望所有的女孩子都能够亲近图书，去做这样的女性，去接近你的内心，去寻找，去探寻你自己。我们挂在雨枫一家店里的口号是“让脚步停留，让心情走”，我觉得它非常恰当地形容了一家书店的意义。

雨枫书店的未来也让我思考另外一个问题：阅读的未来到底在哪里？我觉得阅读的原动力在于自我教育，我们读书其实是为了成长这件事情。那么书店作为一个文化的公共空间，它是传承的场所，它其实就应该是图书馆的一部分。如果我们创造和保持了阅读的群体，那么在 20 年后，书店还会存在，还会有人真的热爱阅读。所以，我们的坚持，为了明天是有价值的。

# 第三节

## 北京阅读季展望

### 一、工作目标

2016—2017年是北京市全民阅读“十三五”规划的促进期。在这一阶段，希望通过积极探索，基本建成覆盖城乡、便捷高效、保基本、促公平的现代阅读服务体系；阅读设施网络全面覆盖，由全民阅读公益活动平台、媒体平台、资源平台、引导平台、服务平台和人才保障平台等构成的“六位一体”综合服务平台更加完善；基本建成与现代互联网技术相适应的阅读服务体系，不断满足北京市人民群众多层次、多样化的阅读需求；居民自主阅读习惯初步形成，为顺利完成书香北京建设任务打下坚实的基础。

### 二、主要任务

#### （一）促进全民阅读资源配置均衡协调发展

促进北京市各区及城乡阅读资源的均衡发展。按照《全民阅读促进条例》要求，北京市政府应当根据各区的城镇化发展趋势和城乡常住人口变化，整合利用各区、城乡现有阅读设施布局、服务提供、队伍建设、资金保障等，加大落后地区、农村地方的阅读资源建设，拓展重大阅读项目服务内容，均衡配置全民阅读资源。大力推进全民阅读工作进社区、进农村、进家庭、进学校、进机关、进企业等，促进全民阅读工作深入基层、深入群众。

保障特殊群体参加全民阅读活动的权利。按照《全民阅读促进条例》要求，北京市政府应当坚持普惠与特惠相结合的原则，面向未成年人、残疾人、老年人等特殊群体、困难群体，推出有针对性的包括阅读辅导培训、展览展示、科技普及等特殊阅读服务计划，提高全民阅读到达率和覆盖率。

### （二）完善阅读精品生产体制机制

北京市及各级人民政府应注重引导作家、学者、出版机构、社会团体参与全民阅读生产活动，巩固壮大全民阅读联盟。建立健全全民阅读生产激励机制，发挥北京市级评奖和艺术、出版等基金的引导带动作用，鼓励原创作者更多生产阅读精品。完善优秀作品评价体系，采取多种形式加强宣传推介，形成创优推优的良好环境；积极推进报刊品牌建设，探索建立政府扶持精品学术期刊长效机制；加强重点出版物选题策划，建立精品图书推荐机制。加强阅读作品的版权登记、管理、使用和保护工作，保障原创作者的基本权利不受侵犯。

### （三）开展全民阅读推广活动

北京市及各级人民政府应统筹利用现有全民阅读资源，重视和发挥中央媒体和地方媒体、传统媒体和新兴媒体、主流媒体和各类媒体的重要作用，形成强大宣传合力，营造全民阅读的良好氛围。进一步创新全民阅读推广方式，探索建立阅读推广人才队伍，鼓励社会名人、文化名家、民间阅读推广机构等参与阅读推广工作。

（四）提升全民阅读服务能力

为加快落实《全民阅读促进条例》，努力提高全民阅读服务能力，北京市各级人民政府应加快建立由政府与私人组织合作的公共服务新模式，激发个体、企事业单位参与全民阅读活动的热情。加大对跨部门、跨行业、跨地域共同阅读资源的整合力度，鼓励倡导社会机构、企事业单位和优秀阅读推广人建立“阅读产业联盟”，以行业联盟的形式，开展内部合作，推动全民阅读机构间的互联互通，实现区域阅读资源共建共享。同时，加强捐赠文化资产的登记、管理和使用工作，严格监督管理，提高使用效率。

（五）扩大全民阅读品牌影响力

北京阅读季作为北京市推动全民阅读的重要抓手和载体，已成为“北京文化新名片”，成为国家级的全民阅读品牌。基于此，北京市及各级人民政府应继续开展以“北京阅读季”为主的全民阅读系列活动，动员各方力量，加强品牌建设，创新方式方法，全面提升北京阅读季的群众参与度、平台辐射面和品牌号召力。同时，在推进北京阅读季的“走出去”过程中，应开展多渠道多形式多层次对外文化交流，广泛参与世界文明对话，促进文化之间相互借鉴，增强中华文化在世界上的感召力和影响力。

（六）科学引导数字阅读

为了适应数字化新趋势，北京市及各级人民政府应通过加快全民阅读数字资源库建设、提升全民阅读服务手段的多样化、成立专门数字阅读服务小组等方式，推动全民阅读活动与现代信息技术的相融合，实现全市阅读资源的无障碍共享，形成覆盖全市的全民阅读数字服务网络，从而满足全市居民多样化、多层次的阅读需求。同时，加快推进传统出版单位转型升级，通过制订配套政策、专项资金资助、推介示范单位等多种方式，推动出版与科技融合发展。

### （七）加强全民阅读人才队伍建设

人才作为发展文化产业的决定性要素，北京市及各级政府应充分发挥北京文化之都的底蕴，利用北京地区高等院校云集的地理优势，制定和实施相关的人才培养、引进和使用的优惠政策，不断壮大全民阅读人才队伍。建立良好的创新激励机制，充分发挥人才的创造性与主动性。积极构建产学研一体化平台，加强高等院校与全民阅读机构之间的深入合作。

### （八）强化绩效考核机制

加强分类指导，创新全民阅读工作的组织形式和管理模式，建立健全把社会效益放在首位、实现社会效益和经济效益相统一的全民阅读工作考核评价标准。强化绩效考核，建立市、区、街道（乡镇）三级公共文化服务绩效考核机制，重点加强对基层公共文化服务项目资金使用、实施效果、服务效能等方面的监督和评估。

## 三、保障措施

### （一）建立健全组织领导机制

按照《全民阅读促进条例》要求，北京市各级政府应当高度重视基层全民阅读建设工作，将其列入重要议事日程，纳入国民经济和社会发展总体规划，将全面阅读工作所需相关经费按规定纳入本级财政预算，将全面阅读设施纳入本级城乡建设规划。加快建立全市全民阅读工作协调机制，负责统筹各部门、各单位、各社会团体和各种社会力量的协调合作，共同促进全民阅读。新闻出版广电行政部门负责全国的全民阅读工作，制定全民阅读规划及实施方案。国务院教育、文化、发展改革、财政、税务、民政、国土资源、住房城乡建设等有关部门，在各自职责范围内负责有关的全民阅读工作。区级以上地方人民政府新闻出版广电行政部门负责本行政区域内的全民阅读工作，制定本行政区域的全民阅读规划和实施方案。县级以上地方人民政府其他有关部门在各自职责范围内负责有关的全民阅读工作。工会、共青团、妇联以及残联、科协、文联、作协、社科联及其他相关社会团体应当结合自身特点开展全民阅读工作。

**（二）完善规划和土地政策**

将全面阅读建设纳入国民经济和社会发展规划。根据《国务院关于深化流通体制改革加快流通产业发展的意见》，落实好城镇新建社区商业和综合服务设施面积占社区总建筑面积比例不低于10%的要求，合理规划，为全民阅读预留经营场所。加强政府引导，鼓励房地产企业、综合性商业设施、公共服务设施等为具有较强经营发展能力和社会影响力的全民阅读提供免租金或低租金的经营场所。加大对农村全民阅读网点建设的规划和财政支持力度，加快实现全民阅读资源覆盖全市所有乡镇，解决城乡不均衡的问题。

**（三）加强财政资金的扶持**

进一步加大财政资金扶持全民阅读的力度，完善标准，优化方法，更好发挥杠杆作用，各区政府、市政府各有关部门应按照首都全民阅读服务示范区创建标准，建立健全本地区、本部门全民阅读服务财政保障机制，扶持公益文化惠民项目，保障全民阅读服务体系建设和运行。创新全民阅读投入方式，健全监管机制，本着节俭、高效的原则，用好财政资金，加强对全民阅读服务资金管理使用情况的监督和审计，通过政府购买、项目补贴、定向资助、贷款贴息等形式，不断提高财政资金投入的针对性和有效性。在市级主管部门的指导下，由区文化部门统筹本地区的基层文化活动、图书购置等经费，努力提高资金使用效率。

**（四）强化人才保障**

加强全市各级全民阅读服务人才队伍建设，为每个街道（乡镇）配备3名至4名文化专职工作人员；采取政府购买公益服务等方式，为每个社区（行政村）配备至少1名群众全民阅读组织员。建立培训上岗和资格认定制度，全面提高从业人员素质。完善基层全民阅读服务专业人才职业教育体系，加强基层文化骨干培训工作，不断提高其专业化水平。充分发挥北京文化之都的优势，制定和实施相关的人才培养、引进和使用的优惠政策，不断壮大人才队伍。建立良好的创新激励机制，充分发挥人才的创造性与主动性。积极构建产学研一体化平台，加强高等院校与全民阅读机构之间的深入合作。